U0896239

中国铁路南昌局集团有限公司年鉴

ZHONGGUO TIELU NANCHANGJU JITUAN YOUXIAN GONGSI NIANJIAN

2018

《中国铁路南昌局集团有限公司年鉴》编委会　编

中国铁道出版社有限公司
CHINA RAILWAY PUBLISHING HOUSE CO., LTD.

图书在版编目(CIP)数据

中国铁路南昌局集团有限公司年鉴. 2018/《中国铁路南昌局集团有限公司年鉴》编委会编. —北京:中国铁道出版社有限公司,2019. 9
ISBN 978-7-113-26154-2

Ⅰ. ①中… Ⅱ. ①中… Ⅲ. ①铁路企业-企业集团-南昌-2018-年鉴 Ⅳ. ①F532. 6-54

中国版本图书馆 CIP 数据核字(2019)第 179934 号

书 名: 中国铁路南昌局集团有限公司年鉴 2018
作 者:《中国铁路南昌局集团有限公司年鉴》编委会

责任编辑: 朱景芳 于靖怡　　　　电话: 010-51873407
封面设计: 崔丽芳
责任校对: 王 杰
责任印制: 赵星辰

出版发行: 中国铁道出版社有限公司 (100054, 北京市西城区右安门西街 8 号)
网 址: http: //www. tdpress. com
印 刷: 北京捷迅佳彩印刷有限公司
版 次: 2019 年 9 月第 1 版 2019 年 9 月第 1 次印刷
开 本: 787 mm×1 092 mm 1/16 印张: 19. 5 插页: 12 字数: 500 千
书 号: ISBN 978-7-113-26154-2
定 价: 220. 00 元

中国铁路南昌局集团有限公司管界示意图(2017年)

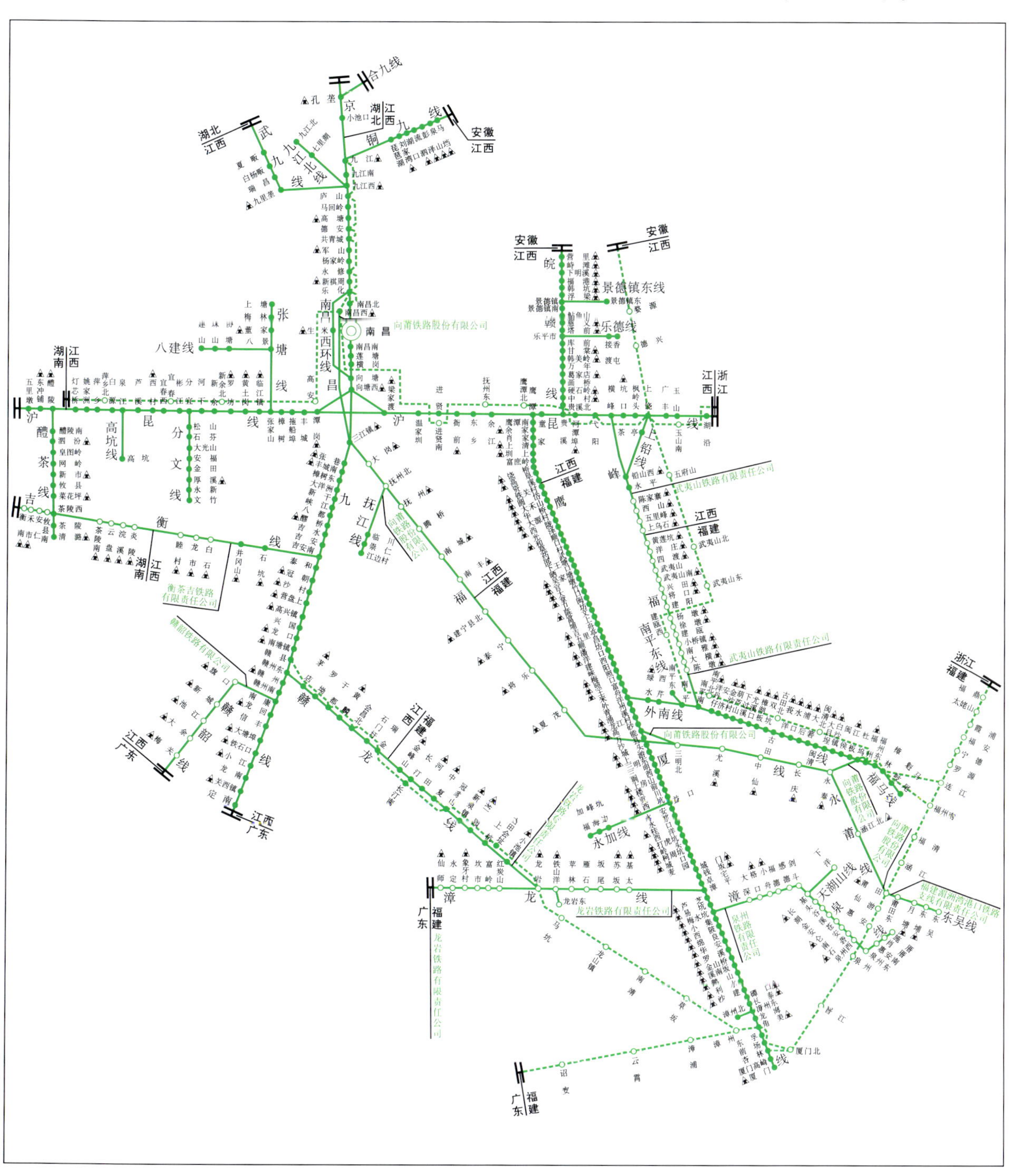

2017 年 6 月 29—30 日，中国铁路总公司党组书记、总经理陆东福（中）到路局检查指导工作。图为陆东福在南昌供电段生产调度指挥中心调研　　（王阳峰　摄）

2017 年 9 月 2—3 日，中国铁路总公司党组书记、总经理陆东福（中）到路局检查指导工作。图为陆东福在瑞金站调研　　（胡友林　摄）

2017 年 12 月 19 日，中国铁路总公司党组成员、副总经理李文新（右三）对九景衢铁路进行全面检查。图为李文新在景德镇北站检查指导　　（杨春如　摄）

2017 年 2 月 3—4 日，中国铁路总公司党组成员、副总经理黄民（中）到路局检查指导春运工作。图为黄民与正在义诊服务的“南丁格尔奖”获得者、南昌大学第四附属医院医疗部主任邹德凤交谈　　（宋家根　摄）

2017 年 12 月 28 日，江西省委常委、常务副省长毛伟明（前排右二）到景德镇北站，出席九景衢铁路通车仪式　　　　（宋家根　摄）

2017 年 10 月 18 日，福建省委常委、福州市委书记王宁（前排左二）到福州车站检查指导铁路安保工作　　　　（董宏伟　摄）

2017 年 10 月 1 日，铁路总公司副总经理王同军检查福平铁路平潭海峡大桥建设情况
（冯天翔　摄）

2017 年 11 月 19 日，中国铁路总公司党组书记、总经理陆东福宣布全路 18 个铁路局集团有限公司挂牌成立。图为中国铁路南昌局集团有限公司挂牌仪式现场　　（张学东　摄）

2017 年 1 月 9 日，路局第五届职工代表大会第三次会议在南昌召开。图为会议现场

（张学东　摄）

2017 年 1 月 11 日，全局工作会议在南昌召开。图为会议现场　（张学东　摄）

2017 年 9 月 21 日，武九高铁开通运营　　　　（丁波　摄）

2017 年 12 月 28 日，九景衢铁路开通运营。图为首发列车乘务员合影　　（丁波　摄）

2017 年 1 月 13 日，春运首日，春运志愿者在南昌站给旅客送“福”袋

（张学东　摄）

2017 年 2 月 8 日，路局“厉害了，word 南铁动车”2017 年春运开放日活动在福州动车段举行，媒体记者和网民代表现场观摩了动车外壳自动清洗、不落轮镟修轮辋探伤等作业

（张贵锋　摄）

2017 年 1 月 13 日，福建开行首趟外来务工人员返乡专列　（李一明　摄）

2017 年 2 月 6 日，江西赣州开行首趟务工人员动车专列　（胡友林　摄）

2017 年春运期间，路局在开往北京西的三对直达列车上开通免费 WiFi。图为 Z133 次列车上，旅客用手机扫描免费 WiFi 二维码 （张学东　摄）

2017 年春运期间，南昌西站首次采用脸部识别技术，旅客可直接“刷脸”进站 （任偲睿　摄）

2017 年 7 月 17 日，动车互联网订餐服务上线运营。图为南昌西站“12306”网络订餐配送中心工作人员根据订单组织派送 （丁波 摄）

2017 年 12 月 20 日，铁路部门推出“铁路畅行”常旅客会员服务，旅客购买火车票的积分可兑换车票。图为 Z65 次列车上，南昌客运段工作人员向旅客介绍相关情况 （张学东 摄）

2017 年 6 月 1 日，江西省对接“一带一路”首趟中欧双向货运班列（俄罗斯—赣州港—吉尔吉斯斯坦）开行仪式在赣州港举行（毕嘉伟　摄）

2017 年 10 月 12 日上午，全路首列货车车体广告列车从横岗站发车（殷杰　摄）

2017 年 11 月 22 日，首列赣欧（亚）南昌—河内国际集装箱货运班列开行

（毕嘉伟　摄）

2017 年 12 月 20 日，江西省首列南丰蜜桔中欧冷链班列（抚州—莫斯科）开行

（王靖达　摄）

2017 年 4 月 21 日，厦门首列直达俄罗斯（厦门—莫斯科）的中欧快速货运班列开行 （庄建华　摄）

2017 年 8 月 15 日，厦门国际物流港有限责任公司首趟海铁联运木材专列厦门（前场）—赣州（南康）开行 （陈金炫　摄）

2017 年 1 月 4 日，厦门北动车组运用所开通运营　　（孙文龙　摄）

2017 年 8 月 22 日，新建平潭海峡公铁两用大桥首孔简支钢桁梁架设成功

（吴金霞　摄）

2017 年 11 月 9 日，新建路局调度大楼正式投入使用　　（张学东　摄）

2017 年 11 月 16 日，新建南昌至赣州铁路客运专线首条 10 公里以上特长隧道——兴国隧道顺利贯通　　（杨春如　摄）

2017 年 8 月 2 日，为纪念建军九十周年，路局机关工会、人防战备处联合举办军事射击比赛，140 名路局机关职工参加比赛　　（张学东　摄）

2017 年 9 月 12 日，2017 年江西省入伍新兵欢送仪式在南昌站举行。图为南昌站工作人员引导新兵有序上车　　（张学东　摄）

2017 年 10 月 18 日上午，路局机关党委组织党员干部收看党的十九大开幕盛况

（张学东　摄）

2017 年 10 月 30 日，路局党委举行党的十九大代表报告会暨党委理论学习中心组“党的十九大精神”专题（扩大）学习会，传达学习党的十九大精神

（张学东　摄）

2017 年 6 月 22 日，赣州车务段党委在革命老区兴国组织开展主题党日活动 （刘小平　摄）

2017 年 6 月 27 日，路局组织离退休干部代表参观考察中车株洲电力机车有限公司 （离退休管理处　供图）

2017 年 6 月 23 日，由路局党委和南铁检察机关联合摄制的专题片《反腐进行时——南铁反腐警示录》在路局机关会议室首映 （张学东　摄）

2017 年 9 月 5 日，全国道德模范龚全珍乘坐南昌客运段值乘的 G489 次列车。图为龚全珍拿出携带的书籍与乘务员交流 （胡莎　摄）

2017 年 7 月 8 日，南昌车站候车大厅举办“铁路乘意险、旅途更安心”宣传咨询活动　　（殷杰摄）

2017 年 11 月 11 日，路局组织团员青年在南昌西站开展“双 11”青年志愿突击活动　　（任偲睿　摄）

2017 年 10 月 26—29 日，第十四届中国国际现代化铁路技术装备展览会在上海展览中心举办，来自 12 个国家和地区的 240 家企业和单位参展。图为路局展台的工作人员在发放资料　　（张学东　摄）

2017 年 12 月 19—21 日，“振兴杯”铁道行业青年职业技能竞赛暨全路第二届新入路青年职业技能竞赛总决赛在厦门举行。图为机务系统实作比赛

（张贵锋　摄）

编 辑 说 明

一、根据《中国铁路总公司办公厅关于规范各铁路局、铁科院集团公司年鉴名称的通知》(铁总办档史函〔2018〕273 号),自 2018 卷开始,原《南昌铁路局年鉴》更名为《中国铁路南昌局集团有限公司年鉴》(以下简称《年鉴》)。

二、《年鉴》是全面反映中国铁路南昌局集团有限公司基本情况的综合性工具书,由中国铁路南昌局集团有限公司主管、《年鉴》编纂委员会编纂。

三、《年鉴》设栏目、分目、条目三个层次,以条目内容为基本形式,采用资料由集团公司所属单位(部门)提供,均经供稿单位(部门)主要领导审核。

四、本卷《年鉴》设特载、大事记、概况、运输生产、经营管理、综合管理、铁路建设、科技信息教育卫生、多元经济、党群工作、公安政法武装、所属站段、人物、光荣榜、文件目录、统计资料等 16 个栏目。资料记载时限为 2017 年 1 月 1 日至 12 月 31 日。

五、本卷《年鉴》的组稿、编纂工作得到集团公司领导的关心和各单位(部门)负责人与撰稿人的支持,在此一并致谢!

中国铁路南昌局集团有限公司
年鉴编纂委员会

主任委员　王　培

委　　员　万　军　高　松　钟生贵　戴平峰

任朝阳　彭　磊　刘明亮　陈寿卿

黄少雄　杨　斌　詹志文　郭建波

主　　编　陈　彬

副 主 编　方　腾

中国铁路南昌局集团有限公司
年鉴编辑组

责任编辑　周吉平　曾　进

彩页设计　曾　进

图文排印　曾　进

校　　对　曾　进

目　录

特　载

勇担历史使命　深化改革攻坚
为实现“交通强国、铁路先行”不懈奋斗 …… (1)

大　事　记

2017 年中国铁路南昌局集团有限公司
大事记 …… (19)

概　况

管界与营业里程 …… (48)
客货运输 …… (48)
重点物资运输 …… (49)
运输收入 …… (49)
建设投资 …… (49)
职工人数与工资 …… (49)
管理机构调整 …… (49)
列车运行图调整 …… (51)
综合能耗 …… (51)
污染物排放 …… (51)
表3-1　中国铁路南昌局集团有限公司
2017 年行政机构组织表 …… (52)

运输生产

运输组织

概况 …… (53)
车务安全管理 …… (53)
规章体系建设 …… (53)
岗位作业标准化 …… (53)
行车工种队伍建设 …… (53)
行车设备项目 …… (54)
列车运行图调整 …… (54)
表4-1　2017 年末调整图后集团公司
分界口列车对数表 …… (54)
表4-2　2017 年末调整图后集团公司
客运及货运列车数量表 …… (55)
表4-3　2017 年末集团公司车站等级
情况表 …… (56)

调度指挥

概况 …… (57)
货车运输效率提升 …… (57)
调度安全管理 …… (57)
应急能力建设 …… (57)
客货运能调整 …… (57)
调度队伍建设 …… (58)
施工组织 …… (58)
重要物资运输保障 …… (58)

行车安全

概况 ………………………………… (58)
运输安全天 ………………………… (58)
表4-4　2017 年与 2016 年行车事故对比及运输安全天 ……………………… (58)
行车事故 …………………………… (60)
行车典型事故案例 ………………… (60)
劳动人身伤亡事故 ………………… (61)
路外伤亡事故 ……………………… (61)
表4-5　2016 年与 2017 年集团公司路外伤亡事故对比表 …………………… (61)
路外伤亡事故典型案例 …………… (61)
防止事故典型案例 ………………… (62)

旅客运输

概况 ………………………………… (62)
客运指标 …………………………… (62)
春节运输 …………………………… (62)
暑期运输 …………………………… (63)
周末运输 …………………………… (63)
售票方式调整 ……………………… (63)
淡季运输 …………………………… (63)
行包发送 …………………………… (63)
服务设施改进 ……………………… (63)
动车组网络订餐 …………………… (64)
引导揭示规范 ……………………… (64)
规范标准完善 ……………………… (64)
设备维护机制 ……………………… (64)

货物运输

概况 ………………………………… (64)
货运指标 …………………………… (64)
重点物资运输 ……………………… (64)
货物装载加固 ……………………… (64)
超限超重货物运输 ………………… (64)
货检工作 …………………………… (64)
装卸工作 …………………………… (64)
快运货物列车 ……………………… (65)
卸车组织 …………………………… (65)
物流服务 …………………………… (65)
货运保价 …………………………… (65)
客户服务 …………………………… (66)
技术业务培训 ……………………… (66)

军事运输

概况 ………………………………… (66)
军交保障与军运组织 ……………… (66)
军运设施建设 ……………………… (66)
思想政治教育 ……………………… (66)
作风建设 …………………………… (66)
上级首长视察 ……………………… (67)

机　　务

概况 ………………………………… (67)
机车设备与运营范围 ……………… (67)
机务指标 …………………………… (67)
增收节支 …………………………… (67)
装备能力提升 ……………………… (67)
科技创新成果 ……………………… (68)
安全管理 …………………………… (68)
机务系统职工培训 ………………… (68)

车　　辆

概况 ………………………………… (68)
车辆配属 …………………………… (68)
动车组检修与运用 ………………… (68)
客车检修与运用 …………………… (69)
货车检修与运用 …………………… (69)
“5T”系统 …………………………… (69)
车辆系统职业技能竞赛 …………… (69)

工　　务

概况 ………………………………… (69)

线路设施与质量 ……………………… (69)
线桥大中修 ………………………… (70)
线桥维修 …………………………… (70)
防洪工作 …………………………… (70)
养路机械设备 ……………………… (70)
道口及安防设施管理 ……………… (71)
石料供应管理 ……………………… (71)
线路绿化 …………………………… (71)
线路检测 …………………………… (71)
钢轨探伤 …………………………… (71)

供　电

概况 ………………………………… (71)
供电设施与指标 …………………… (71)
制度建设 …………………………… (72)
安全管理 …………………………… (72)
接触网修程修制改革试点 ………… (72)
设备更新改造 ……………………… (72)
6C 检测系统 ……………………… (72)
大数据运用 ………………………… (72)
接触网作业车管理 ………………… (73)
节支创效 …………………………… (73)

电　务

概况 ………………………………… (73)
安全基础管理 ……………………… (73)
大数据应用 ………………………… (73)
设备专项整治 ……………………… (73)
设备大修与更新改造 ……………… (74)
修程修制改革 ……………………… (74)

机辆验收

概况 ………………………………… (74)
管理制度建设 ……………………… (74)
检修质量控制 ……………………… (74)
基层单位帮促 ……………………… (75)
项目验收把关 ……………………… (75)
学习交流 …………………………… (75)

经 营 管 理

企业管理改革

概况 ………………………………… (76)
公司制改革 ………………………… (76)
非运输企业资源重组整合 ………… (76)
推进制度建设 ……………………… (76)
经营责任考核机制 ………………… (76)
质量管理和贯标工作 ……………… (77)
法律保障能力建设 ………………… (77)
合同管理 …………………………… (77)
法律维权活动 ……………………… (77)
合资铁路公司深化改革 …………… (77)

计划统计管理

概况 ………………………………… (78)
运输计划 …………………………… (78)
基建计划 …………………………… (78)
更新改造投资 ……………………… (78)
概预算审批 ………………………… (78)
运输统计 …………………………… (78)
综合统计 …………………………… (79)
节能环保 …………………………… (79)

人事管理

概况 ………………………………… (79)
干部队伍 …………………………… (79)
领导班子建设 ……………………… (79)
干部培训 …………………………… (80)
干部监督 …………………………… (80)
职称评审 …………………………… (80)
毕业生招聘 ………………………… (80)
出国(境)审批 ……………………… (80)

劳动工资和卫生管理

概况 …… (81)
操作技能人员管理 …… (81)
省级技能大师工作室 …… (81)
工效挂钩办法 …… (81)
工资管理 …… (81)
津贴(补贴)管理 …… (82)
生产定员标准修订 …… (82)
铁路乘车证管理 …… (82)
卫生监督 …… (82)
疾病预防控制 …… (82)
职工健康行动计划 …… (82)
计划生育 …… (82)
红十字会活动 …… (82)

社会保险

概况 …… (83)
社保移交属地管理 …… (83)
养老保险 …… (83)
工伤保险 …… (83)
医疗生育保险 …… (83)
失业保险 …… (83)
企业年金 …… (84)
离休干部等人员医疗保障 …… (84)

财务管理

概况 …… (84)
资产与资金管理 …… (84)
预算与成本管理 …… (84)
国有资本监管 …… (84)
会计规范化工作 …… (84)

收入稽查

概况 …… (85)
运输收入 …… (85)
堵漏保收 …… (85)
进款管理 …… (85)
票据管理与审核 …… (85)
工作方式创新 …… (85)
站车调研 …… (85)

物资设备管理

概况 …… (86)
物资供应 …… (86)
节支增效 …… (86)
集中采购 …… (86)
招投标信息化管理 …… (86)
基础管理标准化 …… (86)
库存管理 …… (86)
机械动力设备管理 …… (87)

价格管理

概况 …… (87)
整章建制 …… (87)
货运价格管理 …… (87)
客运价格管理 …… (88)
采购项目价格写实 …… (88)
采购项目限价目录管理 …… (88)
废旧物资价格管理 …… (89)
价格信息系统建设 …… (89)

土地房产管理

概况 …… (89)
管辖设备 …… (89)
房建管理 …… (89)
行车公寓 …… (89)
给水管理 …… (89)
表 5-1 2017 年集团公司给水工作量及质量指标表 …… (90)
土地管理 …… (90)
住房建设 …… (90)
社区管理 …… (91)

综 合 管 理

行政事务管理

概况 …………………………………… (92)
调研督办 ……………………………… (92)
应急管理 ……………………………… (92)
公文管理 ……………………………… (92)
机关财务 ……………………………… (92)
档案史志 ……………………………… (93)
会务接待 ……………………………… (93)

机关后勤服务

概况 …………………………………… (93)
会务服务保障 ………………………… (93)
办公用品管理 ………………………… (93)
设施设备维养 ………………………… (93)
机关大院环保绿化 …………………… (93)
食堂管理 ……………………………… (93)
公务用车管理 ………………………… (94)
“四金”结办及其他事务 ……………… (94)
机关综合治理 ………………………… (94)

福州铁路办事处

概况 …………………………………… (94)
安全监督检查 ………………………… (94)
对外沟通协调 ………………………… (94)
强化内部管理 ………………………… (95)
党建重点工作 ………………………… (95)

铁 路 建 设

建设管理

概况 …………………………………… (96)
基建投资 ……………………………… (96)
表7-1　2017 年集团公司在建大中型建设项目完成投资情况表 ……………… (96)
开工项目 ……………………………… (97)
续建项目 ……………………………… (98)
竣工项目 ……………………………… (98)
工程质量检查 ………………………… (99)
重点工程资金 ………………………… (99)
建设管理制度 ………………………… (99)

合资铁路与项目建设

沪昆铁路客运专线江西有限责任公司 ……………………………………… (99)
昌九城际铁路股份有限公司 ……… (100)
九景衢铁路江西有限责任公司 …… (102)
赣龙复线铁路项目管理机构 ……… (103)
东南沿海铁路福建有限责任公司 … (105)
福建福平铁路有限责任公司 ……… (106)
厦门海沧铁路有限责任公司 ……… (107)
厦门国际物流港有限责任公司 …… (107)
福建港口铁路支线建设指挥部 …… (108)
厦门枢纽改造工程建设指挥部 …… (109)
南昌房建工程建设指挥部 ………… (109)

科技　信息　教育　卫生

科技管理

概况 …………………………………… (111)
铁路路网规划 ………………………… (111)
铁路建设前期审查 …………………… (111)
路网在建项目 ………………………… (111)
表8-1　2017 年在建铁路情况一览表 ……………………………………… (111)
综合技术管理 ………………………… (112)
科研计划管理 ………………………… (112)
重点课题研究 ………………………… (113)
成果评价与转化 ……………………… (113)

标准化管理 ……………………………… (113)
计量管理 ………………………………… (113)
特种设备定检 …………………………… (113)
特种设备安全检查 ……………………… (113)

科技研究

概况 ……………………………………… (113)
科研工作 ………………………………… (113)
研发项目 ………………………………… (114)
铁路运输货物包装检测 ………………… (114)
环境监测 ………………………………… (115)
人才培养 ………………………………… (115)

技术监督

概况 ……………………………………… (115)
超偏载、轨道衡维修 …………………… (115)
计量器具检定 …………………………… (115)
计量标准复查考核 ……………………… (115)
行业标准采集 …………………………… (115)
人员培训 ………………………………… (115)
科研项目 ………………………………… (115)

信息技术开发及应用

概况 ……………………………………… (115)
整章建制 ………………………………… (115)
信息安全风险管理 ……………………… (116)
重点项目建设 …………………………… (116)
新线建设提前介入 ……………………… (116)
运行维护管理 …………………………… (116)
队伍建设 ………………………………… (116)

职工教育

概况 ……………………………………… (116)
高铁人员培训 …………………………… (117)
高职毕业生岗前培训 …………………… (117)
职工岗位技能达标活动 ………………… (117)
新线接管人员培训 ……………………… (117)
专项培训 ………………………………… (117)
职教基础管理 …………………………… (117)
新余职工培训所 ………………………… (117)
福州职工培训所 ………………………… (118)

疾病预防控制

南昌疾病预防控制所 …………………… (119)
福州疾病预防控制所 …………………… (120)

多 元 经 济

经营开发

概况 ……………………………………… (122)
非运输业经营指标 ……………………… (122)
产业建设 ………………………………… (122)
非运输企业改革 ………………………… (123)
制度建设 ………………………………… (123)

集体经济

概况 ……………………………………… (123)
资产及经营效益 ………………………… (123)
帮困救助 ………………………………… (123)
管理与队伍建设 ………………………… (124)

非运输企业

江西地方铁路开发有限公司 ……… (124)
江西铁路实业发展有限公司 ……… (125)
福建铁路实业发展有限公司 ……… (126)
南昌铁路文化广告传媒有限公司 … (127)
南昌铁路旅游酒店资产管理有限公司 ………………………… (128)
南昌铁路天河建设股份有限公司 … (129)
江西京九物流有限责任公司 ……… (129)

福建汇丰物流有限公司 ……………（131）
南昌华路建设咨询监理有限公司 …（132）
南昌铁路物业管理有限公司 ………（132）
南昌铁路通达工贸有限责任公司 …（133）
南昌铁路天集房地产开发有限责任公司 ……………………………（134）

党 群 工 作

中共中国铁路南昌局集团有限公司委员会

中共中国铁路南昌局集团有限公司委员会委员 ……………………………（136）
集团公司领导班子民主生活会 ……（136）

组织建设

概况 ………………………………（136）
表10-1　2017 年集团公司所属单位党员数及在岗情况 …………………（137）
表10-2　2017 年集团公司所属单位党员年龄、文化结构、职业分布情况 …（138）
“两学一做”学习教育 ……………（138）
基层党支部建设 …………………（138）
党支部书记队伍建设 ……………（139）
党内“三无”竞赛活动 ……………（139）
党员基本信息采集 ………………（139）
党员队伍建设 ……………………（139）
党的十九大代表 …………………（139）
先进表彰 …………………………（139）

宣传工作

概况 ………………………………（139）
理论学习 …………………………（139）
形势任务教育 ……………………（139）
主题宣传活动 ……………………（140）
精神文明建设 ……………………（140）
企业文化建设 ……………………（140）
对外新闻宣传 ……………………（140）
网络舆情引导 ……………………（140）

党办工作

概况 ………………………………（141）
党群工作落实 ……………………（141）
信息刊物编发 ……………………（141）
机要保密 …………………………（141）
信访维稳 …………………………（142）

党(干)校

概况 ………………………………（142）
干部培训 …………………………（142）
备课试讲 …………………………（142）
送教上门 …………………………（142）
交流与成果 ………………………（142）
理论研究 …………………………（143）
后勤保障 …………………………（143）

铁道报社

概况 ………………………………（143）
新闻策划与报道 …………………（143）
合作与交流 ………………………（143）
获奖作品 …………………………（144）
发行与通联 ………………………（144）

有线电视台

概况 ………………………………（144）
电视新闻 …………………………（144）
品牌栏目 …………………………（145）
对外宣传 …………………………（145）
队伍建设 …………………………（145）

纪律检查

概况 …………………………………… (145)
“两个责任”落实 ……………………… (145)
中央巡视问题整改 …………………… (145)
监督执纪“四种形态” ………………… (146)
权力制约和监督 ……………………… (146)

工　　会

概况 …………………………………… (146)
职工代表大会 ………………………… (146)
先进集体和个人 ……………………… (147)
工会干部培训 ………………………… (147)
帮扶救助 ……………………………… (147)
“三线”建设 ………………………… (147)
职工联谊与休养 ……………………… (147)
安全巡查 ……………………………… (147)
劳动竞赛 ……………………………… (147)
合理化建议 …………………………… (147)
职工文体活动 ………………………… (148)

共青团工作

概况 …………………………………… (148)
青年思想引领 ………………………… (148)
纪念“五四运动”98 周年暨建团 95 周年活动 ……………………………… (149)
青年志愿者活动 ……………………… (149)
学技对标、“双创”立功活动 ………… (149)
青年创新创效 ………………………… (149)
青年职业技能竞赛 …………………… (149)
服务青年安心安家 …………………… (149)
青年文明号创建 ……………………… (149)
团组织建设 …………………………… (150)
团组织和个人获奖 …………………… (150)

机关党群工作

概况 …………………………………… (150)
落实全面从严治党要求 ……………… (150)
“两学一做”学习教育常态化制度化 ……………………………………… (151)
纪律规矩教育 ………………………… (151)
工作质量考评与创先争优 …………… (151)
机关工会工作 ………………………… (151)
机关共青团工作 ……………………… (151)

公安　政法　武装

公　　安

概况 …………………………………… (152)
反恐防恐工作 ………………………… (152)
安全维稳 ……………………………… (152)
站车线治安管理 ……………………… (153)
消防监督管理 ………………………… (153)
“三保”宣传 ………………………… (153)
打击刑事犯罪 ………………………… (153)
典型案例 ……………………………… (153)
公安队伍建设 ………………………… (154)
立功创模 ……………………………… (154)

治安综合治理与护路联防

概况 …………………………………… (154)
铁路沿线治安环境整治 ……………… (154)
路地平安创建 ………………………… (154)
护路联合工作站 ……………………… (155)
技防建设 ……………………………… (155)
综治护路宣传 ………………………… (155)
表彰奖励见义勇为旅客 ……………… (155)
综治业务培训 ………………………… (155)

武装战备

概况 …………………………………（156）
制度建设 ……………………………（156）
民兵工作 ……………………………（156）
铁路交通战备 ………………………（156）
国防交通理论研究 …………………（156）
人防战备设施管理 …………………（156）
训练演练 ……………………………（156）
武器管理 ……………………………（156）

所 属 站 段

直属车站

南昌车站 ……………………………（157）
表 12-1 南昌车站 2017 年主要指标完成情况 ……………………（159）
向塘西车站 …………………………（159）
表 12-2 向塘西车站 2017 年主要生产指标完成情况 ………………（160）
鹰潭车站 ……………………………（160）
表 12-3 鹰潭车站 2017 年主要指标完成情况 ……………………（161）
福州车站 ……………………………（162）
表 12-4 福州车站 2017 年主要指标完成情况 ……………………（163）
厦门车站 ……………………………（163）
表 12-5 厦门车站 2017 年主要指标完成情况 ……………………（164）

车 务 段

南昌车务段 …………………………（165）
表 12-6 南昌车务段 2017 年主要指标完成情况 ……………………（165）
宜春车务段 …………………………（166）
表 12-7 宜春车务段 2017 年主要生产指标完成情况 ………………（167）
上饶车务段 …………………………（167）
表 12-8 上饶车务段 2017 年主要指标完成情况 ……………………（168）
九江车务段 …………………………（168）
表 12-9 九江车务段 2017 年主要指标完成情况 ……………………（170）
赣州车务段 …………………………（170）
表 12-10 赣州车务段 2017 年主要指标完成情况 …………………（171）
福州车务段 …………………………（171）
表 12-11 福州车务段 2017 年主要指标完成情况 …………………（173）
南平车务段 …………………………（173）
表 12-12 南平车务段 2017 年主要指标完成情况 …………………（174）
永安车务段 …………………………（174）
表 12-13 永安车务段 2017 年主要指标完成情况 …………………（176）
龙岩车务段 …………………………（176）
表 12-14 龙岩车务段 2017 年主要指标完成情况 …………………（177）
漳州车务段 …………………………（177）
表 12-15 漳州车务段 2017 年主要指标完成情况 …………………（178）

机 务 段

南昌机务段 …………………………（179）
表 12-16 南昌机务段 2017 年主要指标完成情况 …………………（180）
向塘机务段 …………………………（180）
表 12-17 向塘机务段 2017 年主要指标完成情况 …………………（182）
鹰潭机务段 …………………………（182）
表 12-18 鹰潭机务段 2017 年主要指标完成情况 …………………（183）

福州机务段 ………………………… (184)
表 12-19 福州机务段 2017 年主要指标完成情况 ………………………… (185)

供电段

南昌供电段 ………………………… (186)
表 12-20 南昌供电段 2017 年主要指标完成情况 ………………………… (187)
鹰潭供电段 ………………………… (187)
表 12-21 鹰潭供电段 2017 年主要指标完成情况 ………………………… (188)
福州供电段 ………………………… (189)
表 12-22 福州供电段 2017 年主要指标完成情况 ………………………… (190)
厦门供电段 ………………………… (190)
表 12-23 厦门供电段 2017 年主要指标完成情况 ………………………… (191)

工务段

南昌工务段 ………………………… (192)
表 12-24 南昌工务段 2017 年主要生产指标完成情况 ………………………… (193)
南昌西工务段 ………………………… (194)
表 12-25 南昌西工务段 2017 年主要指标完成情况 ………………………… (195)
九江桥工段 ………………………… (195)
表 12-26 九江桥工段 2017 年主要指标完成情况 ………………………… (197)
赣州工务段 ………………………… (197)
表 12-27 赣州工务段 2017 年主要指标完成情况 ………………………… (198)
鹰潭工务段 ………………………… (199)
表 12-28 鹰潭工务段 2017 年主要指标完成情况 ………………………… (200)
鹰潭工务机械段 ………………………… (200)
表 12-29 鹰潭工务机械段 2017 年主要指标完成情况 ………………………… (201)
萍乡工务段 ………………………… (202)
表 12-30 萍乡工务段 2017 年主要指标完成情况 ………………………… (203)
福州工务段 ………………………… (203)
表 12-31 福州工务段 2017 年主要指标完成情况 ………………………… (204)
南平工务段 ………………………… (205)
表 12-32 南平工务段 2017 年主要指标完成情况 ………………………… (206)
永安工务段 ………………………… (207)
表 12-33 永安工务段 2017 年主要指标完成情况 ………………………… (208)
龙岩工务段 ………………………… (209)
表 12-34 龙岩工务段 2017 年主要指标完成情况 ………………………… (210)
厦门工务段 ………………………… (211)
表 12-35 厦门工务段 2017 年主要指标完成情况 ………………………… (212)

电务段

南昌电务段 ………………………… (213)
表 12-36 南昌电务段 2017 年主要指标完成情况 ………………………… (214)
福州电务段 ………………………… (215)
表 12-37 福州电务段 2017 年主要指标完成情况 ………………………… (216)

通信段

南昌通信段 ………………………… (216)
表 12-38 南昌通信段 2017 年主要指标完成情况 ………………………… (218)

车辆段

南昌车辆段 ………………………… (218)
表 12-39 南昌车辆段 2017 年主要指标完成情况 ………………………… (219)

南昌南车辆段 ……………………… （220）
表 12-40　南昌南车辆段 2017 年主要指标完成情况 ……………………… （221）
福州车辆段 ……………………… （221）
表 12-41　福州车辆段 2017 年主要指标完成情况 ……………………… （223）
福州东车辆段 ……………………… （223）
表 12-42　福州东车辆段 2017 年主要指标完成情况 ……………………… （224）

动车段

福州动车段 ……………………… （224）
表 12-43　福州动车段 2017 年主要生产指标完成情况 ……………………… （226）

客运段

南昌客运段 ……………………… （226）
表 12-44　南昌客运段 2017 年主要指标完成情况 ……………………… （227）
福州客运段 ……………………… （227）
表 12-45　福州客运段 2017 年主要指标完成情况 ……………………… （228）

房建生活段

南昌房建生活段 ……………………… （229）
表 12-46　南昌房建生活段 2017 年主要指标完成情况 ……………………… （230）
福州房建生活段 ……………………… （230）
表 12-47　福州房建生活段 2017 年主要指标完成情况 ……………………… （231）

物资供应段

南昌物资供应段 ……………………… （231）
表 12-48　南昌物资供应段 2017 年主要指标完成情况 ……………………… （232）

人　物

2017 年中国铁路南昌局集团有限公司领导人员名录

2017 年中国铁路南昌局集团有限公司领导人员简历

王　培 ……………………… （233）
万　军 ……………………… （233）
高　松 ……………………… （234）
钟生贵 ……………………… （234）
戴平峰 ……………………… （234）
任朝阳 ……………………… （235）
彭　磊 ……………………… （235）
刘明亮 ……………………… （235）
陈寿卿 ……………………… （236）
黄少雄 ……………………… （236）
杨　斌 ……………………… （236）
詹志文 ……………………… （236）
郭建波 ……………………… （237）

2017 年中国铁路南昌局集团有限公司十大“平凡之星”

王闽黔 ……………………… （237）
支　军 ……………………… （237）
刘文慧 ……………………… （238）
刘　鹏 ……………………… （238）
刘慧姣 ……………………… （238）
余春根 ……………………… （239）
李建波 ……………………… （239）
赵　静 ……………………… （239）
翁建忠 ……………………… （240）
黄逢丽 ……………………… （240）

2017 年取得高级职称人员名录

光荣榜

全国工人先锋号 ……………………… (244)
全国三八红旗手 ……………………… (244)
江西省五一劳动奖状 ………………… (244)
江西省五一劳动奖章 ………………… (244)
江西省工人先锋号 …………………… (244)
福建省五一劳动奖章 ………………… (244)
福建省工人先锋号 …………………… (244)
火车头奖杯 ………………………… (245)
火车头奖章 ………………………… (245)
江西省五一巾帼标兵岗 ……………… (246)
福建省五一巾帼标兵岗 ……………… (246)
江西省五一巾帼标兵 ………………… (246)
福建省五一巾帼标兵 ………………… (246)
集团公司先进单位 …………………… (246)
集团公司先进班组 …………………… (247)
集团公司先进生产(工作)者 ……… (250)
集团公司学习型领导班子 ………… (262)
集团公司党风廉政建设先进集体 … (262)
集团公司先进纪委 …………………… (262)
集团公司党支部标杆 ………………… (262)
集团公司先进党支部 ………………… (263)
集团公司优秀共产党员 …………… (264)
集团公司优秀党务工作者 ………… (270)
集团公司优秀班组党支部书记 …… (272)
集团公司党风廉政建设先进个人 … (272)
集团公司优秀纪检监察干部 ……… (273)
集团公司党内优质品牌 …………… (274)

文件目录

2017 年路局(集团公司)行政文件目录 …………………………………………… (275)
2017 年路局(集团公司)党委文件目录 …………………………………………… (290)
2017 年路局(集团公司)纪委文件目录 …………………………………………… (293)
2017 年路局(集团公司)工会文件目录 …………………………………………… (294)

统计资料

表 16-1　主要经济技术指标综合表(一) …………………………………………… (297)
表 16-2　主要经济技术指标综合表(二) …………………………………………… (298)
表 16-3　主要经济技术指标综合表(三) …………………………………………… (298)

特　载

勇担历史使命　深化改革攻坚
为实现"交通强国、铁路先行"不懈奋斗

——在集团公司工作会议上的报告

（2018年1月17日）

王　培

同志们：

这次会议是在深入学习贯彻党的十九大精神，进入新时代、建立新体制、展现新作为开局之年召开的一次重要会议，会议的主要任务是：以习近平新时代中国特色社会主义思想为指导，认真学习贯彻党的十九大精神和总公司工作会议要求，总结2017年工作，分析面临形势，部署2018年及今后一个时期公司重点工作，动员各级组织和广大干部职工不忘初心、牢记使命，勇担重任，攻坚克难，为实现"交通强国、铁路先行"不懈奋斗。

一、2017年公司改革发展成绩显著

2017年，在总公司党组的坚强领导下，公司干部职工以迎接党的十九大胜利召开和学习宣传贯彻党的十九大精神为动力，深入贯彻落实习近平总书记对铁路工作的重要指示批示精神和总公司党组各项决策部署，坚持"强基达标、提质增效"工作主题，担当作为、开拓奋进，圆满完成了全年各项目标任务。

——运输安全持续稳定。未发生旅客死亡责任事故、一般B类及以上责任行车事故，发生安全责任事故25件，同比减少27件、下降51.9%；消灭了责任从业人员伤亡和路外伤亡责任事故；实现了防洪安全年；截至1月16日，实现运输安全1741天，创历史最好成绩。

——铁路建设圆满完成。完成铁路基本建设投资309.67亿元，武九客专、九景衢铁路相继开通运行，新增铁路运营里程294.5公里，全公司铁路营业里程达7763.2公里，其中时速200公里及以上铁路3074.3公里。

——客货运量强劲增长。完成旅客发送量2.2亿人，同比增长10.6%，其中动车组发送1.54亿人、同比增长13.6%，占比

70.2%；货物发送量7982.8万吨，同比增长10.2%；集装箱、商品汽车、冷链运输同比分别增长22.7%、51.7%、36.2%。

——运输效率明显提升。完成货车周时2.48天，同比压缩0.15天，为近年来最好成绩；坚持“以卸定装、以交定装”原则，实现分界口大接大交，分界口货车交接连创历史新高，交接货车最高达到405列。

——经营效益显著增长。完成运输总收入292.39亿元，同比增长15%；多元经营收入109.3亿元、同比增长24.1%，综合创效14.38亿元、同比增长17.2%。盈亏总额同比减亏22.38亿元，较考核目标减亏16.13亿元。

——科教兴企卓有成效。全年累计投入科研经费500.5万元，科研立项37项，科技成果推广投入868.2万元，获得专利2项；广泛开展群众性QC攻关。全年投入干部职工教育培训经费7240万元，举办各类脱产培训班427期，培训职工18161人次。

——企业改革蹄疾步稳。2017年11月19日挂牌成立了中国铁路南昌局集团有限公司；将7家合资公司、7家港口支线公司整合为3个项目管理机构；撤销庐山、井冈山、厦门三个疗(休)养院，将南昌铁路国际旅行社与公司所属酒店整合，改组为南昌铁路旅游酒店资产管理有限公司；将供电调度归属调度所统一管理，理顺了调度管理职责和业务管理关系；撤销北京办事处和线站安保支队；组建南昌铁路天河测量技术股份有限公司。

——节能减排成效明显。单位运输工作量综合能耗同比下降0.47%，化学需氧量排放量控制在83吨以内，完成内电转换9.7亿吨公里。

——劳动生产率显著提高。优化人力资源配置，有效盘活人力资源，运输业劳动生产率达到33.02万元/人。

一年来，重点做好了以下几个方面工作：

(一)学习贯彻习近平新时代中国特色社会主义思想取得新成效。以习近平总书记系列重要讲话和治国理政新理念新思想新战略为主要内容，对公司1058名处级及以上干部进行集中培训；推进“两学一做”学习教育常态化制度化，对18489名党员进行了轮训，推动党性锻炼常态化。党的十九大召开后，公司领导班子带头开展专题学习研讨，启动领导人员学习贯彻习近平新时代中国特色社会主义思想和党的十九大精神集中轮训，面向干部职工开展大学习大宣讲，干部职工政治意识、大局意识、核心意识、看齐意识明显增强，更加自觉地在思想上政治上行动上同以习近平同志为核心的党中央保持高度一致。围绕贯彻落实十九大精神，确定了23个重大研究课题，科学谋划新时代公司改革发展新思路。

(二)“三位一体”安全保障体系得到新加强。牢固树立确保高铁和旅客安全“万无一失”的理念，坚守政治红线和职业底线，完善安全生产责任体系，构建人防、物防、技防“三位一体”安全保障体系。推进安全生产标准化建设，安全生产巡查、安全工作评估等制度建立实施，安全风险管控和隐患排查治理双重预防机制有效运行，健全企业技术标准体系，修订完善24项技术标准。强化安全大数据运用，建设并运用集安全风险辨识、预警、管控与履职评价等功能为一体的“安全管理信息系统”，推动车辆5T、机务6A、供电6C等系统信息共享，优化自主化列控、智能牵引供电等功能，技防能力持续提升。整合各类监控监测系统，实现安全数据及时采集、系统分析、科学评估、有效预警，设备监测检测、故障预警技术和应急救援能力显著提升。深入开展安全大检查和货运、调车等51项安全专项整治，消除了一批重大安全隐患。坚持路地联防、检企合作，强化铁路安全环境整治，整治影响运输安全隐患515处。加强治安综合治理和反恐斗争，确保了厦门金砖会晤、党的十九大等重要时期安全稳定。

(三)铁路建设工作迈出新步伐。紧密

对接国家战略和区域经济发展，制定并实施公司“十三五”发展规划。强化“建设为运输服务”的理念，提高昌景黄、龙龙铁路等4个项目前期工作质量，有序推进昌赣、赣深客专及南龙、兴泉铁路等18个在建项目。推行标准化和安全风险管理，狠抓工程建设过程监管，防控质量安全风险，开展建设项目质量安全排查整治专项行动和违规招投标、转包、违法分包和“黑中介”专项排查整治，确保依法依规建设。加大提前介入工作，及时排查整治问题隐患，对衢九线开展开通前标准化评定，推进衢九、武九铁路及厦门北动车所、调度大楼、鹰厦线沙县改线等工程竣工验收，确保按期高质量开通运营。

（四）运输供给质量和效益实现新提升。客运方面：发挥高铁成网运营优势，增加客运产品有效供给，推出互联网订餐、动车组选座、智能验票进站、枢纽站中转便捷换乘、常旅客服务、站车扫码支付和自动售（取）票机进社区、学校、超市等便民利民措施，完善12306和95306网站功能，客运电子支付交易额占74.8%。持续优化基本服务措施，推进站车“厕所革命”，改善旅客出行体验，南昌、福州站等4个车站和Z66/65、Z60/59次等22趟列车分别荣获全路“文明车站”“红旗列车”称号。货运方面：加大货运改革和营销力度，启动货运票据电子化试运行，推动大宗货物产运需衔接；有效货运产品供应，加速与社会物流融合，深度拓展多式联运，集装箱、商品汽车、冷链物流等特色运输持续上量。全面推广赣州国际物流港“不求所有，但求所用”“无中生有，路地企共赢”的成功经验，推动物流基地建设进港、进园、进企；服务国家“一带一路”建设，全年开行中欧、中亚班列96列，同比增加90列，发送货物6.3万吨，同比增加5.9万吨。运输效率方面：优化运输组织，建立站区联劳协作机制，解决影响运输效率结合部问题1220个；科学调整列车运行图，“机车长交路、乘务区段化”不断推进，节省支出1682万元。多元经营方面：充分发挥企业资产资源的综合优势，签订铁路土地综合开发用地协议2.4万亩，推进运输产业链延伸服务产品开发，提升站车商业、旅游传媒、建筑施工、工业制造等重点产业创收创效能力，施工配合、外委工程、专用线代维等其他业务实现平稳发展，提升资产经营开发效益和发展质量。

（五）企业改革和经营管理实现新突破。按照总公司党组公司制改革三步走目标，顺利完成铁路局公司制改革，公司法人治理结构基本形成。持续优化工效挂钩考核办法，实施工资总额与安全业绩、盈亏结果和运输总收入等挂钩考核机制，加强对公司机关部门和所属企业负责人的绩效考核，促进经营管理能力提升。深化修程修制改革，创新物资采购管理，强化运输收入专项检查和审计监督，全面清理企业债权。深化劳动组织改革，规范用工管理、盘活人力资源，劳动生产率稳步提高，用工总量控制在总公司下达控制数内，每营业公里用工人数为11.6人/公里，比全路平均水平每公里少用2.2人。推进企业主要负责人落实法治建设第一责任，全面加强经营管理活动法律审查把关，法制化市场化经营取得新进展。

（六）职工群众幸福指数有了新攀升。坚持导向一线、导向安全、导向效率效益的原则，优化工资分配制度，公司工资总额同比增长9.8%，人均实现8%的增长。大力改善职工生产生活条件，安排资金17086万元，用于“三线”建设及新建行车公寓、单身宿舍和改造老旧房屋；建成保障性住房2829套。推进健康铁路建设，规范企业社保管理，全年组织健康体检6.04万人、健康休养9790人。建立精准帮扶救助机制，全年投入助困、助学、助医等帮困资金5162.2万元，救助职工和家属6万余人次。依法依规解决职工群众合理诉求，信访总量同比下降44.3%。

（七）党建和思想政治工作实现新发展。深入贯彻“两个一以贯之”要求，把党建工作总体要求纳入公司章程，将党组织研究讨论重大问题作为公司决策前置程序。严格执行党内政治生活制度,推进"两学一做"学习教育常态化制度化。巩固运输一线党支部建设三年基础工程成果,分领域深化党内创先争优活动。结合公司制改革,优化调整了公司所属25个领导班子;落实总公司"百千万"人才工程要求,向总公司推荐27名专业带头人和10名"铁路工匠"。改进党群工作考核和党组织书记述职评议方式,常态化开展党建重点工作督查,召开党建工作现场会,强化基层党建工作。开展"强基达标、提质增效"主题教育活动,深化"互联网+思想政治工作"实践,讲好南铁故事,扎实推进企业文化建设。落实"政治性、先进性、群众性"要求,各级工会、共青团组织服务中心工作作用充分彰显。

(八)党风廉政建设和反腐败工作得到新加强。严格落实"两个责任",修订公司党风廉政建设责任制实施细则,从严从实抓好中央"机动式"巡视反馈问题的整改。严控工程建设、物资采购、招投标等重点领域廉政风险,推行权力清单制度。制定进一步贯彻落实中央八项规定精神、加强作风建设的实施办法,驰而不息反"四风",全年查处违反中央八项规定精神问题6件、纪律处分6人。开展肃清刘志军余毒影响警示教育,落实违纪违规问题专题民主生活会制度,全年立案72件、纪律处分104人。践行监督执纪"四种形态",强化纪检监察组织主责,规范监督执纪工作程序,全面提升监督执纪能力。

同时,医社保、离退休、集体经济、武装保卫等各项工作统筹推进,促进了公司协调发展。这些成绩的取得,得益于总公司党组和赣闽两省省委省政府的正确领导,得益于公司全员和各条战线的同志们和衷共济、拼搏奋进。在此,我代表公司党委、公司向全体干部职工、公检法干警、军代处官兵、离退休老同志及职工家属,表示衷心的感谢并致以崇高的敬意!

总结过去一年工作,我们有以下重要启示:

一是必须提升政治站位融入新时代,坚定不移走核心引领、持续发展之路。我们毫不动摇地坚持在党和国家工作大局下行动,坚定维护习近平总书记核心地位和党中央集中统一领导,坚定践行习近平新时代中国特色社会主义思想,坚定落实总公司党组深化国铁公司制改革部署,全面加强企业党的领导和党的建设,确保了公司始终沿着正确的方向和道路健康持续发展。

二是必须乘势而上把握发展新机遇,坚定不移走改革发展、创新驱动之路。我们紧紧把握国家建设福建自由贸易区、推进长江经济带发展、支持赣南等原中央苏区振兴发展等历史机遇,以新思路应对新问题、以新战略谋求新发展,大力实施运输组织、客货产品、科研技术多领域创新,提升了公司发展质量和效益。

三是必须深入探索安全管理新途径,坚定不移走强基达标、安全发展之路。我们坚持把高铁和旅客安全作为铁路行业的"生命线",作为公司全员的政治责任和职业底线,坚持从作风建设这一最主要的安全风险源入手,夯实基础、完善制度、标本兼治、超前防范,全面筑牢安全生产防线,创造了历史安全最好成绩。

四是必须充分适应经济发展新常态,坚定不移走强化管理、提质增效之路。我们积极应对经济结构深入调整和运输市场深刻变化,坚持以市场为导向、以提质增效为主攻方向,多领域打造品牌集群、全方位放大品牌效应,加快推进现代物流转型发展和资产经营开发;坚持依法经营,强化全面预算管理,大力推动提质降本增效,走出了一条强化管理、提质增效的新路子,实现了企业竞争力和社会影响力的"双提升"。

五是必须充分拓展人才资源新空间,坚定不移走科教兴企、人才强企之路。面对铁路改革发展的新形势新要求,我们把提高队伍素质作为重要战略任务,搭建平台、拓展空间、锤炼技能,不断发现人才、培育人才、重用人才,打造了一支堪当重任的高素质、专业化队伍;积极推进新技术、新产品应用,加强科技成果转化、知识产权管理,合理化建议和技术改进活动全面深化,为公司改革发展提供了重要支撑和不竭动力。

六是必须携手打造幸福美好新家园,坚定不移走凝心聚力、共建共享之路。我们始终把广大职工对美好生活的向往作为奋斗目标,坚持全心全意依靠职工、真心实意关爱职工,全方位提升"三线"建设品质,千方百计满足职工物质和精神文化需求,精心打造宜业宜居的美丽家园,不断增强了广大职工的归属感获得感幸福感,凝聚起全员同心、共创未来的强大合力。

二、2018 年公司面临的新形势新挑战

认真分析新的一年公司发展形势,既有诸多机遇和有利条件,也面临着一系列重大挑战,需要我们把握机遇、直面挑战。

1. 肩负全新历史使命,实现公司更高质量发展面临挑战。

总公司党组深入学习贯彻党的十九大精神,紧密联系铁路工作实际,作出了"交通强国、铁路先行"的重大战略部署,充分体现了铁路在党和国家工作大局中的重要作用和责任担当。中央有要求,党组有部署,我们就要有行动。

——推进"交通强国、铁路先行",要求我们必须把握重大意义和丰富内涵。总公司党组以"五个有"阐释了"交通强国、铁路先行"的重要意义:一是先行有基础——党的十八大以来,我国铁路事业实现全面进步发展,有条件在交通强国中当好先行。二是时代有召唤——中国特色社会主义进入新时代,铁路必须继承和发扬光荣传统,在交通强国中再当先行。三是奋斗有目标——党的十九大开启全面建设社会主义现代化国家新征程,铁路必须率先实现现代化。四是责任有担当——国家铁路的战略定位决定了我们必须在服务经济社会发展的大局当中有所作为。五是发展有挑战——坚持问题导向,锐意进取,解决好铁路高质量发展过程中面临的困难和挑战。这些重要论述,既有强大的理论支撑、科学的方法指导,又有时代发展的要求、美好愿景的描绘,对我们加强安全、建设、经营等各项工作,具有现实而深远的指导意义,我们要深刻理解把握、统一思想共识、汇聚攻坚力量,在实现公司更高质量发展上不断取得新进展。

——推进"交通强国、铁路先行",要求我们必须强化政治责任和政治担当。我国经济已由高速增长转向高质量发展,更加注重绿色发展、节约资源和保护环境,特别是十九大报告强调"建设美丽中国""打赢蓝天保卫战",铁路大运量、低能耗、节能环保的比较优势将更加突出,加快发展机遇难得、大有可为。如何牢牢把握建设交通强国历史机遇,当好经济社会发展"先行官",真正肩负起党执政兴国重要支柱和依靠力量的重大政治责任;如何深刻领会中央经济工作会议精神,深入贯彻落实新发展理念,全面提升铁路运输供给质量,更好地满足人民群众对美好生活的向往,对我们实现更高质量发展提出了诸多新课题新要求。

——推进"交通强国、铁路先行",要求我们必须明确区位优势和自身定位。公司地处赣闽两省,是"一带一路"和长江经济带的重要区域,商业发达,经济活跃,既有巨大商机、也有激烈竞争,如何在新的运输市场竞争态势下扩大我们的市场份额,面临严峻考验;赣闽两省省委省政府大力支持铁路建设发展,社会各界和人民群众对铁路发展高度关注,有着更多的期盼与需求,既是动力更是压力;公司制改革后,职工群众对公司发展有更美好的愿景、提升职工幸福指数极具挑战。这些问题,都需要我们以推动更高质量发展的新思路、新举措逐一应对解决。

——推进"交通强国、铁路先行",要求我们必须完成建设任务并确保质量安全。

2018年在建项目13个、在建里程2080.98公里,计划开工建设昌景黄铁路、开通南龙铁路和皖赣铁路浯溪口水库段改线工程。完成年度投资任务,确保建设质量安全,解决新线铁路普遍亏损等问题任务重、压力大。破解这些难题,必须优化可研、设计、施工、运营等,向科学管理要生产力;必须强化项目设计、施工、监理质量源头把关,向严格监管要质量安全;必须在开源节流上动脑筋、下功夫,解决新线普遍亏损难题;必须盘活资产,用好市域、市郊闲置铁路,增加新的效益增长点。

2. 防控现实安全风险,确保运输安全稳定面临重大挑战。

——从安全“三防”保障体系建设上看:一是人防措施亟需加强。随着安全周期的不断延长,一些干部职工存在盲目乐观思想和松懈情绪,安全敬畏感弱化,干部履职落责不到位、职工“两违”频发等问题突出,简化作业、臆测行车、违章上道等问题时有发生,作业事故占行车事故总量的68%。人为因素造成专业管理弱化、现场执标不严等问题仍然严重,一些规章制度相互冲突,现场土政策、土办法难以消除,站区结合部问题时有发生。二是物防基础仍然薄弱。目前管内还有正线短轨线路1338公里,客车径路木枕道岔63组,干线超期服役钢轨1112公里,使用年限超20年的老旧机车218台,超寿命使用联锁设备120余站、LKJ设备408套,设备管理仍然存在薄弱环节。2017年,发生行车设备故障987件,动车组、机车、接触网、道岔等设备惯性故障居高不下,暴露出设备检养修质量不高、动态监控不力、监测检测数据运用不足、故障规律掌握不够、应急处置能力不强等问题。三是技防能力有待增强。安全大数据运用不充分,车辆5T、机务6A、供电6C等各专业之间的信息数据未能完全共享,部分系统和单位安全检查、监测、分析手段落后,突出表现在动车组TEDS分析不到位、ATP软件稳定性不高、STP功能未完全发挥、视频设备管理不到位等有设备无人分析、有设备无人维护、有设备过分依赖问题大量存在。

——从防控现实安全风险来看:一是高铁和旅客安全风险增大。管内高铁开通近十年,动车组、高铁线路等行车设备已进入运用疲劳期,动车组螺栓丢失折断、线路轨道板上拱等质量隐患频发,加上动车组配属和型号增多,许多未知的安全风险和规律仍未完全掌握,高铁安全风险源识别仍不全面。二是作业安全风险增大。施工、上线作业工作量增加,行车、劳动、作业安全风险随之增多;施工计划编制不科学、无计划超计划施工、施工“三会”搞形式、安全防护不到位、列车放行及阶梯提速风险防控不力等问题仍然存在。三是路外安全环境风险增大。邻近高铁违法施工、桥下违规堆载易燃物等问题时有发生,机动车侵入、置障、偷盗设备、提车钩、关闭折角塞门、石击列车等危及行车案件依然存在,联防联治、治安问题防范打击等机制不到位,反恐斗争形势依然严峻。依法追溯责任、追偿损失、维护铁路权益力度不够,依靠政府和行业监管力量解决路外安全隐患能力亟待提升。

3. 充分参与市场竞争、实现持续增运增收面临重大挑战。

——客运方面:一是运能安排需要更加精细化。客流预测、运力安排、列车编组等环节管理及客车开行方向、径路、停站、停时仍有很大优化空间,杭深线福厦段及部分枢纽运力满足不了需要,同时不少线路、设备利用率不高,经营亏损,运能配置不平衡不充分问题亟待改进。二是营销方式有待提高。营销理念、手段落后,营销广度、深度有限,尤其是在利用大数据开展精准营销、“常旅客”营销等方面还有很大提升空间。三是客运延伸产品亟待拓展。虽然这两年在政府购买服务、开行旅游列车、移动终端支付等方面取得了较大突破,但客运产品总体上仍比较单一,需要大力推行信息化智能化“互联网+”运用,探索推行地区通票、旅游套票、预定特需服务等形式丰富的客运产品,满足多样化的市场需求。

——货运方面:受宏观经济形势影响,货物运输持续低迷,2017 年货物发送量仅占赣闽两省物流运输总量的 3% 。据预测,今年我国经济仍将处于 L 型发展状况,运输市场不容乐观,行业竞争更加激烈。根据国家能源局信息,我国清洁能源发电量 10 年内将超煤电,这势必对煤炭运输产生极大冲击,需要提前研判形势,应对以下问题:一是新的货运承运清算体系需要尽快适应。今年起,总公司开始实施以“谁承运谁取得收入”“提供服务按规定清算”为原则的货运清算办法改革。我公司地处非资源集中发送区域,提供通过、到达等服务收入在货运营业收入中的占比很大,如按新办法测算 2017 年货运效益,较原办法减少 10 多亿元,2018 年货运增收创效压力更大。二是多式联运及特种市场亟待扩展。多式联运及冷链、商品车等特色运输市场份额占比仍十分有限,以厦门港为例,2017 年集装箱海铁联运量 1262TEU,仅占港口运输总量的 0. 02% ,运输管理机制不灵活、运能与货运需求不平衡、营销能力不强、服务质量不高等问题突出。三是“高铁网 + 互联网”融合不够。“双 11”期间,高铁快运收入虽完成了总公司 58. 6 万元的任务,但市场占有率较低,存在电商运输营销宣传不够、“门到门”运输存在差距等问题,需要优化 12306、95306 网站功能,实现“高铁网、互联网”双网有效融合,拓展时效性货源。四是物流基地建设需要加快推进。公司规划建设的 37 个现代物流基地,目前初步建成 28 个、开工建设 8 个,还有 1 个尚未开工;一些物流基地与城市、港口建设规划衔接不紧密,专用线未能有效进厂、进园、进港,“最后一公里”未完全打通;一些物流基地缺乏现代物流服务功能,难以适应现代物流发展需要。五是定价机制不适应市场。虽然初步建立了货运价格动态调整机制,但是获取市场价格信息手段缺乏,市场反应不及时、不灵活,无法随行就市,处于市场竞争的劣势地位。

——服务质量方面:一是基本服务与服务规范存在差距。部分客运人员业务素质不达标,一些站车“厕所革命”推进不力、保洁质量不高、服务设备设施维护不及时、进出站通道不通畅、引导揭示不清晰等,对照铁路客运服务规范存在不少差距。二是客运延伸服务链有待提升。售票服务、基本服务、信息服务及酒店预订、旅游推介等延伸服务脱节,导致旅客对“购买服务”等新型消费方式需求不旺,难以形成服务产业的推动力。三是服务品牌未能形成规模效应。“王威”“红土地”“小白鹭”等服务品牌仅在本地区有一定影响。一些单位品牌意识不强,服务品牌呈弱化趋势,软硬件设施与全国知名服务品牌相比还有差距。四是货运服务存在差距。部分单位经营压力传导不力,货运人员等货上门现象依然存在;运到时限与公路差距较大,货物实时信息查询、两端配送、快捷便利等服务功能不强,弱化了市场竞争力。

——运输组织方面:一是适应货运承运清算体系需要更有力的措施。根据总公司货运承运清算办法,运输效率对运输收入、货运营业收入影响更直接、更大,科学设置货车走行径路、加快管重移动、减少空车走行、防止违流运输、提高编组站作业效率、加强卸车组织等方面还有大量工作要做。二是生产力布局、乘务交路仍需优化。区段站、货场、列检仍设置不合理,乘务和机车交路“碎片化”、机车交路肩回式等问题仍然存在,影响运输效率提高。三是运输组织不精细。车流和分界口交接不均衡,点线能力利用不足,阶段拥堵现象时有发生;客车正点率、货车旅行速度还有提升的空间;卸车组织不均衡,夜卸率不高。四是联劳协作有待加强。虽然建立了季度站区联劳协作会议制度,但信息不共享、作业衔接脱节、相互推诿扯皮等问题仍然存在,结合部管理问题时有发生,影响运输效率。五是上道工序为下道工序服务意识需加强。

一些部门和单位仍存在本位主义,“一盘棋”意识不强。

4. 全面深化公司改革、提高经营质量效益面临重大挑战。

——改革方面:一是组织机构和收入分配改革还需深化。现有组织机构设置还不够精干高效,管理机制运行还不够顺畅;一些部门和单位二次分配改革推进缓慢,分配机制不合理、捆挂力度小,“多劳多得、绩优多得”导向性不明显。二是预算管理改革仍需加强。折旧、利息、修理费等刚性支出增幅较大,人工成本不断增加。一些部门、单位预算管理纪律执行不严、刚性约束不强,设备维修费用未充分体现修程修制改革成效。三是劳动用工机制亟需完善。部分系统和单位对深化劳动生产组织改革的认识不到位,结构性缺员与冗员之间的矛盾未根本解决。实现行政管理人员 3 年控编 10% ~15% 的目标已进入第二年,需要采取有力措施确保期到必成。劳动生产率虽有小幅提高,但仍低于全路 39.9 万元/人的平均水平。四是人才队伍建设需要加快。职工队伍整体素质不高问题仍然突出,技师、高级技师仅占技能人才总数的 6.1%;管理人员尤其是少数领导人员综合素质不高,战略谋划、独立作战、创造性开展工作的能力欠缺。五是成本控制还需优化。一些部门、单位 5 个财务体系调研成果运用不到位,修程修制不科学,造成资源和成本浪费;一些部门、单位计划投资管理不严,存在盲目、无效、重复投资等问题。

——资产经营开发方面:一是资产资源利用率不高。公司有闲置土地 4454.52 亩,利用率低,尤其是高铁高架桥下的土地和一些闲置房屋、场地未完全利用,客货延伸服务市场尚未完全开发,资产资源价值没能充分挖掘。二是制造业产品质量不高。非运输企业用工、分配机制不活,自主开发市场能力不足,缺乏在全路乃至全国有影响的拳头产品。成品生产质量、组修质量仍然存在问题,有的已经直接影响行车安全,构成了事故。三是经营压力传递不足。一些单位把资产经营开发看成是公司的事,干部职工仍有“主”“辅”之分,全员创效、全员营销氛围还没有形成。四是依靠主业问题未根本解决。非运输企业市场竞争意识不强,依赖运输业思想严重,自主经营、主动创效和开拓路外市场能力不足。五是产品维保质量有待提高。一些非运输企业责任心不强,未严格落实设备维护工艺流程、技术标准,设备故障修复不及时,产品质量把关不严,已经造成了行车事故和建设质量的严重问题。

5. 坚持全面从严治党、夯实企业党建基础面临重大挑战。

一是部分单位党委中心组学习制度落实不到位,党委会议事规则执行不严,领导班子整体功能不强。二是部分党组织书记履行党建职责不力,党内组织生活不规范,“三会一课”政治属性不强、质量不高。三是一些党组织在打造高铁党内安全品牌、强化示范引领作用发挥上探索实践不够,有的品牌创建后疏于跟踪管理,致使品牌作用发挥不明显。四是反腐败斗争形势依然严峻。2017 年,全公司立案 72 件,其中大案 12 件、要案 9 件,这既有存量的问题,也有增量的问题。说明少数党员干部没有深刻吸取腐败案件教训,在反腐高压态势下仍然不收敛、不收手。五是“四风”问题屡禁不止。从纪检监察组织检查发现的问题看,违反中央八项规定精神的问题仍然存在,“四风”问题时有反弹,作风之弊、行为之垢没有完全扫除。这些问题,是我们加强和改进公司党建工作的切入点和突破点,必须全力加以解决。

三、2018 年工作目标和重点任务

2018 年是贯彻落实党的十九大精神的开局之年,是决胜全面建成小康社会、实现“十三五”规划承上启下的关键一年,也是“交通强国、铁路先行”的起步之年,做好 2018 年的工作意义极为重大。今年工作总体思路是:以习近平新时代中国特色社会主

义思想为指导,深入贯彻落实党的十九大精神和中央经济工作会议精神,全面落实总公司党组年度工作会议部署要求,聚焦“交通强国、铁路先行”,深化“强基达标、提质增效”,以改革创新为动力,强化质量安全基础,深化铁路运输供给侧结构性改革,提升铁路建设质量效益,推进公司法治化市场化经营,加快现代企业制度建设,持续改善职工生活,加强党建和反腐败斗争,为实现“交通强国、铁路先行”作出新的贡献。

主要工作目标是:

运输安全:不发生旅客死亡责任事故,不发生旅客列车一般 B 类及以上责任事故,不发生货物列车一般 A 类及以上责任事故,不发生一般 A 类及以上从业人员伤亡责任事故,不发生路外伤亡责任事故;从业人员责任死亡事故率控制在 0.03‰以内,路外死亡人数控制在下达指标范围内;实现安全年。

运输经营:完成旅客发送量 23730 万人、同比增长 8.1%;货物发送量 8350 万吨、同比增长 4.6%;运输收入 321.71 亿元、同比增长 10%;多元经营营业收入 128 亿元、同比增加 17.1%,综合创效 16.5 亿元、同比增长 14.7%。完成总公司下达的盈亏目标。

铁路建设:完成基本建设投资任务 362.5 亿元,投产新线 247 公里。

节能减排:单位运输工作量综合能耗控制在 4.3 吨标准煤百万换算吨公里,化学需氧量排放量控制在 82 吨以内。

劳动生产率:运输业劳动生产率达到 36.5 万元/人以上,职工工资收入稳步增长,生产生活条件持续改善,物质文化生活水平进一步提高。

在认真完成总公司重点工作部署的基础上,重点做好以下七个方面工作。

(一)坚持生命至上、安全第一,确保运输安全持续稳定。

1. 坚守高铁和旅客安全的政治红线和职业底线。确保高铁和旅客安全万无一失,是企业首要的政治责任担当,也是干部职工的政治红线和职业底线。加强全员安全教育,把“万无一失”理念贯穿安全管理、现场作业、应急处置全过程,用最科学严密的制度、最成熟可靠的技术、最有力有效的措施,梳理和补强涉及高铁和旅客安全的各个环节,实现高铁和旅客安全风险全过程管控。强化安全履职考核和安全问责,对所有涉及高铁和旅客安全的问题,严格分析、严抓整治、严肃追责,促进安全责任有效落实。广泛运用大数据和信息化技术手段,实现对运营状态和运输安全的实时监测、智能分析、科学诊断,把风险控制在隐患形成之前,把隐患消除在事故发生之前。

2. 强化安全管理基础。健全覆盖各层级各岗位的安全生产责任制和安全履责考评考核机制,形成科学规范的安全生产责任体系。创新和加强专业管理,建立上下贯通、横向联通的专业管理体系和工作机制。定期组织技术规章修建补废,保证技术规章严肃性、合规性和权威性,加强实践检验,使之更好适应现场需要。适应新技术新装备运用要求,优化生产组织和劳动组织,强化主要行车工种岗位准入管理,保证关键岗位人员素质动态达标。推行安全监督检查计划管理,落实安全生产巡查制度,构建强有力的安全综合监督体系。完善《安全红线管理办法》,严肃安全红线处罚,让安全红线真正成为不可触碰的“高压线”。强力推进“安全管理信息系统”运用,强化风险辨识、预警、管控功能,提高履职考评、工作督办等质量,从公司经理层到具体岗位,要逐级客观公正地对下评价和自我评价,按一定比例随机抽查对下评价的工作质量,真正做到以上率下,促进全员履职尽责。

3. 强化设备质量基础。加强设计施工和装备质量源头管理,严把物资采购审核和产品质量检验检测关,对源头质量问题依法追责、依法索赔。探索实行主要行车固定设备分等级管理,制定支线设备分线分级施修方案,合理安排设备投入,优化配置检修维护资源,科学确定检修维护周期,逐步实现关键设备、部件寿命管理。推广婺源综合维修工区建设管理经验,全面推行高铁综合车间、工区维修生产生活一体化管理。深化移动设备修程修制改革,加快推进自轮运转设备“机务化”管理试点,总结推广成熟经验,提升运用管理水平。推进安全检测监测设备统型和功能融合共享,加快推进管内高铁、客专长期限速区段整治工作,补强设备薄弱环节;完善监控设备“监管用”体系,释放网络通道能力,提升设备质量技防能力。

4. 强化现场控制和应急处置。全面落实《企业安全生产标准基本规范》,推进安全生产标准化建设,提升站段组织控制能力、车间现场管控能力、作业单元自控能力。严格落实安全风险管控和隐患排查治理双重预防机制,加强风险辨识研判和风险预警管控评价,实现安全隐患早发现、早整治。持续加大干部顶岗带班力度,实现各主要行车工种全覆盖。动态优化岗位作业指导书,更好地指导现场作业。健全应急处置和救援体系,规范应急处置流程。定期开展应急实战演练,加强复杂场景、流程繁琐、多工种共同配合的实战演练,提高实战能力。

5. 加强外部环境和治安综合治理。加强与地方政府部门的协调联动,推动地方立法部门开展以高铁安全为重点的立法工作,构建路地联防联控机制;完善线路巡防人员作业标准,强化执标检查;完善高铁防护工程,全力排查整治治安隐患。学习京沪高铁环境、治安反恐示范线建设经验,创新长效工作机制,推进科技信息化、指挥扁平化、安保实战常态化,实现高铁安防提档升级。加快推进道口平改立工程,优先完成人员密集、路外伤亡多发、客车径路地段线路封闭,打造平安铁路。深入开展路外安全宣传,加强公铁并行地段、安全保护性用地隐患排查整治,营造良好的外部环境。

(二)深化运输供给侧结构性改革,提升服务经济社会发展的保障能力。

1. 全面优化客运产品结构。发挥高铁成网效应,统筹用好既有和衢九、南龙等新增运力资源,综合考虑运行径路、停站、停时等均衡性、可达性因素,动态优化客车开行方案。加强市场分析,争取开行南昌、福州、厦门至香港方向动车。梳理和调整南昌、福州、厦门往周边地市开车方案,做大做强市域客运市场。实施“每周一计划、每日一张图”,高峰日动车组“零备用”,实现运能最优化、效益最大化。丰富旅游列车等产品供给,加大动车组旅游列车开行力度。建立以大数据技术为支撑的动车组产品设计、票价调整等机制,促进客运增收上量。争取向莆、昌九等线票价浮动政策。

2. 拓展思路扩大货运市场份额。构建物流市场监测网络,建立客户关系管理制度,加强与生产企业、物流企业的战略合作,建立合同运输服务机制,锁定23家协议客户互保运量5200万吨。扩大长江经济带等运输通道和疏港矿石铁路市场份额,力争完成煤炭运量2300万吨、冶炼物资运量3100万吨。打造谱系化货物快运产品,优化与公路、水路等其他运输方式的衔接,大力发展物流总包业务,确保集装箱、商品汽车、冷链物流发送量同比分别增长10%、8%和40%以上。灵活运用运价浮动政策,平衡港口煤炭、金矿物流通道,实现整体收益最大化。加快推进向塘二期、杜坞二期及昌北、三明北、上饶、龙岩东物流基地建设运营,形成区域物流能力;推广赣州国际港物流基地建设经验,推动专用线进厂、进园、进港,加快推进赣州港二期、瑞金口岸、抚州宝特等物流基地建设,提升物流经营品质和效益。对接“一带一路”发展战略,优化厦门、赣州中欧班列运输方案,开发南昌、上饶、福州地区出口货物市场。

3. 实施新的货运承运清算办法。运输干部要懂专业、善管理,能干会算,算好经济账,向市场要效益。重抓先算后干,按新的承运清算办法,测算每一批货物的盈亏平衡点,动态掌握竞争对手运价、服务等变化情况,科学制定运输方案，掌握市场竞争的主动权。重抓货发货收，在稳固煤炭、矿产类等大宗物资运输基础上，组织远距离、高附加值货源，以公铁联运等方式集中到铁路物流基地或主要货运站，形成同一方向货源快速集聚效应，力争满轴满吨开行。重抓管内接重，加强与总公司及资源大局、相邻局协调沟通，强化“发送端营销”，接入重车重箱，增加服务清算收入。重抓卸车效率，加强装卸车组织，提高夜卸和机械化卸车比重，确保巧装满载、快装快卸，减少保留车，降低货车使用费。抓好空车利用，按照承运清算模式算账，利用回送空车“捎货”，减少空距。

4. 全力提升运输服务水平。拓展互联网售票系统功能，加大互联网旅游团体票推广办理力度，增加办理数量。探索提供预付候票服务，大力推行电子客票，扩大客票销售进乡镇、进农村范围。在杭深、沪昆线设置覆盖港澳台旅客专用识读自动售（取）票机；扩大具备自助检票条件线路开办凭二代居民身份证进出站业务。抓好进站畅通工程，落实“一门双手检”作业方式，减少排队和拥堵问题。全面推动站车“厕所革命”，集中整治站车环境，满足旅客基本需求。加快推进常旅客体系建设，丰富服务内容，延伸服务功能。规范商务座影视娱乐系统内容，推行中英文双语服务，增加客服用品种类。推进餐饮质量安全提升工程，加大食品卫生监督检查力度，完善食品安全风险控制体系。制定与服务旅客直接关联行业非客运人员仪容、行为规范，展示铁路新形象。推进货运“快捷便利”工程实施，推行货票电子化，实现货物承运、运输、交付全过程电子化，畅通与港口、物流等企业的货运信息交互，带动货运服务水平全面提升；以“一单制”为目标，优化货运服务流程，推进以铁路为主导的多式联运信息平台建设，构建网上快捷受理中心；加强多式联运专业培训，组织业务骨干到船代公司、物流企业学习多式联运业务，提高多式联运服务水平。推进标准化货场建设，加快形成现代物流服务网络。

5. 全面提高运输效率。挖掘繁忙干线运输潜力，实现高铁速度和密度有机结合。合理定位主要编组站功能，开展货车“达标达速”“满轴满吨”活动，采取提高技术站编组质量、保证分界口满轴交车、压缩途中旅行时间等措施，提高点线能力水平。继续推进“机车长交路、乘务区段化”，保持货流、车流、运输组织与机车长交路匹配。强化调度集中统一指挥和行车单一指挥，完善运输组织和运输效率考核办法，优化管内直达列车开行质量、非责任设备故障处置时限、货车运用效率、天窗共用、运输组织差异化等考核项目，形成导向效率效益的正向激励机制。发挥站区联劳协作平台作用，解决影响运输效率的结合部问题。

6. 深化高铁“强基达标、提质增效”工程。全面总结高铁运营十年来在工程建造、装备制造、运营维护、环境整治、队伍建设以及服务社会等方面的实践，深化对高铁建设发展规律的认识。认真学习借鉴京沪高铁标准示范线创建实践，结合杭深线首批贯标达标线建设，形成可复制、可推广经验，为持续提升高铁运营品质和效益提供样板。学习借鉴京津城际铁路等高铁标准线建设经验，分线制定实施方案，平稳有序、扎实有效组织推进，全面提升设备质量和服务质量。

（三）科学有序、安全优质加强铁路建设，推动铁路建设持续健康发展。

1. 扎实做好项目规划和前期工作。认真落实《中长期铁路网规划》和《铁路“十三五”发展规划》，加强概预算管控，从严控制建设规模和投资，充分发挥投资效益。科学安排铁路在建规模、资金筹集、项目前期工作，防范债务规模扩大，实现铁路由速度规模型向质量效益型转变。突出补短板、重配套、强弱项，加快短平快项目实施。严把项目前期工作质量，实施投产项目后评价机制，提升建设项目经济性。加快推进龙龙、长赣等7个项目前期工作，密切跟踪昌景黄等项目前置性文件批复和项目、初设批复进展情况,确保按期开工建设。将土地综合开发纳入项目前期工作,落实用地规划和地方政府支持政策,提高项目收益预期,防范化解债务风险。

2. 依法依规推进项目建设。定期梳理福厦高铁和昌赣、赣深铁路等在建项目剩余工程数量,优化施工组织设计,保证控制工程和重难点工程施工进度,确保完成年度任务。加快推进南龙铁路、皖赣铁路浯溪口水库段改线等计划开通项目剩余工程建设,扎实开展达标评定,统筹抓好工程收尾、竣工验收、安全评估、运营准备等工作,确保按期、按设计速度目标值开通运营。加强与地方政府沟通协调,落实路地定期协调机制,依法抓好项目征地拆迁、资金筹集、环境保护、水土保持、队伍稳定等工作,及时协调解决制约项目推进的相关问题。

3. 加大质量安全管控力度。完善建设项目质量管理体系,落实“五位一体”管理模式,定期开展质量安全排查整治,挂牌督办质量安全问题。严格落实质量安全红线管理规定,以“零容忍”的态度重拳打击偷工减料、以次充好、转包和违法分包等问题。完善参建单位和供应商信用评价体系,加大建设项目诚信行为考核力度,落实营业线“四条红线”和施工单位质量承诺制度,实行“黑名单”管理,大力惩治突出质量问题,严格落实质量终身负责制。修订提前介入办法,加大提前介入工作力度,加强设计文件审查和建设过程监管,及时发现整治设计和施工中存在的问题,将问题隐患消除在建设过程中;加强提前介入人员配备和培训教育,提高业务素质。

4. 全面强化铁路建设管理。严格落实铁路建设管理主体责任,细化设计、施工、监理等参建各方责任和工作要求,形成以项目管理机构为主导,参建单位具体实施、协调推进的工作机制。以昌赣、赣深、福厦客专等在建设项目为依托,以机械化、专业化、工厂化、信息化为支撑,深入推进建设项目标准化管理,落实样板引路和首件评估制度,全力打造标准化示范线。实行分类分层建设,支持地方政府和社会投资机构建设城际、支线等铁路,探索由地方政府全额出资并负责项目前期工作,公司给予专业技术支持,推行委托运输与受托代建相结合等铁路建设新模式。

5. 全力打造精品工程。学习推广宝兰、西成客专建设经验,树立“精品工程、智能铁路”意识,以“北有京张、南有福厦”为目标,打造精品工程。按照先进、可靠、成熟、经济、必须的原则,开展精细设计、精益建造,推广先进施工技术,提升专业化管理水平。在长大桥梁、大型站房等重点控制性工程中推广应用 BIM 建模与管理技术,防控质量安全风险,提升建设效率和精细化、协作化、信息化管理水平。在福平铁路平潭大桥开展大风环境下施工、浦梅铁路邻近营业线小间距隧道施工、福厦客专结合梁斜拉桥创新设计等技术攻关,为打造精品工程提供可靠技术保障。

(四)坚持以效益为导向,推进铁路市场经营变革。

1. 完善市场化经营机制。加快建立和完善“以成本管理为内容的生产管理体系、以财务决算为框架的企业计划管理体系、以投资收益为依据的投资管理体系、以资金管理为重点的财务管理体系、以财务指标为经济责任制的目标考核管理体系”的“5 个财务管理体系”,提高经营管理质量和效益。持续优化工效挂钩考核办法,加大工资总额与安全业绩、盈亏结果和运输总收入挂钩考核力度,优化其他业务创效分配机制,制定“减员提效”考核办法和“增人不增工资、减人不减工资”激励措施,完善劳动生产率考核,发挥收入分配激励约束作用。完善机关部门和所属单位负责人经营业绩考核办法,优化指标体系,实施精准考核。

2. 积极推进资产资本化经营。认真研究法规和金融市场,探索可行的债转股操作方案。研究与银行合作开展融资租赁等业务。强化债权债务管理基础,推进应用对外债务管理系统，规范对外债务支付流程，资金分劈、申请审批、调整过程、支付结果等信息通过系统操作和反映。加大对应收款项尤其是路外债权和一年以上债权清理力度，最大限度收回资金，防止国有资产流失。

3. 抓好运输产业链延伸服务经营开发。以铁路人流链、物流链和产业链为重点，推动资产经营开发动力变革、质量提升。充分发挥客运延伸服务市场优势，打造高铁网与互联网“双网旅行生活”，积极发展互联网订餐，开发候车按摩椅化等项目，完成列车广告冠名80组以上、实现广告冠名收入8500万元，开行旅游列车100趟、实现旅游列车收入1.5亿元。充分发挥货运延伸服务市场优势，扩大城市配送物流服务经营成效，做大商品车物流服务市场；融入“一带一路”国家战略，拓展“中欧(亚)班列”物流市场。充分发挥铁路产业链条服务优势，打造高铁精密测量技术品牌，推动建筑施工产业做大做强；加大工业制造业新技术、新产品研发力度，提升工业产业发展空间。充分发挥土地综合开发政策优势，推进新建客站停车设施建设，推动“高铁+共享汽车”项目开发。充分发挥资源优势，推进科技服务、酒店、保险、房屋租赁等综合产业开发，合力推进其他业务经营开发。健全加工制造业产品质量、维保质量管理体系，提升规范化制造和维保水平，确保产品质量有序可控、维保服务效率与质量稳步提高。

4. 提高资产使用效率。全面开展资产清查，全方位清查房屋、土地、设备、汽车、闲置物资等可盘活、利用的资产，摸清家底。建立资产资源数据库，完善各专业系统资产资源占用标准，打破单位壁垒，实现全公司资产资源统一调配、共用共享，充分发挥现有资产资源的效率和作用。完善资产经营开发、物资管理、集约化生产等管理制度，强化资产开发利用，盘活存量资产，促进资产合理配置，提高资产使用效率效益。

(五)推进集约化经营，加强企业经营管理。

1. 加强全面预算管理。完善以运输总收入、盈亏总额为核心的预算目标管理制度，提升预算编制水平，推进财务预算和业务预算有效融合。严格预算编制执行和监控考核，发挥预算管理的激励约束作用。建立预算批复和预算执行过程监控制度，强化预算刚性约束。制定完善公司、站段两级机关增收节支、经营开发等方面的预算责任，实行双挂钩绩效考核，加大刚性约束考核，确保预算收支匹配、动态调控。严格执行预算管理纪律，严禁无预算、超能力安排支出项目。推进标准定额体系建设，引导铁路企业向先进定额看齐。加强资金使用管理，减少资金占用，所有资金收支纳入资金预算。

2. 大力推进降本增效。推行精细化管理，围绕列车运行图优化调整生产力布局，加大冗员单位向缺员单位分流力度。加强委外项目审核，控制委外项目支出。推进设备修程修制改革，合理安排机车车辆使用和送修计划，用足修程标准里程，防止过度修。加强材料物资管理，实施物资集中招标采购，利用信息化手段实现重要物资全寿命周期、全成本控制管理。严格基建、更新改造等项目论证审查，强化投入产出分析，减少盲目投资。加强物资管理，完善“管采供分离”模式，推行网上竞价采购和电商直购。加大闲置物资处置力度，优化库存结构，降低库存规模。推进合同能源管理和直购电工作，完成公务用车制度改革，加快推进“三供一业”分离移交工作。

3. 提高依法经营管理水平。完善依法治企管理体系，加强法律事务管理制度建设，规范管理行为，提高依法治企水平。建立并落实对重大投资决策、重要文件制定、重要合同签订法律审查把关制度，有效防范法律风险。大力开展法制宣传教育，提升全员法治观念，提升依法经营和管理水平。抓好法律专业人才队伍素质培养，加大法律事务从业人员储备力度，提高法律事务服务保障能力。

坚持依法维权、主动维权，推进主动维权常态化、制度化，维护企业合法权益。深入开展运输收入专项检查，确保应收尽收。加强审计工作，发挥审计监督作用，实现审计全覆盖。

（六）扎实推进公司制改革，增强发展内生动力和活力。

1. 加快构建公司制运行机制。按照公司制改革三步走目标，明确公司权责界面，加快建立现代企业制度，确立公司市场主体地位。坚持“两个一以贯之”要求，创新企业治理工作，健全公司法人治理结构，规范运作形式。推进以公司章程为核心的管理制度体系建设，完善企业内部治理体系和国有资产监管体系，优化调整公司组织机构，加快构建新的运行机制，实现高效运行。

2. 深化非运输企业改革。按照“专业化、规模化、网络化”的原则，深入推进非运输企业公司制改革和重组整合，推进非运输企业子、分公司整合重组，减少企业法人，提高优质资源配置效率。以改革创新思路，建立科学合理的考核评价体系和经营激励机制，推动非运输企业经营资源配置优化、经营管理规范化。以骨干非运输企业为重点，整合相关资源，开展资本运营，提高非运输企业经营发展水平。

3. 积极推进混合所有制改革。规范推进南昌铁路旅游酒店资产管理有限公司下属南铁国旅公司混合制改革，引进社会资本、先进管理制度和现代旅游营销方式，实现股权融资和旅游资源资产化、资本化经营。制定控股合资公司开展资产证券化实施意见，选择具备条件的合资铁路公司，择机发行资产证券化产品，推动证券化迈出实质性步伐。推动试点企业积极开展改制上市融资等工作，在资产化、股权化、证券化上取得实质性突破，促进铁路资本和社会资本融合发展。

4. 加快推进三项制度改革。积极推进干部人事制度改革，优化专业技术人才晋升通道，深化专业技术职称制度改革，通过公开竞争择优提高接收毕业生质量。有序推进用工制度改革，建立以用工成本为核心的劳动用工管理机制，促进人力资源优化配置，推进铁路技能人才岗位聘任制度，落实科技专业人才收入分配政策，畅通技能人才职业发展通道。改革收入分配制度，完善单位负责人工资收入管理，优化岗位安全绩效考核工资制度，充分激发全员劳动创造性、积极性。

（七）推进科技创新，为公司改革发展提供科技支撑。

1. 加强重点领域科技攻关。紧密围绕运输安全、增收节支、节能降耗、装备维护、经营管理、工程建设、智能铁路需要，以高速铁路运营及维修、安全保障、检测监测、养护维修、运输组织、建设施工、信息技术开发应用等领域为重点，做好科研开发课题调研、立项和科技成果技术审查工作。组织“山区高墩桥上无砟轨道线路形位变形规律及维护技术”“轨道车调车防护系统”“机务运行揭示调度命令智能管理系统”等科研项目研究，推进基础设施和技术装备智能化研究。

2. 加快科技成果转化应用。推进新技术、新产品应用，加强科技成果申报和转化、知识产权管理，提高科技成果转化率。做好多经企业新产品上道、生产工艺审查等工作，保证产品质量，提高竞争力。做好“桥梁加固专用钻孔机具”“螺栓防锈油脂”“非接触式站台限界测量仪”等科技成果的推广应用。积极参与智能福厦项目研究，力争在福厦客专推广使用公司研发的“供电生产调度指挥中心及6C数据中心”等科研项目。

3. 全面加强大数据运用。依托既有数据资源优势，深化货运票据电子化、中欧班列跨境物流等关键技术攻关，增强营销服务能力。加快大数据运用平台建设，推进数据资源共享互用，发挥信息技术在设备状态分析、客运服务、物流管理、智慧运输等领域的牵引和支撑作用。实施网络安全专项工程，加强网络安全管理和信息系统运行维护，提高信息化建设和管理水平。

四、全面贯彻落实党的十九大精神，以永远在路上的执着把全面从严治党引向深入

习近平总书记在十九届中央纪委二次全会上强调，在中国特色社会主义新时代，完成伟大事业必须靠党的领导，党一定要有新气象新作为。各级党组织要坚决以习近平新时代中国特色社会主义思想和党的十九大精神为指导，以“党建工作达标年”为主线，以“七个全覆盖”层层压实党建责任，持续用力推进“七个达标”，为开创公司改革发展新局面提供坚强保证。

（一）坚决树牢“四个意识”，推进政治建设达标。

1. 坚决维护以习近平同志为核心的党中央权威和集中统一领导。认真执行总公司党组贯彻落实《中共中央政治局关于加强和维护党中央集中统一领导的若干规定》的实施办法，牢固树立“四个意识“，坚定“四个自信”，始终在政治立场、政治方向、政治原则、政治道路上同以习近平同志为核心的党中央保持高度一致。坚持在大局下行动，不折不扣贯彻落实党中央决策部署和对铁路工作的指示要求，切实担负起保障国民经济运行和服务人民群众的重大社会责任。落实重要情况、重大问题请示报告制度，完成党中央、总公司党组交给的各项工作任务。

2. 严守党的政治纪律和政治规矩。深入开展党规党纪学习教育，严防“七个有之”，做到“五个必须”。弘扬忠诚老实、公道正派、实事求是、清正廉洁等价值观，坚决反对搞两面派、做两面人。加强党员干部政治能力建设，严格执行个人重大问题、重要事项请示报告等制度，加强对违反政治纪律和政治规矩行为的检查监督问责，把纪律和规矩挺在前面、落到实处。

3. 严肃党内政治生活。认真学习贯彻《党章》，严格落实党内政治生活若干准则，坚持和规范党员领导人员民主生活会、组织生活会、民主评议党员等组织生活制度，建立党内政治生活检查和通报制度，2018 年对所属单位领导班子民主生活会实施全覆盖督导检查，增强党内政治生活的政治性、时代性、原则性、战斗性。落实《中国共产党党务公开条例（试行）》，充分发扬党内民主。坚持和完善民主集中制，健全公司“三重一大”事项决策制度，加强集中检查，确保严格按程序、按规矩办事。

（二）强化理论武装，推进思想建设达标。

1. 深入抓好学习宣传。认真落实党的十九大精神专题学习安排，组织各级领导人员学原文、读原著、悟原理，全面系统地领会精髓要义。加强对党委中心组学习制度的检查落实，2018 年对所属单位党委中心组学习实施全覆盖督导检查。按照中央和总公司党组统一部署，扎实开展“不忘初心、牢记使命”主题教育。把习近平新时代中国特色社会主义思想纳入“两学一做”学习教育常态化制度化的重要内容，运用“三会一课”等载体，组织党员干部普遍学、经常学、深入学。

2. 精心组织集中培训。高质量组织公司副处级以上领导人员学习贯彻习近平新时代中国特色社会主义思想和党的十九大精神的集中轮训，确保 6 月底前完成。把学习贯彻习近平新时代中国特色社会主义思想作为党员、干部教育培训的“必修课”，分层分类抓好培训。抓实党群干部业务考试。坚持党校姓党的根本原则，把工作重心放到抓党性教育和政治理论教育上。

3. 推动学习成果转化。组织“交通强国、铁路先行”专题研讨，深入推进公司确定的 23 项重点课题研究。各单位要结合实际，抓住重要专题，组织开展深入调研，努力形成理论成果、制度成果和实践成果。

（三）夯实基层基础，推进组织建设达标。

1. 发挥党委把方向、管大局、保落实的领导作用。坚持把党的领导融入公司治理各环节，加强党委会运行的监督指导，及时研究解决影响制约党委领导作用发挥的新情况新问题。落实党委会工作细则,完善落实"双向进入、交叉任职"领导体制,提高公司法人治理结构运行效率。指导任期届满单位党组织按期换届。加强履职内容培训,提高党委委员履行党建工作"一岗双责"的能力水平。

2. 压实党建工作责任。落实公司党建工作责任制实施办法,召开健全落实党建责任制会议,分层、分类、定期量化党建工作责任清单。2018 年对所属单位党群工作和党组织书记党建述职评议实施全覆盖督查考核。将抓党建工作情况纳入企业和领导人员业绩考核,对抓党建不力的严肃问责。建立基层党组织预警机制,变事后整顿为事前防范。建立党建集中活动月制度,7 月份对半年度党建工作情况进行总结分析和部署。

3. 强化基层党组织建设。各级党组织要围绕企业生产经营开展工作。落实党支部建设《纲要》和《实施细则》,突出政治功能,开展"三会一课"质量年活动,解决基层党组织生活不健全不规范、针对性不强、质量不高、党建与企业生产经营"两张皮"的问题。按照"三个有利于"的原则,根据生产力布局调整同步优化党组织设置。推动高铁综合工区联合党支部建设和示范点党支部建设。健全党支部书记后备人员培养库,启动新一轮专兼职党支部书记轮训。建立优秀年轻党员大学毕业生挂职车间党支部副书记、担任班组党支部书记制度。

4. 培养造就高素质党员队伍。推进"两学一做"学习教育常态化制度化,进一步创新形式,抓好"学、做、改"各项工作,提升党员队伍素质。建立党员常态长效教育培训机制,完成党员 100% 轮训目标。开展全公司党员数量与质量专题调研。制定党组织工作经费管理办法,开展清理收缴党费使用专项检查。完善铁路党建新媒体平台,拓展党员教育管理新阵地。分类加强对运输一线党员"两违率",服务岗位党员"三亮率"的考核,抓实创岗建区、立项攻关等基本载体,引导党员发挥先锋模范作用。

(四)加强干部管理,推进能力素质和作风建设达标。

1. 加强领导班子队伍建设。坚持"好干部"标准,动态调整优化领导班子结构,明确不同类型班子专业化配备重点,增强班子整体功能。重视年轻干部的培养、储备、选拔和使用,把优秀年轻干部选拔到领导班子中。加强对领导班子和领导人员的管理监督,落实公司《防止干部"带病提拔"实施办法》和《领导人员能上能下实施细则》等制度,2018 年对所属单位领导班子实施全覆盖调研考核。以政治过硬和本领高强为目标,实施领导人员提质行动,在加强政治理论培训的同时,加大管理、经营、法律和财经等知识的学习培训。继续抓好管理人员交流任职和挂职培养,制定并落实公司机关干部内部交流轮岗和到基层交流任职的制度办法。抓好领导人员接续培养,建立人才储备库,办好中青年干部培训班。

2. 加强人才队伍建设。全面实施公司骨干人才培养计划,搭建支撑公司事业发展的骨干人才体系。强化大学毕业生接收培养,健全管理服务机制。加大经营人才培养力度,着力培育懂经营、善管理的复合型人才队伍。完善干部人才考核评价机制,建立激励和容错纠错机制。修订公司职称评聘制度,改进完善职称评聘工作,促进人才队伍优化配置,提升整体素质。

3. 加强干部作风建设。作风建设永远在路上。现场的问题,根源在管理、在干部作风。各级领导要在思想作风上拧紧"总开关",解放思想、实事求是,增强事业心、责任心、进取心;要在工作作风上强调"抓落实",带头落实调查研究、带班顶岗、直接联系群众等制度,深入现场解决问题、指导工作、狠抓落实;要在生活作风上"坚守底线",做到讲操守、重品行,养成健康的生活方式;要进一步端正学风、改进文风会风,理论联系实际,学以致用、求真务实。各单位要建立作风建设长效机制，经常分析干部作风和干群关系状况，将领导人员的作风建设与履职尽责有机结合起来，把作风要求融入干部管理全过程，坚持选拔看作风、考核考作风、监督管作风，促进形成勤于学习、务实担当、严格自律的好作风。两级机关要切实转变作风，以“放管服”为抓手，增强为基层服务意识，让“马上就办、办就办好”成为自觉，提高机关整体工作效能，树立机关良好作风形象。

（五）完善监督管理体系，推进纪律建设达标。

1. 全面推动“两个责任”落实。认真贯彻落实党风廉政建设责任制实施细则，把主体责任延伸到基层车间，建立基层党支部书记抓纪律建设责任清单。坚持党风廉政建设与业务工作同部署、同落实、同检查、同考核，把廉政风险防控措施嵌入经营管理流程。注重纪检、审计、财务、安全监督以及监事会等多种监督形式的协调联动，构建大监督格局。纪检监察组织要突出主责主业，强化监督执纪问责。落实党员领导人员违纪违规问题专题民主生活会等制度。加大执纪问责力度，2018年对违纪违法案件全覆盖实施“一案双查”，推动有责必问、问责必严成为常态。

2. 加强基层党建工作督导。借鉴总公司党组开展巡视的方法，成立公司党建工作督查组，聚焦党的领导弱化、党的建设缺失、全面从严治党不力“三大问题”和“六项纪律’，分片对基层党建工作进行专项督导。坚决支持配合上级巡视组工作，认真抓好巡视反馈问题整改，推进全面从严治党走向严紧硬。

3. 持之以恒纠治“四风”问题。认真落实习近平总书记关于进一步纠正“四风”、加强作风建设的重要批示，深刻把握“四风”问题的顽固性、反复性，继续在常和长、严和实、深和细上下功夫，密切关注享乐主义、奢靡之风新动向新表现，坚决防止回潮复燃。纠正形式主义、官僚主义，一把手要负总责。严格执行公司党委《关于进一步贯彻落实中央八项规定精神、加强作风建设的实施办法》，扎紧制度的“笼子”。对规避组织监督、顶风违纪的，对违反中央八项规定精神和“四风”问题突出的党员干部，无论职务高低都要从严查处、通报曝光。

4. 用好监督执纪“四种形态”。突出抓早抓小、防微杜渐，在用好第一种形态上下功夫，让红脸出汗成为常态。全力推行权力清单制度，探索在运输系统推行“2241”管理机制。坚持无禁区、全覆盖、零容忍，坚持重遏制、强高压、长震慑，坚决减存量、重点遏增量，对违反政治纪律的行为、重点领域的违纪违规行为，以及发生在职工群众身边的腐败行为，露头就打，决不姑息。深刻吸取违纪案件教训，完善管控机制，从源头上铲除违纪违规问题的滋生土壤。

（六）落实意识形态工作责任制，推进宣传工作达标。

1. 牢牢把握意识形态工作的主动权。认真落实中央、总公司党组关于意识形态工作的部署要求，加强对意识形态工作的统一领导，牢牢把握正确的政治方向。定期分析研判和通报意识形态领域情况，对思想文化领域的重大问题、重要情况，职工队伍思想动态中的倾向性、苗头性问题，有针对性地进行宣传引导。强化各类意识形态阵地建设和管理，绝不给错误思潮和主张提供传播的空间和渠道。

2. 加强正面宣传引导。开展“不忘初心、牢记使命，交通强国、铁路先行”宣讲活动，有针对性地强化形势任务教育。巩固“危机意识、服务意识、市场意识、效益意识”大讨论活动成果，启动“四种意识”大实践活动。组织开展“走基层、看亮点，学精神、当先行”主题宣传活动，镜头对准一线职工，选树宣传“身边的凡星”。深化“互联网＋思想政治工作”实践，做好“一人一事”思想政治工作，确保职工队伍思想稳定。

3. 深入推进企业文化建设。深化企业文化建设三年基础工程，大力弘扬铁路优秀传统文化,分层分类指导各单位建设和用好文化教育基地。培育车间班组家园文化,推进企业文化示范点创建。推进“精品工程”文化线建设,培育高铁安全、服务和经营文化品牌,制作企业形象宣传片,推出一批“铁”字号文化产品、文艺精品,增强铁路文化的感染力、影响力。

4. 建好用好新媒体阵地。开展铁路传统媒体与新媒体融合发展课题研究,推动公司全媒体阵地建设,带动站段新媒体工作室创建。做强做优官方微博微信、头条号等新媒体平台。加强与主流媒体、重点网站和新媒体平台的深度合作,及时准确提供铁路资讯,真实、立体、全面地展示新时代铁路的新形象。

5. 讲好新时代南铁故事。大力宣传铁路满足人民群众对美好生活需求的服务新举措,工程新进展,科技新成果,改革新成就。把握重大节点、重点任务,组织策划集中宣传和采访活动,同步开展网络宣传,力争推出一批有影响力的报道。把握好时、度、效,创新方式手段,提升铁路舆情防控能力、舆论引导能力和信息服务能力,营造良好的舆论环境。

(七)真情服务职工,推进党的群团工作达标。

1. 尊重职工的主体地位。健全完善公司民主管理制度,修改职代会实施细则,依法落实好公司职工董事、职工监事等制度,大力推行厂务公开。以主要行车工种为重点,启动为期三年的在岗技能人员脱产轮训工程。推进覆盖主要生产车间班组职工的远程培训信息网络建设。广泛开展职工岗位练兵、技能竞赛、劳动竞赛和合理化建议等活动。大力弘扬劳模精神、工匠精神,以郭学飞全国示范性劳模创新工作室为标杆,各单位至少建立 1 个段级、公司着力打造 10 个“南铁工匠”创新工作室。

2. 持续改善职工生产生活条件。制定并实施 2018 至 2020 年持续改善职工生产生活条件的规划。落实“两个同步”要求,优化工效挂钩的分配办法,稳步提升职工收入。推进职工保障性住房建设,着力改善单身宿舍、行车公寓环境。加大对偏远地区、新线区段的“三线”建设投入,全面推进高铁综合车间、工区生产生活一体化建设,重点解决一线职工饮水、伙食团、住宿、如厕和文体设施等方面问题。规范铁路企业社保管理,完善职工健康保障体系,开展职工健康休养,组织职工心理健康评估疏导,广泛开展群众性文体运动。2018 年对所有建档困难职工实施全覆盖精准帮扶,构建覆盖全体职工的普惠服务网络,增强职工的幸福感和获得感。

3. 主动引领服务青年。各级党组织要关心青年成长进步,重视和做好新入路青年职工的思想和职业教育,深化推进青年成长成才导航和安心安家服务工程;各级共青团组织要紧扣中心工作,设计好载体平台,把团干部和团员青年的作用发挥好,让铁路传统、铁路文化、铁路精神代代相传,铁路事业薪火相传、后继有人。

4. 坚决维护稳定环境。严格落实信访工作责任制,2018 年对职工不稳定因素实施全覆盖动态排查化解。统筹抓好综治、扶贫、统战、保密、武装、离退休干部等工作,共同维护安全稳定的发展环境。

同志们,新时代赋予新使命,新征程当有新作为。我们要以习近平新时代中国特色社会主义思想和党的十九大精神为指引,在总公司党组的坚强领导下,不忘初心,牢记使命,万众一心,团结奋斗,全面完成各项工作任务,不断开创公司改革发展新局面,为实现“交通强国、铁路先行”作出新的贡献!

新春佳节将至,在新的一年,祝大家工作顺利、身体健康、家庭幸福!

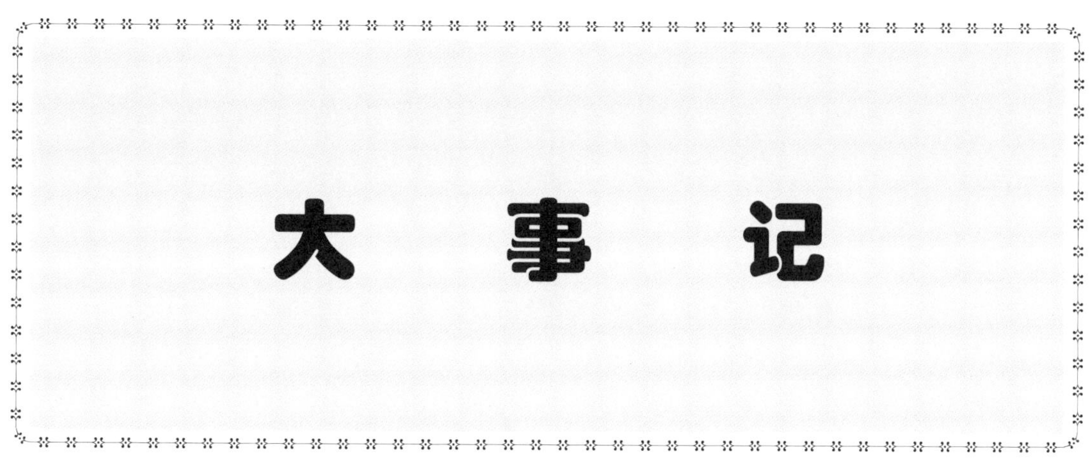

2017 年中国铁路南昌局集团有限公司大事记

1 月

2016 年 12 月 31 日至 2017 年 1 月 3 日(2017 年元旦小长假)期间,全局共发送旅客 243.5 万人。

6 日,福建省发展和改革委员会副主任、重点办主任许碧瑞,福建省铁办主任史原增,福州市常务副市长林飞一行到路局就铁路相关事宜进行会谈。路局副局长钟生贵出席会谈。

8 日,2016 年度全局"平凡之星"颁奖典礼在路局工人文化宫举行。局领导班子成员出席颁奖典礼。

9 日至 10 日,路局五届三次职代会在南昌召开,局领导班子成员出席会议。大会审议并通过了行政工作报告、民主管理工作报告、路局职工福利费、医疗保险基金 2016 年收支情况和 2017 年预算安排报告、2017 年路局集体合同、2016 年路局职工教育培训经费使用情况报告、2016 年住房公积金归集使用计划执行情况报告,路局 2016 年"三不让"资金筹集使用情况及职工互助互济金、离退休人员(家属)大病医疗互济金使用情况报告,路局 2016 年企业年金管理情况报告,《路局企业补充医疗保险管理办法(修订稿)》,《路局铁路交通事故和生产安全事故责任追究办法(修订稿)》,路局关于 2017 年调整职工岗位工资标准的方案等决议。大会报告了民主评议路局领导班子及成员情况和本届职代会提案征集情况。

10 日,路局党委召开 2016 年度路局党委书记抓基层党建对下述职评议会。路局局长王培主持会议,在家的局领导班子成员及路局五届三次职代会全体正式代表出席会议。总公司人事部(党组组织部)组织处副主任科员梁巍到会指导。会上,路局党委书记卢文星就 2016 年度抓基层党建情况进行述职,参会人员现场对其进行民主评议。

11 日,2017 年全局工作会议在南昌召开。路局局长王培作工作报告,局党委书记卢文星作党委工作报告,局纪委副书记张英东作党风廉政建设工作报告,副局长彭磊作安全工作讲话。路局领导班子成员,路局总调度长、安全总监、副总工程师、纪委副书记、工会副主席、政法委副书记、团委书记,局机关各部门、局直属单位、局纪委和工会部室正职,福州铁路办事处领导,驻局军代处主任;各运输站段,各房建生活段,物资供应段,科研所,各校(所)、疗(休)养院、疾病预防控制所,线站安保支队党政正职;各一级非运输企业党政正职;南铁公安局局长、政委,各公安处(校)长、政委;局属各单位、各一级非运输企业、公安局(处、校)纪委书记,局属各单位分管安全副站(段)长;中国铁路总公司(以下简称铁路总公司)管理的各合资铁路公司、局管各合资铁路公司、各铁路建设指挥部负责人出席会议。南昌铁路两级检察院检察长、两级法院院长应邀出席会议。

11 日,路局召开"两学一做"暨春运宣传工作部署会议,受路局党委书记卢文星委托,局党委副书记万军出席会议,并对全局"两学一做"学习教育收尾阶段工作和春运宣传工作作出专项部署。

15 日,新建福州至厦门客运专线先行工程在漳州角美正式开工。福州至厦门客运专线是《中长期铁路网规划》(2016 年)中"八纵八横"高速铁路网主通道"八纵"之一——东南沿海铁路客运通道的重要组成部分。项目建设对于推动福建沿线新型城镇化建设,完善区域快速铁路网布局,提升客运服务质量具有重大意义。

15 日,路局局长王培、局总工程师詹志文与赣州市委副书记、市长曾文明,副市长胡聚文进行会谈,双方就推进神华信丰电厂大塘埠火车站开站及铁路桥建设相关事宜进行深入探讨。

16 日,江西省交通厅党委委员、总工程师胡钊芳带领江西省安委会考评和督查组,对路局 2016 年度安全工作进行考评和综合督查。

17 日,路局党委召开 2016 年度领导班子民主生活会。路局党委书记卢文星主持会议,局领导班子 12 名成员出席会议。铁路总公司办公厅(党组办公厅)主任韩江平到会指导并作点评讲话,党组纪检组、监察局副调研员王大军,人事部(党组组织部)副调研员刘胜尧到会指导。

18 日,路局在南昌召开离退休干部情况通报会。路局局长王培作情况通报,局党委书记卢文星主持会议并讲话。

18 日,路局在南昌召开全局建设工作会议。路局局长王培、局党委书记卢文星、副局长钟生贵、局总工程师詹志文出席会议。东南、昌九项目管理机构,福平、九景衢、赣龙、衡茶吉公司,各铁路工程建设指挥部,路局相关处室负责人,江西、福建地铁公司,华路监理公司,天河公司,南昌铁路公安局,相关参建单位领导出席会议。会议对 2016 年度路局铁路建设先进集体和先进工作者进行表彰。

18 日,福建省安委办副主任、安监局副局长周惠珍带领福建省安委会考评督查组,对福州办事处 2016 年度安全工作进行考评和综合督查。

19 日,在《人民日报》联合微博发布的《2016 年度人民日报·政务指数微博影响力报告》中,南昌铁路局官方微博@南昌铁路荣获"2016 年度全国十大交通系统微博奖"。

25 日,路局召开 1 月运输安全分析会。路局副局长彭磊主持会议。路局副局长钟生贵、戴平峰、任朝阳、刘明亮、黄少雄出席会议。

26 日,江西省省长刘奇检查路局春运工作,要求路局和车站全力以赴落实好"保安全、保畅通、优服务"的各项措施。路局局长王培陪同检查。

26 日,路局召开全局春运电视电话会议。路局局长王培、局党委书记卢文星出席会议并讲话。在家的局领导班子成员出席会议。

2 月

1 月 13 日至 2 月 21 日(春运 40 天)全局共发送旅客 2774.2 万人,同比增长 10.5%;完成运输收入 34.94 亿元,同比增长 16.4%。

3 日至 4 日,铁路总公司党组成员、副总经理黄民到路局检查指导春运工作,先后深入厦门北、福州、上饶、南昌西、南昌站检查,现场察看安检查危、旅客乘降、客运组织、便民服务和医疗点等工作情况,慰问一线干部职工,听取路局春运工作情况汇报。黄民对路局春运工作取得阶段性成果给予充分肯定,强调要围绕“平安春运、有序春运、温馨春运”目标,强化各项工作措施落实,夺取春运工作全胜。路局局长王培、局党委书记卢文星全程陪同检查并汇报,在家的路局领导班子成员参加汇报会。局党委副书记万军、副局长陈寿卿、局总工程师詹志文在包保片区陪同检查。

6 日至 8 日,最高人民检察院铁路运输检察厅副厅级检察员曹康带队到路局督导调研 2017 年春运安全稳定工作,并了解全国“两会”期间铁路安全稳定相关措施。江西省人民检察院副检察长张国轩,南昌铁路运输检察分院党组书记、检察长罗庆华,路局副局长彭磊陪同调研。

6 日至 9 日,国家铁路局春运第四督查组到路局督导检查节后春运工作。第四督查组分 2 个小组,分别由国家铁路局安全技术中心主任耿家文、设备司副司长马良民带队,添乘检查了南昌局管内京九线、合福高铁、沪昆高铁,现场检查上饶、南昌西站客运组织、安检查危、旅客服务等春运工作情况。路局局长王培,局党委副书记万军,副局长戴平峰、彭磊,局总工程师詹志文在包保片区陪同检查。

8 日,共青团江西省委下发《关于 2016 年度全省共青团工作评议情况的通报》(赣青发〔2017〕5 号),路局获评“2016 年度江西省共青团工作优秀单位”。

9 日,路局实现运输安全 1400 天。

13 日,共青团江西省委党组副书记马健、共青团江西省委副书记孙鑫到南昌车站检查指导路局青年志愿者服务春运“暖冬行动”实施情况,看望慰问坚守在服务岗位上的志愿者和团员青年。路局党委副书记万军陪同检查。

21 日,江西省副省长、公安厅厅长郑为文率公安厅副厅长王跃辉,党委委员、治安总队长张冬庆一行到路局视察调研工作,慰问坚守春运安保一线的公安民警,实地察看南昌车站安防、反恐怖措施落实情况,并围绕十九大和金砖会晤安保工作提出要求。路局副局长彭磊陪同调研。

28 日,路局召开 2 月运输安全分析会。路局副局长彭磊主持会议。路局副局长戴平峰、任朝阳出席会议。

【人事任免】

1. 根据铁总党任〔2017〕12 号通知,邝振清同志任东南沿海铁路福建有限责任公司、京福闽赣铁路客运专线有限公司、向莆铁路股份有限公司党委委员、副书记、纪委书记,一年内为考察试用期。

2. 根据铁总任〔2017〕25 号通知,福建福平铁路有限责任公司董事长、总经理宗德明同志退休。

3. 免去任广鑫同志兼任的路局党委政法委书记职务。

4. 吴振宇同志任宜春车务段党委书记、副段长(正处级);免去其南昌铁路国际旅行社有限公司党委书记、副总经理职务。

5. 曾文斌同志任漳州车务段党委书记、副段长(正处级);免去其福州客运段党委书记、副段长职务。

6. 陆永平同志任福州客运段党委书记、副段长(正处级);免去其福州电务段党委书记、副段长职务。

7. 高鹏同志任福州电务段党委书记、副段长(正处级);免去其路局电务处处长职务,建议其不再担任南昌铁路天河建设股份有限公司董事会董事。

8. 林沧海同志任厦门工务段党委书记、副段长(正处级);免去其福州工务段党委书记、副段长职务。

9. 陈庸斌同志任福州工务段党委书记、副段长(正处级);免去其南平工务段党委书记、副段长职务。

10. 何闽安同志任南平工务段党委书记、副段长(正处级);免去其厦门工务段党委书记、副段长职务。

11. 方添全同志任厦门车站党委书记、副站长(正处级);免去其厦门车站站长、党委副书记职务。

12. 林平超同志任厦门车站站长、党委副书记(正处级);免去其厦门车站党委书记、副站长职务。

13. 薛伟同志任南昌房建生活段段长、党委副书记(正处级);免去其南昌住房公积金管理部主任。

14. 陈国旺同志任福州东车辆段副段长(副处级);免去其南昌铁路安全监督管理办公室驻福州东车辆段验收室主任职务。

15. 勒敏同志任路局工会财务部部长(副处级);试用期一年。

16. 李培华同志任路局机务处副处长(副处级),试用期一年;免去其路局机务处检修整备科科长职务。

17. 杜勒彪同志任南昌车辆段党委副书记(副处级);一年内为考察试用期。

18. 林民辉同志任鹰潭供电段党委副书记、纪委书记(副处级);免去其南昌车务段党委副书记、纪委书记职务。

19. 陈国红同志任南昌车务段党委副书记、纪委书记(副处级);免去其鹰潭供电段党委副书记、纪委书记职务。

20. 沈绍冰同志任福州房建生活段党委副书记、纪委书记(副处级);免去其厦门供电段党委副书记、纪委书记职务。

21. 赵如财同志任厦门供电段党委副书记、纪委书记(副处级);免去其福州房建生活段党委副书记、纪委书记职务。

22. 免去叶松春同志兼任的南昌铁路工人文化体育馆馆长职务。

23. 石饶斌同志任南昌铁路工人文化体育馆馆长(副处级);免去其萍乡工务段党委副书记、纪委书记职务。

24. 免去姜建平同志的福建铁路实业发展有限公司副总经理兼福建天成瑞源房地产股份有限公司党支部书记职务,建议其不再担任福建天成瑞源房地产股份有限公司董事长,由福建铁路实业发展有限公司安排适当的专项性工作。

25. 推荐黄成通同志为福建天成瑞源房地产股份有限公司董事会董事、董事长(副处级),任福建天成瑞源房地产股份有限公司党总支书记;免去其福州东铁路住房建设项目指挥部指挥长职务。

26. 建议邱恒同志不再兼任福建福平铁路有限责任公司计划财务部部长职务。

27. 推荐费重繁同志任福建福平铁路有限责任公司计划财务部副部长(副处级);免去其路局福州集体经济管理办公室主任兼福州劳动服务总公司总经理、党支部副书记职务。

28. 余铭同志任福州集体经济管理办公室主任兼福州劳动服务总公司总经理、党支部副书记(副处级);免去其福建榕铁混凝土制品有限公司总经理、党总支副书记职务。

29. 推荐邹文亮同志任厦门海沧铁路有限责任公司副总经理(副处级)。

30. 免去王昌明同志兼任的福建铁路重工有限公司经理、党总支书记职务。

31. 免去陈鹏同志兼任的南昌铁路物资有限公司经理职务。

32. 经福建省人力资源和社会保障厅批准,福州客运段党委副书记林婴同志(副处级、政工师)符合国务院国发〔1978〕104 号文第四条第一项规定,自 2017 年 2 月 28 日起准予退休,同时终止本人与单位签订的劳动合同。

33. 经福建省人力资源和社会保障厅批准,福州东车辆段副段长吴木盛同志(副处级、助理工程师)符合国务院国发〔1978〕104 号文第四条第一项规定,自 2017 年 2 月 28 日起准予退休,同时终止本人与单位签订的劳动合同。

34. 经江西省人力资源和社会保障厅批准,南昌华路建设咨询监理有限公司副总经理夏荣强同志(正科级、工程师)符合国务院国发〔1978〕104 号文第四条第一项规定,自

2017年2月28日起准予退休，同时终止本人与单位签订的劳动合同。

35. 经福建省人力资源和社会保障厅批准，厦门休养院副院长王重庆同志（正科级、副主任医师）符合国务院国发〔1978〕104号文第四条第一项规定，自2017年2月28日起准予退休，同时终止本人与单位签订的劳动合同。

3月

3日，路局召开全局关心下一代工作电视电话会议。路局党委副书记万军出席会议并讲话。

6日，路局党委召开理论学习中心组专题学习研讨会，路局党委书记卢文星领学全国“两会”精神、习近平总书记在省部级主要领导干部学习贯彻十八届六中全会精神专题研讨班开班仪式上的讲话、中央政治局会议审议的《关于推进“两学一做”学习教育常态化制度化的意见》《中共中央关于加强和改进保密工作的意见》、甄忠义副总经理在全路“强基达标、提质增效”主题教育活动动员暨春运宣传工作总结电视电话会议上的讲话等内容。路局党委书记卢文星和局长王培就“强基达标、提质增效”工作主题作中心发言。局总会计师郭建波介绍分析2017年路局经营工作面临的形势任务，传达全路信访工作会议精神。局领导班子成员出席会议。

9日，南铁检察工作会议在南昌召开。会议主要学习贯彻党的十八大和十八届三中、四中、五中、六中全会精神，特别是习近平总书记系列重要讲话精神，学习贯彻中央政法工作会议、全国检察长会议和江西省政法工作会议、江西省第十七次检察工作会议精神，总结去年工作，部署2017年工作任务。路局党委书记卢文星出席会议并讲话。江西省人民检察院副检察长张国轩提出要求。南昌铁路运输检察分院检察长罗庆华作工作报告。

10日，福州铁路办事处、南铁公安局、东南公司等7个单位党组织书记就2016年抓基层党建情况向路局党委述职。路局党委书记卢文星、局长王培、局党委副书记万军出席会议。

13日，全国铁道团委下发《关于表彰2016年度全路团务工作先进单位、五四新闻奖、团的信息及宣传工作先进单位和个人的决定》（团铁〔2017〕5号），授予路局团委“铁路共青团五四新闻奖”。

13日，龙厦铁路被水利部评为“2016年度国家水土保持生态文明工程”。

14日，路局召开全局防洪工作电视电话会议，路局副局长彭磊、刘明亮出席会议，对2017年全局防洪工作进行全面部署。

14日至15日，路局党委在局党（干）校举办全局“强基达标、提质增效”主题教育活动骨干培训班。路局党委副书记万军作开班动员。局总会计师郭建波作形势任务报告。

15日，路局召开全局职教培训工作电视电话会议。路局总工程师詹志文出席会议，对2017年全局职教工作进行全面部署。

15日，路局局长王培带队拜访福建省发展和改革委员会，与福建省发展和改革委员会主任魏克良，福建省发展和改革委员会副主任、重点办主任许碧瑞就加强路地合作、进一步推进福建省铁路建设、铁路“三供一业”分离移交、土地综合开发等相关事宜进行会谈。路局副局长钟生贵、陈寿卿、黄少雄参加会谈。

15日至17日，全局工务工作暨防洪工作会议、工务系统“强基达标，提质增效”现场会在萍乡召开。路局副局长刘明亮对2017年工务工作形势任务进行分析、点评，对做好2017年工务工作提出重点要求。上海特派办副特派员钱家辉出席会议并提出要求。

21日至24日，由国家铁路局副局长苏全利任组长的国家铁路局汛期安全第二督导组对路局进行监督检查，督导组通过查阅资料、添乘机车、重点抽查等方式，对防汛管理、汛期施工等工作进行重点检查。路局副局长钟生贵、刘明亮陪同检查。

23日，铁路青少年发展捐助中心下发《关于2016年度“一致行动奖”表彰奖励决定的通知》（捐铁〔2017〕4号），授予路局团委2016年度全路“一致行动奖”。

27日，路局党委在南昌召开3月理论学习中心组集中学习会，路局党委书记卢文星在会上领学全国“两会”精神、习近平总书记对铁路工作的系列重要指示精神、国务院第五次廉政工作会议精神，以及陆东福总经理在铁路局党委书记抓基层党建述职评议会上的讲话等内容。局领导班子成员参加学习。

28日，路局召开一季度安委会，总结一季度安全生产情况，部署二季度安全重点工作。路局局长王培，局党委书记卢文星，副局长钟生贵、戴平峰、任朝阳、彭磊、刘明亮，局总会计师郭建波出席会议。

31日，路局召开全局电视电话会议，路局局长王培、局党委书记卢文星对2017年一季度工作进行总结，并对下一阶段重点工作和厦门金砖国家首脑峰会维稳安保工作作出部署。局领导班子成员出席会议。

【人事任免】

1. 根据《铁路领导干部违反党纪政纪等有关规定组织处理办法（试行）》（铁党发〔2006〕12号）、《中国铁路总公司企业领导人员选拔任用工作规定》（铁总党〔2015〕4号）和《南昌铁路局　南昌铁路局党委干部履职督查及问责办法（试行）》（南铁人〔2013〕168号）等有关文件精神，经路局党委会研究决定，免去罗海明同志的江西省铁道学会秘书长职务。

2. 经江西省人力资源和社会保障厅批准，南昌铁路天集房地产开发有限公司调研员曾力同志（副处级、助理工程师）符合国务院国发〔1978〕104号文第四条第一项规定，自2017年3月31日起准予退休，同时终止本人与单位签订的劳动合同。

3. 经江西省人力资源和社会保障厅批准，路局党（干）校副校长熊春如同志（副处级、高级讲师）符合国务院国发〔1978〕104号文第四条第一项规定，自2017年3月31日起准予退休，同时终止本人与单位签订的劳动合同。

4月

1日至4日（2017年“清明”小长假期间），全局共发送旅客353.8万人，同比增长16.2%；完成客票收入25045万元，同比增长14.2%。4日当天，全局客发突破百万人，达100.7万人，创建局以来单日客发历史新高。

6日，路局、路局党委联合发布《南昌铁路局　南昌铁路局党委关于撤销北京办事处及调整北京圣地苑宾馆有限公司管理关系的通知》（南铁劳卫函〔2017〕208号），决定自发文之日起，撤销南昌铁路局北京办事处，同时调整北京圣地苑宾馆有限公司管理关系，北京圣地苑宾馆有限公司由南昌铁路国际旅行社有限公司按子公司管理。

10日至12日，铁路总公司安监局副局长孟力带队，对路局贯彻总公司2017年重点工作部署、细化落实铁总党〔2017〕1号文件情况进行专项检查。

10日至14日，上海特派办特派员孙汉武带队，对路局上半年安全工作进行全面检查评估，副局长彭磊陪同检查评估。14日，召开上半年安全工作评估检查交换意见会，上海特派办特派员孙汉武主持会议，路局局长王培，局党委书记卢文星，副局长钟生贵、戴平峰、任朝阳、刘明亮及安委会成员部门主要负责人参加会议。

12日，路局召开全局铁路线下安全隐患暨江西省境内铁路沿线环境专项整治工作电视电话会议。路局副局长刘明亮出席会议。

12日至26日，路局党委开展“以行动诠释忠诚”党建重点工作督查，围绕“两个责任”落实、选人用人、执行中央八项规定精神和其他工作情况等四大类28个项点，派出6

个督查组，对全局69个单位进行专项督查。

18日至19日，路局局长王培，副局长钟生贵、任朝阳、刘明亮带队对九景衢铁路全线进行平推检查，九景衢铁路江西有限责任公司董事长、总经理王日辉陪同检查。19日，检查组在九景衢铁路江西有限责任公司召开平推检查总结会。路局局长王培要求参建各方充分认清九景衢铁路按期开通的重要意义，完成工程质量、施工安全及工期控制目标，确保九景衢铁路顺利开通。副局长任朝阳、刘明亮分别结合各自分管工作就抓好九景衢铁路剩余工程建设提出要求。副局长钟生贵主持会议。九景衢铁路江西有限责任公司领导班子成员，各设计、施工、监理单位集团公司主要领导出席总结会。

19日，路局领导人员学习贯彻党的十八届六中全会精神培训班在厦门举办。培训班共分九期，每期培训5天，参培学员为局属单位领导班子成员，路局机关部门、铁路总公司管理的合资铁路公司、南昌铁路公安局副处级及以上领导人员（不含铁路总公司管理的局级领导人员）。

21日，路局召开一季度暨3月运输经营分析会，总结一季度全局运输生产经营情况，部署下一阶段重点工作。在家的局领导班子成员出席会议。

26日，路局召开全局推进铁路线下安全隐患暨江西境内铁路沿线环境专项整治工作电视电话会议。路局副局长刘明亮出席会议。

27日，路局召开2017年全局应急管理工作电视电话会议。路局副局长彭磊出席会议。

28日，南昌铁路天河测量技术股份有限公司创立大会暨第一次股东大会、第一届董事会第一次会议在南昌召开，为全路首家由局属非运输企业（南昌铁路天河建设股份有限公司）出资控股、与设计测绘专业单位（中国铁路设计集团有限公司、江西省勘察设计研究院）合资组建的工程测量公司。

28日，路局召开4月运输安全分析会。在家的局领导班子成员出席会议。

【人事任免】

1. 陆志勇同志任南昌客运段党委书记、副段长（正处级），一年内为考察试用期，免去其南昌铁路文化广告传媒有限公司总经理、执行董事、党总支副书记职务。

2. 龚火林同志任鹰潭工务段党委书记、副段长（正处级），一年内为考察试用期，建议其不再担任鹰潭工务机械段工会主席职务。

3. 李明光同志任路局电务处处长（正处级），推荐为南昌铁路天河建设股份有限公司董事会董事人选；免去其南昌电务段段长、党委副书记职务。

4. 徐国强同志任南昌电务段段长、党委副书记（正处级），试用期一年。

5. 殷铁同志任南昌铁路国际旅行社有限公司党委书记、副总经理（正处级），免去其路局团委书记职务。

6. 刘鲜明任路局劳动和卫生处处长兼劳动力调剂站站长（正处级），试用期一年。

7. 免去邝振清同志的路局劳动和卫生处处长兼劳动力调剂站站长职务。

8. 郑全同志任福州住房公积金管理部主任（正处级），试用期一年；免去其漳州车务段党委副书记职务。

9. 林晓军同志任路局施工管理办公室主任（正处级）。

10. 免去程树贵同志的北京办事处主任（北京圣地苑宾馆总经理）职务，由路局办公室（党委办公室）安排专项工作。

11. 马晓薇同志任福州车站副站长（副处级），试用期一年。

12. 王亚斌同志任向塘西车站副站长（副处级），试用期一年。

13. 宋明翔同志任鹰潭车站副站长（副处级），试用期一年。

14. 万谦同志任南昌机务段副段长（副

处级)，试用期一年。

15. 杨勇同志任南昌供电段副段长(副处级)，试用期一年；免去其南昌铁路安全监督管理办公室驻南昌供电段验收室主任职务。

16. 杨俊同志任南昌车辆段总会计师(副处级)；免去其南昌南车辆段总会计师职务。

17. 刘耀华同志任南昌车辆段副段长(副处级)，试用期一年。

18. 邱新亮同志任南昌南车辆段副段长(副处级)；免去其南昌南车辆段总工程师职务。

19. 易汉成同志任南昌南车辆段总工程师(副处级)；免去其南昌南车辆段副段长职务。

20. 张玉江同志任南昌南车辆段副段长(副处级)，试用期一年。

21. 胡颖同志任南昌南车辆段总会计师(副处级)，试用期一年；免去其路局车辆处综合科科长职务。

22. 邱卫兵同志任九江桥工段总会计师(副处级)，试用期一年；免去其路局财务处国资管理科科长职务。

23. 施礼敦同志任鹰潭工务机械段副段长(副处级)，试用期一年。

24. 曾毅同志任南昌通信段副段长(副处级)，试用期一年。

25. 郑清同志任福建铁路实业发展有限公司副总经理(副处级)，试用期一年；免去其路局经营开发处综合科科长职务。

26. 傅利华同志任南昌铁路国际旅行社有限公司副总经理兼北京圣地苑宾馆经理(副处级)；免去其北京办事处副主任(北京圣地苑宾馆常务副总经理)职务。

27. 许琴同志任路局党(干)校副校长(副处级)，试用期一年。

28. 免去何笠俊同志兼任的路局房产管理所主任职务。

29. 张洲坡同志任路局房产管理所主任(副处级)，试用期一年；免去其路局土地房产管理处房产给水管理科科长职务。

30. 邓华高同志任路局集体经济管理处副处长(副处级)，试用期一年；免去其路局集体经济管理处计财科科长职务。

31. 孟良同志任福州收入稽核大队大队长(副处级)，试用期一年。

32. 刘毅祥同志任南昌铁路文化广告传媒有限公司副总经理(正科级)，试用期一年。

33. 张钧同志任南昌华路建设咨询监理有限公司副总经理(正科级)，试用期一年。

34. 福州东车辆段党委书记郑力敏同志2017年1月考察试用期已满，经考核同意按期继续任职。

35. 鹰潭工务段段长林发友同志2016年12月试用期已满，经考核同意按期继续任职。

36. 南昌铁路天河建设股份有限公司总经理毛坤海同志2016年12月试用期已满，经考核同意按期继续任职。

37. 路局工务处处长胡永乐同志试用期已满，经考核同意继续任职。

38. 宜春车务段副段长赖汉华同志2017年1月试用期已满，经考核同意按期继续任职。

39. 龙岩车务段副段长伍美洪同志2016年12月试用期已满，经考核同意按期继续任职。

40. 鹰潭供电段副段长楼卫同志2016年12月试用期已满，经考核同意按期继续任职。

41. 南昌车辆段副段长苏贤达同志试用期已满，经考核同意继续任职。

42. 福州工务段副段长肖剑同志2016年12月试用期已满，经考核同意按期继续任职。

43. 南平工务段副段长陈金柏同志试用期已满，经考核同意继续任职。

44. 福州电务段副段长陈志忠同志2017

年 1 月试用期已满,经考核同意按期继续任职。

45. 路局总工程师室(科委办)副主任林维同志 2016 年 12 月试用期已满,经考核同意按期继续任职。

46. 路局安全监察室副主任秦闽平同志 2017 年 1 月试用期已满,经考核同意按期继续任职。

47. 路局审计室副主任冉荣国同志 2017 年 1 月试用期已满,经考核同意按期继续任职。

48. 赣龙复线铁路有限责任公司物资设备部部长谢学斌同志 2016 年 12 月试用期已满,经考核同意按期继续任职。

49. 江西职工保障性住房建设指挥部副指挥长刘红东同志 2016 年 12 月试用期已满,经考核同意按期继续任职。

50. 南昌铁路物业管理有限公司副总经理陈晓红同志 2016 年 12 月试用期已满,经考核同意按期继续任职。

51. 厦门休养院副院长吕伟霞同志 2017 年 1 月试用期已满,经考核同意按期继续任职。

52. 经江西省人力资源和社会保障厅批准,路局集体经济管理处处长任宝荣同志(正处级、工程师)符合国务院国发〔1978〕104 号文第四条第一项规定,自 2017 年 3 月 31 日起准予退休,同时终止本人与单位签订的劳动合同。

53. 经福建省人力资源和社会保障厅批准,福建铁路实业发展有限公司副总经理吴亚平同志(副处级、工程师)符合国务院国发〔1978〕104 号文第四条第一项规定,自 2017 年 3 月 31 日起准予退休,同时终止本人与单位签订的劳动合同。

54. 经江西省人力资源和社会保障厅批准,向塘机务段副段长熊洪贵同志(副处级、技术员)符合国务院国发〔1978〕104 号文第四条第一项规定,自 2017 年 4 月 30 日起准予退休,同时终止本人与单位签订的劳动合同。

5月

4 月 28 日至 5 月 1 日(2017 年“五一”小长假期间),全局共发送旅客 358.3 万人,同比增长 10.09%;完成客票收入 2.9 亿元,同比增长 14.35%。5 月 1 日,全局客发 103.3 万人,创路局单日客发历史纪录。

4 日,无锡联勤保障中心主任侯志平到驻南昌铁路局军事代表办事处召开宣布命令大会,宣布驻南昌铁路局军事代表办事处主任陈勇退休的人事命令。路局局长王培、局党委书记卢文星出席会议。

5 日,路局党委、路局召开全局党风廉政建设任务分工部署暨“两个责任”推进电视电话会议。路局党委书记卢文星、局长王培到会并讲话。在南昌的局领导班子成员出席会议。

8 日,由交通运输部部长、党组副书记李小鹏带队的江西交通扶贫督查和对口支援工作调研组一行,到南昌西综合客运枢纽检查调研。李小鹏指出,铁路部门要做好旅客安全工作,加强铁路与地铁、公交等公共交通方式的融合发展,尽最大努力方便旅客出行。江西省委副书记、省长刘奇,江西省委常委、南昌市委书记殷美根等省市领导及路局局长王培、局党委书记卢文星陪同调研。

9 日,路局公布《南昌铁路局关于撤销成人教育函授站并调整职工教育处机构编制的通知》(南铁劳卫函〔2017〕295 号),撤销由路局职工教育处领导和管理的成人教育函授站,其工作和人员交由路局职工教育处管理。

9 日,路局召开全局离退休工作电视电话会议。路局党委副书记万军主持会议并讲话,局总会计师郭建波对全局 2016 年离退休工作进行总结,并对 2017 年离退休重点工作进行部署。

10 日,铁路总公司审计和考核局赴南昌局审计组一行,对路局 2016 年度经营业绩及 2017 年预算管理情况进行就地审计。路局总会计师郭建波参加审计进点会,并要求相关处室做好审计配合工作。

17 日,以福建省纪委驻省法院原正厅级纪检监察专员左家安为组长的福建省高级人民法院司法巡查组到路局走访,与路局局长王培进行座谈,听取路局对福州铁路运输法院在保障路局运输安全、改革发展和治安稳定等方面工作的意见和建议。路局党委副书记万军参加座谈。

20 日,路局实现运输安全 1500 天。

22 日至 23 日和 25 日至 26 日,路局组织在洪家山线路所、武九线西南下行联络线和西南上行联络线、九江站、庐山站等站点,开展将新建瑞九铁路引入九江枢纽的Ⅰ级封锁施工。路局局长王培,局党委书记卢文星,副局长钟生贵、任朝阳、刘明亮、杨斌在现场组织指挥施工。副局长彭磊在路局调度所指挥协调运输组织。

25 日,路局团委联合路局工会在路局党(干)校举办“强基达标、提质增效”现场《开讲啦》活动。路局党委副书记万军、局工会主席戴平峰、局总工程师詹志文、局总会计师郭建波出席活动。

27 日,路局召开 5 月运输安全分析会。路局副局长杨斌主持会议。副局长钟生贵,局工会主席戴平峰,副局长任朝阳、彭磊、刘明亮出席会议。

27 日至 30 日(2017 年“端午”小长假期间),全局共发送旅客 326.5 万人,同比增长 5.31%;完成客票收入 2.51 亿元,同比增长 9.56%。

31 日,路局党委理论学习中心组开展集体学习。路局党委书记卢文星领学习近平总书记关于推进“两学一做”学习教育常态化制度化的批示精神、刘云山关于推进“两学一做”学习教育常态化制度化的讲话、铁路总公司党组副书记甄忠义在推进“两学一做”学习教育常态化制度化电视电话会议上的讲话、《中国共产党铁路企业委员会工作规则》(铁总党〔2017〕18 号)等内容。路局党委副书记万军领学中央《党委(党组)意识形态工作责任制实施办法》,习近平总书记、江西省委领导关于扶贫工作的讲话精神等内容。局领导班子成员参加集中学习。

【人事任免】

1. 根据铁总党任〔2017〕27 号和铁总任〔2017〕60 号通知,建议戴平峰同志为南昌铁路局工会主席人选,免去其副局长职务。

2. 根据铁总任〔2017〕60 号通知,杨斌同志任路局副局长,试用期一年。

3. 根据江西省纪委组织部商调函,经研究同意,免去肖华清同志的南昌客运段党委副书记、纪委书记职务,解除其与单位签订的劳动合同,调江西省纪委另行安排工作。

4. 根据福建省铁路投资有限责任公司商调函(闽铁投人字〔2017〕1 号),经研究同意,免去邓言同志的福州车务段副段长兼货运营销分中心主任职务,解除其与单位签订的劳动合同,调福建省铁路投资有限责任公司另行安排工作。

5. 根据中国铁路总公司工程管理中心人事部商调函(工管人商调〔2017〕5 号),经南昌铁路局研究,建议免去汪昆生同志的九景衢铁路江西有限责任公司工程管理部副部长职务,解除其与单位签订的劳动合同,调中国铁路总公司工程管理中心另行安排工作。

6月

1 日,路局党委召开全局电视电话会议,深入学习贯彻中央和总公司党组部署要求,对推进“两学一做”学习教育常态化制度化作出部署,通报“以行动诠释忠诚”党建重点工作督查情况和路局、局属单位 2016 年度选人用人工作民主评议结果。路局党委书记卢文星出席会议并讲话。路局局长王培主持会议。在家的局领导班子成员出席会议。

5 日,中国共产党江西省代表会议在南昌召开。会上,向塘机务段向塘运用一车间机车司机郭学飞同志当选为江西省出席中国共产党第十九次全国代表大会代表。

10日，铁路总公司审计和考核局赴南昌局审计组召开路局2016年度经营业绩及2017年预算管理审计情况交换意见会。路局总会计师郭建波参加会议。

21日，国家发展和改革委员会副主任胡祖才一行，到龙岩站北站站房，调研南龙铁路及龙岩站枢纽建设情况，听取福平公司、福州枢纽指挥部汇报，要求市政配套相关工作及时跟进、确保项目建设顺利推进。国家发展和改革委员会副秘书长费志荣，福建省发展和改革委员会主任魏克良，龙岩市委书记林国耀、市长林兴禄陪同调研。

23日，路局局长王培带队拜访福建省发展和改革委员会，与福建省发展和改革委员会副主任、重点办主任许碧瑞就加强路地合作、推进福建省铁路建设、铁路“三供一业”分离移交等相关事宜进行会谈。路局副局长钟生贵，福建省住建厅、交通厅、水利厅、铁办及福建省高速公路公司、国网福建省电力有限公司有关领导参加会谈。

23日，由路局党委和江西省人民检察院南昌铁路检察分院联合摄制的专题片《反腐进行时——南铁反腐警示录》在路局机关首映。路局党委书记卢文星和江西省人民检察院南昌铁路运输检察分院党组书记、检察长罗庆华共同启动首映式。在家的局领导班子成员出席首映式。

25日，中国共产党福建省代表会议在福州召开。会上，福州机务段动车车间动车组司机陈承仪同志当选为福建省出席中国共产党第十九次全国代表大会代表。

26日，路局党委理论学习中心组开展集体学习。路局党委书记卢文星主持并领学。副局长钟生贵、局工会主席戴平峰围绕贯彻落实《中国共产党廉洁自律准则》《中国共产党纪律处分条例》分别作中心发言。副局长任朝阳、彭磊围绕运输安全工作，并结合分管工作分别作中心发言。局领导班子成员参加集体学习。

27日至30日，上海特派办特派员王安平带队到路局检查指导工作，先后添乘检查合福高速、沪昆高速、昌福和杭深线，检查指导路局电务处、南昌电务段、福州电务段、福州动车段安全管理和防洪工作。

29日至30日，铁路总公司党组书记、总经理陆东福到路局检查指导工作。29日，陆总经理先后到南昌供电段、南昌工务段，了解路局防洪工作和安全情况，慰问防洪值守的干部职工。30日，陆总经理到南昌西站检查，随后添乘动车组，检查沪昆高铁线路质量和防洪情况。路局局长王培，局党委书记卢文星，副局长任朝阳、刘明亮陪同检查调研。

【人事任免】

1. 翁友华同志任福建铁路实业发展有限公司副总经理、党委委员（副处级）。免去其福州工务段副段长、党委委员职务。

2. 根据中铁特货运输有限责任公司商调函（〔2017〕中铁特货人函字12号），经研究同意，免去杨长乐同志的路局货运营销中心副主任兼货运处副处长职务，解除其与单位签订的劳动合同，调中铁特货运输有限责任公司另行安排工作。

3. 陈松溪同志任厦门供电段段长，党委委员、副书记（正处级）；免去其路局供电处处长职务。

4. 免去徐峰同志的厦门供电段段长，党委副书记、委员职务。

5. 推荐周衡同志为福建湄洲湾南岸铁路支线有限责任公司总经理人选。

6. 推荐黄坂水同志为福建湄洲湾南岸铁路支线有限责任公司副总经理人选。

7. 推荐吴玫红同志为福建湄洲湾南岸铁路支线有限责任公司总会计师人选。

8. 建议柯建团同志不再担任福建湄洲湾南岸铁路支线有限责任公司总经理职务。

9. 李辛生同志任路局集体经济管理处处长（正处级）。

10. 宫飞跃同志任南昌住房公积金管理部主任(正处级)。

11. 路局机务处处长黄玉丹同志试用期已满,经考核同意继续任职。

12. 福建福平铁路有限责任公司总会计师邱恒同志2017年3月试用期已满,经考核同意按期继续任职。

13. 路局财务处副处长江洄同志2017年3月试用期已满,经考核同意按期继续任职。

14. 路局人事处(党委组织部)副处长(副部长)熊鹏同志2017年3月试用期已满,经考核同意按期继续任职。

15. 路局施工办公室副主任甘玉华同志2017年3月试用期已满,经考核同意按期继续任职。

16. 鹰潭机务段副段长吴正良同志2017年3月试用期已满,经考核同意按期继续任职。

17. 鹰潭机务段副段长唐大祥同志试用期已满,经考核同意继续任职。

18. 经江西省人力资源和社会保障厅批准,路局计划统计处处长易震球同志(正处级、高级工程师)符合国务院国发〔1978〕104号文第四条第一项规定,自2017年6月30日起准予退休,同时终止本人与单位签订的劳动合同。

19. 经江西省人力资源和社会保障厅批准,路局安全监察大队赣州安全监察队队长施建徽同志(副处级、助理工程师)符合国务院国发〔1978〕104号文第四条第一项规定,自2017年6月30日起准予退休,同时终止本人与单位签订的劳动合同。

20. 经福建省人力资源和社会保障厅批准,福州住房公积金管理部副主任吴红同志(副处级、会计师)符合国务院国发〔1978〕104号文第四条第一项规定,自2017年6月30日起准予退休,同时终止本人与单位签订的劳动合同。

21. 经福建省人力资源和社会保障厅批准,福建铁路实业发展有限公司福建天成瑞源房地产股份有限公司副总经理张秀红同志(副处级、高级工程师)符合国务院国发〔1978〕104号文第四条第一项规定,自2017年6月30日起准予退休,同时终止本人与单位签订的劳动合同。

7月

6月29日至7月3日,中国文联、中国书协、中国铁路文联联合组织开展"辉煌历史——'一带一路'诗书万里行"活动,中国书协副主席孙晓云、中国铁路文联主席王志国带领国内书法名家一行15人,在路局管内厦门、泉州地区开展考察创作。路局局长王培、局党委书记卢文星、局党委副书记万军陪同考察。

1日,路局发文撤销线站安保支队及下设的5个安保大队,其业务按性质分别移交给相关车辆(动车)段、工务段和路局政法(综治)办,同步调整路局政法(综治)办人员编制和职责。

4日,路局召开二季度安委会,总结二季度安全生产情况,部署三季度安全重点工作。路局局长王培、局党委书记卢文星出席会议并讲话。在家的路局领导出席会议。

13日,江西省发展和改革委副主任熊毅一行来路局洽谈普通旅客列车运输定价成本实地审核进点工作事宜。路局副局长彭磊、局总会计师郭建波参加洽谈。

14日,路局召开全局电视电话会议,传达铁路总公司领导干部会议暨"强基达标、提质增效"工作交流会主要精神;动员全局进一步增强"四个意识",深入落实"强基达标、提质增效"工作主题,确保实现全年工作目标,以优异成绩迎接党的十九大胜利召开。路局局长王培、局党委书记卢文星出席会议并讲话。局党委副书记万军主持会议,局领导班子成员出席会议。

17日,动车组互联网订餐服务正式上线运营。

18 日，武（汉）九（江）客运专线瑞昌至九江段完成工程静态验收，进入联调联试阶段。

21 日，路局五届职代会第四次联席会议在南昌召开。会议审议通过《关于提高职工工龄工资标准的方案》和《关于修订〈路局奖惩工作管理办法〉部分条款的方案》。局领导班子成员出席会议。

26 日，路局党委召开全局“强基达标、提质增效”主题教育活动推进电视电话会议，传达贯彻铁路总公司 7 月 21 日电视电话会议精神，回顾路局前一阶段主题教育活动开展情况，部署下一阶段工作。路局党委书记卢文星出席会议并讲话。局党委副书记万军主持会议，局工会主席戴平峰出席会议。

26 日，路局机关党委举办“机关大讲堂”第二讲暨机关党员干部集中上党课。路局党委副书记万军出席会议并授课。

28 日，路局召开上半年运输经营分析会，总结上半年全局运输生产经营情况，部署下一阶段重点工作。局领导班子成员出席会议。

28 日，由《人民日报》、新浪网联合主办的 2017 政务 V 影响力峰会上，“@ 南昌铁路”官方微博被评为全国“十佳创新应用与传播案例”的政务微博。

29 日，路局召开防台风紧急电视电话会议。路局局长王培在福州主会场主持会议并讲话。副局长任朝阳、刘明亮在福州主会场参加会议。副局长彭磊在路局机关分会场参加会议。

【人事任免】

1. 免去杨斌同志的路局安全监察室主任兼安全监察大队大队长、安全宣传车主任职务。

2. 夏忠键同志任路局安全监察室主任兼安全监察大队大队长、安全宣传车主任（正处级），免去其南昌机务段段长，党委副书记、委员职务。

3. 甘雄华同志任南昌机务段段长，党委委员、副书记（正处级）；免去其向塘机务段段长，党委副书记、委员职务。

4. 陈智伟同志任向塘机务段段长，党委委员、副书记（正处级），试用期一年；免去其路局机务处副处长职务。

5. 敖晓峰同志任路局供电处处长（正处级），免去其南昌供电段段长，党委副书记、委员职务。

6. 苏光德同志任南昌供电段段长，党委委员、副书记（正处级），试用期一年；免去其路局供电处副处长职务。

7. 罗少华同志任路局建设管理处处长兼南昌房建工程建设指挥部指挥长（正处级），试用期一年，推荐为南昌铁路天河建设股份有限公司第四届董事会董事人选。

8. 林晓军同志任路局计划统计处处长（正处级），推荐为九景衢铁路江西有限责任公司第二届董事会董事人选、赣龙复线铁路有限责任公司第二届董事会董事人选、衡茶吉铁路有限责任公司第二届董事会董事人选；免去其路局施工办公室主任职务。

9. 王成汉同志任福州车务段副段长兼货运营销分中心主任、党委委员（副处级）；免去其路局调度所副主任职务。

10. 何志同志任路局调度所副主任（副处级）；免去其向塘西车站副站长、党委委员职务。

11. 严向明同志任向塘西车站副站长、党委委员（副处级），试用期一年。

12. 刘志和同志任南昌铁路安全监督管理办公室驻福州东车辆段验收室主任（副处级），试用期一年。

13. 推荐余少鹤同志任福建福平铁路有限责任公司三明指挥部副指挥长（副处级），建议其不再担任福建福平铁路有限责任公司综合部副部长职务。

14. 陈彬同志 2017 年 3 月试用期已满，经考核同意按期正式任职，任路局办公室（党委办公室）副主任（副处级）；免去其路局有线电视台副台长职务。

15. 章卫同志任路局有线电视台副台长(副处级);免去其路局办公室(党委办公室)副主任职务。

16. 免去陈荣德同志的厦门供电段副段长、党委委员职务。

17. 杨敏同志任南昌供电段副段长、党委委员(副处级),试用期一年。

18. 陈斌同志任路局机务处副处长(副处级),免去其鹰潭机务段副段长、党委委员职务。

19. 陈龙福同志任路局供电处副处长(副处级);免去其福州供电段副段长、党委委员职务。

20. 范响连同志任厦门供电段副段长、党委委员(副处级);免去其福州供电段副段长、党委委员职务。

21. 免去徐光汉同志的厦门枢纽改造工程建设指挥部总工程师职务。

22. 经江西省人力资源和社会保障厅批准,南昌铁路安全监督管理办公室机车车辆验收室主任左刘仁同志(正处级、提待高级工程师)符合国务院国发〔1978〕104 号文第四条第一项规定,自 2017 年 7 月 31 日起准予退休,同时终止本人与单位签订的劳动合同。

23. 经江西省人力资源和社会保障厅批准,路局社会保险管理处处长兼企业年金理事会办公室主任李茂新同志(正处级、高级政工师)符合国务院国发〔1978〕104 号文第四条第一项规定,自 2017 年 7 月 31 日起准予退休,同时终止本人与单位签订的劳动合同。

24. 经福建省人力资源和社会保障厅批准,南昌铁路通达工贸有限公司党委书记、副总经理胡月武同志(正处级、政工师)符合国务院国发〔1978〕104 号文第四条第一项规定,自 2017 年 7 月 31 日起准予退休,同时终止本人与单位签订的劳动合同。

25. 经福建省人力资源和社会保障厅批准,福建汇丰物流有限公司副总经理王瑞平同志(副处级、会计师)符合国务院国发〔1978〕104 号文第四条第一项规定,自 2017 年 7 月 31 日起准予退休,同时终止本人与单位签订的劳动合同。

26. 经本人申请,江西省人力资源和社会保障厅批准,路局工会生产宣传部部长吴俊同志(副处级、政工师)符合国务院《关于工人退休、退职的暂行办法》第一条第二项规定,自 2017 年 7 月 31 日起准予退休,同时终止本人与单位签订的劳动合同。

27. 经江西省人力资源和社会保障厅批准,路局办公室(党委办公室)程树贵同志(正处级、高级政工师)符合国务院国发〔1978〕104 号文第四条第一项规定,自 2017 年 7 月 31 日起准予退休,同时终止本人与单位签订的劳动合同。

8月

1 日,庆祝中国人民解放军建军九十周年大会在北京人民大会堂举行。中共中央总书记、国家主席、中央军委主席习近平出席大会并发表重要讲话。在家的局领导班子成员在路局收看实况直播。

2 日,路局召开安全紧急电视电话会议,要求坚持问题导向、目标导向,树立旅客生命重于泰山的责任意识,切实把旅客安全、高铁安全作为铁路的生命线,深入开展安全生产大检查,以优异成绩迎接党的十九大胜利召开。路局副局长彭磊主持会议。路局局长王培、局党委书记卢文星到会并讲话。在家的局领导班子成员出席会议。

2 日,路局召开 7 月运输安全分析会,对 7 月全局运输安全工作进行分析总结,对 8 月运输安全工作作出部署。路局副局长彭磊主持会议,在家的局领导班子成员出席会议。

7 日至 9 日,铁路总公司党组成员、副总经理李文新到路局检查指导工作。7 日,李文新陪同外交部副部长李保东一行,检查福州南站重点宾客运输服务保障等工作情况。

8 日，李文新添乘检查福厦线，到厦门北、厦门站实地查看厦门金砖会晤铁路安保准备情况，并在厦门车站召开专题布置会，对加强厦门金砖会晤期间铁路安保维稳工作提出要求。9 日，李文新到漳州车务段杏林站货场检查货运安全工作，要求加大安检设备投入，加强零散货物安检，防止危险品匿报、夹带运输，确保货运安全。路局局长王培陪同检查。

11 日，路局召开全局电视电话会议，部署厦门金砖会晤期间安保维稳工作。路局局长王培、局党委书记卢文星到会并讲话。在家的局领导班子成员出席会议。

15 日，路局党委书记卢文星主持召开路局党委理论学习中心组集体学习研讨。路局党委书记卢文星，路局局长王培，副局长刘明亮、陈寿卿分别作重点发言。在家的领导班子成员参加学习。

18 日，路局党委召开领导班子专题民主生活会。局领导班子成员出席会议。

25 日至 29 日，国家铁路局党组成员、副局长刘克强带领安全生产大检查第三督查组，分综合、设备安全、工程质量安全三个小组对路局进行督导检查。刘克强添乘检查合福线、杭深线，落地检查厦门北站。上海铁路监督管理局分党组成员、副局长李双，路局副局长杨斌陪同检查。

28 日，路局实现运输安全 1600 天。

29 日，路局召开 8 月运输安全分析会，对 8 月全局运输安全工作进行分析总结，对 9 月运输安全工作作出部署。路局副局长杨斌主持会议，在家的局领导班子成员出席会议。

29 日，路局、路局党委联合发布《关于整合局管合资铁路项目管理机构及有关事项的通知》（南铁劳卫函〔2017〕264 号），决定自发文之日起，路局按“一个机构、多块牌子”的管理模式对局管合资铁路公司项目管理机构进行整合。

31 日，交通运输部党组成员、副部长，国家铁路局党组书记、局长杨宇栋到路局检查指导厦门金砖会晤安保工作。杨宇栋来到厦门站和厦门北站，重点检查车站安检查危工作和二次安检落实情况，慰问一线干部职工和公安干警；随后添乘动车组从厦门到赣州，途中检查龙漳线和赣瑞龙线路情况。路局局长王培、局党委书记卢文星、副局长刘明亮陪同检查。

【人事任免】

1. 汪品福同志任路局施工办公室主任（正处级）；免去其江西地方铁路开发有限公司总经理、执行董事、党总支副书记、委员职务。

2. 付义庭同志任路局集体经济管理处副处长（副处级）。根据南铁劳卫〔2017〕202 号文件精神，其路局线站安保支队副支队长、党总支委员职务自然免除。

3. 甘为牛同志任向塘西车站副站长、党委委员（副处级）。根据南铁劳卫〔2017〕202 号文件精神，其路局线站安保支队副支队长、党总支委员职务自然免除。

4. 颜振华同志任南昌工务段副段长、党委委员（副处级）。根据南铁劳卫〔2017〕202 号文件精神，其路局线站安保支队南昌安保大队常务副大队长、党支部书记职务自然免除。

5. 方七斤同志任厦门工务段副段长、党委委员（副处级）。根据南铁劳卫〔2017〕202 号文件精神，其路局线站安保支队厦门安保大队常务副大队长、党支部书记职务自然免除。

6. 程辉同志任路局安全监察大队赣州安全监察队队长（副处级）。根据南铁劳卫〔2017〕202 号文件精神，其路局线站安保支队赣州安保大队常务副大队长、党支部书记职务自然免除。

7. 推荐李志同志任南昌铁路天河测量技术股份有限公司经理（副处级），试用期一年；任南昌铁路天河测量技术股份有限公司党总支副书记；免去其路局工务处安全设施办主任职务。

8. 程清宇同志任南昌铁路天河测量技术股份有限公司党总支书记(副处级),推荐任南昌铁路天河测量技术股份有限公司副经理。根据南铁劳卫〔2017〕202 号文件精神,其路局线站安保支队鹰潭安保大队常务副大队长、党支部书记职务自然免除。

9. 经福建省人力资源和社会保障厅批准,南平车务段工会主席东国华同志(副处级、政工师)符合国务院国发〔1978〕104 号文第四条第一项规定,自 2017 年 7 月 31 日起准予退休,同时终止本人与单位签订的劳动合同。

10. 经江西省人力资源和社会保障厅批准,向塘机务段工会主席付柏向同志(副处级、高级政工师)符合国务院国发〔1978〕104 号文第四条第一项规定,自 2017 年 8 月 31 日起准予退休,同时终止本人与单位签订的劳动合同。

11. 经江西省人力资源和社会保障厅批准,路局科学技术研究所副所长熊盛礼同志(副处级、高级政工师)符合国务院国发〔1978〕104 号文第四条第一项规定,自 2017 年 8 月 31 日起准予退休,同时终止本人与单位签订的劳动合同。

12. 经江西省人力资源和社会保障厅批准,路局客货运输统计所所长谢力平同志(副处级、高级工程师)符合国务院国发〔1978〕104 号文第四条第一项规定,自 2017 年 8 月 31 日起准予退休,同时终止本人与单位签订的劳动合同。

13. 经江西省人力资源和社会保障厅批准,九江车务段调研员孙建能同志(副处级、助理工程师)符合国务院国发〔1978〕104 号文第四条第一项规定,自 2017 年 8 月 31 日起准予退休,同时终止本人与单位签订的劳动合同。

9月

8 月 30 日至 9 月 4 日,路局组织完成新建衢九铁路九江(含)至湖口(含)段运营安全评估工作。

1 日,铁路总公司党组成员、副总经理李文新到路局检查指导厦门金砖会晤安保工作。李文新在厦门站实地察看出站安检口等部位,检查反恐设备设施配备、安检查危作业及乘降秩序维护等情况。随后在铁路安保前线指挥部主持召开专题会议,就进一步做好重点安保实战阶段工作进行部署。路局局长王培陪同检查。

2 日至 3 日,铁路总公司党组书记、总经理陆东福到路局检查调研。2 日,陆东福先后到福州南站、厦门站,了解车站各岗位尤其是联勤联动和铁路安保等工作情况,并添乘动车组检查杭深线福州至厦门段设备设施质量和沿线环境整治情况,慰问安保一线的铁路职工和公安干警。3 日,陆东福先后到厦门北站、瑞金站,实地查看客运组织各环节作业情况,添乘检查龙漳线、赣瑞龙线,在瑞金站听取路局对瑞金站站改方案的汇报。路局局长王培,局党委书记卢文星,副局长任朝阳、刘明亮、陈寿卿陪同检查。

3 日至 8 日,路局组织完成新建大冶北至阳新铁路(南昌局管段)和新建瑞昌至九江铁路工程运营安全预评估工作。

7 日,路局局长王培,副局长钟生贵、黄少雄,局总工程师詹志文与三明市市长余红胜进行会谈,双方就增进互利合作、提升三明区域铁路整体效益有关事项交换意见。

7 日,路局召开铁路局公司制改革研讨会。在家的局领导班子成员出席会议。

9 日至 14 日,路局配合铁路总公司评估组完成新建大冶北至阳新铁路(南昌局管段)和新建瑞昌至九江铁路工程运营安全评估工作。

11 日,路局党委召开中心组(扩大)学习会议,学习中央关于意识形态工作的重大部署和基本要求,以及铁路总公司党组关于贯彻落实中央精神的相关要求。路局党委书记卢文星作领学及中心发言。在家的局领导班子成员参加学习。

12 日至 13 日，路局组织完成衢九铁路引入九江枢纽信号换装暨新建衢九台切台Ⅰ级施工，为衢九铁路联调联试工作奠定基础。路局局长王培，党委书记卢文星，副局长钟生贵、任朝阳、刘明亮、杨斌赶赴封锁施工现场调度指挥，副局长彭磊在路局调度所指挥协调运输组织。

13 日至 14 日，中国铁路新闻工作者协会四届六次会议暨新闻舆论工作经验交流会在路局井冈山培训基地举行。中国铁路新闻工作者协会主席李广品，副主席、人民铁道报社党委书记、社长汪铭，副主席、中国中铁报社总编辑程建伟，副主席李连相出席会议。路局党委书记卢文星出席会议并看望与会代表。局党委副书记万军出席会议并致辞。

18 日，受铁路总公司党组委托，路局召开干部会议宣布总公司党组关于任命高松同志为南昌铁路局党委委员、副书记、纪委书记的任职通知。路局局长王培主持会议并宣布任职通知，局党委书记卢文星代表路局领导班子对总公司党组的决定作出表态并提出要求，高松同志在会上作表态发言。在家的路局领导班子成员出席会议。

19 日，铁路总公司安全总监康高亮到路局检查调研，添乘检查瑞九铁路开通运营前准备工作，并到南昌供电段生产调度指挥中心现场调研，详细了解该段生产信息管理系统，对运用大数据分析加强故障研判、提升维修质量、探索检修周期提出要求。路局局长王培，副局长任朝阳、刘明亮陪同检查。

20 日，路局第五届职工代表大会第四次会议在南昌召开，路局党委书记卢文星、路局局长王培出席会议并讲话。局领导班子成员出席会议。大会审议通过《南昌铁路局公司制改革方案》，表决通过《关于南昌铁路局公司制改革方案的决议》。

21 日，武九客专枫林站（不含）至 K23 线路所正式开通运营。

26 日，铁路总公司党组成员、副总经理黄民到路局调研资产经营开发情况。黄民对路局资产经营开发工作给予肯定，要求发挥地域特色、突出产业特点，努力打造物流价值、人流服务、铁路产业链条，将非运输企业做强做大。

26 日，路局党委在南昌召开全局党的建设工作"强基达标、提质增效"现场会。路局党委书记卢文星出席会议并讲话，全面总结路局党的建设工作，对重点工作进行部署。路局局长王培传达铁路总公司党建工作会议精神并作会议小结。局党委副书记万军主持会议。局党委副书记、纪委书记高松宣读全局企业文化示范点表彰决定。路局领导班子成员出席会议并为示范点授牌。

28 日，路局在九江召开衢九线联调联试动员会。路局总工程师詹志文主持会议。29 日，衢九线（南昌局管段）进入联调联试阶段。

28 日，路局召开三季度安委会，总结三季度安全工作，部署下一阶段任务。路局局长王培、局党委书记卢文星出席会议并讲话。在家的路局领导出席会议。

30 日，福建省省长于伟国、常务副省长张志南检查调研福厦客专全线开工情况，到杨梅山隧道施工现场检查，听取东南沿海公司关于福厦客专开工建设总体情况及杨梅山隧道施工情况的汇报，慰问参建单位干部职工代表。路局局长王培陪同检查。

【人事任免】

1. 根据铁总党任〔2017〕75 号通知，高松同志任南昌铁路局党委委员、副书记、纪委书记，一年内为考察试用期。

2. 根据铁总党任〔2017〕74 号通知，徐向春同志任昌九城际铁路股份有限公司、沪昆铁路客运专线江西有限责任公司党委委员、副书记、纪委书记，一年内为考察试用期。

3. 洪岩同志任福州住房公积金管理部副主任（副处级）。根据南铁劳卫〔2017〕202 号文件精神，其路局线站安保支队福州安保大队常务副大队长、党支部书记职务自然免除。

4. 经福建省人力资源和社会保障厅批准，福州工务段工会主席陈子平同志（副处级、政工师）符合国务院国发〔1978〕104 号文第四条第一项规定，自 2017 年 8 月 31 日起准予退休，同时终止本人与单位签订的劳动合同。

5. 经福建省人力资源和社会保障厅批准，厦门工务段工会主席郑润同志（副处级、工程师）符合国务院国发〔1978〕104 号文第四条第一项规定，自 2017 年 8 月 31 日起准予退休，同时终止本人与单位签订的劳动合同。

6. 经江西省人力资源和社会保障厅批准，鹰潭车站党委副书记、纪委书记陆德海同志（副处级、高级政工师）符合国务院国发〔1978〕104 号文第四条第一项规定，自 2017 年 8 月 31 日起准予退休，同时终止本人与单位签订的劳动合同。

7. 经江西省人力资源和社会保障厅批准，宜春车务段党委副书记、纪委书记曾中平同志（副处级、高级政工师）符合国务院国发〔1978〕104 号文第四条第一项规定，自 2017 年 8 月 31 日起准予退休，同时终止本人与单位签订的劳动合同。

8. 经福建省人力资源和社会保障厅批准，南平工务段副段长王德福同志（副处级、技术员）符合国务院国发〔1978〕104 号文第四条第一项规定，自 2017 年 8 月 31 日起准予退休，同时终止本人与单位签订的劳动合同。

9. 经江西省人力资源和社会保障厅批准，宜春车务段货运营销分中心常务副主任、党总支副书记姚秋林同志（副处级、工程师）符合国务院国发〔1978〕104 号文第四条第一项规定，自 2017 年 8 月 31 日起准予退休，同时终止本人与单位签订的劳动合同。

10. 经江西省人力资源和社会保障厅批准，井冈山圣地山庄党总支书记、副主任周利民同志（正科级、助理工程师）符合国务院国发〔1978〕104 号文第四条第一项规定，自 2017 年 8 月 31 日起准予退休，同时终止本人与单位签订的劳动合同。

11. 经江西省人力资源和社会保障厅批准，向塘西车站党委副书记、纪委书记周斌同志（副处级、高级政工师）符合国务院国发〔1978〕104 号文第四条第一项规定，自 2017 年 9 月 30 日起准予退休，同时终止本人与单位签订的劳动合同。

10月

9 月 28 日至 10 月 8 日（2017 年“国庆”“中秋”长假期间），全局共发送旅客 1012.8 万人，同比增长 22.5%；完成运输收入 11.7 亿元，同比增长 22.3%。其中，10 月 1 日全局发送旅客 118.3 万人，创单日旅客发送量历史新高。

9 月 30 日至 10 月 2 日，铁路总公司总经济师余邦利带队到路局检查指导节日运输安全工作。余邦利一行深入路局调度所、假日办、客票管理所及南昌车务段、南昌车站、南昌客运段、南昌机务段、南昌车辆段、九江车务段进行慰问检查，添乘动车组检查昌九城际、武九客专线，并召开专题会议，督促落实武九客专安全评估问题整改工作。路局党委书记卢文星、副局长杨斌陪同慰问检查。

1 日至 3 日，铁路总公司党组成员、副总经理王同军带队到路局检查指导。王同军先后到平潭海峡公铁两用大桥施工现场检查项目建设情况，到福州车站查看现场作业情况，添乘动车组检查合福高铁，到婺源站、景德镇北站检查施工情况，到安九客专引入庐山枢纽建设现场检查调研。路局局长王培、局党委书记卢文星、副局长钟生贵、局总工程师詹志文陪同调研。

8 日至 12 日，铁路总公司运输局综合部副主任于永利、上海特派办特派员王安平带领铁路总公司安全生产大检查第四督查组，到路局开展督查工作，检查了路局机关 9 个处室和23个运输站段。路局副局长杨斌陪同检查。

9日，路局召开全局紧急电视电话会议，对强化党的十九大期间安保维稳工作进行再动员、再部署。在家的局领导班子成员出席会议。

16日，路局党委理论学习中心组围绕“四个全面”战略布局专题开展集中学习研讨。中国铁路南昌局集团有限公司党委书记、董事长王培主持研讨会并作点评和小结，路局党委副书记万军领学毛泽东著作《实践论》《矛盾论》，局党委副书记、纪委书记高松领学“四个全面”相关内容，路局副局长杨斌领学《江西省关于推进安全生产领域改革发展的实施意见》，高松、杨斌和局总工程师詹志文分别作重点发言。局领导班子成员出席研讨会。

18日至24日，向塘机务段向塘运用一车间机车司机郭学飞和福州机务段动车车间动车组司机陈承仪分别随江西、福建省代表团赴京出席中国共产党第十九次全国代表大会。

18日，中国共产党第十九次全国代表大会在北京人民大会堂开幕。路局领导班子成员在路局机关集体收听收看。

25日，路局召开三季度运输经营分析会，总结三季度全局运输生产经营情况，部署下一阶段重点工作。在家的局领导班子成员出席会议。

28日，路局召开10月运输安全分析会，总结分析10月全局运输安全工作，部署11月运输安全工作。路局副局长杨斌主持会议。副局长钟生贵、彭磊、刘明亮出席会议。

30日，江西省军区副司令员方建华少将率省军区保障局局长丁海洋大校和副局长陈跃华上校到路局调研。方建华一行现场查看南昌武器库管理情况，听取路局副局长任朝阳关于路局国防动员工作基本情况汇报。

30日，路局党委召开全局电视电话会议，贯彻落实10月27日全路电视电话会议精神，传达学习党的十九大精神，对宣传贯彻党的十九大精神进行动员部署。中国铁路南昌局集团有限公司党委书记、董事长王培出席会议并讲话。局领导班子成员出席会议。

30日，路局党委举行路局党的十九大代表报告会暨党委理论学习中心组“党的十九大精神”专题（扩大）学习会。中国铁路南昌局集团有限公司党委书记、董事长王培主持会议。局领导班子成员出席会议。

31日，路局党的十九大代表报告会在路局机关举行，路局十九大代表郭学飞、陈承仪作宣讲。路局党委副书记万军主持报告会。

【人事任免】

1. 杨水弟同志任南昌铁路通达工贸有限公司党委委员、书记，副总经理（正处级、代政工师）；免去其上饶车务段党委书记、委员，副段长职务。

2. 余忠民同志任上饶车务段党委委员、书记，副段长（正处级、代政工师）；免去其鹰潭车站党委书记、委员，副站长职务。

3. 邹丽君同志任宜春车务段党委委员、副书记（副处级、代政工师）；建议其不再担任萍乡工务段工会主席职务；免去其萍乡工务段党委委员职务。

4. 朱忠红同志任萍乡工务段党委委员，建议其为萍乡工务段工会主席人选（副处级、政工师）；免去其宜春车务段党委副书记、委员职务。

5. 乐锋华同志任南昌铁路文化广告传媒有限公司总经理、执行董事，党总支委员、副书记（副处级、代经济师）；免去其鹰潭车站副站长、党委委员职务。

6. 廖璐阳同志任福建汇丰物流有限公司副总经理、党委委员（副处级、高级工程师）；免去其路局货运营销中心副主任兼货运处副处长职务。

7. 根据景德镇市委组织部的商调函，经研究同意，解除胡春平同志与路局签订的劳动合同，调景德镇市另行安排工作。

8. 黄坂水同志于2017年8月7日向路局书面提出辞职并解除劳动合同的书面申请,经研究,同意其辞职申请,解除其与单位签订的劳动合同。建议免去其泉州铁路、福建可门港铁路支线、福州江阴港铁路支线、福建湄洲湾港口铁路支线有限责任公司常务副总经理,福建湄洲湾南岸铁路支线有限责任公司副总经理职务。

9. 经福建省人力资源和社会保障厅批准,福州电务段党委副书记、纪委书记林晴同志(副处级、政工师)符合国务院国发〔1978〕104号文第四条第一项规定,自2017年9月30日起准予退休,同时终止本人与单位签订的劳动合同。

10. 经江西省人力资源和社会保障厅批准,路局安全监察室主任监察毛丽华同志(副处级、高级工程师)符合国务院国发〔1978〕104号文第四条第一项规定,自2017年9月30日起准予退休,同时终止本人与单位签订的劳动合同。

11. 经江西省人力资源和社会保障厅批准,南昌电务段党委书记、副段长胡建平同志(正处级、政工师)符合国务院国发〔1978〕104号文第四条第一项规定,自2017年10月31日起准予退休,同时终止本人与单位签订的劳动合同。

12. 经福建省人力资源和社会保障厅批准,南昌铁路国际旅行社有限公司总经理、党委副书记傅国信同志(正处级)符合国务院国发〔1978〕104号文第四条第一项规定,自2017年10月31日起准予退休,同时终止本人与单位签订的劳动合同。

13. 经江西省人力资源和社会保障厅批准,南昌车站工会主席郭侃同志(副处级、高级政工师)符合国务院国发〔1978〕104号文第四条第一项规定,自2017年10月31日起准予退休,同时终止本人与单位签订的劳动合同。

14. 经福建省人力资源和社会保障厅批准,福州东车辆段党委副书记、纪委书记徐建荣同志(副处级、工程师)符合国务院国发〔1978〕104号文第四条第一项规定,自2017年10月31日起准予退休,同时终止本人与单位签订的劳动合同。

15. 经江西省人力资源和社会保障厅批准,南昌华路建设咨询监理有限公司副总经理、总工程师陆建明同志(正科级、高级工程师)符合国务院国发〔1978〕104号文第四条第一项规定,自2017年10月31日起准予退休,同时终止本人与单位签订的劳动合同。

11月

10月29日至11月3日,上海特派办副特派员钱家辉带队,对路局下半年安全管理工作开展评估检查。3日,在南昌召开上海特派办2017年下半年安全管理评估交换意见会。中国铁路南昌局集团有限公司党委书记、董事长王培,路局副局长任朝阳、彭磊、刘明亮、杨斌出席会议。

1日,中国铁路南昌局集团有限公司党委书记、董事长王培带队考察赣江新区,与赣江新区党工委副书记、管委会主任刘建洋,经开、临空组团党工委副书记、管委会主任赵海东座谈。路局副局长钟生贵、黄少雄,局总工程师詹志文陪同考察。

2日,路局调度所高速铁路14个行车调度台完成新建调度大楼搬迁工作。路局副局长钟生贵参加安全把关。

3日,路局党委召开全局深入学习宣传党的十九大精神电视电话会议。路局党委副书记万军对下一步工作提出具体要求。

3日,在昆明举办的全国第三十九次质量管理小组代表大会上,南昌铁路局被授予“2017年度全国质量管理小组活动优秀企业”荣誉称号,受到全国总工会、全国妇联、中国科协、中国质协联合表彰,是全路唯一获得该项荣誉的企业。

4日,国家工商行政管理总局核准南昌铁路局企业名称变更为中国铁路南昌局集团有限公司。

6 日至 10 日，路局开行路用列车，对管内京九、吉衡、赣韶、沪昆、皖赣、鹰厦、外南、峰福、漳龙、铜九、武九、西环线进行 2017 年四季度综合平推检查。中国铁路南昌局集团有限公司党委书记、董事长王培，路局副局长任朝阳、刘明亮、杨斌参加平推检查。

9 日，路局调度所普速铁路 14 个行车调度台及其余专业调度台、办公室完成新建调度大楼搬迁工作。路局副局长彭磊参加安全把关。

11 日，路局在南昌组织召开衢九线局管段标准化评定工作启动会。路局副局长钟生贵、任朝阳、彭磊、刘明亮，局总工程师詹志文，九景衢铁路江西公司董事长、总经理王日辉出席会议。

13 日，路局党委理论学习中心组进行党的十九大精神专题第三次集体学习，集中观看党的十九大精神中央宣讲团在福建宣讲报告会的录像。中国铁路南昌局集团有限公司党委书记、董事长王培主持学习。路局党委副书记、纪委书记高松领学《中国共产党章程》。路局领导班子成员参加学习。

19 日，中国铁路总公司党组召开全路电视电话会议。会上，铁路总公司党组书记、总经理陆东福宣布全路 18 个铁路局集团有限公司挂牌成立。铁路总公司电视电话会议结束后，集团公司紧接着召开电视电话会议。会上，中国铁路南昌局集团有限公司党委书记、董事长王培宣读中共中国铁路总公司党组关于组建中共中国铁路南昌局集团有限公司委员会、董事会、监事会、经理层的通知等有关文件。集团公司电视电话会议结束后，参会人员参加“进入新时代、建立新体制、展示新作为”主题党日活动，集团公司党委书记、董事长王培带领大家重温入党誓词。主题党日活动结束后，举行集团公司挂牌仪式，集团公司党委书记、董事长王培为公司揭牌。公司党委副书记、副董事长万军主持主题党日活动暨挂牌仪式。

20 日，中国铁路总工会副主席安国栋到南昌局集团公司调研指导工作，集团公司工会主席戴平峰陪同调研。

21 日，中国铁路南昌局集团有限公司党委书记、董事长王培带队拜访漳州市，与漳州市委书记檀云坤、漳州市长刘远就加强路地合作、推进漳州市铁路建设等相关事宜进行会谈。集团公司副总经理钟生贵、黄少雄，集团公司党委委员、福州铁路办事处主任陈寿卿，集团公司总工程师詹志文出席会谈。

22 日，中国铁路南昌局集团有限公司党委书记、董事长王培带队拜访福州市，并与福州市长尤猛军就加强路地合作、推进福州市铁路建设等相关事宜进行会谈。集团公司副总经理钟生贵、刘明亮、黄少雄，集团公司党委委员、福州铁路办事处主任陈寿卿，集团公司总工程师詹志文出席会谈。

21 日，福建省省直平安单位创建（综治）考评验收组在福州对南昌局集团公司 2017 年平安创建（综治）工作进行考评检查。集团公司副总经理杨斌陪同检查。

27 日，全国铁道团委批复同意“中国共产主义青年团南昌铁路局委员会”改为“中国共产主义青年团中国铁路南昌局集团有限公司委员会”。

29 日，赣州市委副书记、市长曾文明，赣州市委常委、章贡区委书记刘文华一行拜访公司，与集团公司党委书记、董事长王培，副总经理黄少雄，总工程师詹志文，总会计师郭建波就加强路地合作、推进赣州市铁路建设、神华信丰电厂铁路专用线接轨方案等相关事宜进行会谈。

29 日，集团公司调度所 14 个供电调度台完成新建调度大楼搬迁工作，至此，集团公司调度所全部进入新建调度大楼办公。

【人事任免】

1. 根据铁总党任〔2017〕89 号和铁总任〔2017〕135 号通知，王培同志任中国铁路南昌局集团有限公司党委委员、书记，董事长。

2. 根据铁总党任〔2017〕144 号和铁总

任〔2017〕228号通知，万军同志任中国铁路南昌局集团有限公司党委委员、副书记，副董事长。

3. 根据铁总党任〔2017〕144号和铁总任〔2017〕228号通知，高松同志任中国铁路南昌局集团有限公司党委委员、副书记、纪委书记，董事，原试用期继续。

4. 根据铁总党〔2017〕83号和铁总任〔2017〕228号通知，钟生贵同志任中国铁路南昌局集团有限公司党委委员、董事。根据中国铁路总公司推荐意见，经中国铁路南昌局集团有限公司一届一次董事会研究决定，聘任其为中国铁路南昌局集团有限公司副总经理。

5. 根据铁总党〔2017〕83号和铁总任〔2017〕228号通知，任朝阳同志任中国铁路南昌局集团有限公司党委委员、董事。根据中国铁路总公司推荐意见，经中国铁路南昌局集团有限公司一届一次董事会研究决定，聘任其为中国铁路南昌局集团有限公司副总经理。

6. 根据铁总党〔2017〕83号和铁总任〔2017〕228号通知，彭磊同志任中国铁路南昌局集团有限公司党委委员、董事。根据中国铁路总公司推荐意见，经中国铁路南昌局集团有限公司一届一次董事会研究决定，聘任其为中国铁路南昌局集团有限公司副总经理。

7. 根据铁总党〔2017〕83号和铁总任〔2017〕228号通知，刘明亮同志任中国铁路南昌局集团有限公司党委委员、董事。根据中国铁路总公司推荐意见，经中国铁路南昌局集团有限公司一届一次董事会研究决定，聘任其为中国铁路南昌局集团有限公司副总经理。

8. 根据铁总党〔2017〕83号和铁总任〔2017〕228号通知，黄少雄同志任中国铁路南昌局集团有限公司党委委员、董事。根据中国铁路总公司推荐意见，经中国铁路南昌局集团有限公司一届一次董事会研究决定，聘任其为中国铁路南昌局集团有限公司副总经理。

9. 根据铁总党〔2017〕83号和铁总任〔2017〕228号通知，杨斌同志任中国铁路南昌局集团有限公司党委委员、董事。根据中国铁路总公司推荐意见，经中国铁路南昌局集团有限公司一届一次董事会研究决定，聘任其为中国铁路南昌局集团有限公司副总经理。

10. 根据铁总党〔2017〕83号和铁总任〔2017〕228号通知，詹志文同志任中国铁路南昌局集团有限公司党委委员、董事。根据中国铁路总公司推荐意见，经中国铁路南昌局集团有限公司一届一次董事会研究决定，聘任其为中国铁路南昌局集团有限公司总工程师。

11. 根据铁总党〔2017〕83号和铁总任〔2017〕228号通知，郭建波同志任中国铁路南昌局集团有限公司党委委员、董事。根据中国铁路总公司推荐意见，经中国铁路南昌局集团有限公司一届一次董事会研究决定，聘任其为中国铁路南昌局集团有限公司总会计师。

12. 根据铁总党任〔2017〕144号和铁总任〔2017〕228号通知，戴平峰同志任中国铁路南昌局集团有限公司党委委员，建议其为中国铁路南昌局集团有限公司工会主席人选，推荐其为中国铁路南昌局集团有限公司职工董事人选。

13. 根据铁总党〔2017〕83号通知，陈寿卿同志任中国铁路南昌局集团有限公司党委委员。

14. 根据铁总党〔2017〕83号通知，金长平同志任中国铁路南昌局集团有限公司党委委员。

15. 根据铁总党任〔2017〕88号通知，免去卢文星同志的南昌铁路局党委书记、委员职务，由中国铁路总公司另行安排工作。

16. 高松同志兼任集团公司党委政法委书记。

17. 根据铁路总公司人事部的批复（人任函〔2017〕163 号），建议钟生贵同志不再兼任赣龙复线、衡茶吉铁路有限责任公司董事长、董事职务。

18. 根据铁路总公司人事部的批复（人任函〔2017〕163 号），建议陈寿卿同志不再兼任福州江阴港、福建可门港、福建湄洲湾港口、福建湄洲湾南岸、福建白马港、福建罗源湾北岸铁路支线有限责任公司，福建港尾铁路有限责任公司董事长、董事职务。

19. 根据铁路总公司人事部的批复（人任函〔2017〕163 号），建议郭建波同志不再兼任龙岩、泉州、武夷山铁路有限责任公司董事长、董事职务。

20. 根据铁路总公司人事部的批复（人任函〔2017〕163 号），王日辉同志任九景衢铁路江西有限责任公司党委委员、书记，推荐其为衡茶吉铁路有限责任公司董事、董事长、总经理人选。根据《南昌铁路局　南昌铁路局党委关于整合局管合资铁路项目管理机构及有关事项的通知》（南铁劳卫〔2017〕264 号）精神，王日辉同志的九景衢铁路江西有限责任公司党总支书记职务自然免除。

21. 推荐马水生同志为衡茶吉铁路有限责任公司副总经理兼总工程师人选。

22. 推荐杨垂青同志为衡茶吉铁路有限责任公司副总经理人选。

23. 推荐曾庆忠同志为衡茶吉铁路有限责任公司总会计师人选。

24. 推荐王晓斌同志为九景衢铁路江西有限责任公司、衡茶吉铁路有限责任公司副总经理人选，建议其不再担任衡茶吉铁路有限责任公司总经理职务。根据《南昌铁路局　南昌铁路局党委关于整合局管合资铁路项目管理机构及有关事项的通知》（南铁劳卫〔2017〕264 号）精神，王晓斌同志的衡茶吉铁路有限责任公司党总支书记职务自然免除。

25. 根据铁总任〔2017〕180 号通知和铁路总公司人事部的批复（人任函〔2017〕163 号），推荐彭光辉同志为福建福平铁路有限责任公司董事、董事长、总经理人选，试用期一年；同时推荐其为泉州、武夷山、福建港尾铁路有限责任公司，福州江阴港、福建可门港、福建湄洲湾港口、福建湄洲湾南岸、福建白马港、福建罗源湾北岸铁路支线有限责任公司董事、董事长、总经理人选。

26. 推荐乐以谷同志为泉州、武夷山、福建港尾铁路有限责任公司，福州江阴港、福建可门港、福建湄洲湾港口、福建湄洲湾南岸、福建白马港、福建罗源湾北岸铁路支线有限责任公司副总经理人选。

27. 推荐瞿雄同志为泉州、武夷山、福建港尾铁路有限责任公司，福州江阴港、福建可门港、福建湄洲湾港口、福建湄洲湾南岸、福建白马港、福建罗源湾北岸铁路支线有限责任公司副总经理人选。

28. 推荐陈广卫同志为泉州、武夷山、福建港尾铁路有限责任公司，福州江阴港、福建可门港、福建湄洲湾港口、福建湄洲湾南岸、福建白马港、福建罗源湾北岸铁路支线有限责任公司副总经理人选。

29. 推荐邱恒同志为泉州、武夷山、福建港尾铁路有限责任公司，福州江阴港、福建可门港、福建湄洲湾南岸、福建白马港、福建罗源湾北岸铁路支线有限责任公司总会计师，福建湄洲湾港口铁路支线有限责任公司总经济师人选。

30. 推荐周衡同志为福建福平、泉州、武夷山、福建港尾铁路有限责任公司，福州江阴港、福建可门港、福建湄洲湾港口、福建湄洲湾南岸、福建白马港、福建罗源湾北岸铁路支线有限责任公司副总经理人选；建议其不再担任泉州铁路有限责任公司总经理，福州江阴港、福建可门港、福建湄州湾港口、福建湄州湾南岸铁路支线有限责任公司总经理职务。根据《南昌铁路局　南昌铁路局党委关于整合局管合资铁路项目管理机构及有关事项的通知》（南铁劳卫〔2017〕264 号）精神，周衡同志的泉州铁路有限责任公司党工委书记职务自然免除。

31. 推荐高胜凯同志为福建福平、泉州、武夷山、福建港尾铁路有限责任公司,福州江阴港、福建可门港、福建湄洲湾港口、福建湄洲湾南岸、福建白马港、福建罗源湾北岸铁路支线有限责任公司副总经理;建议其不再担任武夷山铁路有限责任公司总经理职务。根据《南昌铁路局　南昌铁路局党委关于整合局管合资铁路项目管理机构及有关事项的通知》(南铁劳卫〔2017〕264 号)精神,高胜凯同志的武夷山铁路有限责任公司党工委书记职务自然免除。

32. 推荐吴玫红同志任福建福平、泉州、武夷山、福建港尾铁路有限责任公司,福州江阴港、福建可门港、福建湄洲湾港口、福建湄洲湾南岸、福建白马港、福建罗源湾北岸铁路支线有限责任公司计划财务部副部长(副处级、会计师);建议其不再担任泉州铁路有限责任公司,福建可门港、福州江阴港、福建湄洲湾南岸铁路支线有限责任公司总会计师,福建湄州湾港口铁路支线有限责任公司总经济师职务。根据《南昌铁路局　南昌铁路局党委关于整合局管合资铁路项目管理机构及有关事项的通知》(南铁劳卫〔2017〕264 号)精神,吴玫红同志的泉州铁路有限责任公司党工委委员职务自然免除。

33. 推荐陈灿华同志任福建福平、泉州、武夷山、福建港尾铁路有限责任公司,福州江阴港、福建可门港、福建湄洲湾港口、福建湄洲湾南岸、福建白马港、福建罗源湾北岸铁路支线有限责任公司征拆协调部(经营开发部)副部长(副处级、工程师);建议其不再担任泉州铁路有限责任公司副总经理职务。根据《南昌铁路局　南昌铁路局党委关于整合局管合资铁路项目管理机构及有关事项的通知》(南铁劳卫〔2017〕264 号)精神,陈灿华同志的泉州铁路有限责任公司党工委委员职务自然免除。

34. 推荐贺福平同志任福建福平、泉州、武夷山、福建港尾铁路有限责任公司,福州江阴港、福建可门港、福建湄洲湾港口、福建湄洲湾南岸、福建白马港、福建罗源湾北岸铁路支线有限责任公司征拆协调部(经营开发部)副部长(副处级、会计师);建议其不再担任武夷山铁路有限责任公司总会计师职务。根据《南昌铁路局　南昌铁路局党委关于整合局管合资铁路项目管理机构及有关事项的通知》(南铁劳卫〔2017〕264 号)精神,贺福平同志的武夷山铁路有限责任公司党工委委员职务自然免除。

35. 建议刘尚学同志不再担任武夷山铁路有限责任公司副总经理职务,由福建福平铁路有限责任公司安排专项工作。根据《南昌铁路局　南昌铁路局党委关于整合局管合资铁路项目管理机构及有关事项的通知》(南铁劳卫〔2017〕264 号)精神,刘尚学同志的武夷山铁路有限责任公司党工委委员职务自然免除。

36. 建议柯建团同志不再担任福建罗源湾北岸、福建白马港铁路支线有限责任公司,福建港尾铁路有限责任公司总经理职务。

37. 根据铁路总公司人事部的批复(人任函〔2017〕163 号),郭海满同志任赣龙复线铁路有限责任公司党委委员、书记,推荐其为赣龙复线铁路有限责任公司董事长,龙岩铁路有限责任公司董事长、总经理人选;建议其不再担任赣龙复线铁路有限责任公司副董事长职务。

38. 推荐洪军同志为龙岩铁路有限责任公司副总经理兼总工程师人选,建议免去其龙厦铁路工程建设指挥部副指挥长职务。

39. 推荐谢阿龙同志为龙岩铁路有限责任公司副总经理兼总会计师人选,建议免去其龙厦铁路工程建设指挥部副指挥长兼计财室主任职务。

40. 推荐陈泰宁同志为龙岩铁路有限责任公司副总经理人选。

41. 推荐吕水恭同志任赣龙复线、龙岩铁路有限责任公司副总经理,建议其不再担任龙岩铁路有限责任公司总经理职务。根据《南昌铁路局　南昌铁路局党委关于整合局管合资铁路项目管理机构及有关事项的通知》(南铁劳卫〔2017〕264 号)精神,吕水恭同志的龙岩铁路有限责任公司党工委书记职务自然免除。

42. 推荐孔云峰同志任赣龙复线、龙岩铁路有限责任公司综合管理部(党群工作部)部长(副处级、工程师),建议其不再担任龙岩铁路有限责任公司副总经理职务。根据《南昌铁路局　南昌铁路局党委关于整合局管合资铁路项目管理机构及有关事项的通知》(南铁劳卫〔2017〕264 号)精神,孔云峰同志的龙岩铁路有限责任公司党工委委员职务自然免除。

43. 王莉同志任社会保险管理处处长兼企业年金理事会办公室主任(正处级、代高级经济师),试用期一年。

44. 熊鹏同志任集团公司团委副书记(副处级、助理政工师);免去其人事处副处长(党委组织部副部长)职务。

45. 商登伟同志任向塘西车站党委委员、副书记、纪委书记(副处级、助理政工师);免去其九江桥工段党委副书记、委员、纪委书记职务。

46. 周欣同志任鹰潭车站党委委员、副书记、纪委书记(副处级、政工师),一年内为考察试用期。

47. 安勖同志任南平车务段副段长、党委委员(副处级、工程师),试用期一年;免去其集团公司团委副书记职务。

48. 黄锐同志任福州客运段党委副书记(副处级、代政工师);免去其福州客运段副段长职务。

49. 陈宣宇同志任福州客运段党委委员、副书记、纪委书记(副处级、政工师),一年内为考察试用期。

50. 陈观水生同志任福州客运段副段长、党委委员(副处级、助理工程师),试用期一年;免去其客运处综合科科长职务。

51. 侯辉同志任南昌客运段党委副书记、纪委书记(副处级、政工师)。

52. 刘燕同志任南昌客运段党委委员、副书记(副处级、高级政工师),一年内为考察试用期;免去其党委宣传部(企业文化处)新闻科科长职务。

53. 吴从刚同志任鹰潭机务段副段长、党委委员(副处级),试用期一年。

54. 范芳荣同志任福州供电段副段长、党委委员(副处级、工程师),试用期一年。

55. 黄武昌同志任福州供电段副段长、党委委员(副处级、助理工程师),试用期一年。

56. 吴高占同志任南昌铁路安全监督管理办公室驻厦门供电段验收室主任(副处级、助理工程师),试用期一年。

57. 谢功章同志任九江桥工段党委委员、副书记、纪委书记(副处级、政工师),一年内为考察试用期;免去其人事处(党委组织部)干部监督科科长职务。

58. 刘建华同志任九江桥工段党委委员,建议其为九江桥工段工会主席人选(副处级、助理政工师)。

59. 朱悦敏同志任福州工务段党委委员,建议其为福州工务段工会主席人选(副处级、高级政工师)。

60. 沈绍颂同志任福州工务段总工程师(副处级、高级工程师);免去其福州工务段副段长职务。

61. 黄邵良同志任福州工务段副段长、党委委员(副处级、助理工程师),试用期一年。

62. 唐国华同志任南平工务段副段长、党委委员(副处级、工程师),试用期一年。

63. 林玉应同志任南平工务段副段长、党委委员(副处级、助理工程师),试用期一年。

64. 依据上级有关干部因健康原因调整岗位的规定精神和本人申请,免去王荣高同志的南平工务段副段长、党委委员职务,由南平工务段根据其身体状况安排适当的专项性工作。

65. 建议张海峰同志为鹰潭工务机械段工会主席人选(副处级、政工师);免去其鹰潭工务机械段党委副书记职务。

66. 王小明同志任南昌电务段副段长、党委委员(副处级、工程师),试用期一年。

67. 郭桂元同志任福州东车辆段党委委员、副书记、纪委书记(副处级、代政工师);免去其福州动车段党委副书记、委员、纪委书记职务。

68. 王达雄同志任福州房建生活段党委委员,建议其为福州房建生活段工会主席人选(副处级、代政工师);建议其不再担任衡茶吉铁路有限责任公司总会计师职务。根据《南昌铁路局　南昌铁路局党委关于整合局管合资铁路项目管理机构及有关事项的通知》(南铁劳卫〔2017〕264 号)精神,王达雄同志的衡茶吉铁路有限责任公司党总支委员职务自然免除。

69. 俞力同志任南昌铁路旅游酒店资产管理有限公司总经理、执行董事,党委委员、副书记(正处级、代经济员),试用期一年;免去其经营开发处副处长职务。

70. 殷铁同志任南昌铁路旅游酒店资产管理有限公司党委委员、书记,副总经理(正处级、高级政工师);免去其南昌铁路国际旅行社有限公司党委书记、委员,副总经理职务。

71. 吴正广同志任南昌铁路旅游酒店资产管理有限公司党委委员、副书记、纪委书记,建议其为南昌铁路旅游酒店资产管理有限公司工会主席人选(副处级、高级政工师);免去其南昌铁路国际旅行社有限公司党委副书记、委员、纪委书记职务,建议其不再担任南昌铁路国际旅行社有限公司工会主席职务。

72. 邓伟华同志任南昌铁路旅游酒店资产管理有限公司副总经理、党委委员兼厦门望海宾馆经理、党总支副书记(副处级、代经济师);其厦门休养院院长、党总支副书记职务自然免除。

73. 董闽同志任南昌铁路旅游酒店资产管理有限公司副总经理、党委委员(副处级、代经济师);免去其南昌铁路国际旅行社有限公司副总经理、党委委员职务。

74. 沈华同志任南昌铁路旅游酒店资产管理有限公司副总经理、党委委员(副处级、经济师);免去其南昌铁路国际旅行社有限公司副总经理、党委委员职务。

75. 傅利华同志任南昌铁路旅游酒店资产管理有限公司副总经理兼北京圣地苑宾馆经理(副处级、代经济师);免去其南昌铁路国际旅行社有限公司副总经理职务。

76. 免去王小林同志的南昌铁路国际旅行社有限公司副总经理、党委委员职务,由南昌铁路旅游酒店资产管理有限公司安排专项工作。

77. 肖渊同志任南昌铁路旅游酒店资产管理有限公司井冈山圣地宾馆经理、党总支副书记(副处级),继续担任赣州车务段井冈山站站长、党总支书记;其井冈山圣地山庄主任、党总支副书记职务自然免除。

78. 顾培荣同志任南昌铁路旅游酒店资产管理有限公司庐山西湖宾馆经理、党总支副书记(副处级、代助理经济师);其庐山铁路疗养院院长、党总支副书记职务自然免除。

79. 刘新建同志任南昌铁路旅游酒店资产管理有限公司厦门望海宾馆党总支书记、副经理(副处级、助理政工师);其厦门休养院党总支书记、副院长职务自然免除。

80. 宋凯由南昌铁路旅游酒店资产管理有限公司另行安排工作;其原任职务自然免除。

81. 何伟民同志由南昌铁路旅游酒店资产管理有限公司另行安排工作;其原任职务自然免除。

82. 张鸣明同志由南昌铁路旅游酒店资产管理有限公司另行安排工作;其原任职务自然免除。

83. 吕伟霞同志由南昌铁路旅游酒店资产管理有限公司另行安排工作;其原任职务

自然免除。

84. 严国辉同志任江西铁路实业发展有限公司副总经理、党委委员(副处级);免去其南昌铁路国际旅行社有限公司副总经理、党委委员职务。

85. 彭刚同志任南昌铁路通达工贸有限责任公司党委委员、副书记、纪委书记,建议其为南昌铁路通达工贸有限责任公司工会主席人选(副处级、助理政工师);免去其江西铁路实业发展有限公司副总经理、党委委员职务。

86. 免去章毓巍同志的南昌铁路通达工贸有限责任公司党委副书记、委员、纪委书记职务,建议其不再担任南昌铁路通达工贸有限责任公司工会主席职务;由南昌铁路通达工贸有限责任公司安排专项工作。

87. 龚宏华同志任江西地方铁路开发有限公司总经理、执行董事,党总支委员、副书记(副处级、工程师);免去其南昌工务段副段长、党委委员职务。

88. 集团公司纪委信访和审理室副主任陆列佳同志 2017 年 10 月试用期已满,经考核同意按期继续任职。

89. 计划统计处副处长王骅 2017 年 10 月试用期已满,经考核同意按期继续任职。

90. 运输处副处长兼总工程师舒小俊同志 2017 年 10 月试用期已满,经考核同意按期继续任职。

91. 客运处副处长刘建江同志 2017 年 10 月试用期已满,经考核同意按期继续任职。

92. 上饶车务段副段长景阳同志 2017 年 10 月试用期已满,经考核同意按期继续任职。

93. 福州车站福州南站站长、党总支副书记苏敏同志 2017 年 10 月试用期已满,经考核同意按期继续任职。

94. 鹰潭供电段副段长徐晓钟同志 2017 年 10 月试用期已满,经考核同意按期继续任职。

95. 福州供电段副段长黄彬同志 2017 年 10 月试用期已满,经考核同意按期继续任职。

96. 鹰潭工务段副段长刘坤同志 2017 年 10 月试用期已满,经考核同意按期继续任职。

97. 龙岩工务段副段长陈邦开同志 2017 年 10 月试用期已满,经考核同意按期继续任职。

98. 永安工务段副段长王春光同志 2017 年 3 月试用期已满,经考核同意按期继续任职。

99. 永安工务段副段长温国春同志 2017 年 10 月试用期已满,经考核同意按期继续任职。

100. 厦门工务段副段长林开辉同志 2017 年 3 月试用期已满,经考核同意按期继续任职。

101. 南昌电务段副段长谢江勇同志 2017 年 10 月试用期已满,经考核同意按期继续任职。

102. 经江西省人力资源和社会保障厅批准,路局纪委副书记、监察处处长张英东同志(正处级、助理工程师)符合国务院国发〔1978〕104 号文第四条第一项规定,自 2017 年 10 月 31 日起准予退休,同时终止本人与单位签订的劳动合同。

103. 经江西省人力资源和社会保障厅批准,江西铁路实业发展有限公司党委书记、副总经理蔡报银同志(正处级、助理工程师)符合国务院国发〔1978〕104 号文第四条第一项规定,自 2017 年 11 月 30 日起准予退休,同时终止本人与单位签订的劳动合同。

104. 经江西省人力资源和社会保障厅批准,工程管理所副所长周卫苏(副处级、高级政工师)符合国务院国发〔1978〕104 号文第四条第一项规定,自 2017 年 11 月 30 日起准予退休,同时终止本人与单位签订的劳动合同。

105. 经江西省人力资源和社会保障厅

批准，安全监察大队鹰潭安全监察队队长俞程敏同志（副处级、技术员）符合国务院国发〔1978〕104 号文第四条第一项规定，自 2017 年 11 月 30 日起准予退休，同时终止本人与单位签订的劳动合同。

106. 经江西省人力资源和社会保障厅批准，南昌南车辆段调研员熊跃武同志（副处级、高级工程师）符合国务院国发〔1978〕104 号文第四条第一项规定，自 2017 年 11 月 30 日起准予退休，同时终止本人与单位签订的劳动合同。

12 月

1 日，集团公司召开 11 月运输安全分析会，分析总结 11 月公司运输安全工作，部署 12 月运输安全工作。公司副总经理杨斌主持会议。副总经理任朝阳、彭磊出席会议。

6 日，铁路总公司党的十九大精神宣讲团来南昌局集团公司开展宣讲。上午，宣讲报告会在集团公司机关举行，党的十九大代表、总公司上海审计特派员办事处特派员、南昌局集团公司监事会主席陆海霞到会宣讲，集团公司党委书记、董事长王培主持宣讲会。集团公司领导班子成员，集团公司两名党的十九大代表郭学飞和陈承仪出席宣讲会。下午，铁路总公司宣讲团座谈交流会在南昌车辆段南昌西动车所召开，陆海霞、郭学飞、陈承仪宣讲党的十九大精神，与来自南昌车辆段、南昌客运段、南昌供电段、南昌电务段、南昌西工务段等单位的党员代表进行座谈交流。集团公司党委副书记万军主持座谈会，集团公司副总经理任朝阳出席座谈会。

6 日，集团公司实现运输安全 1700 天。

7 日，江西境内衢九铁路沿线治安综合治理工作会议在景德镇召开，会议研究分析衢九铁路沿线存在的矛盾纠纷和安全隐患问题，部署推进衢九铁路沿线治安综合治理工作，要求确保衢九铁路安全顺畅运营。江西省综治办副主任张鹤翔、江西省公安厅治安总队总队长刘小龙、南昌局集团公司副总经理杨斌出席会议。

11 日至 17 日，中央护路办第 6 检查小组对江西省铁路护路联防工作进行考评。集团公司副总经理杨斌陪同考评并作工作汇报。

12 日，集团公司党委、集团公司联合发布《关于培训疗养机构改革并成立南昌铁路旅游酒店资产管理有限公司有关事项的通知》（南铁劳卫〔2017〕368 号），撤销庐山铁路疗养院、井冈山圣地山庄、厦门休养院，其资产转为非运输业经营，分别注册登记为庐山西湖宾馆、井冈山圣地宾馆和厦门望海宾馆，实行市场化运作，对外开展住宿、餐饮等经营业务；成立南昌铁路旅游酒店资产管理有限公司，为集团公司一级非运输企业，原南昌国际铁路旅行社有限责任公司调整为其下设的二级子公司，同时对全公司旅游酒店资产实行重组整合。

12 日，集团公司联合江西省委宣传部、景德镇市委市政府，在景德镇举办衢九铁路新闻发布暨宣传推介会。景德镇市委副书记、常务副市长刘锋，集团公司党委副书记万军到会并致词。

15 日至 18 日，铁路总公司新建衢九铁路运营安全评估组对衢九铁路开通运营安全进行检查评估，评估结论为具备开通条件。公司副总经理杨斌参加评估检查。

19 日，铁路总公司副总经理李文新赴衢九铁路检查。上午，李文新率检查组添乘 D55902 次路用列车检查线路和沿线环境，沿途在都昌、景德镇北、开化站下车检查车站候车室、售票厅、站前广场、贵宾室等处所，了解开通准备工作情况。下午，李文新在九江组织召开检查总结会，听取集团公司工作汇报。集团公司副总经理钟生贵、彭磊、刘明亮、杨斌陪同检查并参加会议。

19 日至 21 日，由共青团中央、铁路总公司共同主办的“振兴杯”铁道行业青年职业技能竞赛暨全路第二届新入路青年职业技能竞赛总决赛在厦门举行。

26日,江西省综治工作(平安建设)考评组对集团公司2017年综治工作(平安建设)进行现场考评。集团公司副总经理杨斌陪同考评。

28日,江西省安委会考核督查十一组对集团公司2017年度安全生产工作进行考核和综合督查。集团公司副总经理杨斌陪同检查。

28日,衢九线正式开通运营。衢九线开通初期共开行旅客列车18对。

29日,集团公司召开2017年四季度安委会,总结四季度运输安全工作,部署2018年一季度安全重点工作。集团公司党委书记、董事长王培出席会议并讲话。集团公司领导班子成员出席会议。

【人事任免】

1. 王筱榕同志兼任监察处处长。

2. 邓松同志任南昌车站党委委员、副书记、纪委书记(副处级、助理政工师);免去其公司办公室(党委办公室)副主任职务。

3. 黄海峰同志任宜春车务段党委委员、副书记、纪委书记(副处级、代助理政工师),一年内为考察试用期。

4. 江志飞同志任鹰潭工务段党委委员、副书记、纪委书记(副处级、助理政工师),一年内为考察试用期;免去其工务处信息调度科科长职务。

5. 叶皋同志任萍乡工务段党委委员、副书记、纪委书记(副处级、助理政工师),一年内为考察试用期。

6. 罗昭远同志任福州电务段党委委员、副书记、纪委书记(副处级、代政工师),一年内为考察试用期。

7. 黄奔同志任福州动车段党委委员、副书记、纪委书记(副处级、代政工师),一年内为考察试用期。

8. 武钢同志兼任江西省铁道学会秘书长。

9. 蔡恒信同志任厦门供电段党委委员、书记,副段长(正处级、政工师);免去其九江桥工段党委书记、委员,副段长职务。

10. 免去邱亦俊同志的厦门供电段党委书记、委员,副段长职务。

11. 免去沈绍冰同志的福州房建生活段党委副书记、委员、纪委书记职务。

12. 朱义德同志兼任南昌铁路旅游酒店资产管理有限公司监事;免去其兼任的南昌铁路国际旅行社有限公司监事职务。

13. 经福建省人力资源和社会保障厅批准,永安车务段党委书记、副段长吴平同志(正处级、工程师)符合国务院国发〔1978〕104号文第四条第一项规定,自2017年12月31日起准予退休,同时终止本人与单位签订的劳动合同。

14. 经江西省人力资源和社会保障厅批准,南昌铁路通达工贸有限责任公司章毓巍同志(副处级、政工师)符合国务院国发〔1978〕104号文第四条第一项规定,自2017年12月31日起准予退休,同时终止本人与单位签订的劳动合同。

15. 经福建省人力资源和社会保障厅批准,武夷山铁路有限责任公司刘尚学同志(副处级、助理政工师)符合国务院国发〔1978〕104号文第四条第一项规定,自2017年12月31日起准予退休,同时终止本人与单位签订的劳动合同。

概　况

【管界与营业里程】 中国铁路南昌局集团有限公司(2017 年 11 月 19 日前称南昌铁路局)机关设在南昌市西湖区站前路 7 号(邮政编码 330002),值班电话 0791 - 87021150。

集团公司管辖赣闽两省全部和湘鄂浙皖四省部分铁路。铁路分界站(点):京九线北端(蔡山站)K1277 +000 处与武汉局集团公司分界,京九线南端(定南站)K2008 +200 处与广州局集团公司分界;沪昆线东端(新塘边站)K502 +200 处与上海局集团公司分界,沪昆线西端(株洲站)K1102 +000 处与广州局集团公司分界;皖赣线(倒湖站)K342 +500 处与上海局集团公司分界;武九线(西河村站)K185 +809 处与武汉局集团公司分界;合九线(孔垄站)K278 +871 处与上海局集团公司分界;漳龙线(琥市站)K143 +037 处与广州局集团公司分界;铜九线(香隅站)K164 +000 处与上海局集团公司分界;杭深线北端(苍南站)K664 +589 处与上海局集团公司分界;杭深线南端(诏安站)K1259 +992 处与广州局集团公司分界;吉衡线(严家垄站)K282 +108 处与广州局集团公司分界;赣韶线(珠玑巷站)K66 +819 处与广州局集团公司分界;沪昆高速线东端(江山站)K429 +202 处与上海局集团公司分界;沪昆高速线西端(醴陵东站)K1006 +798 处与广州局集团公司分界;合福高速线(黄山北站)K1307 +230 处与上海局集团公司分界;武九客专(枫林站)K153 +696 处与武汉局集团公司分界;衢九线(德兴东站)K96 +416 处与上海局集团公司分界。至年底,管内车站 452 个。

年末,集团公司管辖铁路营业里程 7763.2 公里。其中,国家铁路营业里程 3739.6 公里,合资铁路营业里程 4023.5 公里。线路延展里程 15985.2 公里。复线里程 4624.9 公里,复线率 59.6%;电气化里程 6178.2 公里,电化率 79.6%。区段线路允许时速 200 公里及以上铁路营业里程 3021.1 公里。

【客货运输】 全年,旅客发送 21952.3 万人,完成计划的 99.1%,同比增长 10.6%;货物发送 7982.8 万吨,完成计划的 104.4%,同比增长 10.2%。换算周转量 1835.8 亿吨公里,完成计划的 101.4%,同比增长 5.8%。其中,旅客周转量 1125.81 亿人公里,完成计划的 100.5%,同比增长 6.6%;货物周转量 709.99 亿吨公里,完成计划的 102.9%,同比增长 4.6%。货车周转时间 2.48 天,完成计划的 106.0%,同比延长 0.15 天。货运列车平均总重 2578 吨,完成计划的 99.9%,同比下降 0.4%;货运机车日产量 110.2 万吨公里,完成计划的 107.1%,同比增长 5.6%;货运机车日车 457.6 公里,完成计划的 108.4%,同比增长 6.9%。

【重点物资运输】 全年,运送煤炭 2045.2 万吨,同比增加 348.7 万吨、增长 20.6%;运送粮食 41.7 万吨,同比增加 16.8 万吨、增长 67.8%;运送化肥 42.4 万吨,同比减少 17.7 万吨、下降 29.5%;运送石油 263.7 万吨,同比减少 33.9 万吨、下降 11.4%;运送金属矿石 1502.8 万吨,同比减少 17.4 万吨、下降 1.1%;运送钢铁 869.9 万吨,同比增加 63.9 万吨、增长 7.9%。

【运输收入】 全年,完成运输收入 292.40 亿元,完成预算的 100.83%,同比增收 38.10 亿元、增长 14.98%。其中,旅客票价收入 212.74 亿元,完成预算的 99.25%,同比增收 29.23 亿元、增长 15.93%;货物运费收入 47.69 亿元,完成预算的 108.29%,同比增收 6.86 亿元、增长 16.80%;其他收入 23.21 亿元,完成预算的 99.18%,同比增收 0.94 亿元、增长 4.22%;建设基金收入 8.76 亿元,完成预算的 106.73%,同比增收 1.07 亿元、增长 13.93%。

【建设投资】 全年,完成大中型基建项目投资 309.67 亿元(含合资项目),完成计划的 100%;完成更新改造项目投资 68437 万元,完成计划的 98.3%。

【职工人数与工资】 年末,集团公司职工 89955 人,其中铁路总公司所属单位 89498 人、控股合资公司 457 人;运输业职工 84114 人,其中铁路总公司所属单位 83798 人、控股合资公司 316 人;运输业从业人员 90146 人,其中铁路总公司所属单位 89695 人、控股合资公司 451 人。按换算周转量计算的运输业从业人员劳动生产率为 207.40 万换算吨公里/人年,同比增长 3.96%;按运输总收入计算的运输业从业人员劳动生产率为 330159 元/人年,同比增长 13.01%。

职工工资总额 93.13 亿元,平均工资 10.47 万元。

【管理机构调整】 3 月 1 日,厦门前场铁路货场有限责任公司更名为厦门国际物流港有限责任公司。

3 月 1 日,福州车辆段福州运用车间拆分为库检车间和乘务车间;福州客运段增设厦门动车车队;鹰潭机务段上饶运用车间和萍乡运用车间增设客运车队,同时撤销鹰潭客车运用车间客运二队,并将鹰潭客车运用车间客运三队更名为客运二队。

3 月 9 日,撤销路局建设管理处领导和管理的建设工程招标投标管理办公室,增设路局建设管理处工程招投标管理科,增加建设管理处副处长定员 1 名。

3 月 30 日,撤销路局废旧物资设备回收利用站,原由路局废旧物资设备回收利用站承担的废旧物资设备回收与处置业务划归南昌物资供应段。

4 月 6 日,撤销北京办事处,资产划转给南昌铁路国际旅行社有限公司,由南昌铁路国际旅行社有限公司按子公司管理。

4 月 10 日,在南昌工务段、南昌西工务段、萍乡工务段、鹰潭工务段、赣州工务段、福州工务段、南平工务段、永安工务段、龙岩工务段、厦门工务段、九江桥工段、鹰潭工务机械段等 12 个单位成立安全生产调度指挥中心(生产机构)。

4 月 10 日,设立福建汇丰物流有限公司江阴铁路物流园,主要负责江阴铁路物流的经营开发和安全生产等工作。

5 月 18 日,撤销路局成人教育函授站,其工作和现有人员交由职工教育处。

5 月 19 日,成立南昌铁路天河测量技术股份有限公司,为南昌铁路天河建设股份有限公司控股了公司,主要负责普速铁路复测、高铁精密网测量、铁路线路与桥梁大修设计、桥梁检定以及工程测量、工程设计、技术服务等业务,内设测量检定部、设计技术部、安全生产部、综合开发部、财务部等 5 个部门。同时,明确工务检测所为路局附属机构,由路局工务处负责领导和管理,主要负责全局轨检车动态检测、钢轨探伤技术管理、线路大修验收、线路添乘检查管理、道砟材质取样送检和质量检查等工作。

6月28日，浦梅铁路工程建设指挥部由与龙厦铁路工程建设指挥部实行“一套人员、两块牌子”调整为与赣龙复线铁路有限责任公司实行“一套人员、两块牌子”的管理模式。赣龙复线铁路有限责任公司（浦梅铁路工程建设指挥部）内设综合管理部、计划财务部、工程管理部（下设工程调度室）、征拆协调部（经营开发部）、安全质量部、物资设备部、运输安全部等7个部门。龙厦铁路工程建设指挥部机构暂予保留，待通过国家验收后自行撤销。

7月1日，撤销路局线站安保支队及下设的5个安保大队。

7月6日，路局财务处设立税务管理办公室，主要负责贯彻落实国家税收政策法规和中国铁路总公司税务管理规定，组织税收政策研究及筹划，负责与税务机关的沟通协调等工作。

7月19日，在东南沿海铁路福建有限责任公司组建福建高铁综合开发有限公司，为东南沿海铁路福建有限责任公司的子公司，主要负责新建福厦高铁车站和周边土地综合开发以及物业、酒店管理等相关业务，内设综合管理部、资金财务部、工程管理部、战略发展部、市场开发部、资产管理部等6个部门。

7月21日，在路局收入稽查处设立稽查科，主要负责运输收入规章管理、稽查和审核业务指导、客货服务质量监督业务管理、运价政策监管等工作。同时，南昌车站、福州车站、厦门车站、向塘西车站、鹰潭车站和南昌车务段、宜春车务段、上饶车务段、九江车务段、赣州车务段、福州车务段、南平车务段、永安车务段、龙岩车务段、漳州车务段计划财务科均更名为计划财务收入科，南昌客运段、福州客运段计划财务统计科更名为计划财务统计收入科。

8月17日，重新设立路局技术委员会。

8月29日，以赣龙复线铁路有限责任公司为主体，将赣龙复线铁路有限责任公司和龙岩铁路有限责任公司整合为一个项目管理机构，整合后的机构名称为“赣龙复线铁路项目管理机构”，实行“一个机构、多块牌子”的管理模式，内设综合管理部、计划财务部、工程管理部、征拆协调部（经营开发部）、安全质量部、物资设备部、运输安全部等7个部门。以九景衢铁路江西有限责任公司为主体，将九景衢铁路江西有限责任公司和衡茶吉铁路有限责任公司整合为一个项目管理机构，整合后的机构名称为“九景衢铁路项目管理机构”，实行“一个机构、多块牌子”的管理模式，内设综合管理部、计划财务部、工程管理部、征拆协调部（经营开发部）、安全质量部、物资设备部、运输安全部等7个部门。九景衢铁路项目管理机构下设昌景黄、瑞梅、浯溪口3个指挥部。以福建福平铁路有限责任公司为主体，将福建福平铁路有限责任公司、泉州铁路有限责任公司、武夷山铁路有限责任公司和7个港口铁路支线（福州江阴港铁路支线有限责任公司、福建可门港铁路支线有限责任公司、福建湄洲湾港口铁路支线有限责任公司、福建湄洲湾南岸铁路支线有限责任公司、福建白马港铁路支线有限责任公司、福建港尾铁路有限责任公司、福建罗源湾北岸铁路支线有限责任公司）整合为一个项目管理机构，整合后的机构名称为“福建福平铁路项目管理机构”，实行“一个机构、多块牌子”的管理模式，内设综合管理部、计划财务部、工程管理部、征拆协调部（经营开发部）、安全质量部、物资设备部、运输安全部等7个部门。福建福平铁路项目管理机构下设福平、南龙、龙岩至龙川铁路3个指挥部。

9月8日，全局供电调度工作统一纳入路局调度所负责，供电处负责供电调度专业指导工作，各供电段不再负责供电调度管理工作。全局共设置高速铁路供电调度台7个，设置普速铁路供电调度台7个。供电调度纳入路局调度所统一管理后，相应撤销南昌、鹰潭、福州、厦门供电段供电调度室。同时，根据实际工作需要，成立南昌、鹰潭、福州、厦门供电段安全生产调度指挥中心（生产机构）。

9月18日，成立福州机务段厦门动车车间，下设动车一队、动车二队。福州机务段原有的动车车间更名为福州动车车间，同时撤销福州动车车间厦门车队。

9月18日，向塘机务段赣州运用车间的动车车队更名为客运车队。

10月10日，撤销南昌铁路国际旅行社有限公司所属厦门铁路国际旅行社有限公司和南昌、鹰潭、上饶、九江、赣州、宜春旅行分社。

11月14日，撤销鹰潭供电段景德镇北供电车间，同时成立鹰潭供电段横峰供电车间。

12月1日，鉴于路局已完成公司制改革相关工作，改制为“中国铁路南昌局集团有限公司”。原名称前冠以“南昌铁路局”的单位、部门等各机构，其名称前改冠以“中国铁路南昌局集团有限公司”。

12月11日，撤销庐山铁路疗养院、井冈山圣地山庄、厦门休养院，其资产转为非运输业经营，分别注册庐山西湖宾馆、井冈山圣地宾馆和厦门望海宾馆，实行市场化运作，对外开展住宿、餐饮等经营业务。

12月11日，成立南昌铁路旅游酒店资产管理有限公司（以下简称旅游公司），为集团公司一级非运输企业，机关设综合部、人力资源部、计划财务部、资产运营部、经营管理部5个职能管理部门。同时，整合全公司旅游酒店资产：南昌铁路国际旅行社有限责任公司调整为旅游公司所属子公司，撤销福建铁路国际旅行社有限公司，成立旅游公司福州分公司；北京圣地苑宾馆有限公司从南昌铁路国际旅行社有限责任公司划出，调整为旅游公司所属子公司；三清山铁路宾馆从南昌铁路国际旅行社有限责任公司划出，其资产、业务及人员移交南昌铁路大厦经营管理；南昌新龙置业有限公司从江西铁路实业发展有限公司中划出，调整为旅游公司所属子公司；南昌铁路大厦从江西铁路实业发展有限公司中划出，调整为旅游公司所属分公司；庐山西湖宾馆、井冈山圣地宾馆和厦门望海宾馆的资产、业务及人员，移交旅游公司经营管理，为旅游公司所属分公司；上饶新龙大酒店、横峰宾馆、贵溪综合楼、鹰潭铁路大厦、新余铁路大厦、萍乡服务大楼、赣州铁路大酒店、福州黄金大酒店、永安铁道大厦、武夷山铁路山庄的资产，从原管理单位划出，移交旅游公司经营管理。

【列车运行图调整】　年内，优化旅客列车开行方案，列车运行图编制8次，其中参加铁路总公司组织编制运行图5次、管内编制调整图3次。重点做好2017年第一阶段调整图、第三阶段调整图（武九客专开通运营）、年底调整图（衢九线开通运营）等编制工作。年底，管内客车开行对数达473.5对，同比增加26对，运力增长5.8%。

【综合能耗】　全年，集团公司单位运输工作量综合能耗4.17吨标煤/百万换算吨公里，同比下降0.71%。能源消耗76.68万吨标准煤，同比增加3.74万吨标准煤，上升5.13%。其中，煤炭消耗2836.90吨，同比减少2567.23吨，下降47.50%；柴油消耗108285.94吨，同比减少7732.77吨，下降6.67%；电力消耗489691.81万千瓦时，同比增加40695.04万千瓦时，上升9.06%；汽油消耗1584.11吨，同比减少301.13吨，下降15.97%；气田天然气消耗181.37万立方米，同比增加95.44万立方米，上升111.07%；新鲜水消耗1859.26万吨，同比减少123.26万吨，下降6.22%。

【污染物排放】　全年，集团公司化学需氧量排放70.92吨，同比减少6.73吨，下降8.67%；二氧化硫排放27.13吨，同比减少7.34吨，下降21.30%；铁路沿线绿化里程3015公里，同比持平。

（计统处　劳卫处　人事处　运输处）

表3-1　中国铁路南昌局集团有限公司2017年行政机构组织表

中国铁路南昌局集团有限公司

- 公司机关职能管理机构（30个）
  - 运输处
  - 客运处
  - 货运处（货运营销中心）
  - 机务处
  - 供电处
  - 车辆处
  - 工务处
  - 电务处
  - 安全监管办机辆验收室
  - 信息化处
  - 安全监察室
  - 办公室
  - 总工程师室
  - 企法处
  - 计统处
  - 财务处
  - 审计处
  - 收入稽查处
  - 人事处
  - 劳动和卫生处
  - 职工教育处
  - 建设管理处
  - 物资管理处
  - 土地房产管理处
  - 人防战备处（人民武装部）
  - 经营开发处
  - 社会保险管理处
  - 离退休管理处
  - 价格管理处
  - 监察处
- 公司机关生产机构（1个）
  - 调度所
- 公司机关附属机构（46个）
  - 机务检测所
  - 供电检测所
  - 车辆检测所
  - 电务检测所
  - 客票管理所
  - 机要通信室
  - 档案史志室
  - 客货运输统计所
  - 法律服务所
  - 概预算审查所
  - 资金结算所
  - 财务集中核处管理所
  - 审计室
  - 人才交流培训站
  - 职业校能鉴定指导站
  - 特种设备检测检验所
  - 合资与地方铁路管理办公室
  - 安全监管办驻段验收室
  - 南昌铁路客户服务中心
  - 工程质量安全监督站
  - 施工办公室
  - 物资采购所
  - 房产管理所
  - 江西省护路办
  - 福建省护路办
  - 南昌土地管理办公室
  - 福州土地管理办公室
  - 南昌收入稽核大队
  - 福州收入稽核大队
  - 南昌武器库
  - 福州武器库
  - 南昌卫生监督所
  - 福州卫生监督所
  - 离退休人员活动室
  - 福州离退休管理办公室
  - 福州社会保管理办公室
  - 福州医保管理办公室
  - 劳动力调剂站
  - 节能监测站
  - 防洪工作办公室
  - 工程设计技术鉴定所
  - 安全宣传车
  - 铁路客站站房建设管理办公室
  - 职工保障性住房建设管理办公室
  - 装卸管理所
  - 工务检测所
- 公司机关直属单位（5个）
  - 安全监察大队
  - 技术监督所
  - 机关服务所
  - 信息技术所
  - 工程管理所
- 公司机关派出机构
  - 福州铁路办事处
- 学（协）会（3个）
  - 江西铁道学会
  - 福建铁道学会
  - 企业管理协会
- 公司所属单位（66个）
  - 南昌客运段
  - 福州客运段
  - 南昌车站
  - 向塘车站
  - 鹰潭车站
  - 福州车站
  - 厦门车站
  - 南昌车务段
  - 福州车务段
  - 九江车务段
  - 宜春车务段
  - 上饶车务段
  - 赣州车务段
  - 南平车务段
  - 永安车务段
  - 漳州车务段
  - 龙岩车务段
  - 南昌机务段
  - 向塘机务段
  - 鹰潭机务段
  - 福州机务段
  - 福州供电段
  - 厦门供电段
  - 南昌供电段
  - 鹰潭供电段
  - 南昌车辆段
  - 南昌南车辆段
  - 福州车辆段
  - 福州东车辆段
  - 福州动车段
  - 赣州工务段
  - 九江桥工段
  - 福州工务段
  - 永安工务段
  - 厦门工务段
  - 南昌工务段
  - 南昌西工务段
  - 鹰潭工务段
  - 萍乡工务段
  - 南平工务段
  - 龙岩工务段
  - 鹰潭工务机械段
  - 南昌电务段
  - 福州电务段
  - 南昌通信段
  - 南昌物资供应段
  - 南昌房建生活段
  - 福州房建生活段
  - 科学技术研究所
  - 南昌疾病预防控制所
  - 福州疾病预防控制所
  - 党校（干校）
  - 福州职工培训所
  - 新余职工培训所
  - 江西京九物流有限公司
  - 福建汇丰物流有限公司
  - 江西铁路实业发展有限公司
  - 福建铁路实业发展有限公司
  - 南昌铁路旅游酒店资产管理有限公司
  - 南昌铁路通达工贸有限公司
  - 南昌铁路天河建设股份有限公司
  - 南昌铁路天集房地产开发有限公司
  - 南昌华路建设咨询监理有限公司
  - 南昌铁路文化广告传媒有限公司
  - 南昌铁路物业管理有限公司
  - 江西地房铁路研发有限公司
- 公司所属铁路建设项目管理机构、合资铁路公司和工程建设指挥部（12个）
  - 九景衢铁路江西项目管理机构
  - 福建福平铁路项目管理机构
  - 赣龙复线铁路项目管理机构
  - 厦门海沧铁路有限责任公司
  - 厦门国际物流港有限责任公司
  - 南昌电气化改造及枢纽工程建设指挥部
  - 福建港口铁路支线建设指挥部
  - 福州枢纽改造工程建设指挥部
  - 厦门枢纽改造工程建设指挥部
  - 南昌房建工程建设指挥部
  - 铜九铁路工程建设指挥部
  - 南昌枢纽西环线工程建设指挥部
- 其他单位（2个）
  - 集体经济管理处
  - 福州集体经济管理办公室

运 输 生 产

运输组织

【概况】 2017年，集团公司车务系统设站段15个。其中，直属站（鹰潭、向塘西、南昌、福州、厦门）5个，车务段（南昌、上饶、宜春、九江、赣州、南平、永安、漳州、福州、龙岩）10个。集团公司运输处内设车站科、技术科、设备安全科、综合分析科。处长张明，副处长汤上龙、杨小勇、舒小俊。定员29人，年末在册职工28人。

【车务安全管理】 坚持“强基达标”工作主题，强化安全过程控制，树立高铁、旅客安全“红线”意识，构建“人防”“物防”“技防”安全体系。控制现场“五项”风险（高铁客车安全风险、接发列车错办风险、劳动安全风险、施工安全风险、调车作业“冲脱挤”风险），提升车务系统安全管理智能化水平。

制定《车站管理工作细则编制规范》《车务及调度系统安全管理监督检查考核办法》，修订完善安全管理信息系统中的“风险防控措施”“风险防控职责”“工作标准”“流程项点”“安全履责计划”“周期”等基础数据，强化干部履职过程管理。

【规章体系建设】 整合技术规章，建立完善《营业线施工安全管理细则》《客货列车编组顺序表编制、交接、保管办法》《车站站区封闭管理办法》《南昌铁路局普速铁路车站作业计划实施办法》，修订《车机、调车、道机、守机联控管理办法》《铁路专用线专用铁路安全监督管理细则》，重新审批《站细》97站次。形成行车组织、接发列车、调车作业、计划组织、施工管理、运输组织、设备管理七大模块规章。

【岗位作业标准化】 推进作业岗位“立标、学标、达标、落标”，修订公布25个行车岗位作业指导书，制定《车务系统行车岗位作业指导书管理办法》，规范作业指导书编制、颁布、修订、实施流程，将作业指导书纳入专业技术管理。建立标准化调度台、行车室、调车组评比办法，开展标准化岗位创建。

【行车工种队伍建设】 年内，公布《接发列车仿真培训考试系统使用管理办法》，将仿真系统应用情况纳入站段日常培训管理的考核范围；建立《车务系统行车人员抽考实施办法》，开展接发列车、调车、车号计划、列尾等工种技能竞赛，引导职工创先争优。

【行车设备项目】 开通樟林站 CTC,在鹰潭南、南平南、外洋等 9 个有客车经由的非 CTC 多方向车站启用 TDCS3.0;对 CTC 车站进行功能克缺软件换装,所有 CTC 车站实现触发方式排列接发列车进路(部分跨线列车除外),增强设备防错办功能;新增樟林、赣州、可门、福州客技场等 8 个站(场)STP 设备。年末,已开通使用 STP 设备的车站有 86 个,安装调机 162 台。

【列车运行图调整】 年内,优化旅客列车开行方案,列车运行图编制 8 次,其中参加总公司组织编制运行图 5 次、管内编制调整图 3 次。重点做好 2017 年第一阶段调整图、第三阶段调整图(武九客专开通运营)、年底调整图(衢九线开通运营)等编制工作。年底,客车开行对数达 473.5 对,同比增加 26 对,运力增长 5.8%。

表 4-1 2017 年末调整图后集团公司分界口列车对数表 单位:对

线别	分界口	邻接集团公司	列车对数								
			客车			货车			合计		
			新图	老图	比较	新图	老图	比较	新图	老图	比较
京九	蔡山	武汉	44	46	-2	46	42	+4	90	88	+2
	定南	广州	31	34	-3	22	22	0	53	56	-3
沪昆	新塘边	上海	45	55	-10	32	32	0	77	87	-10
	株洲	广州	44	47	-3	59	55	+4	103	102	+1
杭深	苍南	上海	42	39	+3	0	0	0	42	39	+3
	诏安	广州	62	56	+6	0	0	0	62	56	+6
武九	西河村	武汉	24	39	-15	19	20	-1	43	59	-16
铜九	香隅	上海	8	7	+1	3	3	0	11	10	+1
合九	孔垄	上海	7	8	-1	7	6	+1	14	14	0
赣韶	颜家垄	广州	8	8	0	6	6	0	14	14	0
吉衡	珠玑巷	广州	4	4	0	9	9	0	13	13	0
皖赣	倒湖	上海	4	5	-1	16	16	0	20	21	-1
漳龙	琥市	广州	2	2	0	5	4	+1	7	6	+1
沪昆高铁	江山	上海	84	80	+4	0	0	0	84	80	+4
	醴陵东	广州	63	62	+1	0	0	0	63	62	+1
合福高铁	黄山北	上海	25	22	+3	0	0	0	25	22	+3
武九客专	枫林	武汉	31	0	+31	0	0	0	31	0	+31
衢九	德兴东	上海	10	0	+10	0	0	0	10	0	+10

备注:老图指 2017 年 1 月 5 日基本图。

表 4-2 2017 年末调整图后集团公司客运及货运列车数量表

单位:对

列车种类			新图	老图	比较	备注
直通客车	动车组	始发终到	168	147	+21	
		通过	66	61	+5	
		合计	234	208	+26	
	直达	始发终到	9	9		
		通过	13	14	-1	
		合计	22	23	-1	
	特快	始发终到	5	5		
		通过	10	10		
		合计	15	15		
	快速	始发终到	44	45	-1	
		通过	62	66	-4	
		合计	106	111	-5	
	普快	始发终到	0	0		
		通过	0	0		
		合计	0	0		
	普客		1	1		
	合计		378	358	+20	
管内客车	动车组		82	78	+4	
	特快		1	1		
	快速		12.5	10.5	+2	
	普快		0	0		
	普客		0	0		
	合计		95.5	89.5	+6	
客车合计			473.5	447.5	+26	
特快货物班列			0	10	-10	
快速班列(单位:列)	快速货物班列		8	41	-33	
	快速集装箱班列		16	16	0	
	中欧班列		3	46	-43	
	合计		27	103	-76	

备注:老图指 2017 年 1 月 5 日基本图。

表 4-3　2017 年末集团公司车站等级情况表

车站等级	站　名	合计
特等站	向塘西、鹰潭	2
一等站	新余、萍乡、南昌、南昌西、九江、九江西、三明、上饶、福州、福州南、漳平、泉州、井冈山、赣州、来舟、厦门、厦门北	17
二等站	分宜、宜春、白源、姚家洲、新余北、萍乡北、七里湖、琵琶湖、三明北、永安、景德镇、景德镇南、樟林、杜坞、莆田、宁德、福州东、厦门高崎、泉州东、漳州、晋江、赣州东、吉安、南昌南、抚州、鹰潭南站、贵溪、贵溪北、鹰潭北站、武夷山东、南平北、铁山洋、龙岩东、龙岩、向塘	35
三等站	宜春西、泉江、醴陵、醴陵南、攸县、茶陵南、安福、九江北、瑞昌、庐山、德安、共青城、永修、鄱阳、泰宁、尤溪、坑边、玉山、横峰、弋阳、资溪、画桥、万年、乐平市、婺源、景德镇北、古田、福鼎、霞浦、福清、漳州东、漳州北、杏林、东孚、湖头、施厝、海沧、泰和、兴国、赣县、信丰、定南、于都、瑞金、乐化、南昌北、新干、东乡、进贤、丰城、拖船埠、樟树、张家山、八景、梅林、上塘、抚州北、光泽、邵武、顺昌、南平、南平南、建瓯、建阳、武夷山、武夷山北、上杭、冠豸山、古田会址	69
四等站	河下、彬江、芦溪、灯芯桥、五里墩、皇图岭、网岭、茶陵、炎陵、茶陵西、攸县南、安仁、石芬、厚溪、永新、文竹、上高、鹄山、花鼓山、新花、高安、九里垄、白杨畈、夏畈、杨家岭、马回岭、九江南、小池口、孔垄、湖口、彭泽、瑞昌西、都昌、青州、万能、三明东、荆西、益口、永浆、西洋、麦园、峰海、加福、建宁县北、将乐、永泰、湖沿、广丰、富庶岭、库前、香屯、接渡、鲇鱼山、永平、德兴、五府山、玉山南、德兴东、安济、下过溪、闽清、闽侯、魁岐、马尾、太姥山、福安、罗源、连江、涵江、仙游、莆田东、月塘、东浦、东吴、江阴港、可门、古田北、闽清北、安溪、龙海、角美、前场、大深、福德、剑斗、南安、泉州西、惠安南、肖厝、下洋、漳浦、云霄、惠安、诏安、峡江、八都、吉水、吉安南、赣州南、南康、龙南、罗坳、会昌北、石门圩、龙市、大余、莲塘、横岗、三江镇、张巷、丰城南、樟树东、大洋洲、余江、温家圳、梁家渡、潭岗、协塘、珠山、建山、腾桥、南城、南丰、进贤南、抚州东、临川、崇仁、江边村、洛市、莫口、药村、晒口、富文、埔上、峡阳、外洋、西芹、南平东、建瓯西、长汀南、长汀、坂尾、雁石、红炭山、富岭、坎市、永定、龙山镇、南靖	149
五等站	临江镇、黄土岗、罗坊、西村、东冲铺、泗汾、松山、大光山、金田、浣溪、云盘、禾市、衡南、流泗、泉山、马垱、新祺周、柴桑、油墩街、涌溪、龙江、高砂、大洲、上游、上房山、贡川、西坑、桂口、打虎坑、岭头、柯周坑、城口、城门、钱坂、卓宅、夏茂、中仙、长庆、涵江北、枫岭头、坑口、河潭埠、茶亭、铅山西、中村、硬石岭、葛家店、韩美岭、甘棠、塔前、慈义、浮梁、韩坑、福港、下明溪、峙滩、营里、余家、肖家、上清、圳上、饶桥、高阜、赋春、桥上村、洋丹仔、金沙村、葫芦山、尤溪口、樟湖板、水口、浦后、大箬、大目埕、白沙镇、江坂、透堡、渔溪、芦芝、易坑、小集、西陂、绵良、罗溪、金山桥、溪南坂、鹅山、梅水坑、华安、利水、沙建、碟口、长泰、格口、小舟、感德、金谷、长基、仑苍、翔安、辋川、斗尾、醪桥、冠朝、沙村、营盘上、高兴镇、龙口、南塘镇、龙回、铁石口、小江、关西镇、茅店、黄麟、永阳街、石坑、江边、白石、睦村、旗口、新城、池江、梅关、生米、衙前、董家、大岗、桥东、童家、铁关村、园岱、大禾山、华侨、大源村、西陇、和顺、下王塘、吴家塘、官墩、拿口、卫闽、陈坊、吉舟、潘坊、洋口、建西、照口、王富、绿水、陈家寨、西山、五里峰、上乌石、黄莲坑、洋庄、四渡、武夷山南、仙店、兴田、将口、杨墩、徐墩、小桥镇、南雅、大横、陈墩、基太、苏坂、苹林、象牙村、金峰山站、苎园、小池镇、中复、河田、新泉镇、仙师站、马坑、草坂	180
备注	2017 年末，集团公司管辖 452 个车站（江西省境内 206 个，福建省境内 226 个，湖南省境内 18 个、湖北省境内 2 个）	

（吴运昌　聂　军　兰　楷　李　伟）

调度指挥

【概况】 2017年,集团公司调度所设列车调度台28个(新鹰台、鹰新台、新株台、九江枢纽台、昌九台、向塘枢纽台、向吉台、吉赣台、赣定台、赣龙台、皖赣台、鹰来台、来漳台、漳厦台、来福台、吉衡台、温福台、厦深台、福厦台、昌建台、建福台、福州枢纽台、黄武台、武福台、南醴台、南昌枢纽台、玉南台、衢九台),计划台7个,机调台5个,货调台3个;内设综合室、安全室、技术教育室、生产分析室、行车室及计划、机车、货运、客运、特运、车辆、统计、供电调度室,下设附属机构施工办公室。调度所主任杨晖,党总支书记倪宏虎,副主任张振波、白国璋、刘颖斌、袁小红、苏志军、王成汉(7月调离)、何志(7月任)、姚小林;施工办公室主任林晓军(4月任,7月调离)、汪品福(7月任),副主任甘玉华。日常调度工作设值班主任1名、值班副主任3名。定员614人,年末在册职工482人。

【货车运输效率提升】 全年,围绕"强基达标,提质增效"工作主题,坚持"以卸定装、以交定装"原则,保持车流相对稳定和均衡,确保点、线、口运输畅通,严控货车保留。保留货车同比减少98653辆(日均270辆),节省货车使用费支出1216万元。结合机车长交路、乘务区段化要求,加大直达运输组织,日均开行始发直达列车12列、远程技术直达列车8列、管内直达列车17列,加速机车机班和车辆周转,货车旅速完成38.2公里/小时,同比提高2.6公里/小时。按照"轻列数、重辆数"原则,提高货物列车开行质量,组织编组站、区段站满轴开车,欠轴列车在有条件的中间站加挂补轴,分界口交出货物列车平均编挂辆数47.3辆,同比增加1.8辆。

11—12月,连续6次刷新分界口交接纪录,货车周时完成2.48天,比年度目标压缩0.13天,同比压缩0.15天,减少运用车投入543657辆日(日均1489辆日)。

【调度安全管理】 编制调度日班计划和阶段调整计划,保证列车间隔时间,减少列车机外停车现象,控制错办、冒进风险。对CTC模式下的三种(办客的客运列车接入无站台股道、超限列车进入非固定股道、电力机车进入无电区)严重威胁调度安全行为进行重点管控,未按规定执行的作业一律按红线问题升级究责考核。进一步梳理CTC/TDCS和TDMS系统存在问题和缺陷,解决CTC/TDCS系统问题9项,增加计划线参数修改股道报警提示等功能,完善CTC"强制执行"功能。根据春运、调图、汛期等重点阶段安全特点,提前进行风险研判,发布安全预警通知书13份,追踪典型安全问题536件。

【应急能力建设】 树立"情况不明、立即扣停、封锁区间、果断处理、确保安全"应急处置理念,修订完善防洪防台风、火灾爆炸等14项应急预案,加强雨雪、雾霾、汛期等应急处置培训考试演练。在应急过程中采取"限、停、扣"措施,确保运输安全,完善自然灾害、交通事故、设备故障、旅客伤害、人身伤亡、反恐防暴等突发事件信息通报办法,规范信息通报流程,准确及时传递突发安全信息,提高抢修、抢救效率。

【客货运能调整】 结合节假日客运市场规律,动态调整运能,组织临客增开计划。元旦、清明、五一、端午小长假和国庆中秋长假期间,共加开临客1629列,旅客发送2240万人;其中10月1日旅客发送118.3万人,创单日客发最高纪录。

掌握运输市场竞争形势,落实大宗货物中长期运输协议,提前制订运输组织方案,兑现快运货物班列、中欧中亚班列、铁海联运、公铁联运、集装箱班列开行计划,做到"有货必运"。春运期间,利用春节假日7天临客下线释放的运能,错峰组织成都局和昆明局货物装车,同比增加744辆。

【调度队伍建设】 加强调度员业务培训,举办4个专题培训班,培训63人次;安排13名新职高铁调度员进行脱产培训;选送22人参加总公司培训;组织各类应急演练52场次;举办第十三届南昌铁路职业技能竞赛列车调度员技术比武。拓宽人才晋升渠道,选拔11名行车调度员进入计划调度台工作,在计划调度员中公开选聘值班副主任2名。

【施工组织】 全年,安排施工计划9523项,批准施工计划20498次,实施20203次,施工兑现率达98.6%,同比提高1.5%。完成武九客专引入九江枢纽Ⅰ级施工和沪昆线、京九线集中修等重点施工任务。“5·22”“5·26”“9·12”等Ⅰ级施工,积累了大型施工组织管理经验,得到上级领导认可。

【重要物资运输保障】 在订车需求、空车配送、车辆挂运、运行轨迹等方面安排专人盯控、协调,保障重要物资运输。全年,办理超限货物运输7171辆/5556件,其中管内超限超重货物装车4073辆/2538件;开行超限超重货物大件运输2次/2件;办理快速货物班列装车7112辆(日均19.5辆),卸车1333辆(日均3.65辆)。

(张振波 白国璋 许 勇 陈治东 姚 俊)

行车安全

【概况】 集团公司安全监察室内设综合分析科、行车监察科、劳动保护科、执法监察科;安全监察大队内设监察监督室,辖9个安全监察队。安全监察室主任兼安全监察大队大队长、安全宣传车主任杨斌(5月免)、夏忠键(7月任),副主任刘少平、张云飞、秦闽平,主任监察毛丽华(9月退休)、邹新华、郑志华;安全监察大队常务副大队长胡二根(12月免)。安全监察室定员39人,年末在册职工40人;安全监察大队定员108名,年末在册职工83人。

【运输安全天】 全年,集团公司实现4个百日安全天(2月9日、5月20日、8月28日、12月6日)。截至12月31日,实现运输安全1725天。

年内,集团公司45个运输站段中,未发生铁路交通责任行车事故的34个,实现运输安全5000天以上的5个、1000天以上5000天以下的27个、500天以上1000天以下的9个(详见表4-4)。

表4-4 2017年与2016年行车事故对比及运输安全天

单位	2017年							2016年							2017年末安全天
	重大	较大	A类	B类	C类	D类	计	重大	较大	A类	B类	C类	D类	计	
南昌车站															481
向塘西车站						1	1								737
鹰潭车站						/1	/1						1	1	2371
福州车站															10379
厦门车站															7106

续上表

单　位	2017 年							2016 年							2017 年末安全天
	重大	较大	A 类	B 类	C 类	D 类	计	重大	较大	A 类	B 类	C 类	D 类	计	
九江车务段															2680
南昌车务段															735
赣州车务段					1		1								296
上饶车务段															7731
宜春车务段													1	1	1183
南平车务段													1	1	786
福州车务段													1	1	1315
永安车务段															1512
漳州车务段															1140
龙岩车务段															2088
南昌客运段															2871
福州客运段													1	1	9749
南昌机务段						5	5					1	11	12	481
向塘机务段					1	3	4						5	5	55
福州机务段					1	4	5				1		10	11	146
鹰潭机务段					1	2	3					1	2	3	127
南昌供电段															475
福州供电段															2733
鹰潭供电段															869
厦门供电段						1	1								1752
九江桥工段													2	2	632
南昌工务段												1	1	2	565
南昌西工务段															1461
赣州工务段															1838
鹰潭工务机械段															744
鹰潭工务段															2069
萍乡工务段						1	1								1482
福州工务段															1558
南平工务段													2	2	3348
永安工务段															2656

续上表

单　位	2017 年							2016 年							2017 年末安全天
	重大	较大	A 类	B 类	C 类	D 类	计	重大	较大	A 类	B 类	C 类	D 类	计	
龙岩工务段													1	1	2423
厦门工务段															1110
南昌通信段															2939
南昌电务段													1	1	1077
福州电务段													2	2	2961
南昌车辆段													2	2	790
南昌南车辆段					/1	1	1/1								296
福州车辆段						2	2						1	1	922
永安车辆段															9656
福州动车段															2222
南昌房建生活段															2294
福州房建生活段															2294
南昌物资供应段															2294
其他局属单位					1		1					2		2	
非局属单位			1		5	48	54					13	114	127	
合计			1		10/1	68/1	79/2				1	18	160	179	

注:“/”上部分为全部责任或主要责任,下部分为同等主要责任事故。

【行车事故】 全年,管内发生行车事故 79 件(含转入 9 件),同比减少 100 件,下降 55.9%。其中,一般 A 类事故 1 件(货物列车爆炸),一般 C 类事故 10 件(机车车辆部件脱落 2 件、列车碰撞路材路料 2 件、接触网塌网 5 件、发生调车冲突车辆未经检查鉴定编入列车 1 件),一般 D 类事故 68 件(调车冲突 1 件、调车脱轨 8 件、挤道岔 4 件、货物列车分离 1 件、施工耽误列车 4 件、作业人员两违耽误列车 5 件、错误操纵行车设备耽误列车 2 件、行车设备故障耽误列车 43 件)。

【行车典型事故案例】 3 月 10 日 12 时 57 分,广铁集团广茂线 41155 次货物列车(广州机务段 DF47647,编组 42 辆)在春湾站进行到达作业时,车辆部门发现机后第 37 位车辆(P643407875,赣州南发楚雄西的木家具)2 位端后从板铆钉折断 24 颗,甩车后 14 时 43 分开车。经查,P643407875 车辆系 3 月 2 日赣州东站驼峰溜放后超速连挂造成铆钉折断,车辆部门始发作业时漏检,导致冲突车辆未经检查鉴定编入列车,构成铁路交通一般 C 类事故(C23)。定赣州车务段、南昌南车辆段同等主要责任。

5 月 5 日 9 时 26 分,成都局沪蓉线重庆站 TEDS 预报:D2244 次动车组列车(福州动车段 CRH1A1150)运行方向 2 车 1 轴左侧轴制动盘内侧疑似两颗螺栓丢失;9 时 27 分,列车被呼停在重庆北渝利场至胡豆堡线路所间上行 K1656 +999 处，随车机械师下车发现2车1轴1位轴盘2只安装螺栓丢失(无击打痕迹)，切除02车制动力并做滚动试验正常后于10时05分开车，构成铁路交通一般C类事故(C12)。定青岛庞巴迪机车车辆股份有限公司(BST公司)主要责任，福州动车段重要责任。

7月7日16时08分，京九线40094次货物列车(向塘机务段 $DF_{4C}4319$)运行至樟树东至丰城南站间上行 K1533 +332 处，机车第三牵引电机轴断，脱落的小齿轮打坏齿轮箱并飞出撞击运行左侧钢轨，导致钢轨重伤，造成该列车在丰城南站Ⅱ道停车后运休(故障机车甩在丰城南站)，构成铁路交通一般C类事故(C12)。定南昌铁路通达工贸有限公司全部责任，追究向塘机务段隐瞒事故责任。

8月7日15时25分，峰福线武夷山机务折返点工作人员清理杂草时，将整备场11道旁的杂草点燃，火势沿机务折返点西侧围墙向南蔓延；16时42分向东扩散引燃12道南端"机33号"接触网立杆附近堆放的备用电缆(该电缆系武夷山移动宽带电缆施工承包人郭长盛私自存放)；17时30分接触网断线接地，武机臂跳闸重合不成功；17时41分烧断12道"机33号"接触网立杆的锚固拉线，导致该接触网立杆在接触网线拉力作用下倾倒折断，31～33号杆接触网脱落100米；经供电部门抢修后于19时04分恢复供电，构成铁路交通一般C类事故(C14)。定福州机务段全部责任。

11月6日9时49分，京九线赣州东机务整备场机6道接触网承力索断线，导致赣东折臂跳闸。经查，原因是机6道上空雨棚的一块铁皮隔热板半脱落后悬空，并接触到接触网承力索，导致承力索烧断。供电部门抢修后于11时02分恢复供电，未影响行车，构成铁路交通一般C类事故(C14)。定向塘机务段主要责任，南昌房建生活段重要责任。

【劳动人身伤亡事故】 全年，集团公司未发生从业人员责任重伤及以上事故，发生从业人员责任轻伤事故26件，同比减少5件，下降16.1%。

【路外伤亡事故】 全年，集团公司发生路外伤亡事故78件，同比减少32件，下降29.09%。其中，一般A类事故1件，一般B类事故69件，一般C类事故4件，一般D类事故4件。

路外伤亡事故发生在皖赣线17件、鹰厦线19件、峰福线8件、贵溪疏解线1件、江边走行线1件、漳泉线4件、漳龙线4件、分文线2件、外南线2件、福马线1件、张塘线1件、海沧支线1件、张建线1件、抚乐线1件、赣龙线1件、醴茶线1件、京九线6件、昌九城际线2件、铜九线1件、沪昆线4件。

表4-5　2016年与2017年集团公司路外伤亡事故对比表

时间	件数	死亡	重伤	撞机动车	撞耕牛	撞其他障碍物
2016年	110	67	25	9	4	7
2017年	78	58	14	5	0	4
同比(%)	-29.09	-13.43	-44	-44.44	-100	-42.85

【路外伤亡事故典型案例】 3月16日21时17分，漳泉线48044次货物列车(福州机务段 $DF_{4B}9083$)运行至惠安南至肖厝站间 K194 +265 处，撞上一辆抢越无人看守道口

的汽车(闽C·K866H,车内共有3人,2人受重伤,司机无碍),处理后于21时17分恢复行车,受重伤两人救治无效死亡,构成铁路交通一般A类事故(A1)。

7月6日15时27分,杭深线D2287次动车组列车(福州机务段值乘)运行至晋江站下行岔区K1062+310处,司机发现线路前方100米左右有人卧轨,立即采取紧急措施,与行人发生相撞后停于K1062+715处,随车机械师下车检查无碍安全后于15时55分恢复行车,构成铁路交通一般B类事故(B1)。

7月17日12时52分,武九线D3287次动车组列车(武昌南机务段值乘)运行到瑞昌至九里垄站间下行K231+700处,撞死一名女性,处理后于13时16分恢复行车,构成铁路交通一般B类事故(B1)。

7月24日15时48分,昌福线D2375次动车组列车(南昌机务段值乘)运行到南昌西城际场至三江镇站间下行K0+500处,撞死一名男性,处理后于17时37分恢复行车,构成铁路交通一般B类事故(B1)。

【防止事故典型案例】 2月12日,鹰潭机务段景德镇运用车间司机拱建新、副司机庄全福机班值乘46683次货物列车,15时11分列车运行至皖赣线慈义至塔前站间K439+400处,机班发现线路前方约400米处有5名男孩侵限,立即鸣笛示警并采取紧急措施停于K439+978(未撞上),防止了一起路外相撞事故。

5月11日22时10分,福州动车段TEDS分析员姜超民在分析D686次动车组列车(广州动车段CRH1A1106)厦门北站TEDS报文时,发现01车运行方向右侧第二个转向架高度调整杆脱出,立即向有关部门汇报并正确处置,消除一起安全隐患。

6月4日13时20分,萍乡工务段安福线路车间白田工区工长曾彬华巡查线路时,发现分文线分宜至松山站间K13+080处,有一辆水泥罐汽车(赣K69961)将公路上的公铁并行防护栏冲断侵入线路限界,汽车头部压在下行方向右侧线路道床上(无人员伤亡)。曾彬华立即登记封锁线路,并组织汽车吊将水泥罐汽车吊出线路,消除了一起安全隐患。

8月22日5时40分,龙岩工务段长汀南线路车间副主任陈盛伙跟班作业时,发现赣瑞龙线瑞金站3道至37号道岔(不含)与5道至33号道岔(含)间线路中有一陷穴(宽2.5米,深1.5米)危及行车安全,立即申请封锁上述地点并进行回填处理,消除了一起安全隐患。

(刘少平　范升红　徐少云　陈小燕　胡荣广)

旅客运输

【概况】 2017年,集团公司有17个运输站段办理客运业务,其中直属站5个(南昌、福州、厦门、鹰潭、向塘西车站),客运段2个(南昌、福州客运段),车务段10个(九江、南昌、赣州、上饶、宜春、福州、南平、漳州、龙岩、南平、永安车务段)。集团公司客运处内设综合科、客运管理科、客运技术科、行包管理科、专运办公室。处长徐洪,副处长刘建江、郭雪华。定员20人,年末在册职工17人。

【客运指标】 年内,集团公司开行图定旅客列车473对(直通378对、管内95对),其中动车组242对、普速列车231对;担当旅客列车233对(直通139对、管内94对),其中动车组178.5对、普速列车54.5对。

全年,发送旅客21952万人,同比增加2112万人、增长10.6%,实现连续五年保持两位数增长;完成客运收入225亿元,同比增加30亿元、增长15.4%,在集团公司运输收入中占比达77%。

【春节运输】 2017年春运期间,发送旅客

2774.2 万人，同比增加 263.3 万人、增长 10.5%（直通客流、管内客流分别增长 6.4%、16.0%）；完成客运收入 27.2 亿元，同比增加 2.9 亿元、增长 12.2%。开行始发图定列车 295.5 对（动车组 225 对、普速列车 70.5 对），开行临客 85 对（动车组 53 对、普速列车 32 对）。按照“零备用”原则，积极挖潜扩能，动车组运用率达 96%，位居全路前列；增加自动售（取）票机 192 台，方便旅客购票；在铁路总公司“双 8 条”服务措施基础上，推行“双 12 条”服务便民措施。

【暑期运输】 2017 年暑运期间，发送旅客 4159.1 万人，同比增加 302.6 万人、增长 7.8%（直通客流、管内客流分别增长 7.8%、7.9%）。开行始发图定列车 301.5 对（动车组 230 对，普速列车 71.5 对），开行临客 29 对（动车组 24 对，普速列车 5 对）。开展专项整治，以“六达标”（引导标识、环境卫生、设备设施、人员素质、卧具备品、站车广播）提升服务质量，以“六整治”（验证查危、厕所文化、中转换乘、重点服务、商贸经营、服务态度）改进旅客体验，实现暑运效益、质量双提升。

【周末运输】 加强客票预售监控分析，关注每周五下午至周一早间客流规律，建立客运、车辆、运输等部门同步协调机制，按照“每周一计划、每日一张图”，抓好加开、重联列车效益分析，提前一个月确定下月节假日和周末运能投放计划。周末时段，日均开行临客 32 列，日均单组列车改重联 22 对；日均客发量同比增加 2 万人，日均客运收入同比增加 130 万元。

【售票方式调整】 根据客流变化，制定节假日、周末不同时段票额智能预分模板，提高票额预分水平和运能利用效率，最大限度用好运能；按车厢顺序售票，组织旅客集中乘坐，为客流不足情况下列车（动车组）减、解编创造条件，实现运输组织灵活化，节约运输成本。1—10 月，在铁路总公司直通车票额预分考核中，集团公司排名全路第三，获奖励金额 758.8 万元。

【淡季运输】 加大客票预售盯控力度，提高客票预售率，针对客流虚靡方向、客座率不高列车，安排停运、减编、重联改单组等方案，落实增收节支要求。全年淡季期间，停运旅客列车 5 对/1142 列，列车重联改单组 187 对，普速列车减编 3.3 万辆。

【行包发送】 利用“双十一”电商黄金周，推广高铁快运品牌，发挥高铁快运优势。“双十一”期间，承运货物 377.9 吨，完成运输收入 99.2 万元，完成计划的 101.2%。全年，行包发送 2.69 万吨，同比减少 0.15 万吨，下降 5.07%；运费收入 3219 万元，同比减少 186 万元，下降 5.46%。

【服务设施改进】 在南昌、福州、厦门等 16 个较大车站的 81 台自动售取票机移至站外，采用无线接入方式，根据客流变化及时调整；在候车室、出站地道设置售签票点 12 个，方便旅客换乘。抓好厕所卫生整治，加强排风装置、冲水阀等设备维护；以厕所文化建设为切入口，推广南昌西站经验做法，设置文明宣传标语，引导旅客文明如厕。在 69 个高铁站和 9 个普速站设置便民餐桌 105 处、座位 420 个，在 120 个车站设置重点旅客候车区 212 处、座席 1512 个。在南昌、南昌西站候车室内试点推行免费流动服务项目，配设厂家定制流动式小推车 15 辆，为旅客提供问讯解疑、旅行救助、免费租借充电宝和旅行小备品等服务。

年内，南昌、南昌西、福州、福州南等 4 个车站被评为“全路文明车站”，22 对旅客列车（南昌客运段 12 对、福州客运段 10 对）被评为“全路红旗列车”。

【动车组网络订餐】 按照铁路总公司统一部署,制定互联网订餐方案,确定经营模式,组织商家引入。7 月 17 日,动车组互联网订餐在集团公司正式上线运营,南昌西、福州、福州南、厦门北 4 个车站作为首批配送车站。

【引导揭示规范】 更新、改造不符合技术条件的导向标识 604 处,清理站车揭示揭挂、公告信息、横幅、标语等张贴物 235 处,在行李架、二等座小桌板上增设"调整座椅提示""行李摆放提示"等安全标识 16.5 万张,并加强车厢巡视和广播宣传。明确普速车安全警示带制作和悬挂标准,新增安全踏板警示图标,在安全踏板中心位置涂印"小心站台间隙"标识。

【规范标准完善】 以新《客运服务质量规范》为基准,对 53 个条款进行细化及补充,其中车站条款 18 个、列车条款 35 个。从 7 个方面修订完善 31 个客运岗位《作业指导书》,其中车站工种 14 个、列车工种 17 个,涵盖岗位作业全要素。

【设备维护机制】 建立客服设备设施专业化维保机制,统一由江铁实业公司负责客服维保业务。全年,受理故障 1669 件,修复率为 99.7%,平均修复时间为 35 小时/件。

(万里红)

货物运输

【概况】 2017 年,集团公司货运营销中心(货运处)内设客户管理部、市场策划部(货运营销科)、货运计划部(货工货计科)、物流管理部、综合管理部(综合科)、货运管理科,下设附属机构装卸管理所。主任兼处长戴灿明、副主任兼副处长王正宇、沈庆龙、魏华。定员 81 人,年末在册职工 56 人。

【货运指标】 全年,完成货物发送量 7981.4 万吨,同比增长 10.25%;货运收入 67.38 亿元,同比增长 13.73%。发送量在 200 万吨以上的品类有 9 个(煤炭、石油、焦炭、金属矿、钢铁、非金、矿建、水泥、集装箱),合计运量 7375.6 万吨,同比增长 13.18%,占总发送量的 92.41%。发送危险货物 435.8 万吨。发送集装箱 42.9 万 TEU。

【重点物资运输】 对电煤、钢铁、石油、粮食、化肥等重点物资和六大钢厂、八大电厂、四大港口、江西铜业公司、厦工机械公司等重点企业给予运力倾斜,优先计划、优先装运;与闽赣两省经贸委落实重点企业运输工作协调机制,定期组织企业座谈,实现路企双赢。全年,管内 44 家重点企业发送重点物资 5272.62 万吨,同比增长 3.8%。

【货物装载加固】 审批装载加固方案 488 个,其中军运方案 430 个;年检转向架 118 副,其中合格 81 副、暂停使用 35 副、报废 2 副。

【超限超重货物运输】 装运超限超重货物 3682 车,其中平车 1969 车、DL1 型运梁专用车 1713 车;装运一级超限货车 967 车、二级超限货车 247 车、超级超限货车 1160 车;接运超限超重货物专列 2 列。

【货检工作】 2017 年,集团公司管内鹰潭、向塘西、九江西、来舟、赣州东、漳平、上饶、景德镇、铁山洋 9 个货检站共检验货物列车 31.1 万列、1555 万车。投入 480 万元在鹰潭到达场、漳平两个货检站新增 5 套线阵高清视频设备,对九江西货检站的两套图像不清、视角不佳的面阵视频监控设备进行改造。鹰潭、向塘西货检站被总公司评为全路标准化路网性货检站。

【装卸工作】 年末,集团公司拥有装卸机械 561 台,其中集装箱专用门吊 7 台、普通门吊

86台、桥吊1台、正面吊2台、汽车吊7台、装载机128台、挖掘机4台、抓料机1台、内燃叉车225台、电瓶叉车91台、皮带机8台、牵引搬运车1台。装卸机械化比重72.5%，同比提高1%。全年,完成装卸作业量5516万吨。

安排装卸设备大修25项(含合资铁路5项),投入资金1094.36万元(含合资铁路250.25万元),提高装卸设备质量。在萍乡站组织试制全路首台30米跨度的轻量化集装箱专用门吊,并投入使用。推进信息化管理,会同信息化处开发“装卸作业单使用管理信息系统”,于7月10日18点投入使用,实现装卸作业量精准统计。加强业务培训,组织举办装卸安全技术培训班、装卸新技术运用管理培训班、装卸业务统计管理培训班,对《铁路货物装卸管理规则》(铁总运〔2017〕168号)组织进行学习宣贯。

【快运货物列车】 适应货物受理方式变化,满足物流市场运输需求,制定《南昌铁路局快运货物列车管理暂行办法》,明确各类快运货物列车开行条件、方案申报与审核、日常运输组织等工作要求。开行跨局快运货物班列1241列/36131车,发送货物113.9万吨,货运收入32413.7万元;开行点到点快速货物列车66列/2778车,发送货物34.4万吨,货运收入1852.5万元。

【卸车组织】 完善卸车考核机制,设立主要卸车站当日应卸车数、实际卸车数和基准卸车数,定期下派工作组到现场调研和暗访,解决卸车难点问题。全年,日均卸车5307车,超应卸车521车;夜间卸车比重为45.6%，同比提高6.5%；十八点待卸率为34.5%，同比压缩5.1%。

【物流服务】 推进现代物流建设,发展多式联运,发挥路地、路企、路港优势,共同打造海铁联运平台,打通江西内陆去往东南沿海通道。联手中远海运、安通控股、中谷集团、辽宁红运等大型企业,量身打造东北粮运输项目。对接国家“一带一路”发展战略,把开行中欧、中亚班列作为货运新增长点,积极争取地方政府和铁路总公司政策支持,加强品牌推介宣传,做大国际物流市场。探索冷链运输方式,利用中铁特货公司特种冷藏车、机械保温车,组织管内果蔬、冻产品运输。重点开发九江食用油、厦门冷冻食品、莆田啤酒、上饶乳制品、赣州食品、奥克斯空调、雪村冷藏柜、长城汽配等105个物流总包项目,实行项目负责制,加强项目日常盯控,提供运力保障。主动对接江铃、昌河、东南等汽车厂家,与中铁特货公司合作,发挥JSQ型车、板架箱等设备资源和运价政策优势,利用向塘、九江、江阴、前场物流基地货运功能,开发商品车市场。抓好中铁快运接取送达业务交接,完善“最后一公里”配送网络。调整停开赣闽货物快运列车,停办67个零散办理站,采取一站整零和大站带小站的组织方式,缩短运输时间。加强零散快运的运到时限盯控,抓好152类在站超时、配送超时、四确认等问题的追责分析,提高运输时效和配送质量。

全年,105个物流总包项目发送货物1560.5万吨,货运收入13.24亿元,同比增长40.6%；23个多式联运项目发送货物187.20万吨,货运收入1.82亿元,同比增长158%。开行中亚班列38列、中欧班列77列,发送集装箱8338TEU,货运收入6770.36万元;完成接取送达工作量1361.22万吨,货运收入2.96亿元;发送35吨的敞顶箱59.2万吨,货运收入2702万元;发送商品车6.59万辆,货运收入7882.44万元;发送冷藏货物3.09万吨,货运收入641.41万元。

【货运保价】 开展站车保价营销、策划、宣传,走访保价大客户,推进标准化理赔安全室建设,提高货损理赔服务质量。全年,完成保价收入5236万元,同比增加265万元,增长5.33%；发生责任赔款291件/61.66万元,同比减少171

件/27.8万元,降低37.01%/31.07%。

【客户服务】 以"精细管理、精确答复、精准服务"为主线,受理客户投诉8件,解决线下问题308件,处理满意率100%。95306货运客服部门获"2017年全路客货运窗口用户满意单位"称号。

【技术业务培训】 全年,举办保价运输暨货损处理、货运信息系统操作、客服管理、货运信息系统运用管理、物流管理人员业务、铁路货物装载加固及超限超重货物运输业务、集装箱运输业务、货检技术业务、货运计量设备运用管理、危险货物运输安全管理、零散快运货物运输安全管理、货运营销业务、货运设备管理、货运计划和卸车业务、铁路装卸设备新技术运用管理、装卸业务管理、铁路装卸安全技术等各类培训班25期,培训1457人次。

(刘金华　彭镇荣　胡德华　林义忠　罗　成　徐燕华　胡　斗　洪　韦　程铁军　曾广欣　张卫华　黄彩萍　黄　玲)

军事运输

【概况】 2017年,驻中国铁路南昌局集团有限公司军事代表办事处(以下简称"军代处")兼职第一主任王培,兼职第一书记卢文星,主任陈勇(5月退休),副主任何江海,政治部主任卢海波。综合计划处处长陈章杰(代职福州军代处主任)、副处长桑家礼,管理处处长吕红武(5月调离),运输调度处处长李林波、副处长李洪涛,技术动员处处长刘燕春(3月转业),福州军代处副主任戴志刚、蔡均(3月转业)。

【军交保障与军运组织】 全年,完成军运装车1117批/9914车,办理546列,运送人员106307人次、装备8825台(件套)、物资36144吨、油料83096吨;组织饮食供应450批次/77520人;始发新兵580批/29360人,中转新兵12924人,到达新兵23172人,运送老兵12267人;开行选线列车16列;保障要客336批/1550人;军代表下现场2800人次。

【军运设施建设】 完成"十二五"战备工程中12个项目的建设和"十三五"建设中13个项目的提报。对管内11条铁路军专线工程建设进行专项调研,对管内主要铁路军运装卸载地域基本情况和保障对象需求进行摸底,研究划分铁路装卸载地域。做好铁路战备工作,更新完善国防交通信息管理系统数据,修订铁路交通重点目标保障方案。跟踪推进闽赣两省军供站保障方案的编制和落实情况,协助解决相关问题。深化专业技能训练,1月在向塘西站开展铁路枢纽军交保障沙盘模拟教学活动,2月举办《国防交通法》学习宣贯活动知识讲座,5月组织福州地区铁路应急保障分队抽组训练和福建省军供站军供应急保障演练,6月举办军运员培训班,提升军路一体保障能力。

【思想政治教育】 坚持把忠诚核心、维护核心、追随核心作为"命根子",引领官兵学习习近平新时代强军思想。下发《十九大精神应知必会知识手册》,召开党委会、军人大会集中学习十九大精神5次,组织"十八大到十九大,我身边的这5年"大讨论,开展"十九大精神知多少"答题竞赛游戏。开展"听从指挥、维护核心"主题教育,推进"两学一做"常态化、制度化,主题教育做法在中心部队作了经验交流。开展"坚决拥护改革决策部署,坚决完成改革任务"专题教育和"弘扬四种精神、交出优秀答卷"改革主题实践活动,立下"拥护改革、服从改革"决心书,打牢思想根基。

【作风建设】 深入贯彻军委纪委《关于深入贯彻党的十九大精神,以严格执纪执法推动全面从严治党和依法治军落实的通知》,开展全面从严治党专题纪律教育和“联勤清风主题教育月”活动，落实下部队“七条纪律”、公务接待“四不要求”。对照《违反新规禁令负面清单80问》《“微腐败”和不正之风负面清单法规安全解析70条》加强整改，整治岗位津贴发放、基层伙食管理等4个方面问题。依据联勤保障部队《肃清工作十项制度》，对照“五查五看”，逐级召开专题组织生活会学精神、明是非、严整肃，团以上领导干部递交自查报告，全体党员列出问题清单。

【上级首长视察】 3月21日，无锡联勤保障中心主任侯志平率工作组到福州军代处视察指导。

4月27日，联勤保障部队副政委王应德率工作组到军代处视察指导。

5月24日，无锡联勤保障中心政治工作部主任刘师苑率工作组到军代处指导党委常委专题民主生活会。

9月6日，无锡联勤保障中心政委高讯率工作组到军代处视察指导。

12月13日，无锡联勤保障中心副主任冒继东率工作组到军代处视察指导。

（刘　扬）

机　务

【概况】 2017年，集团公司机务系统设4个（南昌、向塘、鹰潭、福州）机务段，职工16135人。集团公司机务处内设安全救援科、运用燃料科、检修整备科、设备科、综合技术科、自轮运转设备科，下设附属机构机务检测所。处长黄玉丹，副处长陈斌、查中宝、李培华。定员38人，年末在册职工33人。

【机车设备与运营范围】 年内，集团公司配属机车1192台（内燃机车402台、电力机车790台），机械动力设备3311台。运营范围7763.2公里，承担合福线南至福州、北至黄山北，沪昆线东至上海南、西至贵阳，京九线北至北京西、南至深圳，杭深线北至宁波、南至深圳西，衢九线至衢州，皖赣线北至南京西，峰福线南至樟林，鹰厦线南至厦门，外福线，赣龙线东至龙岩，宁西线西至信阳，合九线南至泰州，醴茶线东至茶陵的旅客列车和货物列车牵引任务和调车作业。

【机务指标】 全年，投入机车20.2万台日，同比下降1.8%；机车牵引总重2015.5亿吨公里，同比增长4.0%；机车走行1.7亿公里，同比增长1.6%。机车日车公里为458公里/台日，完成计划的108.5%；货车技术速度为55公里/小时，完成计划的110%；机车日产量为110.2万吨公里/台日，完成计划的107.1%；列车平均牵引总重为2578吨，完成计划的99.9%。完成C5修（大修）231台，C4修（中修）199台，C3修和C2修（小修）1939台，C1修（辅修）2266台；总检修率6.7%，大修率2.5%，段修率4.2%，临修率1.0%。集团公司支配的机车发生途中故障138件，每十万公里0.07件，同比减少0.02件，在全路排名第四。

【增收节支】 采取优化机车交路、控制机车检修周期、加快内电转换等措施，推动增收节支。通过机车、乘务交路优化调整，少用动车组司机32名、机车司机30名，节省支出1682.71万元；继续推进内转电工作，全年内电转换工作量9.65亿吨公里，节省支出676万元；对符合报废条件的机车及时申请报废，全年批准报废机车22台，减少机车大中修计划3台，节省支出451.6万元。拓展对外创收渠道，完成其他业务收入2937万元，实现综合效益1204万元。

【装备能力提升】 年内，完成南昌、向塘、向塘西、鹰潭、福州、漳平等6处机车整备场能力加强工程，提高作业效率。整备作业棚、机车整备作业综合管理系统、通过式洗车机等投入应用，轮对、走行部、受电弓等自动化检测设备进入试运行阶段。推进和谐型电力机车 C4 修能力建设，鹰潭机务段取得 HXD1B、HXD1C、HXD1D、HXD3C、HXD3D 型 5 种机型 C4 修资质；南昌机务段借助机车制造企业的技术力量，采取合作修方式开展 C4 修工作，完成 57 台机车 C4 修任务。推进机车安防技改项目落实，和谐型机车加装 CMD 系统 162 台、加装 6A 系统 106 台；购置 YFG-800 型双顶镐液压横移起复设备 10 台、FX-DA 型动车组横移起复设备 2 台。

【科技创新成果】 研发推广电力机车过分相自动检测装置，有效防范因机车自动过分相装置不良造成的弓网事故；与地方科技企业合作，开展 HXD1C 型机车主压缩机及制动系统滤芯产品的国产化研制，全面替代进口滤芯，解决配件采购渠道窄、供货周期长等问题，节约购置成本；推广使用电力机车升弓安全绝缘智能检测系统，及时发现电力机车、动车组车顶高压设备绝缘故障缺陷，智能检测车顶绝缘状态。

【安全管理】 组织对机务系统技术规章进行清理，修订技术规章 10 个；针对调车作业事故暴露出的间断瞭望、简化作业、误听误看、臆测行车等惯性问题，开展调车作业安全专项整治活动；开展执纪对标专项整顿，严肃"行车单一指挥"纪律；对机务段进行运用安全交叉检查 2 次、红色预警帮促检查 5 次，发布《安全预警通知书》5 次；重新修订机车乘务员非正常行车处置办法，明确 78 种非正常行车情况下的机车乘务员处置办法。

全年，机务系统发生责任作业事故 8 件，同比减少 2 件。其中，瞭望性作业事故 5 件，错误操纵作业事故 2 件，接触网接触线断线事故 1 件。

【机务系统职工培训】 做好动车组司机选拔送培工作，完成 5 期铁路总公司动车组司机选拔复试、6 期动车司机资格理论培训、4 期动车司机资格实作培训、1 期 350 公里/小时速度级别动车组司机理论培训。在全路"振兴杯"铁道行业青年职业竞赛中，集团公司三名参赛选手分获第二、第五、第十名。以"郭学飞大师工作室""陈承仪动车组操纵法"为示范引领作用，培养出一批技术能手和业务骨干，郭学飞、陈承仪分别作为江西省、福建省代表出席党的十九大。

（付小敏）

车　辆

【概况】 2017 年，集团公司车辆系统设 5 个段（南昌、南昌南、福州、福州东车辆段和福州动车段），职工 9716 人。车辆处内设动车科、客车科、货车科、综合科、设备科，下设附属机构车辆检测所。处长叶礼凤，副处长袁建国、邓建明，车辆检测所所长邬紫珊。车辆处定员 20 人，年末在册职工 18 人；车辆检测所定员 17 人，年末在册职工 14 人。

【车辆配属】 集团公司配属 CRH 型动车组 249 组（CRH1A 型 55 组、CRH1A-A 型 24 组、CRH2A 型 78 组、CRH380A 型 92 组），配属客车 3153 辆（25T 型车 287 辆、25K 型车 146 辆、25G 型空调车 1908 辆、25B 型车 386 辆、25 型客车 10 辆、部管路用客车 11 辆、局管路用客车 309 辆、行李车 96 辆），代管邮政车 13 辆、合资公司客车 113 辆。拥有机械动力设备 3440 台（套），设备原值 15.8 亿元。

【动车组检修与运用】 集团公司管内有 6 个动车组运用所（南昌、南昌西、福州、福州南、厦门北、龙岩动车所），拥有动车组检查线（长列位）26 条、存车线 93 条（其中 6 条与普速车共用）、临修线 5 条、镟轮线 5 条。全年完成动车组高级修 144 组、一级修 38685 组、二级修 451845 项（次）；动车组运用率为 80.32%，排名全路第一；百万公里故障件数为 0.25 件，排名全路第二。

年内,厦门北动车组运用所的 CRH2A-2453 动车组被总公司评为“标准化动车组”,该所被铁路总公司评为“示范标准化动车所”。

【客车检修与运用】 集团公司拥有客车段修台位 24 个、临修台位 18 个、客车整备线 39 条、客整所内存车线 23 条(其中 7 条与动车组共用)。全年完成客车送厂修 310 辆、段修 1497 辆、路用客车改造 32 辆、辅修 2787 辆、库检维修 436456 辆、客列检作业 133176 列/2246944 辆,客车运用率为 64.05%。

年内,南昌车辆段 T168/7 次、K288/7 次、K441/2 次及福州车辆段 K1210/09 次等 4 对列车被总公司评为“2017 年度标准化客车”。

【货车检修与运用】 集团公司拥有货车段修台位 65 个、站修台位 92 个。全年完成国铁货车入段厂修 169 辆、段修 16440 辆、临修 28739 辆、通过修 402058 列/16750759 辆,货车轮对新组装 3312 对、轮对换件修 3223 对,轴承一般修 11628 套;发现典型故障 23530 件,发现率 14.05 件/万辆。

年内,南昌南车辆段向塘西一场列检作业场被总公司评为“示范标准化列检作业场”,福州东车辆段漳平列检作业场、来舟到达列检作业场被铁路总公司评为“标准化列检作业场”,南昌南车辆段向塘轮轴车间被铁路总公司评为“标准化轮轴车间”。

【“5T”系统】 集团公司在用 THDS 设备 436 套、TPDS 设备 10 套、货车 TADS 设备 2 套、动车组 TADS 设备 4 套、TFDS 设备 30 套、TEDS 设备 16 套、TVDS 设备 10 套。全年,THDS 系统预报热轴拦停故障 5 件,TFDS 系统预报故障 76.19 万件,TPDS 系统预报货车轮对损伤故障 467 条,货车 TADS 系统预报故障 3 件,动车 TADS 系统预报故障 26 件,TEDS 系统预报故障 1780 件,TVDS 系统预报故障 25123 件。

【车辆系统职业技能竞赛】 在第五届全国铁道行业职业技能大赛客车检车员决赛中,集团公司获团体二等奖,颜其获“全国技术能手”称号,孙龙权、李华兵获“全路技术能手”称号;在全路货车运用系统职业技能竞赛中,集团公司获团体三等奖,刘念、张彭获“火车头奖”和“全路技术能手”称号,蒋永西、代志文、盘元平获“全路青年岗位能手”称号。

(熊文媛)

工　务

【概况】 2017 年,集团公司工务系统设 13 个单位(南昌、南昌西、鹰潭、萍乡、赣州、福州、厦门、南平、永安、龙岩工务段,九江桥工段、鹰潭工务机械段和工务检测所),职工 16355 人。工务处内设信调科、线路科、高速科、桥隧科、大修科、设备科、道口办、防洪办。处长胡永乐,副处长何志勇、徐春山、吴仕凤、李玽。定员 70 人(含工务检测所),年末在册职工 64 人。

【线路设施与质量】 年末,集团公司线路延展 15551.465 公里(国铁 7755.074 公里、合资及地铁 7784.593 公里),其中正线 12171.585 公里(国铁 5316.033 公里、合资及地铁 6843.754 公里);正线铺设无缝线路 10818.089 公里;时速大于 200 公里的线路 3687.581 公里,时速大于等于 120 公里的线路 9377.795 公里,占正线延长 77%;主要干线均铺设混凝土枕。道岔 11283 组(国铁 8250 组、合资及地铁 3033 组),其中正线道岔 4570 组;桥梁 3931 座/1428599 米,隧道 1243 座/1374696 米,涵洞 21723 座/533848 米,河调 19595 处/921918 立方米,天桥 36 座/2515 米,地道 24 座/1811 米,跨线桥 259 座/17460 米,灰坑 481 座/25438 米,其他设备55座/8623米;道口381处,其中有人看守道口108处、地方监护道口40处、无人看守道口233处。

年内,轨检车检查按提高一个速度等级的标准检测,线路平均优良率92.7%(高铁优良率100.0%)。

【线桥大中修】 全年,投入资金7.79亿元用于成段更换钢轨181.010公里、更换再用轨72.143公里、大修清筛159.490公里、换枕50.967公里、更换道岔441组;投入资金4432万元用于桥隧大修及专项整治。

重点更换京九、皖赣线超期服役钢轨和沪昆线部分薄弱地段钢轨;利用下道钢轨更换沪昆、京九、皖赣、鹰厦等线客车径路到发线钢轨,提升到发线无缝化率;按照沪昆线SC325道岔三年改造规划,完成剩余135组SC325道岔换型大修;客车径路木枕道岔大修118组,更换65组客车车体径路木枕道岔为砼枕道岔。对沪昆、京九、武九线部分道床状态不良、成段翻浆的岔区安排人工破底清筛,对鹰厦线高坡地段和峰福线道床板结线路安排大机清筛,对鹰厦线隧道内道床厚度不足、排水不良线路更换薄型枕及人工抛床清筛,改善薄弱地段线路道床技术状态。安排线路中修284.10公里。

【线桥维修】 推进以检养修分开为主要内容的普铁线路修制改革,推广以南昌工务段进贤线路车间为代表的示范车间经验做法。优化高铁养修管理体系,加强高铁养修管理标准化建设。全年,高铁大机维修线路690公里、道岔203组,打磨钢轨3831遍公里、道岔251组;普速线路大机维修线路3319.750公里、道岔1117组,打磨钢轨6979.78遍公里、道岔239组;站到发线维修431.654公里;更换锈蚀轨距挡板132万块,钢筋混凝土枕螺栓改锚77万只,处理翻浆12.3万孔;路基维修1556处/305110米;小型病害整治181处/9459米;路基保养53042处/8585402米;桥梁维修350座/107289米,隧道维修86座/113832米,涵洞维修603座/15649米。

【防洪工作】 全年,管内先后遭遇13轮持续强降雨、2次台风正面侵袭及4次外围影响,平均降雨量为1279.6毫米。雨量警戒报警9413站次,其中重点出巡警戒6313站次、全面出巡警戒2170站次、限速警戒826站次、封锁警戒104站次。发生水害1202处,其中边坡溜坍468处、排水不良316处、冲毁涵渠附属设备83处、挡护设施裂损52处、路基陷穴31处、崩塌落石31处、泥石流23处、风化剥落16处、基床下沉外挤9处、河岸冲刷17处、涵洞淤塞48处、其他原因导致108处。发生中断行车水害6次,中断行车49小时40分。

为抗击暴雨洪灾,投入人力19.77万人次,其中职工4.52万人次、民工15.25万人次;冒雨巡查11.32万人次,雨后检查2.28万人次,防洪看守11.29万人次;防洪投入7697万元(防洪预抢66件/4359万元,水害复旧61件/3338万元);投入抢修片石0.48万立方米、编织袋及草袋17.57万条、木桩0.81万根。

【养路机械设备】 年末,工务系统有大型养路机械144台,其中线路捣固车42台、道岔捣固车14台、物料车30台、动力稳定车13台、配砟车10台、移动闪光焊轨车4台、移动气压焊轨车4台、钢轨打磨车4台、道岔打磨车4台、全断面清筛机7台、中型清筛机2台、全断面换砟车2台、道岔清筛机1台、边坡清筛机2台、钢轨探伤车5台;专用设备4.5台(道岔铺换设备1.5组、轨检车3台),长钢轨运输列车5列(T11型500米长钢轨运输列车4列、350米长钢轨运输列车1列),风动卸砟车515辆;轨道车174台。

按照设备检修保养规程,安排到达大修周期的23台大型养路机械、17台轨道车实施返厂大修及101台大型养路机械、149台轨道车年修。

【道口及安防设施管理】 在春运、全国“两会”、厦门金砖会晤、十九大及小长假期间,对227处无人看守道口和重点通道实施监护。完成道口设备大修103处,实施道口平改立12处,拆除道口7处(有人看守道口3处、无人看守道口4处),防止道口事故17起。增设公铁并行防护栏42处/9101米,更新防抛网31处,完善交通涵排水设施12处,改造既有线路防护栅栏294.63公里。

【石料供应管理】 全年,监控铁路基建用砟81.6万立方米,大中维修用砟46.0万立方米,防洪用片石6500立方米。对南龙、九景衢、衢宁、福平等线路周边21家采石场道砟岩石现场取样和送检,其中铁科院检验合格19家,通过CRCC质量认证15家。

【线路绿化】 完成既有线绿化管护7735公里;各主要干线基本实现一灌两乔,成林保存率达97%以上;处理危树21.1万株,其中处理路外林权危树20.4万株、路内林权危树0.7万株。

【线路检测】 全年,轨检车检查干线11.6万公里、支线5500公里。按计划、按周期对管内沪昆高铁、合福高铁、杭深、昌九、龙漳、昌福、永莆、京九、沪昆、武九、皖赣、赣龙、吉衡、铜九、赣韶、鹰厦、峰福、外南、漳龙、漳泉、醴茶、向乐、西环线进行动态添乘检查共21.7万公里。

【钢轨探伤】 全年,探伤车完成钢轨探伤70971.186公里,检测发现二级报警165处(横向裂纹92处、螺孔裂纹60处、其他伤损13处),一级报警4483处(横向裂纹3590处、螺孔裂纹613处、轨端裂纹75处、其他伤损205处);确认伤损钢轨39处(横向裂纹17处、螺孔裂纹17处、轨端裂纹3处、其他伤损2处)。

探伤仪完成钢轨探伤76429.485公里、钢轨焊缝探伤238714处、可动心道岔探伤6857只、合金钢道岔探伤39297只、焊缝拆检探伤8517处。检测发现重伤钢轨母材2479处(横向裂纹698处、螺孔裂纹348处、轨端裂纹58处、剥离掉块544处、轨面擦伤14处、其他伤损653处、焊缝488处、辙叉368处)。

(吴晓荣)

供　电

【概况】 2017年,集团公司供电系统设4个(南昌、福州、鹰潭、厦门)供电段,职工5721人。供电处内设安全设备科、接触网科、牵引供电科、电力科,下设附属机构供电检测所。处长陈松溪(6月免)、敖晓峰(7月任),副处长苏光德(7月免)、刘金根、陈龙福(8月任)。定员35人,年末在册职工30人。

【供电设施与指标】 2017年,管内电化铁路6217正线公里,电化率78.5%,接触网16355延长公里。其中,高速铁路3287正线公里,接触网8817延长条公里;普速铁路2930正线公里,接触网7538延长条公里。杭深、合福、端九和沪昆高铁线采用AT供电,其他各线均为直供;接触网采用全补偿简单链形悬挂方式。牵引变电所124座(220千伏变电所66座、110千伏变电所58座),分区所、AT所及开闭所(含开关站)189座。电力线路34395公里(架空线路8095公里、电缆线路26300公里),电力设备79198换算公里。自轮运转动力车350台,其中动力车260台(作业车198台、高空作业车29台、轨道吊15台、多功能作业车8台、JJC检修车列4组、接触网检测车3台、多平台作业车2台、重型轨道车1台),非动力车90台(平板车76台、放线车10台、绝缘子冲洗车4台)。

牵引受电量4779百万度,牵引供电量

4493 百万度;检修接触网 51550 条公里、牵引变电设备 46212 台次;牵引功率因数 98.9%,同比上升 0.2%;接触网电损率 5.6%,同比持平;“天窗”兑现率 95.1%、利用率 96.9%,分别同比上升 0.4%、0.2%。电力发售电 655 百万度;检修电力线路 22592 公里、变配电设备 28956 台座米;变压器利用率 27.6%,同比持平;负荷率 60.2%,同比下降 1.4%;力率 97.7%,同比上升 0.1%;电损 4.8%,同比下降 0.5%。

【制度建设】 完善供电规章制度体系,修订技术规章 13 项,清理废止 22 项。将 19 个供电调度台精简整合为 14 个,增设厦门北动车所抢修组。从 116 名供电调度员中择优选拔 69 名,移交给调度所统一指挥。细化不锈钢销钉、吊弦、化学锚栓、补偿绳、定位支座、真空断路器等重点设备技术规格书。按照“一处一预案”“一所一预案”“一站场一预案”“一案例一预案”原则完善供电应急预案,制定应急添乘动车、破拆栅栏等办法,与运输部门联合公布统一登销记模板。

【安全管理】 开展安全大检查和专项督导,管理人员下现场 50076 人次,督导整改问题 22876 个。供电系统发生铁路交通事故 8 件(主要责任事故 1 件、追究责任事故 2 件、非责任事故 5 件),同比减少 9 件;供电设备故障 28 件(责任故障 5 件,非责任故障 23 件),同比增加 9 件。故障停时 998 分钟,同比增加 328 分钟;平均停时 35.6 分钟/件,同比增加 0.3 分钟/件。截至 12 月 31 日,供电系统实现运输安全 1751 天。

【接触网修程修制改革试点】 重新编制接触网维修、检测、监测计划,选取福州、南昌供电段作为接触网修程修制改革试点单位,发挥 6C 检测系统功能,按“运、检、修”分离模式推进。修订《接触网运行维修实施细则》,建立修后验收和设备鉴定等配套制度。继续开展接触网集中修,抽调 17 台作业车、30 台梯车、278 名网工,组成 10 支队伍,集中维修整治接触网设备 978 条公里。

【设备更新改造】 督促厂家更换杭深线绝缘电阻下降的 55 千伏真空断路器 22 台,挽回损失近 2000 万元;更换消弧型分段绝缘器 135 组、避雷器支持绝缘子 1939 个、定位线夹 19095 个、棘轮补偿不锈钢销钉 576 套、补偿绳 54 根;对高铁隧道 158 个防护门、670 处桥梁附挂电力电缆槽、588 座隧道吊柱化学锚栓、1633 处电力远动 RTU 及吊弦、电缆等进行排查,整改问题 756 个;加装承力索预绞丝护线条 3093 处。年内,接触网设备鉴定优良率 97.36%、合格率 99.49%,同比分别上升 3.91%、0.10%;牵引变电设备优良率 93.43%、合格率 99.15%,同比分别下降 0.53%、0.41%;电力线路优良率 90.06%、合格率 98.92%,同比分别上升 2.36%、0.31%;变配电设备优良率 86.08%、合格率 98.62%,同比分别上升 2.88%、0.92%。

【6C 检测系统】 加强供电安全检测监测系统(6C)数据分析、运用考核评价和维修管理,设置集团公司、供电段两级 6C 检测机构,新增 40 套 6C 装备。全年,6C 系统检测 508.4 万公里,发现疑似缺陷 32690 个,复核整改 29585 个。应用 CQI(接触网运行质量指数)评价方法动态通报检测结果,及时组织缺陷整治。

【大数据运用】 南昌供电段建成大数据信息平台及调度指挥中心,将人员基础信息、设备一杆一档、6C 检测数据等纳入大数据信息平台,进行资源关联共享和分析运用,满足监测监控、智能分析、科学诊断、作业管理、分析考核等需要。6 月 29 日,铁路总公司总经理陆东福到南昌供电段调研,要求进一步推进大数据应用,利用科技为安全生产服务。

【接触网作业车管理】 开展作业车运用安全专项整治,编制完成“一站一图”调车卡控表,协调推进作业车视频监控、BTM(应答器信息传输模块)等技防设备安装,完成55台视频设备招标和首台安装验收。学习西安局“机务化”管理经验,先行在南昌供电段试点,与南昌机务段结对子帮促。组织对JJC接触网检修车列、DPT多平台作业车、多功能作业车进厂验收,办理上线许可手续。完成福州供电段JJC整备和南昌供电段JJC上线试运行。

【节支创效】 管内124座牵引变电所中,94座执行最大需量法计收电费,全年节约电费5.35亿元。协调推进直购电,江西、福建两省共8.39亿度牵引用电纳入购电直接交易,节约支出1583万元。落实大工业用电降价优惠政策,节约购电成本1.3亿元。完成其他业务收入22400万元,实现综合效益6539万元。推进铁路居民用电移交地方工作,在需移交的224处/87086户中,完成移交17处/2905户、签订框架协议200处/82193户、列入地方电力公司计划7处/1988户。

(杨庆壮)

电　务

【概况】 2017年,集团公司电务系统设3个段(南昌电务段、福州电务段、南昌通信段),职工7135人。电务处内设信号科、高铁信号技术科、车载控制技术科、通信科、综合技术科,下设附属机构电务检测所。处长高鹏(2月免)、李明光(4月任),副处长熊五利、翁建辉、杜跃平。电务处定员32人(含电调室定员5人),年末在册职工29人;电务检测所定员31人,年末在册职工26人。

【安全基础管理】 贯彻落实电务系统“4+N”规章,修订完善专业规章和技术标准28个;规范安全管理专项检查制度,对重点问题挂牌督办,共检查发现问题37件、挂牌督办13件;加强安全风险研判,及时预警提示,共转发总公司预警通知书2份、下发预警通知书16份;设置劳安监控分析台,加强监控回放和检索分析,遏制违章作业;推行“无窗不上道”,优化夜间、多线并行地段、通信条件不良地段、V型天窗、恶劣天气等情况下作业安全防护组织办法,强化关键环节管控;协调运输部门优化登销记格式及故障处理流程,缩短高铁区间、长大隧道内、特大桥上电务设备故障应急处置时间,提高运输效率。

全年,电务系统发生铁路交通一般C类事故1件、一般D类事故7件,同比减少16件,下降66.7%;发生设备故障332件,同比减少147件,下降30.7%;信号设备故障率为0.1607件/百组换算道岔,同比减少0.1050件/百组换算道岔,下降39.5%;通信设备故障率为0.3902件/万皮长公里,同比减少0.2653件/万皮长公里,下降40.5%。

【大数据应用】 开展道岔维修脱杆诊断结合部病害工作,建立一岔一档、一轨一档基础数据,解决工务、电务结合部问题;加强列控数据提报、审核及换装,采用车地系统动态仿真试验平台,防范报文数据修改错误风险;LKJ数据编制实行“两两制”,长轨列车限速纳入LKJ数据管理;研发数据网通信资源管理系统,实现对主流厂家数据网设备全方位管理,推进电务大数据应用,通信大数据录入铁路总公司统一平台。

【设备专项整治】 1. 信号设备整治。推进外锁闭道岔和复交道岔整治,召开现场维护经验交流会,惯性故障同比下降35.5%,加强疑难故障攻关,解决向西枢纽牵引回流不畅、福州南动车所电化干扰、建宁县北站闪红光带、樟林线路所L107G波动等惯性问题。

2. 信息设备整治。完成沪昆、合福高速线9套RBC软件升级和VIA软件缺陷整治,解决RBC错误锁闭边界造成动车组MA无法延伸等问题;推进列控系统整治,解决昌福、永莆线等37个站的PIO板卡频繁死机问题,更换福厦线13个站的TM461采集板,解决采集板TVS管元器件故障导致不同采集通道串电的隐患;对向塘等31个站的CTC软件进行优化升级,满足运输部门使用需求。

3. 车载设备整治。完成128组CTCS2-200H型ATP与LKJ接口继电器安全隐患整治;完成66组CTCS3-300S型ATP车载设备速度问题整治;完成49台GYK中DMI易发故障元器件更换和全面测试。

4. C3无线超时整治。针对沪昆高铁外部干扰集中问题,建立跨通信、车载、信息专业联合分析整治机制,通过路测及接口监测系统,在运营商自身覆盖及不影响铁路运用之间取得平衡点,预防外部干扰引起的C3无线超时故障。

5. 轨旁设备整治。完成高铁隧道洞室作业门安装专项整治,发现并整治问题420个;协同东南、沪昆公司,完成沪昆、合福高速线电缆井盖达标整治;完成高铁正线复合及铁质材料转辙机防水罩拆除。

【设备大修与更新改造】 全年,投入大修、更新改造资金8602万元。完成高铁列控中心增加区间占用逻辑检查功能改造;完成鹰潭南等7个站的TDCS3.0改造;完成管内高铁应答器增加站台信息提示功能改造;完成C2车载设备过分相功能改造;完成冠豸山等4个站轨道电路设备改造;完成LKJ系统设备大修209套、机车信号设备大修83套、LAIS车载设备更新98套、ATP高级修64组;完成机车信号设备更新180套、CTCS-3级ATP加装口空监测设备60套、200H型ATP设备初始信号改造256套;完成杭深线泉州至厦门北段综合视频补强改造、温福段综合视频监控系统摄像机更新、沪昆线湖沿至梁家渡段通信电源及环境监控系统更新、昌九城际线九江等4个站综合视频接入节点设备更新。

【修程修制改革】 探索高铁运营维护管理新模式,推进基础设施维修生产生活一体化;开展动车组车载设备维修改革试点,有电作业由48小时延长至240小时,通过"4+1"卡控,确保设备不漏检;推进LKJ和机车信号三级修修程范围改革,在保障设备质量前提下继续实施轻大修,节约成本。

(何　云)

机辆验收

【概况】 集团公司安全监督管理办公室机车车辆验收室(简称安全监管办机辆验收室)下设驻机务段、车辆段、供电段、工务机械段共13个驻段验收室。主任左刘仁(7月退休),副主任李祖程(8月主持工作)。定员7人,年末在册职工5人。

【管理制度建设】 重新印发《南铁安全监管办机车验收作业指导书》,新增加和谐机车C4修、HXN5B小辅修的验收作业内容;修订下发《工务机械车、接触网作业车验收作业指导书》,完成20种车型验收作业指导书编制工作;落实《南昌铁路局移动设备及牵引供电设备维修验收质量问题考核办法(试行)》《南昌铁路安全监管办驻段验收室季度评价考核办法(试行)》两个办法,对验收发现的质量问题对驻在段进行工效挂钩考核,对驻段验收室实施评价考核,促进设备维修质量提高。

【检修质量控制】 会同物资处和专业处室对机务、车辆段开展配件供应、管理及维修专项整治检查,要求驻段验收室规范开展配件入库复验、修旧利废验收把关等工作。加强扩散配件管理,对采购入库的机车走行部、制动系统、车顶高压设备等重要件产品质量和采购渠道进行抽查,对质量不符要求的产品拒发合格证。开展检修工艺写实,下发《关于开展对机车检修工艺范围写实活动的通知》,对各驻在段所有机车车型的中修、C4修、小辅修(HX机车C1~C3)、配件检修及“三检制”落实情况进行全面写实覆盖,提高机车维修质量。强化大、中修回段机车检查,及时反馈质量信息。

【基层单位帮促】 6月21日,厦门供电段发生一起因分段绝缘器故障抢修延时构成的D21事故,6月29日又发生一起同类故障。6月29日至7月7日,会同供电处、安监室、人事处(党委组织部)组成调研帮促组对厦门供电段进行帮促,通过现场检查、跟班作业、抽查产品质量、查阅资料等方式,提出整改建议。

【项目验收把关】 完成1698辆客车手制动机防反转改造、237辆客车制动梁安全吊故障整治、209辆客车翻板曲拐座整治、115辆空调机组航空插头整治、34辆车端防攀盒整治、626辆空调排水管整治工作、451辆闸片脱落故障整治、46辆侧门(折页门)玻璃脱落隐患整治的验收把关;完成换装13B锻钢钩尾框1辆,装用转8B(AB)型转向架铁路货车换装转K2型转向架改造194辆,手制动拉杆整治7269辆,缓解阀拉杆座整治6600辆,换装脱轨自动制动装置4489辆,罐车换装新型安全阀222辆。

【学习交流】 针对HXD_{1B}、HXD_{1C}、HXD_{1D}、HXD_{3C}、HXD_{3D}等车型C4修及HXD_{1C}、HXD_{1D}、HXD_{3C}等车型C1~C3修质量卡控能力薄弱情况,向主机厂家、C5修厂家取经,加强验收员业务学习;定期开展验收人员内部交流、异地交流。

2月,组织驻南昌、福州车辆段验收员进行客车验收经验交流会,针对重点典型问题进行业务交流。

(卫思源　曾　健　余向荣　夏水玉)

经 营 管 理

企业管理改革

【概况】 集团公司企业管理和法律事务处(以下简称企法处)内设企业改革科、经营管理科、法律室,下设附属机构:法律服务所、合资与地方铁路管理办公室。处长甘国东,副处长赵建农。定员29人,年末在册职工22人。

【公司制改革】 年内,按照《中国铁路总公司关于全面推进铁路局公司制改革的指导意见》工作部署,推进铁路局公司制改革。组织起草《南昌铁路局公司制改革方案》《公司章程》《公司董事会议事规则》《公司监事会议事规则》《公司党委会议事规则》《公司总经理办公会议事规则》等基础性规范文件。

10月15日,铁路总公司批复,同意路局公司制改革方案和章程;11月4日,江西省工商局同意路局企业名称变更核准;11月13日完成工商注册,领取"中国铁路南昌局集团有限公司"营业执照。

【非运输企业资源重组整合】 根据《中国铁路总公司关于全面推进全民所有制非运输企业公司改革和重组整合的指导意见》和《中国铁路总公司培训疗养机构改革指导意见》规定,组织对集团公司全民所有制非运输企业、培训机构和职工疗养机构进行调研,按照优化经营战略、精简管理链条、推动专业化发展思路,对集团公司管内旅游、疗养和酒店资产实行重组整合。12月,组建南昌铁路旅游酒店资产管理有限公司,推动旅游和酒店资产实现专业化经营。

【推进制度建设】 按照《总公司办公厅 党组办公室关于印发〈非公司制铁路企业章程范本〉〈公司制铁路企业章程范本〉的通知》(铁总办办〔2017〕25号),组织修改集团公司所属企业章程。完成12家一级非运输企业和5家总公司管理的合资铁路公司(东南、京福、向莆、昌九、沪昆公司)章程修订工作。

按照铁路总公司"1+23+N"制度建设总体部署,制订、完善相关制度231项,初步形成与铁路总公司相配套的"1+23+N"制度体系。依托综合管理制度系统信息平台,落实综合管理制度"立、改、废"工作,每半年对清理、更新情况进行检查通报,实行动态监控,完成2.1万个综合管理制度在系统内的确认和更新。

结合集团公司内控制度建设要求,在优化完善处室权力事项管理流程、逐项编制管理流程图基础上,制定处室权力清单、责任清单制度,并对机关各部门印发的权力清单、责任清单制度进行归总梳理。

【经营责任考核机制】 7月,下发《南昌铁路局经营业绩考核办法》《南昌铁路局机关经营业绩考核办法》，主要考核安全指标、效益指标、经营指标、监控指标，增设完成重点任务等单项指标。完成对机关各部门和所属各单位2016年度经营业绩指标完成情况考核的认定和兑现工作，形成闭环管理。

【质量管理和贯标工作】 重新修订《南昌铁路局班组建设管理规定》，新增“质量信得过班组”创建标准和评估制度。指导优秀班组代表参加江西、福建两省和全国质量信得过班组现场交流会，17个班组获“江西省质量信得过班组”称号，6个班组获“福建省质量信得过班组”称号，南昌车站运转一车间一组、南昌南车辆段向塘修配内制动班组、南昌客运段直达车队直达二组、福州客运段动车一队高29组、南昌电务段电子设备车间高铁CTC控制中心一工区等5个班组获“全国质量信得过班组”称号。

全年，评出集团公司优秀QC小组126个；在全国第39次质量管理小组代表会议上，福州机务段福州检修制动QC小组、南昌房建生活段九江公寓金雕QC小组、南昌机务段质检科QC小组、南昌南车辆段创新工作室QC小组、福州车辆段库检车间综合工班QC小组、福州电务段电子设备车间QC小组等6个QC小组被评为“国家级优秀QC小组”。积极送培职工参加国家、省级ISO 9000族标准质量体系审核员和质量管理小组诊断师培训班，集团公司通过国家注册质量体系审核员资格考试人员达49人，获得铁路总公司、省级以上质量管理小组诊断师资格人员达484人。

【法律保障能力建设】 加强重大决策法律论证、重要文件合法性审查，防范法律风险。将法律审查嵌入经营管理流程，加强对投资合作、客货运输、资产运营、土地开发等重要领域法律研究。法律顾问积极参与集团公司招商、招租和经济适用房建设等重大经营活动的法律咨询与论证，出具法律意见书。

【合同管理】 严格执行合同联签审查制度，加强履行情况监控。推进合同标准化建设，制定合同标准文本、示范文本、参考文本，防止条款漏洞造成的法律风险。全年，审查合同1711份，金额320.38亿元。

【法律维权活动】 坚持依法维权、主动维权，加强法律纠纷案件管理，维护集团公司合法权益。推进法律纠纷案件处置制度化、规范化，探索实践领导干部参加案件庭审制度，落实业务部门与法律部门信息双向反馈机制，为业务部门提供法律意见。对案件和合同管理中暴露出的管理问题，及时通报业务部门，实现以案促管。全年，代理集团公司及所属单位各类诉讼纠纷案57件，挽回经济损失615.11万元。

【合资铁路公司深化改革】 落实铁路总公司关于开展合资铁路公司股权置换工作和提高合资铁路公司经营效益的指导意见，按照国铁股权向路网干线集中目标，与江西省铁路投资集团公司研究推进沪昆客专江西公司地方出资与九景衢铁路江西段等项目路方出资置换工作。

针对新建福州至厦门客运专线及周边土地实施TOD综合开发情况，牵头研究综合开发收益用于弥补部分铁路建设、运营成本等方案。根据国家高铁运价政策，就东南沿海铁路客票调价事项，履行相关决策程序，增强合资铁路公司创收能力。

通过铁路总公司资产经营管理开发系统，掌握合资铁路公司经营状况和现金流情况，协助其办理贷款、融资租赁业务，对资金困难的合资铁路公司适时启动股东担保决策程序。针对港口铁路支线公司维稳资金需求，协调有关银行及时放款1600万元，确保港口铁路支线建设平稳有序。全年，协助10家合资铁路公司办理融资696.78亿元，其中集团公司提供连责担保33.14亿元。

按照《公司法》《公司章程》规定，协商各地方股东，推进管内20家合资铁路公司董事会、监事会成员换届选举工作，配齐路派董事、监事。

（朱熠雯）

计划统计管理

【概况】 集团公司计划统计处内设技改计划科、基建计划科、节能环保科、长远规划运输计划科、运输统计科、综合统计科，下设附属机构：概预算审查所、客货运输统计所。处长林晓军，副处长吕四新、刘鹍、王骅。定员52人，年末在册职工48人。

【运输计划】 全年，旅客发送21952.3万人次，完成计划的99.1%，同比增长10.6%；货物发送7982.8万吨，完成计划的104.4%，同比增长10.2%。换算周转量1835.8亿吨公里，完成计划的101.4%，同比增长5.8%。其中，旅客周转量1125.81亿人公里，完成计划的100.5%，同比增长6.6%；货物周转量709.99亿吨公里，完成计划的102.9%，同比增长4.6%。货车周转时间2.48天，完成计划的106.0%，同比延长0.15天。货运列车平均总重2578吨，完成计划的99.9%，同比下降0.4%；货运机车日产量110.2万吨公里，完成计划的107.1%，同比增长5.6%；货运机车走行457.6日车公里，完成计划的108.4%，同比增长6.9%。

【基建计划】 完成铁路总公司下达的基建大中型项目投资计划309.67亿元（含合资项目），完成率100%。做好湄洲湾港口铁路支线、福建可门港铁路支线、漳州港尾铁路、宁德白马港铁路支线、湄洲湾南岸铁路支线、赣州至龙岩铁路扩能、福州至平潭铁路、九景衢铁路江西段、厦门站改扩建工程、南平至龙岩铁路、厦门北动车运用所、厦门至深圳铁路前场货场、衢州至宁德铁路福建段、瑞昌至九江铁路、南昌至赣州、福州至厦门铁路客运专线、合肥至福州铁路闽赣段、鹰厦铁路沙县改线、兴国至泉州铁路兴国至宁化段、浦城至梅州铁路建宁至冠豸山段、兴国至泉州铁路宁化至泉州段、赣州至深圳、安庆至九江铁路江西段、皖赣铁路浯溪口水库段改线等24个大中型基建项目的投资计划章节分解工作。其中，厦门至深圳铁路前场货场、湄洲湾南岸铁路支线完成概算清理和批复，瑞昌至九江铁路、九景衢铁路江西段开通运营；安庆至九江铁路、福州至厦门铁路客运专线全线开工建设。昌景黄铁路可研获国家发改委批复，南昌、九江枢纽总图规划获江西省和铁路总公司联合批复。

【更新改造投资】 全年，集团公司更新改造计划投资6.96亿元（含保价471万元）；完成投资6.84亿元，完成计划的98.3%。项目主要安排在安全基础建设、提高铁路客货运输服务水平、专业基础保障能力、信息化技术提升和职工生产生活条件改善等方面。

【概预算审批】 年内，独立审查综合性更改项目862个（含变更），核准概（预）算13.78亿元；重点审查综合性大修及专项整治项目702个（含变更），核准预算7.5亿元。

【运输统计】 更新机务段机车统计软件，重新修订机车统计上报流程；修订《货车检修车统计考核办法》，完善车务与机务系统协调机制，组织召开车机统计工作对话会；制定《关于加强统计原始记录质量管理的通知》，理顺原始记录匹配工作流程；修订部分支线统计区段，完善规范清算运统1里程字典；配合货运承运清算，组织做好原始记录数据质量审核处理。

完成2014—2017年上半年货运分票经由工作量统计测算数据处理，为货运承运清算统计提供数据支撑；完成2014—2016年普通旅客列车运输定价成本监审的有关数据加工核对工作；及时维护客运基础字典，加载客运工作量统计资料；每月定期向站段反馈客货运精密统计数据，并根据铁路总公司指标数据变化情况，优化升级分析软件。

【综合统计】 开展运输设备统计、工业统计、物流统计报表编制上报及数据监察、局间数据交换，配合省市相关部门做好第二次全国地名普查工作。

全年，发布集团公司统计公报1期，发布《南铁统计资料》2期、《南铁统计信息》24期；各级统计人员撰写统计分析（论文）415篇，其中日常分析328篇、专题分析（论文）87篇；评选出优秀统计分析报告（论文）34篇，其中一等奖9篇、二等奖11篇、三等奖14篇，向总公司推荐12篇；表彰统计分析工作先进组织单位5个。

【节能环保】 全年，集团公司单位运输工作量综合能耗4.17吨标煤/百万换算吨公里，同比下降0.71%。能源消耗76.68万吨标准煤，同比增加3.74万吨标准煤，上升5.13%。其中，煤炭消耗2836.90吨，同比减少2567.23吨，下降47.50%；柴油消耗108285.94吨，同比减少7732.77吨，下降6.67%；电力消耗489691.81万千瓦时，同比增加40695.04万千瓦时，上升9.06%；汽油消耗1584.11吨，同比减少301.13吨，下降15.97%；气田天然气消耗181.37万立方米，同比增加95.44万立方米，上升111.07%；新鲜水消耗1859.26万吨，同比减少123.26万吨，下降6.22%。

集团公司化学需氧量排放70.92吨，同比减少6.73吨，下降8.67%；二氧化硫排放27.13吨，同比减少7.34吨，下降21.30%；铁路沿线绿化里程3015公里，同比持平。

（高　勇　万金华　赵万香　杨　斌　吕燕明　李日明　林金明　刘海燕　陈　剑）

人事管理

【概况】 集团公司人事处（党委组织部）内设领导干部科、组织科、支部科、党员科、技术干部科、干部培训科、机关干部科、干部监督科、综合干部科，下设附属机构：人才交流培训站。处长（部长）宋和平，副处长（副部长）魏乐生、陈浩星、熊鹏（11月免）。定员39人，年末在册职工30人。

【干部队伍】 年末，集团公司在岗管理人员和专业技术人员12192人。其中，45岁以下6472人，占53.08%；大专以上文化程度10781人，占88.43%。

专业技术人员（含兼职）8040人。其中，正高级12人、副高级635人、中级2636人，初级4757人；工程系列6389人，卫生系列149人，教学系列42人，经济系列449人，会计系列916人，统计系列66人，翻译系列2人，图书档案系列13人，新闻出版系列11人，体育系列1人，工艺美术系列1人，艺术系列1人。

政工专业职务人员1227人。其中，高级60人、中级367人、初级800人。

【领导班子建设】 适应公司制改革形势，建设高素质专业化干部队伍，规范选人用人工作，营造风清气正的选人用人环境。强化监督管理，实施集团公司所属单位领导班子定期考核，采取调研式考核方法，掌握后备干部人选，优化调整25个领导班子。贯彻中央全面从严治党、从严管理干部要求，制定《领导人员能上能下实施细则》《防止干部“带病提拔”实施办法》，解决领导人员易上难下问题。全年，召开13次党委会研究领导人员任免257人，其中提拔任职56人、平级交流83人、兼职调整83人、免职调出等18人；按照关心干部和工作需要相结合原则，解决11名领导人员通勤问题；加大年轻干部选拔力度，提任“70”后领导人员34人。

【干部培训】 全年,举办各类管理和专业技术人员培训班252期/17558人次;选送铁路总公司培训268期/1032人次。其中,举办领导人员培训班11期/1143人次;举办中青年干部培训班1期/86人次;举办车间主任培训班6期/402人次(车务系统3期/237人次,工务系统3期/165人次);举办新入路大学毕业生培训班2期/289人次;举办工务系统大学毕业生持续培养培训班2期/122人次;举办安全关键岗位管理人员培训班31期/1857人次;举办高铁任职资格实践和理论培训班5期/72人次;在车辆、电务、供电等专业处室开展“送教上门”培训班3期/172人次;举办新职调度员培训班4期/66人次;与华东交通大学联合举办继续教育培训班2期/123人次;与江西财经大学联合举办财务负责人培训班2期/128人次;举办综合管理人员培训班82期/6361人次。

【干部监督】 完善干部监督制度建设,制定《南昌铁路局选人用人工作监督检查实施办法》(南铁委组〔2017〕8号)、《南昌铁路局因私出国(境)管理实施办法》(南铁委组〔2017〕37号)、《规范公司管理领导人员配偶、子女及其配偶经商办企业行为的实施办法》(南铁委组〔2017〕62号)。

落实选人用人工作监督检查,通过专项检查、“以行动诠释忠诚”工作督导和“回头看”等形式,检查69个单位选人用人工作,发现问题345个,提出整改意见109条。抓好评议问题整改及结果运用,向26名新提拔集团公司领导人员反馈评议结果,报请集团公司党委会讨论通过10项整改措施。对工作满意率不高、专项检查问题较多的3个所属单位党组织负责人进行约谈。

推进干部选任信息公开,对拟提拔任用领导人员和机关科职干部,在集团公司办公网、《南昌铁道》报和南铁电视台发布任前公示,共公示8批次80人,其中领导人员6批次54人、机关科职干部2批次26人。对反映选人用人的信访举报认真核实,共受理此类信访举报10件,1名考察对象被暂缓提拔、2名考察对象被取消提拔。

落实提醒、函询、诫勉和谈心谈话制度,对存在苗头性、倾向性问题的干部早提醒早教育,共提醒、诫勉局管领导人员52名(提醒谈话42人、诫勉10人);会同监察处开展干部履职督查,共检查干部8261人次(其中领导人员2713人次),下发履职督查通报16期,究责干部作风问题251个,考核干部642人次(其中领导人员266人次);做好安全管理薄弱单位调研帮促,会同安监室和相关业务处室,针对“3·10”“7·7”“8·7”“8·26”“11·6”五起一般C类事故,调研帮促14个站段,提出整改建议。

全年,会同纪委和安监室对违反纪律、状态不佳、作风不实、安全履责不到位的干部严肃究责162人次,其中:通报批评37人、书面检查17人、诫勉11人、降级7人、党内警告20人、严重警告9人、撤销党内职务5人、留党察看6人、开除党籍10人、行政警告20人、记过3人、记大过1人、免职1人、撤职5人、开除10人。

【职称评审】 全年,申报专业技术资格评审752人,经铁路总公司、集团公司评审通过449人,其中,高级59人(含提高工资待遇高级工程师2人)、中级243人、初级147人;参加属地评审或国家考试取得专业技术资格并通过集团公司审核人员91人,其中副高13人、中级60人、初级18人。

【毕业生招聘】 全年,招聘高校毕业生4963名,其中硕士研究生20名、大学本科毕业生267名、高职毕业生4676名。

【出国(境)审批】 全年,办理因公出国(境)审批8人次,办理因私出国(境)审批15

人次;制定《南昌铁路局因私出国(境)管理实施办法》(南铁委组〔2017〕37 号);新增备案人员 85 人,其中新提拔领导人员 45 人;撤销备案人员 72 人,其中退休领导人员 38 人。

(苏晓红　汪礼华　李承蓉　郑旭东　甘新华　胡向阳　项　彬　李丽萍)

劳动工资和卫生管理

【概况】 集团公司劳动和卫生处内设综合编制科、劳动定额科、工人科、工资科、计划统计科、卫生科,下设劳动力调剂站、职业技能鉴定指导站、南昌卫生监督所、福州卫生监督所 4 个附属机构。处长刘鲜明,副处长王新、程斌。定员 31 人,年末在册职工 29 人。

【操作技能人员管理】 年末,集团公司操作技能人员 77763 人。其中,技能人才 67499 人;新进操作技能人员 5484 人(本科生 270 人、研究生 17 人、高职生 4679 人、政策性接收录用 518 人)。

运输行车主要工种人员 38394 人。其中,车站值班员 2682 人、助理值班员 1258 人、驼峰调车长 19 人、驼峰值班员 18 人、调车长 945 人、连接员 1009 人、制动员(长)268 人、车站调度员 237 人、调车区长 174 人、动车组司机 730 人、机车司机(含内燃、电力)4495 人、机车调度员 556 人、救援机械司机 72 人、救援机械副司机 20 人、接触网工 1821 人、货车检车员 1488 人、客车检车员 1542 人、发电车乘务员 303 人、动车组机械师 1565 人、线路工 8180 人、桥隧工 2664 人、钢轨探伤工 1221 人、大型线路机械司机 773 人、轨道车司机 633 人、信号工 4004 人、通信工 1717 人。

职业技能鉴定 12668 人,完成年计划的 140.8%,其中鉴定初级资格 2673 人、中级资格 5822 人、高级资格 3305 人、技师 803 人、高级技师 65 人。职工获职业资格证书 9263 人,通过率 73.1%,其中获初级证 2028 人、中级证 4153 人、高级证 2844 人、技师证 215 人、高级技师证 23 人。

【省级技能大师工作室】 经过江西省组织专家评审、实地考察、社会公示,省人社厅发布《关于公布 2017 年江西省技能大师工作室名单的通知》,集团公司新增一个省级技能大师工作室—江西省王勇信号工技能大师工作室(设在南昌电务段)。

【工效挂钩办法】 重新印发《南昌铁路局工资总额与经济效益挂钩实施办法》(南铁劳卫〔2017〕130 号)、《南昌铁路局机关绩效工资考核办法》(南铁劳卫〔2017〕261 号)和《南昌铁路局调度所绩效工资考核办法(试行)》(南铁劳卫〔2017〕252 号)。

【工资管理】 1 月,根据《中国铁路总公司关于 2017 年调整企业职工岗位工资标准的通知》(铁总劳卫〔2016〕282 号精神,制定《关于 2017 年调整职工岗位工资标准的方案》,经路局党政联席会议和职工代表大会审议通过,印发《南昌铁路局关于 2017 年调整职工岗位工资标准的通知》(南铁劳卫〔2017〕20 号)。调整职工岗位工资标准自 1 月 1 日起实施(岗位工资 5 档至 9 档各增加 235 元;10 档至 22 档,以 235 元为基数,每增一档按 10 元递增增加;22 档至 26 档各增加 365 元),职工人均增资 275.8 元。

7 月,拟定《关于提高职工工龄工资标准的方案》,根据铁路总公司劳卫部审核意见,并经路局党政联席会议和职工代表大会联席会议审议通过,公布《南昌铁路局关于提高职工工龄工资标准的通知》(南铁劳卫〔2017〕448 号)。自 7 月 1 日起,职工工龄工资计发标准由原按 5、7、9、11 元标准统一调整为按 9、13、17、21 元标准执行,职工人均增资 125.7 元。

9 月,参照江西、福建两省 2017 年调整企业退休人员基本养老金标准，自1月1日起对2016年12月31日前办理内部退养的人员调整月生活补贴。调整425人，月增加生活补贴6.39万元。其中，江西境内月人均增加143.6元，福建境内月人均增加167.8元。

11月，下发《转发江西省人民政府办公厅关于调整最低工资标准的通知》（南铁办劳卫〔2017〕15号）。

【津贴（补贴）管理】 1月，根据《中国铁路总公司关于调整乘务人员施工人员生活补贴标准的通知》（铁总劳卫〔2016〕283号），公布《南昌铁路局关于调整乘务和施工人员生活补贴标准的通知》（南铁劳卫〔2017〕25号），自2017年1月1日起调整乘务和施工人员生活补贴标准。

7月，公布《关于调整全局担任关工委领导工作离退休老同志补贴标准的通知》（南铁劳卫函〔2017〕443号），自2017年1月1日起，调整经单位正式下达任职通知担任关工委领导工作的常务副主任、副主任、秘书长、副秘书长的离退休老同志补贴标准。

【生产定员标准修订】 年内，对集团公司7个专业131条生产定员标准进行修订，其中提高标准82条、新增标准29条、细化标准14条、删除标准6条。

【铁路乘车证管理】 全年，审核发放铁路乘车证108816张，其中硬席全年定期乘车证46466张、软席全年定期乘车证980张、通勤乘车证35465张、就医乘车证25905张。

【卫生监督】 年内，卫生监督检查1306个单位/11625户次（食品卫生监督8523户次、公共卫生监督2960户次、饮水卫生监督142户次），实施卫生行政处罚6户，完成餐饮服务、流通服务许可证审核、换发1076个。及时规范处置“2·17”九江站供应食物中毒事件，加强铁路互联网订餐和土特产网络销售监督指导，确保销售食品安全。

【疾病预防控制】 推进疾控体系建设，健全应急管理机制，加强物资储备和应急演练，组织疾控所开展2次大型专项应急演练；开展站车病媒生物防治作业，完成列车消杀39669辆次，预防性消毒（军运）2728辆次，重点车站、公寓、客技站等单位消杀221单位次，消毒杀虫面积300.76万平方米，未发生鼠虫侵害旅客事件；开展卫生检测与评价，未发生重大传染性疾病等公共卫生事件。

【职工健康行动计划】 组织职工健康体检60401人，女职工妇科普查10088人，离退休人员体检1511人；组织食品、给水和公共场所从业人员体检34301人，高温高空露天作业人员体检23809人；组织职工健康休养9790人。通过报刊台网及现场咨询、培训等方式，开展健康宣传活动。建立职工健康档案82729份，组织疾控所及时发出健康预警，并在相关单位配合下进行健康干预。完成第三类重点人员健康维护工作，对筛查出的14名高危人员下达调离建议书，降低职工突发意外风险。

【计划生育】 按照江西省相关政策和总公司批复，在江西境内执行独生子女父母奖励和失独家庭抚慰金政策，对11738名独生子女父母发放奖励金2472.15万元，对70个失独家庭发放抚慰金35万元。

【红十字会活动】 全年，举办四期红十字救护员培训班，培训345人、合格333人；开展“世界急救日”“世界艾滋病日”等主题宣传活动，传播卫生防病知识。

（何民赞　杨　辉　骆　坚　余小妹
吴国平　熊　靓　江助林）

社会保险

【概况】 集团公司社会保险管理处内设医保科、社保科、综合科,下设附属机构:福州医保管理办公室、福州社保管理办公室;企业年金理事会办公室(简称"年金办")挂靠社保处。处长(兼年金办主任)王莉,年金办副主任胡政。定员48人,年末在册职工43人。

管内一级参保单位183个,参保职工91926人,离退休人员52924人。其中,江西省内参保单位97个,参保职工57803人,离退休人员33165人;福建省内参保单位86个,参保职工34123人,离退休人员19759人。

全年,集团公司所属单位社保缴费合计:基本养老保险22.23亿元;基本医疗保险7.45亿元;工伤保险7051.28万元;生育保险4254.73万元;失业保险5671.24万元;企业补充医疗保险1.77亿元。

【社保移交属地管理】 按照铁路总公司加快推进铁路企业自行管理社会保险项目移交地方管理的要求,在赣闽两省政府及有关部门支持下,江西省内职工医疗、工伤和生育保险于2017年7月1日正式移交江西省本级统一管理;福建省内职工基本医疗保险和生育保险于2017年1月1日正式移交福建省本级统一管理。

【养老保险】 做好单位参保、人员异动、社保关系转移接续、缴费基数申报、待遇调整、统筹外企业负担项目管理等工作。配合江西省社保中心做好调整退休人员养老金工作。对新余、宜春、鹰潭、南昌、上饶、赣州、九江、向塘共52个单位(占总参保单位的96%)的缴费基数申报和基数签认工作进行检查。对福建省内157名退休军转干部的生活困难补贴标准进行调整,增加10.75万元。制作发放12万张社会保障卡。

全年,集团公司发放社会保险统筹外企业负担项目52项,发放20952.35万元。其中江西省内统筹外企业负担项目23项,发放9865.85万元;福建省内统筹外企业负担项目29项,发放1.10亿元。

【工伤保险】 做好参保职工异动申报、督促参保单位按时足额缴费、组织工伤职工参加劳动能力鉴定、代收代付工伤保险待遇、维护参保职工信息库等工作。

参与江西省工伤亡事故调查和处理3次;上报江西省人社厅申请工伤认定职工83人(包括工亡3人);组织江西省内单位工伤职工56人进行劳动能力鉴定。上报福建省人社厅申请工伤认定职工19人;组织福建省内单位工伤职工50人进行劳动能力鉴定。

【医疗生育保险】 7月1日起,与江西省社保中心实行"合署办公",派驻经办人员在江西省社保中心设立铁路经办窗口,通过省本级"多险合一"系统共同经办相关业务。完成江西省内职工门诊慢性病资料(2万人次)复审工作,通过复审18445人次。

年内,重新制定《南昌铁路局企业补充医疗保险办法》(南铁社保〔2017〕34号),主要内容:住院自付部分补助取消按身份类别补助、按年龄分段补助,以及起付标准不予补助等限制,增加对在职职工住院自付部分的补助,补助标准为自付费用的70%,年度最高补助15万元;将门诊特殊慢性病纳入补助范围,按照住院自付医疗费用补助比例进行补助;适当降低普通门诊起付标准,在职职工起补线降为800元,退休人员降为400元,起补线以上,补助比例为:在职80%,退休85%;对参保人自行承担的医疗费用(含自费)进行补助,发挥保障功能。

【失业保险】 自1月1日起,福建省内失业保险单位费率由1%降至0.5%（厦门市各单位自9月1日起执行）。

年末，江西省内单位申领稳岗补贴1132.37万元，福建省内单位申领稳岗补贴779.02万元。

【企业年金】 做好2016年度企业年金管理费支付。支付投资管理费147.04万元、托管费41.53万元、账管费27.82万元，计提风险准备金40.89万元。

全年，企业年金缴费5.04亿元；审核年金待遇领取人员3030人，支付2.22亿元。年金受托资产44.39亿元，投资收益率达5.36%，累计收益率达52.41%。

【离休干部等人员医疗保障】 修订完善离休等人员医疗费用管理办法，更新改造医疗保障信息系统，明确离休干部定点医疗机构，规范医药费用结算。重新确定福建省内定点医疗机构，共有26家医院、8家社区诊所、26家药店成为定点机构。

（蒋冠南　胡　政　沈正跃　谈　莉　周　灵　叶明亮）

财务管理

【概况】 集团公司财务处内设综合科、会计科、财务科、成本科、国资科、基建科、大修科、税务管理办公室，下设附属机构：财务集中核算管理所、资金结算所，代管财会学会。处长廖水龙，副处长万敏杰、罗卫平、江洄。定员31人，年末在册职工29人。

【资产与资金管理】 集团公司运营独立决算单位84个，一级非运输企业12个。全年，集团公司营业收入425.82亿元，其中主营业务收入329.18亿元、其他业务收入96.64亿元；实现盈利9.15亿元。

年内，运营（含国铁基建）现金流入482.12亿元，同比增加76.91亿元；现金流出479.95亿元，同比增加51.12亿元；现金净流入2.17亿元，同比增加25.79亿元。提供内部调剂资金64.13亿元（其中为铁路保障性职工住房建设提供内部调剂资金1.11亿元）。

年末，集团公司资产总额2894.34亿元，其中固定资产（净额）997.19亿元、流动资产492.75亿元、长期投资1170.07亿元。归集银行账户1086户，账户归集率为96.56%，日均归集资金101.96亿元。

【预算与成本管理】 建立预算目标管理制度，根据预计收入按稳健原则安排支出，实行支出项目排队，重点保障安全、设备质量的必要支出。加强过程管理和考核，每月对各部门、各单位预算指标完成情况进行量化分析、动态跟踪，及时发现、纠正预算执行过程中的偏差，对超支单位、超支项目及时分析、预警并通报，针对存在的问题和薄弱环节制定整改措施，并跟踪落实。强化全面预算的约束作用，确保业务预算与财务预算衔接一致，严禁无预算、超预算支出。

【国有资本监管】 开展重点项目财务监察，针对资产处置、更改项目、业务外包、干部履职待遇、债权债务管理、防治“小金库”等12个方面，对20家单位开展财务专项检查。组织开展产权占有、变动、注销登记，全年办理企业产权登记75家，督促协调南昌铁路迅达电信有限公司、福州铁路康达贸易公司、武夷山铁路旅行社完成产权登记注销工作，理顺各级产权链，掌握法人企业产权变动情况，夯实国有产权管理基础。

【会计规范化工作】 年内，根据《南昌铁路局会计基础工作规范化单位考核管理办法》，完成对运输站段、合资铁路公司、建设单位、非运输企业会计基础工作规范化初验和复验。达标26家，取消会计基础规范化单位4家，会计基础规范达标率96.3%。

（杨海涛）

收入稽查

【概况】 集团公司收入稽查处内设综合科、稽查科、会计科、电算技术科、代收款清算科，下设附属机构：南昌、福州收入稽核大队。处长郭宇，副处长郑红斌、傅惠萍。定员62人，年末在册职工50人。

【运输收入】 全年，完成运输收入292.40亿元，完成预算的100.83%，同比增收38.10亿元、增长14.98%。其中，旅客票价收入212.74亿元，完成预算的99.25%，同比增收29.23亿元、增长15.93%；货物运费收入47.69亿元，完成预算的108.29%，同比增收6.86亿元、增长16.80%；其他收入23.21亿元，完成预算的99.18%，同比增收0.94亿元、增长4.22%；建设基金收入8.76亿元，完成预算的106.73%，同比增收1.07亿元、增长13.93%。

【堵漏保收】 全年，完成客运堵漏收入4.62亿元，同比增加1123.1万元、增长2.49%。其中列车补票收入4.53亿元，出站口查堵收入958万元。

年内，加强堵漏保收检查，组织站段开展自查自纠，定期开展重点检查，做好春运、暑运客货堵漏保收专题检查和路产设施设备出租收费专题检查。检查发现堵漏保收问题3477件，查获假工作证144本、假乘车证85张。

【进款管理】 加强运输进款在途考核，落实运输进款汇缴办法，督促各车站按时汇缴，压缩进款在途时间。全年，实现资金在途天数-2.8天，取得资金占用费1731万元，下发补款通知书28份，核收迟交金4.92万元。采取“短信日监控、印鉴凭证分管、进账逐笔核对”三项措施，抓好运输进款汇缴风险防控，强化债权债务管理，共清回欠款2353.1万元。

【票据管理与审核】 全年，请领发放各种票据18553.28万张，其中电子客票16989万张（普通电子客票988.5万张、热敏票608万张、磁卡票15392.5万张）、册页式票据1564.28万张。审核电子客票26252万张、改签票1683万张、退票2599万张、货票139万张、货运杂费收据10.34万张。针对收费不正确、票据填制不规范等问题，下发补款通知书67份、票价订正通知书8份、查询指导书48份，补收各类款项31.3万元。规范客货退款审核，开展专用线使用服务费、货运场地出租、变更运费等专题审核。

【工作方式创新】 针对武九、九景衢等新线开通，落实运输收入专户开户、票据供应等工作；试点推行列车补票扫码支付方式，牵头成立列车补票扫码支付课题小组，做好昌九线、福厦线试点工作；针对货票电子化改革，加强纸质货票调拨，减少成本浪费；转变稽查和内审方法，运用大数据加强检查，防范运输收入漏少收问题。

【站车调研】 开展列车堵漏保收工作调研，研究解决南昌、福州客运段补票收入下降问题；针对新余钢铁有限责任公司拖欠2015年翻卸车作业服务费和2016年专用线杂费1174.1万元等多家单位欠款问题，多次牵头召开协调会，促使相关企业缴清欠款，并督促其继续履行缴费义务。

（徐　珊　罗水强　韩　剑　刘义华　周天华）

物资设备管理

【概况】 集团公司物资管理处内设综合科、业务管理科、设备科、物资设备招标科，下设附属机构物资采购所。处长郭厚仪，副处长廖光庆。物资管理处定员17人，年末在册职工12人；物资采购所定员23人，年末在册职工20人。

【物资供应】 全年，物资供应总额29.84亿元。其中，原材料3.45亿元、燃料6亿元、机械设备及配件3.85亿元、电气设备及器材0.95亿元、仪器仪表及计量器具0.44亿元、电子设备及元器件0.45亿元、通信信号器材2.50亿元、线路设备及配件4.61亿元、接触网设备及零件0.19亿元、机车车辆及配件7.40亿元。

【节支增效】 全年，完成物资设备招标190项、419个包件，中标金额10.28亿元；完成一级非运输企业招标25项、37个包件，中标金额9636.2万元；完成建设物资招标54个包件，中标金额5.85亿元；完成车站商业、广告、房屋招租等招标311项，中标金额7472.7万元。

通过公开询价、网上竞买、集中竞价、竞争谈判等方式采购物资金额3.61亿元，节约资金3661.72万元；报废物资销售50998.79吨，成交金额1.19亿元；完成修旧利废收入2274万元。

【集中采购】 年内，积极引进电商，建设企业网上商城，围绕“互联网+铁路物资专业管理”，与京东合作打造“南铁京东慧采平台”，重点针对办公用品、低值易耗品等通用物资的集中采购。7月起在各单位全面推广，全年在该平台下达物资采购订单9517笔，采购通用物资8538项，采购金额1651万元，节约157万元，节支率9.51%。

完善采购方式，推进公开采购，对标准统一的物资扩大网上竞价采购和公开询价，对需求不确定的维修物资开展“三定采购”，对临散小额物资实施“区域定点采购”，提高采购效率。推行询价信息公开，在物资采购信息微信平台发布基础上，研发询价信息公开软件并制定作业流程。全年，集团公司物资集中采购率达97.53%。

【招投标信息化管理】 年内，引进招标采购管理信息系统，与研发厂家联合进行现场调研和实验性运行，实现招标采购各环节过程可追溯。更新评标专家库，细化专业设置，确保参评项目与专家专业相匹配；加强入库评委资格审查，引入评标专家语音抽取系统，实现评委抽取自动化；完成集团公司337名专家的入库申报和初审工作。

【基础管理标准化】 按照总公司“1+3+11”物资管理制度体系框架，修订完善《南昌铁路局关于加强物资质量控制体系建设的指导意见》《南昌铁路局铁路建设物资采购供应管理办法》等制度办法。

12月，为深刻吸取乌鲁木齐局集团公司严重违反中央八项规定精神问题的教训，在公司范围内集中开展物资管理业务廉政风险防控自查自纠活动，系统梳理物资管理环节的廉政风险点，建立企业内部防控机制，完善廉政风险防控体系。

全年，表彰10个物资基础管理先进单位、5个设备管理先进单位、10个设备管理先进集体、30名设备管理先进个人和30名物资管理先进个人。

【库存管理】 年内，为减少库存资金占用，积极开展物资代储，确定代储物资作业流程、代储物资目录建立方式及代储协议签订内容等事项，共开展178种配件物资的代储工作。

按照铁路总公司动车配件跨局调剂工作会议精神，做好库存调拨工作，计划调剂配件6791.27万元；完成调剂交接4162.16万元（其中在库配件1932.06万元、高价互换配件2230.10万元），占计划的61.29%；确认报废2626.82万元（其中在库配件1485.84万元、高价互换配件1140.98万元），占计划的38.68%；集团公司留用2.29万元（均为在库配件），占计划的0.03%。

【机械动力设备管理】 年内，按照国家防治大气污染要求，对164辆黄标老旧车进行更新；为加强车站安保工作，新增5辆安保专用车；按照福建省公车改革要求，配合福建省完成闽牌汽车改挂工作；在永安车辆段更名为福州东车辆段后，协调生产用车过户换牌工作；对超标封存公务用车进行拍卖，共拍卖9辆公务用车，成交溢价率达23.7%；调研工务、电务、供电等系统生产用车需求，编制生产用车更新计划建议。

年末，集团公司机械动力设备21914台，资产总值29.64亿元；其中，汽车1428台，资产总值2.67亿元。主要设备完好率≥95%，主要设备利用率≥50%，设备闲置率<1%；其中，大精稀设备完好率≥98%，A类设备完好率≥98%。

（张华生　黄耀明）

价格管理

【概况】 集团公司价格管理处内设综合信息科、客货运价科、采购价格科。处长徐杰，副处长王其勇。定员14人，年末在册职工12人。

【整章建制】 年内，制定《南昌铁路局专用线服务性收费管理办法（试行）》，规范铁路专用线收费管理，降低两端物流成本；制定《南昌铁路局货物快运价格管理办法（试行）》，规范计算和有效执行货物快运价格；制定《南昌铁路局报废物资销售底价制定办法》，填补报废物资销售底价制定领域空白；制定《南昌铁路局采购询价比价限价实施细则》《南昌铁路局价格管理事项决策程序》，加大公开招标力度，减少单一来源谈判情况，防范廉政风险；制定《南昌铁路局货运价格监督检查管理办法》，明确货运价格监督检查范围、检查内容、检查方法等事项。

【货运价格管理】 根据市场变化，科学制定价格策略，促进货运增收。优化调整货运价格和大宗物资价格政策，对煤炭、焦炭取消竞争性一口价，进口铁矿石自2月起不再实施价格优惠。对2015年执行普惠运价的煤、焦炭、金矿、钢铁、矿建、水泥、粮食、化肥及农药、鲜活、其他及集装箱等12个品类，在4月1日前陆续恢复执行基准运价。优化调整竞争性一口价政策，贯彻落实铁路总公司调整部分能力紧张去向货物运价有关通知要求，对到达成都、昆明局货物和进藏货物的各品类普惠下浮政策及竞争性一口价项目下浮政策进行调整，同时针对成、昆方向运价策略变化，做好运量、收入的对比和分析。优化调整批量零散价格政策，对2016年价格政策执行情况进行分析，对零散物资公共平台价格进行普调。自4月1日起，对到达成都局、昆明局、青藏公司格尔木以远（不含格尔木）的零散货物及批量零散货物快运，运价按不低于整车4号运价计算的全程运价水平进行调整。

规范货运收费，组织开展自查活动，从项目设置、收费标准或计费条件的合理性存在问题等方面对36项货运杂费提出7项建议，督促指导相关站段根据服务内容和服务质量重新核定收费金额，规范收费项目。对各单位向专用线产权单位收取的除铁路杂费以外的其他各类服务费用进行规范，明确专用线服务收费项目及基准价。定期组织开展货运价格市场调查,采集公路、水运、民航等货运市场价格数据信息和港口金属矿石市场价格监测,按月形成调查报告,为货运价格优化调整方案提供信息依据。加强竞争性一口价项目后期评价分析,每月对一口价项目装车情况进行分析汇总,对连续三个月未启动的项目重点了解项目未装车原因及后期潜在货源情况,在月初货运价格管理小组会议上通报并提出拟取消建议。加强货运计费系统参数维护管理,指定专人负责计费参数维护,实行维护人员 A、B 岗分权分责、交叉互控,一人维护、另一人负责监督并复核,确保维护数据的准确性和及时性。

【客运价格管理】 加强客运市场调查、价格效益评估,推进客运市场化定价。组织实施杭深线动车组列车票价调整工作。在对东南沿海高铁沿线各种运输方式比价、杭深线高速线开通运营等情况进行充分调查,研究制定管内杭深线动车组列车票价调整实施和调价后折扣建议方案。经铁路总公司批复,东南沿海铁路福建有限责任公司自 4 月 21 日起对杭深线福鼎至诏安段开行的动车组票价进行调整。有序推进普通旅客列车运输定价成本监审工作。根据国家发改委和铁路总公司工作部署,配合江西省发改委完成普通旅客列车运输定价成本监审工作。做好新开通线路动车组列车票价方案研究、申报及公布工作。组织站段开展客运市场调查,结合动车组列车开行方案、价格效益分析以及社会风险评估情况,研究提出武九客专和衢九线动车组列车票价方案建议。铁路总公司于 9 月 19 日公布武九客专新增动车组票价,与 2017 年第三阶段调整列车运行图同步实施;12 月底公布衢九线新增动车组票价,与 2017 年年底调整列车运行图同步实施。组织推进客票价格管理应用系统上线,做好基础数据核验维护、网络环境搭建、应用上线试运营等工作。自 10 月 12 日 18 时起,管内所有动车组列车票价均使用客运价格管理应用模板票价,提高了票价计算的时效性及准确性。贯彻落实铁路总公司取消铁路异地售票手续费政策,督促指导各站段对车站营业场所撤销异地售票手续费揭示内容。

【采购项目价格写实】 规范开展价格写实工作,严格控制成本支出。全年开展价格写实项目 9 个,其中铁路总公司牵头项目 2 个、配合项目 5 个,路局牵头项目 1 个、配合项目 1 个;提出 85 个最高限价,比厂家报价平均降低 29.27%。组织开展既有动车组裙底板防脱改造项目价格写实,相比厂家报价降低 18.17%。组织开展和谐机车 HXD_{1B} C5 修价格写实,相比厂家报价降低 11.13%。组织开展防护栅栏达标改造项目价格写实,相比厂家报价降低 19.74%。根据铁路总公司工作部署,参与做好 25G 型客车 TCDS 扩展制动监测功能加装改造、25T 型客车车窗玻璃改造为贴膜或夹层玻璃、发电车火灾报警装置加装改造、HXD_{1B} 型和谐机车加装 CMD 系统、铁路客车厂修及机车车辆相关加装改造等项目价格写实,分别比厂家报价降低 57.74%、51.53%、33%、29.06%、13.77%。配合做好局属企业轨道车大修、年修价格写实及确定最高限价工作。对南昌铁路通达公司轨道车大修、年修价格写实工作进行现场培训,组织对轨道车年修、大修单价调整和写实结果进行审查,并配合相关部门做好最高限价制定公布工作。

【采购项目限价目录管理】 组织有关部门将价值高、采购额度大、对经营有重大影响的物资设备采购、设备和配件维修服务、业务外包等项目按照采购限价目录数据需求进行梳理,对询价不充分项目进行补充询价,做好资料审核工作。充分运用采购价格管理信息系统对重要项目价格进行筛选,建立采购价格数据库。以单一来源维保项目(客运维保)

为试点，督促指导江铁实业公司做好维保项目成本分析，并与外局沟通联系，做好询价、比价、限价，有序推进限价管理目录制定工作。

【废旧物资价格管理】 规范废旧物资价格管理，组织制定《报废物资销售底价制定办法》。结合市场变动情况，适时调整废旧物资点收价格并公布。收集整理报废物资中标价格及近期市场价格，组织物资处、财务处、工务处和物资供应段对价格变动较大的点收价格进行讨论，重新对各种废旧物资点收入账价格进行制定并公布实施，作为价格调整的依据。加强日常监管，参与各种废旧物资公开招标，防止国有资产流失。

【价格信息系统建设】 为实现采购价格信息化管理，3 月开始筹建采购价格管理信息系统。自主研制开发，加强系统整体规划、落实数据来源渠道、数据收集整理、软件设计开发和功能测试，共落实 9 个数据来源渠道，整理录入 10 万余条信息，历时 9 个月完成软件基础功能开发。系统基本实现权限设置、数据管理、限价预测、预警及评价、与关联信息系统交互共享数据、价格辅助决策等功能。

（周尔丹　张奉高　张欣宏）

土地房产管理

【概况】 集团公司土地房产管理处内设房产给水科、土地管理科、生活后勤科，下设附属机构：房产管理所、南昌土地管理办公室、福州土地管理办公室、职工保障性住房建设管理办公室。处长龚红勇（兼职工保障性住房建设管理办公室主任、南昌土地办主任、福州土地办主任），副处长何笠俊、刘信滨。定员 18 人，年末在册职工 15 人。

【管辖设备】 集团公司房建设备 1291.46 万换算平方米，其中高铁房建设备 396.42 万换算平方米；行车公寓 41 所（南昌房建生活段 24 所，福州房建生活段 17 所），设床位 6112 张，年接待乘务员 182 万人次；水厂 62 座，年供水量 3608 万吨；地区性单身宿舍 120 栋，设床位 13994 张；各单位自管单身宿舍床位 1 万张；铁路用地面积 35940.68 公顷，其中，国铁用地面积 22975.69 公顷、合资公司委托管理用地面积 12964.99 公顷。

【房建管理】 组织房建生活段研发并运用“房建生活段工程项目管理平台”，为委外项目公平、公正、公开运作提供保障。

全年，生产房屋大修 272 项，完成投资 5546 万元；更新改造 155 项，完成投资 4238 万元；综合维修 591 项，完成投资 2289.79 万元；应急处置 122 项，完成投资 277.06 万元。整修房建设备 169.02 万换算平方米，整治房建设备 67.18 万换算平方米。

【行车公寓】 集团公司 41 所行车公寓分布在江西、福建、湖南三省，其中采用外租形式的 9 所，占 22%；有汽车接送乘务员的 16 所，占 39%。用于接送乘务员的汽车 36 辆（段自有汽车 9 辆，外租汽车 27 辆）。全年，日均接待乘务员 5387 人次（机车乘务人员 3108 人次，占 57.7%；客运乘务人员 1986 人次，占 36.9%；车辆乘务及其他人员 293 人次，占 5.4%），日均汽车接送 228 趟，日均叫班 1530 趟，日均发放伙食补贴 6510 元。

【给水管理】 全年，完成给水设备大修、更新改造项目 49 项，完成投资 724 万元（大修 41 项/640 万元，更新改造 8 项/84 万元）。给水设备合格率 98.6%，优良率 78.8%。

表 5-1　2017 年集团公司给水工作量及质量指标表

项目名称	单位	全公司	其　中	
			南昌房建生活段	福州房建生活段
供水量	万立方米	3608	2220	1388
动力机电设备中修(含机械设备)	台面	944	680	264
动力机电设备小修(含机械设备)	台面	2762	2170	592
水处理设备中修	套座	395	239	156
水处理设备小修	套座	3684	2868	816
管道设备维修	公里	1773	844	929
管道设备定检	公里	19507	9284	10223
水道设备维修	座	3617	2898	719
水道设备定检	座	36007	31878	4129
给水管道合格率	%	95	95	96
给水设备合格率	%	94	95	94
净水合格率	%	100	100	100
消毒水合格率	%	100	100	100
水损	%	25	26.9	21

【土地管理】　全年,完成土地授权经营变更登记 543 宗/7363.81 公顷,占授权经营面积的 40.49%;完成蒙华、九景衢、南龙、福平等 4 个合资铁路既有用地处置项目协议签订,协议金额 1.15 亿元;签订土地临时借用协议 394 个(上跨下穿项目 30 个、临时借用项目 301 个、专用线出租项目 63 个),协议金额 1743.15 万元;完成江西、福建、湖北三省境内县市区 3002.16 公里既有线的安全保护区划定公告,累计完成 6705.62 公里(国铁 3032.65 公里、合资铁路 3672.97 公里),占总里程的 86.38%;铁路用地、安保区添乘(现场)检查 1387 人次,消除用地安全隐患 617 处,收回铁路用地面积 36.93 公顷(拆除非法建筑物 220 处、收回铁路用地 4.08 公顷,处理其他违法违规用地问题 397 处、收回铁路用地 32.85 公顷)。

年末,集团公司国铁用地面积 22975.69 公顷,同比增加 25.09 公顷,增长 0.11%。其中,运输生产用地 20954.16 公顷,占总面积的 91.2%;辅助生产用地 1086.59 公顷,占总面积的 4.73%;生活设施用地 443.97 公顷,占总面积的 1.93%;其他用地 490.97 公顷,占总面积的 2.14%。已领取不动产权证(国有土地使用证)的用地 21728.95 公顷,占总面积的 94.57%;未领证用地 1246.11 公顷,占总面积的 5.43%。

【住房建设】　全年,在南昌、鹰潭、乐平、上饶、吉安、丰城、三明等地,建成职工保障性住房 2829 套,建筑面积 26.98 万平方米,完成年度计划的 121.47%。

利用"南铁职工家园"网站、"魅力南铁"微信公众号、南铁电视台和《南昌铁道》报等媒体，对职工保障性住房楼盘推广宣传，对住房配售和公积金政策进行解读，推进住房项目“去化”工作。南昌梅湖明珠、吉安青原明珠二期等项目完成剩余房源销售，实现资金回笼。

【社区管理】 全年，受理已售住宅大修、抢修申请271件，零小请修2154件，清掏化粪池751座；受理未售住宅大修、抢修43件，未售住宅整修19436平方米；投入住宅修缮整治费用1561.2万元（已售住宅修缮费用1130.8万元、未售住宅修缮费用430.4万元）；取得住房租金收入426.4万元。

（张洲坡　涂明华　张　峰　万　波　邵　峻）

综 合 管 理

行政事务管理

【概况】 集团公司办公室(党委办公室)内设综合科、政工调研科、政工信息科、值班室(应急办)、调研督办科、文书科、外事接待办、联合信访办、财务科,下设档案史志室、机要通信室两个附属机构。主任王春柳,副主任曹中贵、邓松(12月免)、章卫(7月免)、陈彬(7月任)、裴育。年末在册职工57人。

【调研督办】 围绕集团公司安全管理、客货服务质量管理、资产经营开发等中心工作开展调研,撰写调研报告23篇。履行以文辅政职责,完成各类综合文稿336篇、230余万字。向铁路总公司上报信息415篇,被采用121篇,在全路排名第四。向江西省委、省政府报送政务工作信息22篇,其中《南昌局党委认真学习宣传贯彻党的十九大精神》《南昌局党委着力提升"强基达标,提质增效"主题教育活动效果》《树立党的一切工作到基层的鲜明导向》《抓好思想教育这个根本》等信息被《人民铁道》、《铁路政工》和《铁路政工动态》采用。督办重点工作1520项(销号1333项,跟踪落实177项),其中交班会重点工作464项、月度重点工作340项、党政联席会和主要领导添乘检查调研696项、集团公司领导交办重点工作22项。

【应急管理】 贯彻落实铁路总公司办公厅《铁路局应急管理办公室标准化建设指导意见》和《铁路局应急管理办公室标准化建设验收标准》要求,抓好标准化应急办创建,于12月8日通过检查验收,被铁路总公司授予"标准化应急办"称号。组织编制《南昌铁路局突发事件总体应急预案(草案)》,修订《南昌铁路局建设工程生产安全事故应急预案》等12个主体应急预案目录。11月21日,在衢九线开展铁路交通事故一级响应应急救援演练,提高突发事件处置能力。加强党的十九大、"一带一路"高峰论坛、厦门金砖会晤、防洪防汛关键时期的应急值守,做好突发事件信息传递。

【公文管理】 按照公司制改革要求,完成电子公文新模版调试、用户名更改、新电子印章注册等工作,维护电子公文系统136次,确保改革期间公文处理顺畅。大力精简文件,压缩文件数量,减少办文层次,形成少办文、快办文、办短文的办文作风。全年,发局文(电)1635件,同比减少11.2%;收文(含电报)8499件。

【机关财务】 加强全面预算管理,采用"零基预算"方法,严格控制运输成本支出,定期进行经济活动分析。在集团公司机关部门开展"小金库"自查自纠活动,做好对照检查。积极配合铁路总公司对集团公司机关的经营业绩审计,通过上级部门的各项审计检查,未发生违反财经纪律事项。加强个人所得税管理,做好个人所得税申报及代扣代缴统计交纳工作。加强发票管理,督促机关各部门严格按要求取得增值税专用发票,取得增值税进项税抵扣208万元。

【档案史志】 全年,接收建设项目档案14407卷、文件资料13334份、专门档案2119卷、照片档案253张,整理归档文件4505份,输入文书档案目录4505份。对接收国验的建设项目档案做好指导工作,对南三龙、九景衢、衢宁铁路项目档案业务进行培训,培训360人。严格执行档案调阅制度,接待档案调阅322人次。

完成《江西省志·铁路运输志》中的"大事记""铁路建设""人物"等内容、《江西省志·人民政府志》相关铁路内容(含图照)、《中国铁路志·人物志》相关史料。《南昌铁路局年鉴(2014卷)》获江西省第二届年鉴评比一等奖、第四届全国地方志优秀成果三等奖。

【会务接待】 严格执行接待、会务、因公出国(境)工作制度,对机关部门召开的会议实行"一会一审",共办理会议16个,同比减少1个;发生会议费67.52万元,同比减少1.3万元。规范业务接待管理,杜绝与经营管理无关的职务消费和奢侈行为,压缩接待费用支出。做好外宾接待,结合厦门"金砖会晤""一带一路"中欧班列运输联合工作组第一次会议等活动,优化外宾乘车方案,做好乘车服务工作。全年共完成接待任务77批675人次,接待费用10.98万元,同比下降57.7%。

("信访稳定"和"机要保密"相关内容详见"党群工作"栏目中的"党办工作"分目)

(刘含荣)

机关后勤服务

【概况】 集团公司机关服务所下设行管室、综合室、武保科、汽车队、机关食堂。所长王春柳(兼),副所长周海森。定员66人,年末在册职工54人。

【会务服务保障】 全年,完成会务服务保障418场次/21142人次。其中,综合办公楼三楼大会议室44场次/9438人次,电视电话会议室60场次/2320人次,其他楼层会议室314场次/9384人次。

【办公用品管理】 全年,发放办公电脑70台、打印机40台、其他打印设备60台、空调30台;打印纸800箱、笔记本600本、申请单(会客单、派车单、派工单)300本;办公桌18张、办公椅37把、柜子22组、值班床1张、沙发9组、其他办公家具8件。维修会议室桌椅100把。

【设施设备维养】 全年,处理设备故障2360起,关闭走廊灯7600盏次、电茶水炉23000台次,清洗电开水箱180台次,配合电梯维护保养60台次,修复机关大院破损路面18处,整平坑洼6处。

【机关大院环保绿化】 全年,对机关大院补种花木600株,补种草坪100平方米,花木喷药灭虫2次,除草修剪10次,清理卫生死角12次,清运生活垃圾30车,清掏下水道、窨井15次,清掏、冲洗机关1号楼东面化粪池8次。

【食堂管理】 机关食堂一部面积973平方米,拥有305个餐位;二部面积914平方米,拥有194个餐位。年内,规范物资采购,加强招标管理,立项、审批(审核)、经办、验收等分责分权管理,签订8个合同,合同金额294.11万元。完善点餐管理系统,创新用餐服务,取消纸质餐券,统一刷卡消费。在机关楼内设置饭卡自助充值查询一体机,实现职工自助充值。新增晚餐小炒点菜系统,机关用餐人员通过网络将点菜信息实时传输至食堂小炒部即可完成订餐、结算。为调度所增加网络自助订餐系统,调度值班人员可在办公室通过局域网进行网上订餐。提升应急能力,在新调度所搬迁过渡期间,合理划分食堂一部、二部功能区及人员调配,确保及时送餐。全年,日常供餐52万人次,防洪应急、信访工作送餐180天/3300份。

【**公务用车管理**】 机关汽车队配备汽车43台,其中公务用车33台、生产用车5台、安全检查车5台。严格应急用车管理,明确安全检查车仅限于安全生产使用,未超范围使用。完善加油卡及油料定额管理,实行一车一卡、统一核算。经公开招投标确定两家定点维修单位,日常维修通过比价择优确定最终维修单位。全年,出车7345车次、走行14.8万公里,同比减少165车次、1.1万公里;车辆维修费28.31万元,同比增加8.18万元;油费15.59万元,同比增加0.37万元;过路过桥费1.76万元,同比减少0.37万元。

【**"四金"结办及其他事务**】 完成机关1791人基本养老保险、医疗保险和企业年金调整,整理对账单1782份;完成住房公积金月缴基数核算,审核1781人的购房公积金申请;申请企业稳岗补贴60.89万元,并补贴到位;办理刻制印章120余枚(含党、政、工、团);办理机关人员户口落户、迁移30人次。

【**机关综合治理**】 加强治安源头防控,大件物品进出机关实行登记管理。开展危险化学品安全隐患专项整治,重点对机关食堂天然气管道布局、阀门、转接口等关键部位进行隐患排查。提前介入新建调度大楼综治工作,参与地下车库停车场、调度大楼门禁系统等设计施工方案审核,对进出人员实行区分挂牌制度(工作人员、施工人员区分),无证人员禁止进入调度大楼区域。配合信访部门做好上访群众的疏导、劝说工作,妥善处置群体性上访事件,共协助信访部门接访1084人次,其中5人以上集体访29批/477人次,确保机关办公秩序稳定。

(郭小斌 郑华 吴飞 雷俊兵 魏锦良)

福州铁路办事处

【**概况**】 位于福建省福州市火车站沁园支路49号(邮政编码350013)。办事处主任、党工委书记陈寿卿,副主任蒋家荣、陈向东,纪工委书记、工会工委主任张志坚。办事处办公室(党群工作办公室)副主任姚云(主持工作),综合事务室副主任殷勇(主持工作),财务室副主任杨淑傑(主持工作),安监室主任林志斌(12月免)。年末,在册职工41人。

【**安全监督检查**】 全年,对福建境内21个行车站段、73个高铁车间、103个普速车间开展监督检查。每季度对2个客技站、4个动车所、4个编组站检查1次,对高铁、普速线路全覆盖添乘检查4次,对Ⅲ级及以上施工点检查36次。防洪期间,对福建境内9个Ⅰ级防洪看守点检查2批次。共检查发现问题2714个,其中:H类问题4个、A类问题96个、B类问题582个、C类问题400个。对检查发现问题落实对标考核,倒查管理源头问题,与责任站段领导、车间负责人及时反馈,问题整改率达100%。

【**对外沟通协调**】 受集团公司委托,做好福建省委、省政府及有关部门718份文电上报,参加福建各类会议70场次,梳理涉及需要铁路办理、参与、答复事项并形成65份专报报送集团公司,配合集团公司办公室(党委办公室)完成355个事项跟踪、协调、落实和反馈,完成中央部委、福建省委、省政府领导乘车服务组织工作325趟次。

针对厦门工务段反映的厦深铁路K1183+300～K1184+600和永安工务段反映的永

莆铁路安全保护区内存在村民私搭乱建、倾倒建筑垃圾的问题,促成福建省护路办牵头协调地方综治、公安等部门与铁路单位一同开展联合执法,及时制止违法行为。福建省安监局牵头组织召开铁路道口安全监管工作联席会议,明确从2017年开始将道口安全监管纳入省、市安全责任制考核内容。与龙岩、三明、南平市安监、交通、护路等部门共同调研铁路道口安全整治情况,协调地方政府加大对铁路道口安防设备投入,消除安全隐患。

【强化内部管理】 修订、完善《办事处党政联席会议制度》《办事处贯彻落实“强基达标、提质增效”工作主题 开展“片”“线”“点”安全监督检查实施意见》《办事处内部挂钩工资考核办法》等11项管理制度,重点对安全监管方面的7项制度进行精简整合。采取会议集中合并召开、以会代训等形式,压缩会议、培训的频率和时间,改进会风。每月对标检查干部工作作风,对管理涣散、工作落实不力等问题究责考核165人次。

【党建重点工作】 按程序规范做好福建省出席党的十九大代表推选组织工作,福州机务段动车组司机陈承仪当选党的十九大代表。以学习贯彻习近平新时代中国特色社会主义思想和党的十九大精神为重点,组织办事处党工委中心组集中学习15次,研讨交流7次。邀请福建省委党校教授作十九大精神专题辅导,组织122名党员观看“中央宣讲团党的十九大精神报告会”录像。修订完善办事处党工委会制度、党支部基础工作检查制度等3项党内工作制度。召开党工委会议19次、党政联席会议8次;其中专题研究党群工作会议19次,研究议题38个,占全年议题的73.1%。推进“两学一做”学习教育常态化、制度化,组织3个专题集中学习234场次,召开研讨交流80场次,交流学习体会文章144篇。举办3期党员脱产培训班,轮训党员216人。开展2016年度党支部定级分类评定,评定先进党支部(总支)10个、一般党支部(总支)10个。开展民主评议党员工作,对595名党员提出组织评定意见,其中评定为优秀的党员121名,占20.3%;评定为合格的党员474名,占79.7%。推进创先争优活动,受集团公司党委表彰的先进党支部1个、优秀共产党员2名、优秀党务工作者1名;受办事处党工委表彰的先进党支部9个、优秀共产党员38名、优秀党务工作者10名。组织办事处领导班子成员、各党支部(总支)书记、中层干部及部分“六管”人员共56人参观福州市第二监狱廉政教育基地,邀请福建省委党校学者作题为《扎紧管党治党的制度笼子》的专题辅导讲座,组织216名党员参加党纪条规知识测试,召开以“强化责任担当、加强廉政风险防控”为主题的党风廉政建设暨廉政集体谈话会,做好群众举报反映问题的初核工作。

(张 俊 王文珊)

铁 路 建 设

建设管理

【概况】 集团公司建设管理处内设综合科（工程调度室）、建设管理科、工程管理科、投资监管科、工程招投标科，下设附属机构：铁路客站站房建设管理办公室。处长罗少华（7月任），副处长万耀斌、薛飞、陈禄明。定员32人，年末在册职工25人。

【基建投资】 年内，集团公司在建的大中型项目完成投资309.67亿元，占计划的100%。开累完成1903.47亿元，占批复的54.41%。

表7-1 2017年集团公司在建大中型建设项目完成投资情况表

单位：亿元

项目	计划	完成	累计
安九铁路	6.7	6.7	6.7
福厦铁路	8	8	8
昌赣客专	95	95	270.3
合福客专	30	30	502
瑞九铁路	0.9	0.9	55
衢宁铁路	28	28	74
赣深客专	7	7	7.2
代建厦门前场货场工程	0.4	0.4	15.51

续上表

项目	计划	完成	累计
浦梅铁路建宁至冠豸山段	15.09	15.09	16.1
鹰厦铁路沙县改线工程	0.1361	0.1361	4.0361
赣龙铁路扩能工程	24.0941	24.0941	234.0941
兴泉铁路宁化至泉州段	29	29	30.5
兴泉铁路兴国至宁化段	7	7	7.05
福建湄洲湾港口铁路支线	0.2	0.2	14.39
福州可门港铁路支线	0.005	0.005	11.655
漳州港尾铁路支线	0.5	0.5	13.6
宁德白马港铁路支线	0.005	0.005	4.145
湄洲湾南岸铁路支线	0.08	0.08	7.23
福平铁路	32	32	180.3
九景衢铁路	13	13	164
浯溪口水库段改线工程	5	5	5.2
厦门站改扩建工程	0.56	0.56	11.86
厦门北动车运用所工程	4	4	14
南龙铁路	3	3	246.6

【开工项目】 年内开工的大中型建设项目有:皖赣线浯溪口水库段改线工程、新建兴泉铁路兴国至宁化段、新建福州至厦门铁路、新建安庆至九江铁路。

2017 年 1 月 1 日,皖赣线浯溪口水库段改线工程开工建设。改线段位于江西省景德镇市浮梁县境内(峙滩乡、兴田乡)浯溪口水库库区西侧,里程为皖赣线 K349 + 900 ~ K371 +650。工程改建废弃既有线 20.3 公里,改建后线路为 21.703 公里。主要技术标准为:正线数目:单线;铁路等级:Ⅰ级;限制坡度:6‰;最小曲线半径:一般地段 1200 米,困难地段 800 米;牵引种类:内燃,预留电力条件;牵引质量:3500 吨;到发线有效长度:850 米;闭塞类型:半自动闭塞。项目初步设计批复投资 10.93 亿元,其中江西省承担征地拆迁及线下工程费用 9.77 亿元。工期 2 年,计划 2018 年 12 月底竣工。项目建设单位为皖赣线浯溪口水库改线工程建设指挥部,设计单位为中铁上海设计院集团有限公司。

2017 年 9 月 1 日,兴泉铁路兴国至宁化段全线开工建设(其中先行标于 2016 年 12 月开工建设)。线路由京九铁路兴国站引出,经于都、宁都、石城县,穿越武夷山脉进入福建省三明市宁化县境内,接兴泉铁路宁化至泉州段。正线全长 160.472 公里,桥梁 152 座/50.224 公里,隧道 38 座/50.778 公里。新建兴国疏解线 3.295 公里。全线设兴国(既有)、兴国南(线路所)、何屋、江背、于都北、葛坳、赖村、邮村、宁都、果子园、首堬、荷树下、石城、新屋里、妥楼岭等 15 个车站(线路所),其中江背、葛坳、邮村、首堬、妥楼岭等 5 个车站初期缓设。主要技术标准为:铁路等级:Ⅰ级;正线数目:单线;设计行车速度:160 公里/小时;限制坡度:单机 6‰,双机 13‰;最小曲线半径:一般 2000 米,困难 1600 米,引入枢纽加减速地段可适当减小;牵引种类:电力;机车类型:客机 HXD_{3D}(单机),货机 HXD_3(双机);牵引质量:4000 吨;到发线有效长度:单机 850 米,双机 880 米;闭塞类型:自动站间闭塞。项目初步设计批复投资为 95.15 亿元。工期为 4.5 年,计划 2022 年 2 月竣工。项目建设单位为向莆铁路股份有限公司,设计单位为中铁二院工程集团有限责任公司。

2017 年 9 月 30 日,新建福州至厦门铁路全线开工建设(其中先行标于 2017 年 1 月 16 日开工建设)。线路自福州站引出,利用在建福平铁路至福州南站北端,通过联络线引入福州南站新建高速场,经莆田、泉州、厦门,至漳州站,正线长度 277.42 公里。同步建设沿海客专 2.953 公里(福州端 1.017 公里,漳州端 1.936 公里);福州南新建联络线 1.062 公里(福州南上行反发线单线);预留厦门北联络线 3.396 公里(上行联络线单线 1.484 公里,下行联络线单线 1.912 公里);新建动车走行线 21.255 公里。全线设 8 座车站,其中新建车站 3 座(福清西站、泉港站、泉州南站),利用既有车站 1 座(福州站),并行既有车站新建车场 3 座(福州南站、莆田站、厦门北站),改建既有车站 1 座(漳州站)。主要技术标准为:铁路等级:客运专线;正线数目:双线;速度目标值:350 公里/小时;正线线间距:5.0 米;最小曲线半径:一般地段 7000 米,困难地段 5500 米;最大坡度:20‰,困难情况 30‰;到发线有效长:650 米;动车组类型:电动车组;列车运行控制方式:自动控制;行车指挥方式:调度集中;最小行车间隔:3 分钟。项目初步设计批复投资 499.02 亿元。工期为 60 个月,计划 2022 年 9 月 30 日竣工。项目建设单位为东南沿海铁路福建有限责任公司,设计单位为中铁第四勘察设计院集团有限公司。

2017 年 10 月 30 日,新建安庆至九江铁路全线开工建设。线路起于安徽省安庆市,经湖北省黄梅县,跨越长江至江西省九江市境内,引入庐山站。江西段正线自九江长江大桥南引桥引出,接入庐山站,区间长 15.418 公里。项目包含双线桥梁 2 座/

13.044 公里,单线桥梁 2 座/2.063 公里。主要技术标准为:铁路等级:高速铁路;正线数目:双线;设计速度:350 公里/小时;正线线间距:5 米;最小平面曲线半径:一般地段 7000 米,困难情况 5500 米;最大坡度:20‰;到发线有效长度:650 米;列车运行控制方式:自动控制;行车指挥方式:综合调度集中;最小行车间隔:3 分钟。项目初步设计批复投资 317.38 亿元,其中江西段 56.37 亿元。工期为 58 个月,计划 2022 年 8 月 31 日竣工。项目建设单位为昌九城际铁路股份有限公司,设计单位为中铁第五勘察设计院集团有限公司。

年内开工的更新改造项目:南昌西站新建高铁待班楼 1 号楼、2 号楼和通信铁塔迁改工程,龙岩物流基地一期工程,杜坞物流基地一期工程,新建三明北高铁待班楼工程,新建莆田站铁路单身公寓工程,大竹车站、梅照车站、五里亭车站、楼前车站、双坑车站、莪洋车站改造工程,石砻车站、董埔线路所、城头车站拆除改造工程等。

【续建项目】 年内续建的大中型建设项目:九景衢铁路江西段、浦梅铁路建宁至冠豸山段、兴泉铁路宁化至泉州段、衢宁铁路福建段、赣深客专江西段、昌赣客专、瑞九铁路、福平铁路、南龙铁路、宁德白马港铁路、湄洲湾铁路、漳州港尾铁路、鹰厦铁路沙县改线工程、新建厦门北动车运用所和既有厦门客整所迁建工程。

年内续建的更新改造项目:新建昌北铁路货场一期工程,京九线(含铜九、武九、吉井、赣龙等线)数据网改造工程,沪昆线(含皖赣、醴茶、张塘、张建、分文等线)数据网改造工程,南昌客运段南昌洗衣厂锅炉改造工程,南昌客技站内整备大楼改造工程,战时内部指挥所工程,南昌南车辆段轮轴车间扩能工程,向塘西站新增超偏载仪装置工程,鹰潭机务段锅炉更新工程,鹰潭洗罐站锅炉更新工程,上饶车务段轨道衡工程,鹰潭机务段HXD 型电力机车 C4 修能力改造工程,上饶物流基地一期工程,赣州客技站新增生产整备楼工程,九江长江大桥武警守护营房扩建改造工程,九江客整所能力加强工程,新建鹰西 10 千伏配电所电源线工程,赣州客技站电化挂网改造工程,新建福州南动车所综合工区单身宿舍工程,福州客技站内新建客运生产辅助综合楼工程,杭深线宁德分区所设备基础整治改造工程,福州站新增商业网点工程,福州供电段还建食堂及材料库工程等。

【竣工项目】 年内竣工验收的大中型铁路建设项目有:九景衢铁路江西段、瑞九铁路、鹰厦线沙县改线工程、新建厦门北动车所工程、新建调度所工程。

九景衢铁路　2013 年 12 月 15 日开工建设。2017 年 8 月 18 日,湖口至九江段(既有铜九线增建二线)完成静态验收,8 月 31 日通过初步验收,9 月 4 日通过运营安全评估,9 月 12 日开通运营。2017 年 11 月 3 日,局界至湖口段完成静态验收,11 月 24 日完成动态验收,12 月 11 日通过初步验收,12 月 18 日通过安全评估,12 月 26 日全线开通运营。

瑞九铁路　2014 年 1 月开工建设。2017 年 7 月 10 日完成静态验收,8 月 14 日完成动态验收,9 月 5 日通过初步验收,9 月 13 日通过安全评估,9 月 21 日全线开通运营。

鹰厦铁路沙县改线工程　2014 年 12 月开工建设。2017 年 12 月 1 日完成静态验收,12 月 7 日通过初步验收,12 月 11 日通过运营安全评估,12 月 11 日转线开通。

新建厦门北动车所　2014 年 12 月开工建设。根据工程实际进展和运营要求,项目分三个阶段开通。第一阶段于 2016 年 12 月 31 日先期开通八线检查库和相关线路;第二阶段的 20 条存车线于 2017 年 6 月 15 日完成静态验收,6 月 19 日通过初步验收,6 月 23 日通过运营安全评估,6 月 30 日投用;第三阶段剩余工程于2017年12月8日完成静态验收,12月11日通过初步验收,12月14日通过运营安全评估,12月21日投用。

新建集团公司调度所大楼　2015年6月开工建设。2017年4月1日开始静态验收,11月9日完成客专和普速调度台的搬迁,11月10日完成初步验收,11月13日完成安全评估。

年内竣工的更新改造项目:党(干)校学员宿舍扩建改造工程,南昌机务段整备能力加强工程,新建南昌西客运车间生产房工程,新建南昌西动车所内电务车载综合楼工程,向塘机务段整备能力加强工程,向塘西折返段整备能力加强工程,向塘机务段机车小辅修布局调整工程,鹰潭机务段整备能力加强工程等。

【工程质量检查】　年内,南昌监督站监督的大中型建设项目15个,其中集团公司管理项目9个(福平铁路、南龙铁路、九景衢铁路江西段、浦梅铁路建宁至冠豸山段、新建厦门北动车所工程、宁德白马港铁路支线、湄洲湾铁路支线、漳州港尾铁路、皖赣铁路浯溪口水库改线工程),铁路总公司直管项目6个(瑞九铁路、兴泉铁路、赣深客专江西段、衢宁铁路福建段、昌赣客专、福厦客专);更新改造项目1个(南昌西站新建高铁待班楼和通信铁塔迁改工程)。

全年,抽查1170个工点,其中路基160个(次)、桥涵335座(次)、隧道431座(次)、房屋及站场构筑物93座(次)、制梁场36处(次)、架梁2处(次)、轨道7处(次)、四电44处(次)、拌和站52座(次)、钢构件加工场8座次、营业线(含邻近)2处(次)及试验室67个(次)、火工品库6座(次)及其他69处(次)。检查512家(次)施工单位,495家(次)监理单位,158家(次)设计单位,11家(次)第三方检测单位,157家(次)建设单位。检查发现质量安全问题4398项(其中主要问题1028项),签发《内部监督通知书》163份、《整改通知单》239份,认定施工监理单位一般不良行为58起。

委托有资质的检测单位开展专项检测18次,下发监督通知书21份、责令整改通知单12份(施工单位7份、监理单位5份),记一般不良行为6次(施工单位4次,监理单位2次),约谈相关单位2次。

【重点工程资金】　2017年,集团公司大中型建设项目投资计划309.67亿元,资金到位319.88亿元,分别为中央预算内资金31亿元、车辆购置税10亿元、铁路发展基金(社会融资)7亿元、专项建设基金21亿元、铁路建设专项资金6.32亿元、自筹资金0.33亿元、铁路建设债券33.8亿元、地方及其他企业投资133.52亿元、银行借款76.91亿元。

【建设管理制度】　2017年,下发《南昌铁路局铁路建设项目施工企业标准化管理绩效考评实施细则》《南昌铁路局铁路建设工程质量安全内部监督工作实施办法》《南昌局集团公司关于进一步加强铁路建设项目招标投标管理工作的通知》等文件,重新印发《南昌铁路局建设工程生产安全事故应急预案》《南昌铁路局铁路建设项目施工企业信用评价实施细则》等文件。

(朱建琮　林靖淮　刘伟忠　邓小伟　唐雅丽　洪小兵　冯会柏　熊尚栎)

合资铁路与项目建设

【沪昆铁路客运专线江西有限责任公司】　公司位于江西省南昌市站前路96号(邮政编码330002),是原铁道部与江西省共同出资组建的铁路合资公司,项目出资比例为原铁道部88%、江西省12%,主要负责杭长客专江西段建设管理和委托运输管理相关工作。内设综合管理部、计划财务部、工程管理部、物资设备部、安全质量部、征拆协调部(经营开发部)、运输安全部,辖鹰潭建设指挥部。9 月 25 日,因上一届董事、监事任期届满,股东会重新选举新一届董事、监事,董事会成员:徐利锋(11 月 27 日董事会选举为董事长)、熊燕斌(省方,11 月 27 日董事会选举为副董事长)、钟生贵(11 月 27 日董事会选举为副董事长)、郭建波、郭建光、林晓军、郑奕平(职工董事);监事会成员:郭卫华(11 月 27 日监事会选举为主席)、赵奕、丁国荣(职工监事)。党委书记徐利锋,党委副书记、纪委书记徐向春(9 月任);总经理徐利锋(兼),副总经理郭建光(兼总工)、郑奕平、王建国、邱敏,总会计师李铁真,董事会秘书周整。年末,在册职工 12 人。

全年,杭长客专江西段开行动车 111 对,其中公司担当 25 对;经营收入 73.91 亿元,盈利 4.37 亿元。年末,公司资产总额 566.75 亿元,其中:货币资金 8.13 亿元、应收账款 3.30 亿元、预付款项 0.01 亿元、其他应收款 0.17 亿元、存货 0.66 亿元、其他流动资产 0.03 亿元、固定资产净值 517.32 亿元、在建工程 -0.28 亿元、无形资产 37.40 亿元;公司负债总额 246.88 亿元,其中:短期借款 5 亿元、应付账款 7.24 亿元、预收账款 2.39 亿元、应付利息 1.27 亿元、其他应付款 0.20 亿元、长期借款 230.67 亿元;公司所有者权益 319.88 亿元,其中:南昌铁路局拨入资本金 289.12 亿元、江西省铁路投资集团公司拨入资本金 2.57 亿元、征地拆迁计价入股 35.4 亿元(暂估)、资本公积 0.58 亿元、专项储备 0.24 亿元、未分配利润 -8.04 亿元。

年内,推进乐化至向塘 C2 工程及横岗联络线剩余工程施工,做好国家验收各项准备工作,组织协调杭长客专验收和运营期间发现的质量缺陷整治和销号,督促各单位的环水保问题整改、竣工资料完善移交等工作。按照国家铁路局对路外安全环境督导要求,对建设过程遗留的 5 个拆迁问题进行整改。组织运营、设计、施工等单位及时完成 CRTS-Ⅱ型板离缝 17 处问题整改,更换杭长客专 8 个车站 196 处/659 块电缆井盖板,消除高铁运营安全隐患。加强生态环境保护,确保环保措施与施工方案同部署、同实施、同检查、同验收。

加强资金筹集与管理,合理安排银行贷款规模和时间,在保障资金供应的同时努力减少财务费用,杭长客专江西段全年建设资金到位 7 亿元(银行贷款)。加强资金安全风险防控管理,严格执行大额资金支付联签规定。根据铁路总公司要求,积极协调银行下调存量贷款基准利率,全年完成 172.49 亿元存量贷款,利息较基准利率下浮 10%,节约利息支出 6156 万元。做好债权债务清理,积极催收债权,全年收回杭长客专江西段建设资金 2593.71 万元。

(黎　源)

【昌九城际铁路股份有限公司】 公司位于江西省南昌市站前路 96 号(邮政编码 330002)。系原南昌铁路局和江西省铁路投资集团公司分别作为原铁道部、江西省人民政府的出资者代表和中国铁路发展基金股份有限公司、兴铁产业投资基金(有限合伙)共同出资设立。主要负责昌九城际铁路建设管理和委托运输管理相关工作,同时承担瑞九铁路、昌赣客专、安九铁路江西段、赣深客专江西段建设管理任务。内设综合管理部、计划财务部、工程管理部、物资设备部、安全质量部、征拆协调部(经营开发部)、运输安全部,辖瑞九建设指挥部、吉安建设指挥部、赣州建设指挥部、安九建设指挥部、赣深建设指挥部。9 月 25 日,因上一届董事、监事任期届满,股东会重新选举新一届董事、监事,董事会成员:徐利锋(11 月 27 日董事会选举为董事长)、熊燕斌(省方,11 月 27 日董事会选举为副董事长)、钟生贵、廖水龙、黄昊(省方)、张国卿(省方)、郭建光(职工董事);监事会成员:郭卫华(11 月 27 日监事会选举为主席)、虞浩(中国铁路基金发展公司)、王毅明(职工监事)。党委书记徐利锋,党委副书记、纪委书记徐向春(9 月任);总经理徐利锋

（兼），副总经理郭建光（兼总工）、郑奕平、王建国、李铁真、罗红霞（兼总会，省方）、蔡剑凡、施宗宝、黄样贵（省方）；董事会秘书甘国东。年末，在册职工58人。

全年，昌九城际铁路、瑞九铁路经营收入9.10亿元，盈利2.17亿元。加强经营测算分析，组织对列车运行图调整方案开展盈亏测算，向集团公司提出列车开行优化建议。完善纳税管理和发票审核，按时申报纳税，推进"营改增"后昌赣客专的钢材水泥物资共同采购工作，完成共同采购物资23.45亿元，增加增值税抵扣2.81亿元。加强预算管理，严禁预算外支出，严格控制"三公"经费。积极与股东联系，协调建设项目资本金按时到位。合理安排银行贷款规模和时间，在保障资金供应的同时努力减少财务费用，全年建设资金到位107.28亿元（银行贷款）。加强资金安全风险防控管理，严格执行大额资金支付联签规定，确保合同计划与价款相符、投资与进度相符、资金拨付与验工计价相符。根据铁路总公司要求，积极协调银行下调存量贷款基准利率，全年完成12.86亿元存量贷款，利息较基准利率下浮10%，节约利息支出649万元。

年末，公司资产总额436.68亿元，其中：货币资金24.41亿元、应收账款0.52亿元、预付款项2.50亿元、其他应收款7.80亿元、其他流动资产3.10亿元、固定资产106.91亿元、在建工程280.46亿元，无形资产10.82亿元、长期待摊费用0.15亿元；公司负债总额95.94亿元，其中：应付账款37.35亿元、预收账款0.02亿元、应交税费0.37亿元、应付利息0.58亿元、其他应付款2.75亿万元、长期借款54.88亿元；公司所有者权益340.74亿元，其中：中国铁路发展基金有限公司拨入资本金123.30亿元、南昌铁路局拨入资本金77.27亿元、江西省铁路投资集团公司拨入资本金96.96亿元、兴铁产业投资基金（有限合伙）投入资本金39.12亿元、专项储备0.04亿元、盈余公积0.80亿元、未分配利润3.26亿元。

瑞（昌）九（江）铁路建设　全年完成投资0.9亿元，完成年计划的100%。2017年9月4日至5日，铁路总公司组织专家组对新建武九客专工程（南昌局管段）进行初步验收；9月10日至13日，铁路总公司武九客专南昌局管段安全评估组对开通运营准备工作进行检查和评估；9月21日，新建武九客专工程（南昌局管段）开通运营。

（南）昌赣（州）客专建设　全年完成投资95亿元，完成年计划的100%。2017年9月24日，站后"四电"系统集成工程完成施工招标；9月29日，召开站后"四电"系统集成工程中标单位授标、合同（协议）签订暨工程建设动员会。

年内，以线下工程为主线，围绕路基土石方、桥梁制运架、大跨连续梁、长大隧道工程等重点工程，科学有序组织生产。根据投资计划和指导性施组安排，合理分配各工点关键部位及关键线路施工任务，优化资源配置，控制工程万安隧道、兴国隧道、赣州赣江特大桥总体进度满足施组工期要求。路基土石方完成183.7万立方米，超额完成年计划的0.1%，完成设计总量的97.5%；桥梁工程完成40968.1成桥米，超额完成年计划的8.2%，完成设计总量的96.5%；隧道工程完成28434.9成洞米，超额完成年计划的14.2%，完成设计总量的86.3%；制梁完成3137孔，超额完成年计划的1.7%，完成设计总量的95.9%；架梁完成3416孔，超额完成年计划的1.4%，完成设计总量的87.1%。供地20173.67亩（1亩≈666.7平方米），供地率99.9%；拆迁房屋113.34万平方米，拆迁率99.1%。

赣（州）深（圳）客专江西段建设　全年，完成投资7亿元。2017年10月18日、21日，赣深客专江西段站前工程剩余3个标段分别完成施工、监理招标。10月27日，召开赣深客专江西段站前工程中标单位授标、合同（协议）签订暨工程建设动员会。路基完成34.5万立方米，超额完成年计划的8.5%；桥梁完成1380.5成桥米，超额完成年计划的0.1%；隧道完成4985.5成洞米，超额完成年计划的0.4%。控制工程龙南隧道完成1283.3延长米，超额完成年计划的1%；黄柏山隧道完成1106.4延长米，超额完成年计划的3%。拌和站、试验室、钢筋加工场等大临工程施工和征地拆迁工作按施组安排稳步推进。

10月27日，昌九城际铁路股份有限公司召开赣深客专、安九铁路江西段合同签订暨建设动员会　（姚云龙　摄）

安（庆）九（江）铁路江西段建设　全年完成投资6.7亿元。依法合规推进工程招标工作，2017年10月23日、19日，安九铁路江西段站前工程分别完成施工、监理招标。10月27日召开安九铁路江西段站前工程中标单位授标、合同（协议）签订暨工程建设动员会，拌和站、试验室、钢筋加工场等大临工程施工和征地拆迁工作按施组安排稳步推进。

（黎　源）

【九景衢铁路江西有限责任公司】　公司位于江西省景德镇市珠山区通站路16号（邮政编码333000）。内设综合管理部、计划财务部、工程管理部、物资设备部、安全质量部，辖婺源、湖口建设指挥部。公司董事长、总经理王日辉，副总经理马水生、杨垂青、易金弟（省方），总会计师曾庆忠。年末，在册职工40人（未含省方4人）。2017年8月29日，根据《南昌铁路局　南昌铁路局党委关于整合局管合资铁路项目管理机构及有关事项的通知》（南铁劳卫〔2017〕264号），九景衢铁路江西有限责任公司和衡茶吉铁路有限责任公司整合为一个项目管理机构：九景衢铁路项目管理机构，实行“一个机构、多块牌子”的管理模式。

九景衢铁路西起江西省九江市，东至浙江省衢州市，全长333.3公里（江西段244.9公里）。江西段设九江、琵琶湖、湖口、都昌、油墩街、鄱阳、景德镇北、赋春、桥上村、婺源、德兴东11个车站。江西段设计总投资196.25亿元，计划工期42个月。2014年5月开工建设。

2017年4月24日，九景衢铁路江西段正线铺轨贯通　（江建荣　摄）

2017年，完成投资13亿元，开累完成投资167亿元，完成计划的100%。经报请铁路总公司建设部同意，项目分九江至湖口（含）既有线段、湖口（不含）至局界新建段两部分验收。其中，九江至湖口（含）既有线段8月18日完成静态验收，8月22日完成动态验收，8月31日完成初步验收，9月4日完成安全评估，9月21日开通运营；湖口（不含）至局界新建段11月14日完成静态验收，11月15日完成联调联试，12月5日完成动态验收，12月11日完成初步验收，12月17日完成安全评估。12月26日，公司与南昌局、上海局集团公司分别签订《委托运输管理协议》，将九景衢铁路江西段运输管理相关业务委托给南昌局、上海局集团公司。12月28

日，九景衢铁路正式开通运营，结束了都昌、鄱阳两县不通火车的历史，也使景德镇市进入“动车时代”。至年底，九景衢铁路发送旅客3.2万人，运输收入166万元。

全年，开展安全质量检查21次，内容涵盖路基、桥梁、隧道、营业线、冬季、雨季施工及试验室信息化、高空作业、火工品管理、打非治违、标准化建设、专项方案等，下发安全整改通知书5份（黄色3份、白色2份），发现安全问题1348个，提出整改措施，明确责任单位、责任人及整改完成时限，已整改1281个，整改率95%。组织信用评价集中检查4次，发现参建单位一般不良行为19个（施工企业9个、监理企业10个）。成立标准化评定配合领导小组，配合集团公司做好衢九线（南昌局管段）标准化评定工作。

加强与省政府有关部门及沿线地方政府沟通协调，落实维稳工作责任和领导干部包保制度，及时化解各种矛盾，严格按合同办事，做好架子队撤场结算工作。督促参建单位规范劳务用工管理，加强对农民工劳动合同签订、工资发放、持证上岗等情况的检查监督。按合同约定全额支付各参建单位相关款项，完善农民工工资保障制度，维护农民工合法权益。组织全体职工和参建单位关键岗位人员，召开“平安工程”联席会议1次，邀请南铁检察分院检察官为参会人员作预防职务犯罪讲课，提高参建人员廉洁自律意识。

昌景黄铁路（江西段）建设　新建南昌至景德镇至黄山城际铁路（简称“昌景黄铁路”）西起江西省南昌市，途经江西省上饶市、景德镇市，东至安徽省黄山市。正线全长285.85公里，其中江西省境内195.14公里、安徽省境内90.71公里。全线设南昌东、军山湖、余干、鄱阳南、乐平北（预设）、景德镇北、瑶里、祁门西、黟县南、黄山北共10座车站。

年内，完成项目用地预审、规划选址、社会稳定风险及节能评估论证，取得地灾及压覆矿备案和文物资源评估意见批复；与沿线各县市签订土地综合开放框架协议；完成上跨高速公路方案现场确认；组织设计单位完成昌景黄铁路引入景德镇北站Ⅰ类变更设计文件的编制、预审及上报工作。

5月12至16日，铁路总公司组织对项目进行可研预审；7月10日，完成与江西沿线7个县市的土地综合开发框架协议签订；10月22至27日，国家发改委组织可研审查；12月15日，项目获得用地预审批复；12月21日，项目获得规划选址批复；12月29日，项目获得可研批复。

皖赣线浯溪口水库改线工程建设　工程位于皖赣线中段（黄山—景德镇段）、江西省景德镇市浮梁县浯溪口水库库区西侧，里程为皖赣线K349+900~K371+650，改建废弃既有线20.3公里，利用既有线1.45公里（K354+350~K355+800），改建后线路长21.703公里。正线数目：单线；铁路等级：Ⅰ级；限制坡度：6‰；最小曲线半径：改线地段一般1200米，困难地段800米；牵引种类：内燃，预留电力条件；牵引质量：3500吨；到发线有效长度：850米；闭塞类型：半自动闭塞。主要工程量：路基正线10.46公里；桥梁30座/6453.57延长米；涵洞39座/1186.66延长米；隧道11座/3441延长米；车站2座（营里和峙滩车站）；轨道正线20.553公里；四电工程正线20.53公里。设计单位：中铁上海院；施工单位：中铁二十五局；监理单位：上海先行监理公司。

全年，完成投资5亿元。房屋征拆完成94%，通信及信号迁改完成100%，路基完成78%，桥梁桩基完成87%、承台完成71%、墩台身完成59%，涵洞完成72%，隧道完成61%。

（江建荣）

【赣龙复线铁路项目管理机构】　位于龙岩市人民路火车站东侧赣瑞龙线综合楼六楼（邮编364000）。2017年6月28日，根据南铁劳卫函〔2017〕382号文件，浦梅铁路工程建设指挥部由与龙厦铁路工程建设指挥部实行“一套人员、两块牌子”调整为与赣龙复线铁路有限责任公司实行“一套人员、两块牌子”的管理模式。2017年8月29日，根据南铁劳卫〔2017〕264号文件，以赣龙复线铁路有限责任公司为主体，将赣龙复线铁路有限责任公司和龙岩铁路有限责任公司整合为一个项目管理机构，整合后的机构名称为“赣龙复线铁路项目管理机构”，实行“一个机构、多块牌子”的管理模式。内设综合管理部、计划财务部、工程管理部、征拆协调部（经营开发部）、安全质量部、物资设备部、运输安全部。董事长郭海满，副董事长朱桦（福建省铁路投资有限责任公司）、颜世刚（华能国际电力股份有限公司）、傅江斌（江西省铁路投资集团公司），董事林晓军、廖水龙、徐洪、谢阿龙（职工董事），董事会秘书周整；监事会主席郭卫华（江西省铁路投资集团公司），监事赵奕、周素碧（福建省铁路投资有限责任公司）、王建星（华能国际电力股份有限公司）、范大勇（职工监事）；党委书记兼总经理郭海满，副总经理吕水恭、洪军（兼总工）、谢阿龙（兼总会）、陈泰宁、林金墀（福建省铁路投资有限责任公司派驻）、冯清东（华能国际电力股份有限公司派驻）、邹红星（江西省铁路投资集团公司派驻）。年末，在册职工81人（赣龙公司29人、龙岩公司52人）。

浦梅铁路（建宁至冠豸山段）建设　线路起自向莆铁路建宁县北站，经三明市建宁县、宁化县、清流县和龙岩市连城县，终至赣龙铁路冠豸山站。正线全长162公里（不含宁化至清流与兴国至泉州铁路共线段12.1公里），同时修建建宁县北站疏解线4.3公里、冠豸山站联络线7.1公里和接轨站站改工程。项目投资110.96亿元，设计单位为铁道第三勘察设计院集团有限公司和中铁二院工程集团有限责任公司，施工单位为中铁二局集团有限公司、中铁十一局集团有限公司、中铁十七局集团有限公司和中铁五局集团有限公司，监理单位为西安铁一院监理公司、南昌华路监理公司、华西工程建设公司和北京现代通号工程咨询公司。

全年，完成投资15.09亿元。完成路基土石方531万立方米，占设计的19%；桥梁9355成桥米，占设计的25.6%；涵洞5523横延长米，占设计的38.9%；隧道12532成洞米，占设计的21.6%；征迁土地8847亩，占设计的99.7%。

12月22日，铁路总公司质监站对浦梅线进行监督检查　（徐明柱　摄）

贯彻落实“4·20”全路建设工程质量安全工作座谈会精神，深入开展隧道施工安全专项检查、火工品检查、监理专项检查，重点对全线6座极高风险隧道、2座高度风险隧道、2座低瓦斯隧道强化安全管理。制定《浦梅铁路工程开工条件安全评估管理制度》，在开工前对施工单位开工条件进行安全评估。制定工程质量创优规划、标准化实施方案和开工标准化验收条件，组织全线14座标准化拌和站、9个试验室及隧道围岩量测信息化验收，实现常态化监控检查。推进全线标准化工地建设，开展以“以工装应用，保安全质量”为主题的季度标准化工地考评活动，命名首批5个“标准化示范工地”，开展2次标准化管理现场观摩会。引进监理现场监控仪，实施阳光监理，制定《浦梅铁路建设监理现场监控记录仪管理办法》，启动应用平台，配备60台监理监控记录仪。实施隐蔽工程影像资料管理，制定《浦梅铁路隐蔽工程及关键工序影像资料管理实施细则》,上传铁路工程管理平台隐蔽工程影像1500次,确保质量验收过程的可追溯性。开展第三方检测工作,3月完成站前工程第三方检测招标工作,7月完成原材料第三方检测招标工作。

制定《浦梅铁路实施性施工组织设计动态管理考核办法》,6月、9月对各标段剩余工程实施性施组进行审查考核。完成三电迁改和地下管线设计文件编制、技术交底和现场调查,推进建宁北、冠豸山站站改工作。配合地方政府完成临时用地复垦方案编制及评审,用地报批材料已提交国土资源部。与地方政府签订1649.45亩土地综合开发协议,其中建宁南616亩、连城1033.45亩。

（范大勇）

【东南沿海铁路福建有限责任公司】 位于福建省福州市沁园路73号(邮政编码350013)。系原铁道部和福建省于2004年12月共同组建的合资铁路公司(正局级)。公司负责温福铁路(福建段)、福厦铁路、厦深铁路(福建段)的运营管理和衢宁铁路(福建段)、新建福厦铁路的建设工作。内设综合管理部(党群工作部)、计划财务部、工程管理部、征拆协调部(经营开发部)、安全质量部、物资设备部、运输安全部,下设衢宁指挥部、厦门指挥部、莆田指挥部、厦深指挥部。公司党委书记、总经理陈乃武,党委副书记、纪委书记邝振清,总工程师陈国顺,总会计师郭晋鄂,副总经理邓梦龙、陈四清、林学斌、刘珠雄、林依飞;董事长陈乃武,副董事长刘珠雄,副董事长郭建波,董事钟生贵、邝振清、朱桦、吴建华;监事会主席陈瑜,监事廖水龙、陈春安。

按照铁路总公司统一部署,公司与京福闽赣客专公司、向莆铁路股份公司整合为“东南沿海铁路福建项目管理机构”。年内,实现“机构到位、人员到位、制度到位、工作到位”的整合目标,完成董事会、监事会换届选举,实行人员统一分工使用、制度统一制定执行、工作统一部署检查、业绩统一考核兑现,建立11类147项管理制度体系。

投资设立全资子公司—福建高铁综合开发有限公司,积极与福州、莆田、泉州、漳州、厦门等地市签订土地综合开发框架协议。已签订协议的土地7457亩,现场确认6287亩。

2017年4月1日起,杭深线公布票价统一上调20%,二等座从0.3086元/人公里调整为0.3703元/人公里,执行价为公布票价的9.45折。全年,公司开行列车174对,其中担当动车组列车44.5对(直通23对、管内21.5对)、不担当动车117.5对、普速列车12对;运输收入643977万元,较预算增加28008万元,增长4.55%;运输支出581905万元,较预算减少19460万元,下降3.46%;盈利62072万元,较预算增加8548万元,增长15.97%。

完善质量安全责任体系,修订40个质量安全管理办法。落实安全风险防控机制,加强安全风险源的动态监测、实时预警。开展质量安全检查,下发通报108份、灰色通知书63份、黄色通知书168份、红色通知书36份。检查发现问题3168个,已整改销号3085个。综合利用铁路建设项目信用评价、激励约束考核、标准化管理绩效考评、施工图评价考核、施工图审核考核、供应商信用评价各类考核载体,下发151份不良行为记录。发挥正向激励机制作用,组织两次劳动竞赛检查,授予优胜单位“流动红旗”。开展先进评选活动,评选出年度先进集体13个(参建单位10个),先进个人80名(参建单位55名,其中农民工代表20名);2名先进个人获火车头奖章(参建单位1名)。

加强技术创新,组织新福厦铁路参建各方研究制定《“精品工程、智能福厦”总体实施方案》,并获铁路总公司审查通过。开展科技攻关,攻克衢宁铁路鹫峰山一号隧道F8断层施工难题,洋角大桥BIM管理平台应用效果良好,泉州湾特大桥风与温度耦合作用课题获铁路总公司立项审批。

健全党组织机构,优化设置11个党支部,制订完善18项党群规章制度。落实党内政治生活制度,推进“两学一做”学习教育,召开中心组集中学习21场次。开展3个专题学习,设立党员微信群,组织党员脱产集中培训。开展廉洁共建活动,与铁路检察系统深化“平安工程”,开展“四个一”和“绿色衢宁”活动,组织两次现场廉政检查;与参建各方共同商讨制定《共建规范廉洁铁路建设市场实施方案》,针对个别参建单位不当行为及时进行通报。规范“三重一大”事项决策机制,明确党委会、董事会、经理班子权力清单及决策流程。制定骨干人才培养计划实施细则,培养出1名全路专业带头人、1名公司专业带头人、3名公司专业拔尖人才。

衢宁铁路(福建段)建设　全年完成投资28亿元,为年度计划的100%;开累完成74.2亿元,为批复投资的57.4%。隧道工程开累完成95610.98成洞米,为设计总量的75.2%;桥梁工程开累完成23968.04成桥米,为设计总量的82.4%;涵洞工程开累完成4921.9横延长米,为设计总量的91.6%;路基工程开累完成2084.02万立方米,为设计总量的87.7%。全线控制性工程鹫峰山一号正洞掘进完成12916.5米,完成设计的77.6%。

新建福厦铁路建设　9月30日,新建福厦铁路全线开工建设。全年完成投资8亿元,为年度计划的100%,完成批复投资的1.6%。隧道工程开累完成144.22成洞米,为设计总量的0.22%;桥梁工程开累完成337.24成桥米,为设计总量的0.17%。

(施良斌)

【福建福平铁路有限责任公司】　位于福建省福州市晋安区沁园路77号(邮政编码350013),是中国铁路南昌局集团有限公司、福建省铁路投资有限责任公司分别作为铁路总公司、福建省人民政府的出资者代表发起组建的合资公司,负责福平、南龙铁路的建设和运营管理工作。内设综合部、计划财务部、工程管理部、物资设备部、安全质量部,辖平潭指挥部、三明指挥部。党委书记、董事长兼总经理彭光辉,副总经理乐以谷、瞿雄、陈广卫、周衡、高胜凯、林旺江(福建省派驻)、李荔(福建省派驻,兼总经济师)、邓言(福建省派驻),总会计师邱恒。年末,在册职工43人。

8月29日,根据《南昌铁路局　南昌铁路局党委关于整合局管合资铁路项目管理机构及有关事项的通知》(南铁劳卫〔2017〕264号)文件,以福建福平铁路有限责任公司为主体,将福建福平铁路有限责任公司、泉州铁路有限责任公司、武夷山铁路有限责任公司和7个港口铁路支线(福州江阴港铁路支线有限责任公司、福建可门港铁路支线有限责任公司、福建湄洲湾港口铁路支线有限责任公司、福建湄洲湾南岸铁路支线有限责任公司、福建白马港铁路支线有限责任公司、福建港尾铁路有限责任公司、福建罗源湾北岸铁路支线有限责任公司)整合为一个项目管理机构。整合后的机构名称为“福建福平铁路项目管理机构”,实行“一个机构、多块牌子”的管理模式,内设综合管理部、计划财务部、工程管理部、征拆协调部(经营开发部)、安全质量部、物资设备部、运输安全部,下设福平铁路、南龙铁路、龙岩至龙川铁路3个指挥部。

12月6日,在福州召开2017年临时股东会、二届一次董事会会议。临时股东会审议《关于选举公司第二届董事会董事、监事会监事的议案》《关于修改公司章程的议案》,听取《公司职工董事、职工监事选举结果的报告》;董事会审议《关于选举公司董事长、副董事长的议案》《关于调整公司经理层人员的议案》;监事会审议《关于选举公司监事会主席的议案》。

12 月 6 日,福建福平铁路有限责任公司在福州召开 2017 年临时股东会、二届一次董事会会议 (冯天翔 摄)

福平铁路建设　全年,完成投资 32 亿元。开工累计完成投资 180.3 亿元,占设计的 71.81%;路基土石方 408.65 万立方米,占设计的 74.71%;隧道及明洞 3.07 万成洞米,占设计的 88.39%;中桥以上桥梁 2.90 万成桥米,占设计的 72.67%;涵洞 533.79 横延长米,占设计的 81.79%。

南龙铁路建设　全年,完成投资 70 亿元。开工累计完成投资 243.6 亿元,占设计的 92.4%;路基土石方 1520 万立方米,占设计的 98.7%;隧道及明洞 20.38 万成洞米,占设计的 99.2%;中桥以上桥梁 3.74 万成桥米,占设计的 94.8%;涵洞 5432 横延长米,占设计的 100%。

(冯天翔)

【厦门海沧铁路有限责任公司】　位于福建省厦门市海沧区建港路 298 号(邮政编码 361026)。在东孚站接轨开办专用线货运业务,支线全长 16.9 公里。2017 年 11 月,股东会选举新一届董事、监事:公司董事长黄少雄,副董事长蔡君毅,董事廖水龙、方立华、吴成忠;公司监事会主席赵奕,监事郑应广,职工监事杨阿平;董事会秘书周整。公司总经理兼党总支书记蔡君毅,副总经理邹文亮(2 月任)。年末,在册职工 64 人。

年内,加快推进综合经营开发。全面清理公司资产,做好闲置土地、房屋资产的运用状况和市场需求分析评价,抓住公司地处福建自贸实验区厦门片区的有利机遇,加大政策研究力度,结合铁路总公司推动铁路货运向现代物流转型的战略部署,拓展公司增收渠道。全年,实现经营收入 2670.28 万元(其中租金收入 256.83 万元),实现利润 31.98 万元。

加强党建工作,推进"两学一做"学习教育常态化、制度化,完善"三重一大"事项集体决策实施细则等制度,促进民主科学决策。举行党员大会 31 次,领导班子成员上党课 3 次,党总支理论中心组进行专题研讨 4 次。12 月,党员大会选举产生新一届党总支委员会。落实《党支部工作一体化考核评价办法》,每季度对党支部工作进行检查考评,并开展年度党支部分类定级工作。组织党员细化合格党员标准,建立党员微信群,实时推送理论学习内容。落实发展党员工作,按规定程序做好预备党员考察工作。

加大"三不让"帮扶救助力度,定期开展困难职工帮扶和退休老同志走访慰问工作,慰问退休职工 29 人、困难职工 5 人,补助 2.66 万元。改善职工生产生活条件,办好职工伙食团,继续补贴海沧、白礁货场职工食堂。

(施丽容)

【厦门国际物流港有限责任公司】　位于厦门市海沧区东孚街道凤美南路 2 号(邮政编码 361000)。前身为厦门前场铁路货场有限责任公司,由南昌局集团公司、厦门港务控股集团有限公司、厦门象屿集团有限公司、厦门夏商集团有限公司、厦门海沧投资集团有限公司共同出资成立。南昌局集团公司出资 36%(2.82 亿元),厦门港务控股集团有限公司出资 25.6%(2 亿元),厦门象屿集团有限公司出资 12.8%(1 亿元),厦门夏商集团有限公司出资 12.8%（1 亿元），厦门海沧投资集团有限公司出资 12.8%（1 亿元）。内设综合部（党群工作部）、财务部、市场营销部、技术安全部、生产运营部。公司董事长兼党总支书记王道声，总经理吴定良，副总经理周建国、李俊禄（11 月任）、于海滨（11 月免）。年末，在册职工 47 人。

前场铁路货场地处沈海高速公路与厦深铁路之间的狭长地带，占地 2763 亩，横跨海沧和集美两区。物流园区与厦深线前场车站相连，西接福建省最大的铁路编组站东孚站，南临鹰厦、龙厦、福厦和厦深铁路线，北靠沈海高速公路，紧邻厦门港和高崎国际机场，已列入交通运输部货运枢纽规划，为其重点扶持的物流园区之一。具备集装箱到发、中转，普通成件包装和粮食等货物到发、中转，长大笨重货物到发，以及与城市物流结合的运配销等一体化功能。

2012 年 9 月，前场铁路货场开工建设；2016 年 6 月，完成一期建设并转入运营筹备阶段；2016 年 10 月 8 日，人员进驻办公；2016 年 11 月 2 日，经工商核准由“厦门前场铁路货场有限责任公司”更名为“厦门国际物流港有限责任公司”；2016 年 12 月 30 日，厦门前场铁路货场开通运营。

全年，货物发送 345877 吨，货物到达 106813 吨，日均货物到发 1240.2 吨，超额完成集团公司下达指标；经营收入 6857.14 万元，其中成件区收入 438.28 万元、集装箱区收入 6026.41 万元、租赁收入 308.20 万元、物流总包收入 71.25 万元、其他服务收入 13 万元。仓储业务采取仓库自营与租赁相结合的运营模式，全面开启仓库作业区，自营方面重点攻关大宗货物，与厦门宏顺物流有限公司、厦门港务贸易有限公司等 16 家企业签订仓储协议，完成进出仓量 119224.18 吨，货物种类包含塑料米、木材、白糖、淀粉、鱼粉、海藻等。

厦门国际物流港有限责任公司运营的仓库作业区　（陈金炫　摄）

发挥场地规模和区位优势，2017 年 2 月 6 日启动商品车集散分拨业务，开启闽南地区“汽车搭乘火车”时代。结合市场需求，提升公司服务水平，制定货源营销战略，分别与文华福瑞、文华菱瑞、吉利汽车、广州本田、江淮汽车、中铁特货和柳州五菱等商品车客户签订合作协议，服务范围包含装卸、堆存和运输等环节。2017 年 5 月 9 日，与中铁特货南昌分公司签署战略合作协议，打造闽南地区商品车集散分拨基地。7 月，商品车进场量突破万台；全年商品车到达 28353 台。

（陈金炫）

【福建港口铁路支线建设指挥部】　位于福建省泉州市丰泽区城华南路 555 号（邮政编码 362000），内设综合管理室、计划财务室、工程管理室、安全质量室、物资设备室。指挥长兼党支部书记柯建团，副指挥长郑明勇、杜朝阳，总工程师林磊。年末，在册职工 31 人。

湄洲湾港口铁路支线建设　全年，完成投资 4000 万元。开工累计完成投资 14.4 亿元，占设计的 81.46%；路基土石方 647.7 万立方米，占设计的 99.77%；中桥以上桥梁 1899 成桥米，占设计的 99.87%；涵洞 1810 横延长米，占设计的 100%；铺轨 52.96 公里，占设计的 73.4%；通信线路 41.51 公里，占设计的 76.55%；电力线路 47.2 公里，占设计的 87.05%；接触网 60 条公里，占设计的86.12%；房建工程11775平方米，占设计的95.3%。

福州可门港铁路支线建设　全年，完成投资50万元。开工累计完成投资11.65亿元，占设计的91.52%；路基土石方254万立方米，占设计的99%；中桥以上桥梁9424成桥米，占设计的100%；涵洞559.62横延长米，占设计的98.76%；隧道2031成洞米，占设计的100%；电力线路18.0公里，占设计的82.93%；接触网27条公里，占设计的73.3%；铺轨18.9公里，占设计的88%；房建工程4368平方米，占设计的41.2%。

宁德白马港铁路支线建设　全年，完成投资50万元。开工累计完成投资4.14亿元，占设计的35.73%；路基土石方59.55万立方米，占设计的22.1%；中桥以上桥梁1538成桥米，占设计的38.21%；隧道6161成洞米，占设计的53.06%。

漳州港尾铁路建设　全年，完成投资5000万元。开工累计完成投资13.6亿元，占设计的67.76%；路基土石方432.5万立方米，占设计的88.14%；中桥以上桥梁7777成桥米，占设计的64.81%；涵洞243横延长米，占设计的9.10%；隧道12627成洞米，占设计的77.57%。

湄洲湾南岸铁路支线建设　全年，完成投资800万元。开工累计完成投资7.23亿元，占设计的55.53%；路基土石方366.27万立方米，占设计的91.09%；中桥以上桥梁4519成桥米，占设计的45.6%；涵洞2246.85横延长米，占设计的79%；隧道72.07成洞米，占设计的2.7%；电力线路33公里，占设计的71.8%；铺轨34.85公里，占设计的95%；房建工程3200平方米，占设计的99%。

（陈念恩）

【厦门枢纽改造工程建设指挥部】　位于厦门市厦禾路982号南方饭店（邮政编码361004），承担厦门地区铁路枢纽新建、改扩建及涉铁工程的建设管理工作。内设综合室、计划财务室、工程室、安全质量室、物资设备室。指挥长兼党支部书记郁文涛，副指挥长林琼源、杨顺民、高令发。年末，在册职工28人。

厦门北动车运用所工程建设　项目位于厦门市同安区禾山村境内，距离厦门北站3公里。厦门北动车运用所设检查库8线、存车线27条、临修及不落轮镟线各1条、外皮洗刷线和牵出线各2条、连接厦门北站的走行线2条。铺轨长度40.2公里，新建检查库及边跨、临修及不落轮镟库、外皮洗刷棚等生产生活房屋5.7万平方米。项目投资15.97亿元（其中征迁2.1亿元），计划工期2年。2014年12月20日开工建设，2017年1月5日第一阶段工程竣工并投入运营，2017年12月20日全部建成开通。全年，完成路基土石方242万方（开累671万方），桥涵287横延长米（开累1121横延长米），隧道838米（开累1971米），站线铺轨20.09公里（开累40.2公里），四电工程、征地拆迁工作全部完成。单身宿舍、滤筒滤网存放间、大部件存放库等剩余工程，计划于2018年12月建成。

（卜利华）

厦门北动车运用所检查库内景

（乐兴潭　摄）

【南昌房建工程建设指挥部】　位于南昌市西湖区二七南路387号（邮政编码330002），内设综合室、计划财务室、工程室、安全质量室。指挥长罗少华，副指挥长吴斌、向群。年末,在册职工 16 人。

新建南昌铁路调度大楼工程建设　大楼建筑面积 28650 平方米,总投资 6.48 亿元,2015 年 6 月开工建设。全年完成投资 1.90 亿元(开累完成 6.32 亿元,占总投资的 97.56%)。工程于 2017 年 4 月和 7 月分两阶段完成静态验收;2017 年 11 月完成初步验收和安全评估,并投入使用。

(邵育华)

科技 信息 教育 卫生

科技管理

【概况】 集团公司总工程师室(科委办)内设基建方案科、综合技术科、科技管理科和特种设备科,下设工程设计技术鉴定所、特种设备检测检验所两个附属机构。主任池德忠,副主任沈洋、林维。定员24人,年末在册职工19人。

【铁路路网规划】 年内,根据国家《中长期铁路网规划》(2016—2030年),集团公司管内规划的铁路项目有:

1. 普速铁路

瑞(金)梅(州)、六(安)安(庆)景(德镇)、吉(安)武(夷山)温(州)、岳(阳)九(江)、赣(州)郴(州)、资(溪)建(宁)、南(平)宁(德)等铁路,合计7条。

2. 时速200公里及以上铁路

(南)昌景(德镇)黄(山)、长(沙)赣(州)、龙(岩)龙(川)、(南)昌九(江)、九(江)池(州)铁路,合计5条。

3. 既有铁路扩能改造

皖赣、合九、铜九扩能改造,赣(州)韶(关)复线,合计4条。

【铁路建设前期审查】 年内,铁路总公司组织涉及集团公司的5条铁路项目建设前期审查:福厦客专初设审查、赣深客专修改初设审查、龙龙铁路预可研和可研审查、昌景黄铁路可研审查、鹰厦线华安段改线工程预可研和可研审查。

【路网在建项目】 年内,昌赣、福平、衢宁、南龙、兴泉、浦梅(建宁至冠豸山段)、岳吉、赣深、安九、福厦等铁路,皖赣铁路浯溪口水库改线工程,以及宁德白马、漳州港尾、罗源湾北岸铁路支线在建。

表8-1 2017年在建铁路情况一览表

序号	在建铁路	起止	线路全长(公里)	开工日期	计划开通
1	昌赣客专	南昌至赣州西	398	2015. 1	2019. 12
2	福平铁路	福州至平潭	88	2013. 11	2020. 10
3	衢宁铁路	衢州至宁德	382	2014. 12	2020. 8
4	南龙铁路	南平北至龙岩	247	2013. 12	2018. 12

续上表

序号	在建铁路	起止	线路全长（公里）	开工日期	计划开通
5	兴泉铁路	兴国至泉州	459	宁化至泉州 2017.4，兴国至宁化 2017.9	宁化至泉州 2021.9，兴国至宁化 2022.2
6	浦梅铁路	建宁至冠豸山	161	2016.12	2021.5
7	岳阳至吉安铁路	岳阳至吉安	434	2014.12	2019.12
8	赣深客专	赣州西至深圳北	452	2017.10	2021.9
9	安九客专	安庆至庐山	167	2017.10	2022.8
10	福厦客专	福州南至漳州	278	2017.9	2022.9
11	皖赣铁路浯溪口水库改线	改线营里、峙滩、下明溪三站四区间，下明溪站关闭	21	2017.1	2018.12
12	宁德白马铁路支线	福安站至白马港作业车场	26	2010.9	待定
13	漳州港尾铁路支线	漳州南至港尾港区深沃作业车场	52	2010.10	待定
14	罗源湾北岸铁路支线	罗源站至将军帽作业车场	26	未正式开工	待定

【综合技术管理】

技术规章管理　根据上级规章和部分线路设备变化，修改《行规》4 次、修改《行细》4 次。全年，牵头组织两次技术规章清理工作：上半年清理出有效技术规章 437 个（基本规章 16 个、专业规章 423 个），废止技术规章 70 个；下半年清理出有效技术规章 464 个（基本规章 21 个、专业规章 443 个），废止技术规章 41 个。

LKJ 数据管理　发布 LKJ 基础数据电报 43 项，其中施工改造 23 项、调整列车运行图 6 项、关于Ⅰ级防洪地点 3 项、复测 4 项、站名修改 1 项、年度数据核查 1 项、联调联试 2 项、新增运行限制 3 项。

联调联试　2017 年 7 月 18 日 18:00 起，集团公司接管武九客专枫林站（不含）至 K23 线路所和九江联络线的行车指挥及施工管理。7 月 21 日，武九客专开始联调联试。共开行检测列车 43 列，检测里程 1262 公里；开行单列动车组 106 列，检测里程 4627 公里；开行重联动车组 24 列，检测里程 912 公里；信号系统完成 202 个 C2 测试序列，检测里程 4766 公里。总检测里程 10567 公里。

2017 年 9 月 27 日 18:00 起，集团公司接管衢九线德兴东至湖口站段行车指挥及施工管理。9 月 30 日，衢九线开始联调联试。共开行检测列车 72 列次，检测里程 17040 公里；开行货物试验列车 30 列次，检测里程 7156 公里；开行综合检测列车 80 列次，检测里程 13620 公里；开行重联动车组 22 列次，检测里程 2460 公里；信号系统完成 942 个测试序列，检测里程 30091 公里。总检测里程 70367 公里。

【科研计划管理】　围绕全路科技发展主攻方向和重点，组织申报铁路总公司重大、重点科技攻关项目 5 项，其中“运营铁路快速测量技术研究”“高速铁路灾害监测信息大数据分析及维护技术深化研究”获得立项批准。围绕集团公司安全生产急需解决的突出问题和关键技术,组织科研立项 64 项,下达科研计划 37 项,投入科研经费 500.5 万元。

【重点课题研究】 年内,推进科研开发和技术创新,组织开展"面向市场的铁路客货运营管理技术研究与应用-高速铁路客流精细化分析和运行计划综合优化关键技术研究与运用""高速铁路灾害监测系统网络维护及测试技术研究""运输生产人员使用数量模型研究""铁路工务多功能作业车关键技术研究""平潭海峡公铁两用大桥修建关键技术研究"等铁路总公司重点科研课题研究。

【成果评价与转化】 完成科技成果技术评价 37 项、产品生产工艺审查 12 项,推广应用"QDJ-Ⅰ型半自动闭塞区间钢轨断轨监测系统""公寓乘务管理系统""轨枕扣件回收传输装置"等科研成果。

"赣龙线高速铁路线间距等速度适应性试验"获得 2017 年度中国铁道学会"铁道科技奖"二等奖。

【标准化管理】 制定、修订企业管理标准 9 项、技术标准 24 项。重新公布集团公司技术基础标准明细表和各专业系统技术标准明细表,其中技术基础标准 164 项、车务系统标准 71 项、客运系统标准 31 项、货装系统标准 76 项、机务系统标准 414 项、车辆系统标准 595 项、工务系统标准 296 项、电务系统标准 254 项、供电系统标准 131 项。举办一期企业标准化基础知识培训班。

【计量管理】 对 84 项铁专计量标准和通用类次级计量标准进行复查和新建考核,其中配合国家、省部级计量主管部门复查和新建考核计量标准 41 项。年末,共建立 173 项计量标准,其中铁专标准 79 项。

全年对 42 个运输站段进行计量监督检查和评定,考核 19 万元。

【特种设备定检】 全年,检验特种设备 1300 台(锅炉 22 台、压力容器 523 台、起重机械 201 台、厂内专用机动车辆 554 台、安全阀 316 只),定期检验率 100%。

【特种设备安全检查】 全年,开展特种设备安全大检查 2 次、锅炉压力容器专项检查 1 次;检查 43 个单位、79 个车间、93 个班组,发现问题 717 个,下发《安全信息单》37 份;评选出先进锅炉房 2 座。

(叶 峻)

科技研究

【概况】 集团公司科学技术研究所位于江西省南昌市站前路 138 号(邮政编码 330002)。主要承担运输生产科研项目研究、危险货物运输包装检测和江西境内铁路单位环境监测工作。内设办公室(含财务)、人教科、科管科、武保科、自动化研究室、机电工程研究室、信息工程研究室、综合工程研究室、环境监测站。所长肖贤伟,党委书记李春辉,副所长徐精、熊盛礼(2017 年 8 月退休)。年末,在册职工 64 人,固定资产 591.4 万元。

【科研工作】 年内,承担集团公司科研开发项目 8 项,投入经费 152.4 万元;承担集团公司更新改造项目 3 项,投入经费 100.25 万元。承办技术评价会 7 次,科研项目通过技术评价 8 项、通过产品工艺审查 1 项。1 项科技成果获实用新型专利授权,1 项科技成果通过国家知识产权局发明专利资格审查,2 项科技成果通过国家知识产权局实用新型专利资格审查。承担的铁路总公司科研项目"大型养路机械关键技术研究—多功能收卸长钢轨技术研究"于 5 月 24 日通过铁路总公司科技管理部组织的技术评审,与会专家一致认为该项目技术达到国内领先水平。

全年,依托"可动心轨尖轨调直机具""公寓叫班机自动化及综合视频监控系统"

“货车超限及装载状态监测系统”“桥梁加固专用钻孔机具”“铁道螺栓长效油脂”“售票语音系统”“危货包装检测”等重点项目技术优势，完成其他业务收入 346.2 万元，实现毛利 241.2 万元。

【研发项目】 大桥江河水位远程监测系统 该项目是在大桥无线遥测系统基础上研制，可实时掌握大桥水位。数据远距离传输不受地域限制，数据上传至集团公司防洪网后进行图形化显示，实现浏览器在线查询、防洪短信推送、手机客户端查询等功能。每个测试点配备大容量锂电池，可供长时间工作（一年以上）。主要研制人员：黄存国（工程师）、郑达（高工）、姜泽平（助理工程师）、邓柏葵（工程师）、周昕（助理工程师）、熊壮（助理工程师）、宋欣灏（助理工程师）、程龙（助理工程师）、孙风生（高级技师）。计划研制时间：2017 年 8 月至 2018 年 12 月。

12 月 27 日，专家测试组对大桥江河水位远程监测系统进行技术测试 （杨鸿 摄）

机车电务设备检测系统 该项目是针对机车入库时电务设备进行人工检修时存在效率低下、工作负荷量大、人为因素造成错检（漏检）、监管缺乏有效手段等问题研制，实现基于图像处理与模式识别的入库机车走行部件在线监测系统。系统通过高清摄像头实时监控进站检修的车辆信息，采用特定的图形识别算法，分析机车电务设备状况，提高日常巡检效率，提升巡检质量。主要研制人员：王丹（工程师）、颜川（工程师）、朱平元（工程师）、熊健锋（助理工程师））、吴秋苟（助理工程师）、宋欣灏、黄杰（工程师）、熊壮、廖芳蓉（工程师）。计划研制时间：2017 年 8 月至 2018 年 12 月。

客车蓄电池蒸馏水多路自动加注小车 该项目是针对人工作业方式对列车蓄电池内部蒸馏水进行加注时，加注质量不高、不到位、耗时长、劳动强度大等问题研制的自动加注设备，实现自动检测液位、根据液位自动调节出水量、自动打开和关闭加注系统和多路加注功能。主要研制人员：林建金（工程师）、张浩（工程师）、叶祥伟（工程师）、谢国安（工程师）、江云（工程师）、孙勇（高工）、林海（助理工程师）、王超厚（高工）、朱平元、许永忠（助理工程师）、夏天（助理工程师）、邱旺楼（助理工程师）、陈益杭（助理工程师）、周顺德（技术员）、詹春茂（高级技师）。计划研制时间：2017 年 6 月至 2018 年 12 月。

高铁路基与桥隧沉降在线监测系统 该项目利用“北斗二代”对区域沉降量进行高程矢量分析计算，利用卡尔曼滤波器模型对长期连续性变化的沉降数据进行平滑处理与轨迹预测。主要研制人员：郑祯国（工程师）、颜川、徐精（工程师）、沈绍颂（高工）、黄杰、宋欣灏、熊壮、廖芳蓉、余标（工程师）、徐亚松（助理工程师）、张新和（助理工程师）、闵玉雪（助理工程师）。计划研制时间：2017 年 8 月至 2019 年 12 月。

【铁路运输货物包装检测】 全年，完成 16 家企业的 2 大类 27 个批次件包装样品检测。

【环境监测】 年内,完成工业污水监测64次、烟尘烟气监测20次、扰民噪声(有投诉)监测3次,编写环境监测简报4期,报送南昌市网络监测报表4期。

【人才培养】 王超厚被评为2017年度集团公司"专业带头人",郑达、王志宏、许琦被评为2017年度集团公司"专业拔尖人才"。吴卫平获2017年度集团公司"平凡之星"称号。

(黄 怿 王超厚)

技术监督

【概况】 集团公司技术监督所位于南昌市西湖区二七南路389号(邮政编码330002),是国家授权建立的国家轨道衡计量分站和江西铁路计量检定站。内设综合室、技术室、计量室、衡器室、超偏载室。所长沙志强,副所长周毛德。定员42人,年末在册职工40人(10人为国家一级注册计量师,14人为国家二级注册计量师)。

【超偏载、轨道衡维修】 完成对集团公司管内14台超偏载设备和37台动态轨道衡设备的运用状况实时监控和月度检修;完成21台次超偏载设备故障和28台次轨道衡设备故障的临修工作。

【计量器具检定】 完成铁专工作计量器具3503台件、铁专计量标准器具109台件、通用工作计量器具26台件、通用计量标准器具22台件的检定工作。检定运营衡器272台次、静态称量轨道衡51台次、砝码164只。配合国家轨道衡计量站检定自动轨道衡110台次。完成超偏载设备检测14台。

【计量标准复查考核】 2017年,"检衡车标准装置"通过国家质量监督检验检疫总局的复查考核,"交直流电压、电流发生器标准装置"通过江西省质量技术监督局的复查考核。"轨道检查仪""轨道检查仪检定台""列车运行监控装置测试设备""钢轨测温计""红外测温仪""轮重测定仪"等计量标准通过铁路总公司科技管理部的考核。完成机务、供电、车辆、电务系统等42个运输站段的计量管理体系复评和现场抽查,完成江西省质量技术监督局和集团公司组织的70项计量标准考核(复查)工作。

【行业标准采集】 2017年,完成国家计量标准5份、铁路总公司计量标准60份、计量检定规程6份、其他计量技术资料4份的采集工作。

【人员培训】 2017年,配合集团公司总师室、货运处组织计量人员取证及计量知识培训班11期,培训540人次。派出技术人员参加国家、江西省、铁路总公司举办的计量专业培训班22人次。

【科研项目】 2017年12月,TCG-1型GYK测试设备校验仪通过集团公司科学技术委员会组织的技术评审。该项目于2015年立项,主机采用半加固型工控一体机,电路设计采取扩展PCI板卡,集成度高,便于携带。

2017年8月,货运计量安全设备远程故障诊断系统立项,项目预算26万元。该系统可实现远程故障智能诊断,提高处理故障效率。

(胡琳奕)

信息技术开发及应用

【概况】 集团公司信息化处内设综合技术科、应用管理科、运维管理科、网络与信息安全科。处长沙飞,副处长吴永新。定员14人,年末在册职工13人。

【整章建制】 梳理信息专业规章制度,制定

《南昌铁路局基础数据(第一批)暂行规范》《信息化处权力清单及责任清单》《南昌铁路局信息化处全员安全责任制》,修订《南昌铁路局网络安全事件应急预案》,完善《南昌铁路局安全考核词典》中的网络安全部分条款;对《行规》《行细》中有关信息专业的内容进行研究,提出修改意见。年末,集团公司信息专业有效规章31个,其中技术规章11个、综合规章16个、技术标准2个、规范性文件2个。

【信息安全风险管理】 加强重要信息系统等级保护测评与安全风险评估,提高网络安全风险管理能力。对网络与信息安全实行每月通报制度,消除网络安全隐患。全年,通报计算机病毒、安全漏洞、网络攻击信息20条;通报病毒感染综合IT网计算机100台、客票系统终端12台;通报集团公司机关互联网流量超标计算机8台、"一机两网"计算机2台。加强安全漏洞与病毒风险预警,开展预警7次;组织各单位对100个安全漏洞进行修复。

6月底,全球爆发"勒索病毒"攻击事件,迅速组织网络安全专家对福州动车段、南昌车辆段等单位进行现场技术指导,有效应对攻击事件,确保信息系统安全稳定。

【重点项目建设】 对新建调度大楼信息工程的调度、客票等信息系统迁移、ITSM、机房基础设施、网络、电源设备等方案进行审核修改,制定《新建调度所工程项目信息专业提前介入工作方案》;完成X86虚拟化平台的238台虚拟机、客票系统等迁移工作;制定标准化评定规范,完成九景衢铁路标准化评定工作。推进综合计算机网与数据通信网融合,配合实施集团公司数据通信网传输改造与车间综合计算机网业务割接工作。完成福建境内9个站段的本部两网融合工作,10个站段的CE路由器、防火墙安装到位。

【新线建设提前介入】 完成安九客专、赣深客专、瑞九铁路、皖赣铁路浯溪口水库改线段工程、厦门北动车所工程、厦漳城际铁路、兴泉铁路的可行性研究信息专业审查,完成安九客专、瑞九铁路、皖赣铁路浯溪口水库改线段工程、厦门北动车所工程、兴泉铁路、鹰厦铁路沙县改线工程、浦梅铁路的初步设计信息专业审查,完成瑞九铁路、皖赣铁路浯溪口水库改线段工程、厦门北动车所工程、九景衢铁路、南龙铁路的施工图设计信息专业审查。

【运行维护管理】 全面开展信息安全生产大排查大整治活动,对管内35个单位信息安全工作进行抽查,发现信息安全隐患113个,已整改销号92个。

加强运维监控,落实故障责任通报制度,开展信息系统故障调查56次,召开故障分析会7次,通报信息系统故障44件(三类故障6件、四类故障23件、客服类故障15件),考核故障责任单位(部门)47次。

【队伍建设】 制订《计算机维修工岗位培训大纲》,规范计算机维修工岗位培训要求。举办计算机维修工培训班,讲解机房维护、电源管理、网络及计算机系统维修和管理等相关知识,培训计算机维修工37人;举办窄带物联网、大数据技术培训班,培训信息技术管理人员160人。

(杨先荣)

职工教育

【概况】 5月18日,根据《南昌铁路局关于撤销路局成人教育函授站和调整职工教育处机构编制的通知》(南铁劳卫函〔2017〕295号),原由职工教育处领导管理的成人教育函授站被撤销,其工作和人员交由职工教育处。职工教育处内设职工教育科和综合科,处长陈思穆。定员9人,年末在册职工8人。

集团公司独立设置职教科的运输站段

41 个,管内培训基地(职工培训所)2 所。年内,集团公司组织脱产培训班 427 期,培训 18161 人次,其中,资格性培训 218 期,培训 9630 人次;适应性培训 206 期,培训 7723 人次;委外培训 3 期,培训 808 人次。按铁路总公司要求送指定机构培训 3329 人次。站段组织脱产培训 164242 人次。

【高铁人员培训】 开展高铁人员常态化储备培训,组织动车组地勤机械师、司机等岗位岗前培训 1250 人,组织高铁车站值班员(应急值守人员)、客运乘务人员等岗位资格性培训 603 人。

【高职毕业生岗前培训】 整合既有培训资源,安排 4670 名新入路高职生进行岗前资格培训;贯彻落实铁路总公司颁发的《铁路特有工种技能培训规范》,修订 34 个行车主要工种培训大纲;统一征订中国铁道出版社出版的铁路岗位培训教材,组织各站段分工种举办相应培训班,强化培训过程监控检查,确保培训质量。

【职工岗位技能达标活动】 按照铁路总公司统一部署,督导站段分层分级组织职工岗位技能达标活动,开展标准化作业专项培训和岗位作业能力评价,对评价不达标人员发布岗位风险预警。站段 47069 人参加岗位技能达标活动,开展岗位技能专项培训 62925 人次,实施技能评价 48326 人次,针对评价不合格人员组织补强培训 591 人次。

【新线接管人员培训】 在瑞九铁路、九景衢铁路开通运营前,对照岗位准入条件制定培训计划,组织各接管单位对相关作业人员进行资格性培训、适应性培训以及车间、班组二级安全教育。瑞九铁路完成资格性培训 261 人,适应性培训 646 人;九景衢铁路完成资格性培训 706 人,适应性培训 1032 人。

【专项培训】 年内,改进考试方式,在劳动安全和电气化安全知识培训中推行上机在线考试,集团公司组建考试题库,各单位利用职工培训考试系统进行随机组卷、组织考试,确保考试真实性。劳动安全知识培训应培 76953 人,实培 75690 人,合格 75634 人;电气化铁路安全知识培训应培 75360 人,实培 74151 人,合格 74095 人;防洪知识培训应培 61156 人,实培 60397 人,合格 60388 人。

【职教基础管理】 计划投入 65 万元,实施两个职教培训设施设备更新改造项目,提升职工教育培训能力;推进职工培训信息化建设,加大"接发列车培训考试系统"应用,平均每天有 10 个车站使用该系统演练非正常情况下接发列车;按照"优化结构、动态管理"原则,重新选聘 214 名集团公司兼职教员并纳入集团公司师资库;组织制作编写和评选职工培训优秀微课件、微教材,评选出一等奖 5 个、二等奖 5 个、三等奖 6 个;加强职工教育培训工作评估检查,对排名后三位站段予以工作质量考核。

(张　莉　周方青)

【新余职工培训所】 位于江西省新余市铁路三村铁兴路 71 号(邮政编码 338025)。主要承担集团公司江西片区各单位适应性培训、班组长任职资格培训、高职生岗前培训、特种设备作业人员安全操作取证和复审培训工作,并承办集团公司各类短训班和会议等。所内有 2 栋教学楼、4 栋学员宿舍楼、1 栋综合楼和 1 个实训演练场,建筑面积 18105 平方米。行政机构设综合科、教务科、后勤保卫科,党群组织设党总支、工会、团总支。主任赵晋,党总支书记刘小平,副主任刘新莲。年末在册职工 37 人,固定资产 2432.4 万元。

2017 年,举办各类培训班 167 期,培训学员 7926 人,分别完成集团公司年度培训计划的 139%、149%。主要培训班为:班组长资格培训班 14 期、高铁线路工岗前资格性实作培训班4期、动车组司机实作培训班4期、工务和建设系统施工防护员取证培训班13期、其他工种防护员资格培训班15期、汽车驾驶员上岗取证(复审)培训班6期、钢轨探伤培训班6期、新接收高职毕业生培训班5期、特种设备作业人员取证(复审)培训班10期、特种作业人员取证(复审)培训班23期等。

2017年9月14日,新余职培所开展专运客运员培训　　(赵晋　摄)

积极与江西省特种设备安全技术协会协商,细化集团公司特种设备作业人员取证和复审的属地化培训工作。针对集团公司江西片区特种作业取证(复审)培训班的学员要到福州闽都职业培训学校培训的情况,安排专职班主任到现场管理各单位送培学员。

对行政机构编制进行调整,整合功能重复科室,机构设置由原综合办公室、教务室、学员管理室、武装保卫室4个科室调整为综合科、教务科、后勤保卫科3个科室,提高管理效率。完善规章制度,修订教学管理、合同管理等方面制度10个。严格执行学员培训制度,每期培训班开班前召开动员会,对培训情况开展不定期抽查,加大夜间巡查力度,定期召开学员座谈会和班级管理例会,听取学员意见和建议。开展治安综治宣传,编辑板报12期、标语20条,印发宣传材料1000份下发给职工和学员。

落实党建工作责任制,制定《新余职工培训所党支部建设实施细则》(新培总支〔2017〕23号)。开展"强基达标、提质增效"主题教育活动和"走基层、看亮点,展风采、聚合力"系列宣传活动,评选"优秀教员""贴心班主任""管理能手"。

(胡宇欣)

【福州职工培训所】　位于福建省福州市晋安区桂山路57号(邮政编码350013)。占地面积12851平方米,建筑面积12969平方米,有教学楼2幢、学员宿舍楼3幢、办公楼2幢、食堂1幢。设有多媒体教室、微机教室、电子阅览室、在线考试教室、图书阅览室,拥有6502、微机联锁、CTC模拟仿真实训设备。主要承担高铁相关工种及班组长资格性培训、职工岗位适应性培训、福建境内特种作业(设备)培训及部分管理干部培训等任务。行政机构设综合办公室、教务室、学员管理室;党群组织设党总支、工会、团总支。主任刘赛杰,党总支书记袁可明,副主任陈荣。年末,在册职工31人,固定资产1533.88万元。

全年,承办培训班170期,培训学员7703人次,培训量53665人天;技能鉴定、函授教育1353人次,培训量3373.5人天;培训总量57038.5人天。完成5项教材编写任务和4类题库建设工作。

加强学员管理,严肃考试纪律。培训班执行每日上、下午点名和日常抽点制度,严格履行逐级批假,开班首日组织学员学习《南昌铁路局党委、南昌铁路局关于两起违反考试和培训纪律问题处理的通报》(南铁委组函〔2016〕10号)。严控考试过程,落实"真学真考",对取证培训班学员进行身份核对,杜绝"替培代考"现象。全年,发布学员违规处理通报2份,处理违反培训纪律和考场纪律学员6名。

制定专职教师实践教研活动计划,定期开展公开示范点评课和新教师试讲活动,通过互相观摩、点评交流提高教师授课水平。组织教师参加"2017年职工教育学术交流活动",其中《浅谈微信在铁路职工教育培训中的应用》调研文章获一等奖,《加强我局兼职教师队伍建设的思考》《浅谈在职工培训中如何进行有效的课堂教学组织》两篇调研文章获二等奖。

年内,增加特种作业(设备)培训任务。在全面考察福州境内特种作业(设备)相关机构基础上,通过综合比选集体决策程序确定合作的培训机构。针对送培单位分散、学员送配组织不易等情况,建立"特种作业培训管理群"和"特种设备培训管理群"两个微信工作群,加强送培单位、考培单位和培训所三方实时联系。不定时派专人对教学点进行巡视检查,实现夜间实时定位点名。全年,举办特种(设备)作业培训班61期,培训1526人次,结业合格率为96.8%。

加强高职生岗前培训,与相关站段召开协调会,明确责任分工,厘清班主任与带队干部的工作职责。组建班委和学员执勤队,提高学员自我管理能力。在高职生中开展文明宿舍评比活动,组织学员参加篮球友谊赛,开放体育活动室,充实学员课余生活。300名高职生学员结业考试合格率达99.2%。

9月24日,高职生学员在室外进行信号旗操作训练 (黄钰坚 摄)

通过京东慧采平台采购教学办公及学员宿舍用品,优化设施设备维修流程,实现报修、修理、核实闭环管理,提高设备维修效率。改变以往个体承包经营学员食堂模式,采用邀请招标方式,引进专业餐饮管理公司经营管理食堂。

2017年,福州职工培训所获集团公司"职工教育先进单位""治安综合治理先进单位"等称号。

(曹莉萍 黄钰坚)

疾病预防控制

【南昌疾病预防控制所】 位于江西省南昌市广场南路115号(邮政编码330003)。主要承担集团公司所属江西和湖南境内铁路单位职工及家属的卫生防病和健康宣传工作。具备由地方行政部门认证的检验检测机构资质、食品检验机构资质、医疗机构执业许可、职业健康体检资质、职业病危害因素检测与评价资质、预防接种门诊资质、建筑工程室内环境质量监测资质、艾滋病初筛实验室资质。内设综合办公室、业务科、药品器械科、疾病控制科、职业卫生科、公共卫生科、消毒杀虫科、体检健教科、检验科,下设鹰潭分所、赣州分所。所长李贵华,党总支书记向科,副所长赵秀艳、楼小明。年末,在册职工79人,固定资产2257万元。

年内,每周编发传染病疫情简报,实施传染病防控预警。完成血吸虫病疫区铁路职工的血吸虫病血清学周期性监测38人份、铁路看守所羁押人员艾滋病血清学监测72人份(8月起,该项工作移交地方负责)、列车乘务员病毒性肝炎抗体水平监测728人份、疫苗免疫效果监测2类68人次、预防接种5951人次。每月组织对管内图定、临时列车、库存列车实行精细化消毒杀虫,完成列车消毒杀虫23334辆次,鼠蟑密度监测1773组车底次;重点车站、公寓、客技站等单位消毒杀虫134单位次,鼠蟑密度监测55单位次;消毒杀虫面积247.76万平方米。7—8月开展两次旅客列车臭虫等病媒生物消杀专项整治。

完成高温高空露天作业人员体检15105人,职业危害作业人员体检1251人,机车乘务员专项体检822人,大型机械司机、轨道车司机体检995人，高职生入路体检2350人，公共场所从业人员体检16542人。从业人员卫生知识培训16542人。在南昌车站开展“红十字博爱周”、世界艾滋病日活动，编发健康资料72699份。

开展车站上水、列车二次供水、铁路水厂水质及列车、公寓餐饮具消毒效果等监测评价，完成生活饮用水水质监测285件、公共场所监测699件、站车卫生监测415件、地面餐饮单位餐具消毒效果监测1730件、职业危害因素监测146点次。提供九景衢铁路开通前沿线水质监测报告16份。完成专运水质检验任务13单位次。

按照铁路总公司筛查标准，利用职工健康档案管理系统，从35804名职工健康体检数据中筛查出第二类人员1372人、第三类人员735人，对第三类人员及时安排周期性健康维护，完成健康维护2874人次，健康维护周期平均受检率为85.9%。发出高危人员调离岗位建议通知9例、职工在岗因病死亡调查1例。完成职工健康管理督导17单位次。对管内站段开展以“防四病、控四高”为主的慢病防治知识宣传活动，摆放卫生知识展板25单位次，健康宣传效果评估指导26单位次，举办知识讲座10单位次，发放健康读本218本。

11月29日，南昌疾控所在向塘机务段举办健康维护及宣传工作《“三会”知识培训》讲座　（马婉羚　摄）

接收各类检验样品60039件（微生物检验样品59518件、理化检验样品521件），检验298651项次。完成旅客列车两起疑似食物中毒事件的应急检验任务，首次运用实时荧光定量PCR仪、全自动微生物鉴定仪等新购设备开展样品致病因子检验，大幅压缩筛选致病菌、检出致病菌的时间。其中一起在食物半成品、患者呕吐物、患者肛拭中检出金黄色葡萄球菌，为诊断食物中毒发生原因提供了重要证据。

年内，开展立项课题“旅客列车整备期间车厢内粉尘、可吸入性颗粒物等职业性有害因素的检测与防护研究”“旅客列车乘务员病毒性肝炎血清流行病学研究”，新立项“肠道致病菌中利用显色分离培养、噬菌体裂解、血清学诊断快速鉴定志贺氏菌、沙门氏菌的研究”。组织业务讲座、应急演练8期，培训329人次。王义峰的论文《一起金葡菌引起食物中毒事件的检验与分析》被中华预防医学会铁路系统分会评为2017年度优秀论文。该所2个QC成果《优化健康管理措施　提高健康维护受检率》《降低体检科抽血室空气中的含菌率》分别获铁道行业、集团公司一等奖。

2017年，南昌疾病预防控制所获集团公司“春运立功竞赛优胜单位”称号。

（刘桂凤）

【**福州疾病预防控制所**】　位于福建省福州市晋安区华林路426号（邮政编码350013）。内设综合办公室、药品器械科、业务科、环境监测科（对外称福州铁路环境监测站，站长由所长兼任）、疾控体检健教科、卫生监测科、检验科、消毒杀虫科。所长黄斌，党总支书记钱国平，副所长葛明。年末，在册职工45人，固定资产1484.25万元。

全年，完成从业人员预防性健康检查22851人次，为计划的113.7%；卫生、食品安全检测1418件，为计划的105.9%；旅客列车灭鼠、灭蟑2127列，为计划的121.7%；开展职业危害作业点检测68点次，为计划的113.3%。实现其他业务毛利40.46万元，为计划的101.15%。

加强病媒生物防治工作,完成普速列车灭鼠、灭蟑 9716 辆次,动车组列车灭鼠、灭蟑 11408 辆次。每季度对管内旅客列车进行鼠蟑密度监测,共监测 4490 辆次。完成 10 个车站、2 个客技站和 18 个单位的鼠蟑密度监测。完成福建境内职业病危害作业点检测 68 个、X 射线作业点监测 85 个。对福建境内污染源进行环境保护监测,对工业废水监测 160 件、工业废气监测 60 件。

在福州动车段、南平车务段等 5 个单位举办以“夏日炎炎防中暑”“防治四高维护健康”为主题的讲座,听众 473 人。举办 3 期健康维护培训班,培训 290 人。在客流集中的地方设立流动宣传资料架和专栏,发放宣传材料 2 万余份。在福州站候车室开展 2 次大型专题卫生宣传日活动,通过挂横幅、摆放卫生知识展板、发放资料、免费测量血压,向过往旅客普及防病知识。

完成食品、饮用水和公共场所从业人员健康检查 12858 人,机车(轨道车)乘务员健康检查 1043 人次,福州机务段等 9 个单位实习高职生岗前体检 1373 人。完成高温高空露天作业人员健康检查 8950 人,检出暑期禁忌人员 528 人、医学观察人员 2096 人,指导用人单位做好这两类人员的工作安排。

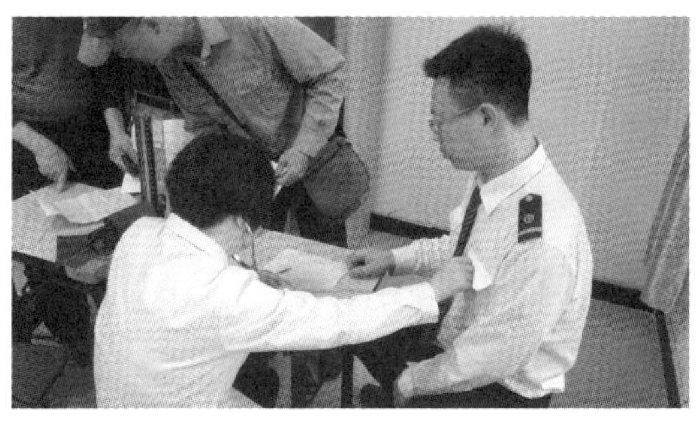

福州疾病预防控制所开展从业人员健康检查 (郭炳东 摄)

推进职工健康行动计划,对《职工健康档案信息管理系统》筛查出的第三类重点人员及时通知所在单位,并由单位向其发布健康预警通知。对第三类重点人员进行现场指标检测、健康风险评估及健康指导,完成现场健康维护 1374 人次,对 8 名职工发出高危人群调离干预通知书(其中 2 名职工就医后发放复岗建议书)。

选派专业技术人员参加各类培训班 22 人次,参加网络远程教育学习 11 人次,取得国家级 1 类学分 12 分。推进全面质量管理,在福建省 QC 成果发布会上,环境监测科 QC 小组凭借“提高阴离子表面活性剂测定中乳化消除能力”课题,获“福建省先进质量管理小组”称号。

(郭炳东)

多元经济

经营开发

【概况】 集团公司经营开发处内设综合科、运行监督科、商务市场开发科、广告传媒开发科、工业科技开发科、土地综合开发科、工程市场开发科。处长朱义德,副处长文全安、黄垠瑜、刘加省、俞力(12 月免)。定员 35 人,年末在册职工 30 人。

【非运输业经营指标】 全年,非运输业完成经营收入 111.19 亿元,完成预算的 102.9%,同比增加 23.11 亿元、增长 26.2%,其中:非运输企业完成收入 88.79 亿元,完成预算的 102.1%,同比增加 20.25 亿元、增长 29.5%;其他业务完成收入 22.39 亿元,完成预算的 106.6%,同比增加 2.86 万元、增长 14.6%。非运输业实现利润 14.84 亿元,完成预算的 106%,同比增加 2.59 亿元、增长 21.2%,其中:非运输企业实现利润 4.52 亿元,完成预算的 105%,同比增加 9635 万元、增长 27.1%;其他业务实现利润 10.32 亿元,完成预算的 106.4%,同比增加 1.63 亿元、增长 18.7%。

【产业建设】 客运相关产业 优化车站招商和赢利模式,推进商业资源开发,累计开发车站商业网点 636 个,商业总面积 3.35 万平方米,合同收入 3.29 亿元。满足旅客差异化、个性化服务需求,推进“互联网 +”动车组列车订餐服务,规范普速列车餐车和小营管理,完成列车商业收入 2.2 亿元,实现利润 8446 万元。组织列车广告媒体冠名直销,开发“建设银行”“江西银行”“九江银行”“清新福建”“江西旅游”“大美上饶”“连城冠豸山”“王老吉”等 70 组列车全媒体广告冠名,实现收入 6810 万元。完成车站 WiFi 和普速列车 WiFi 建设并投入运营,实现收入 2381 万元。加大专列开行力度,开行旅游专列 71 趟,开发长江游轮、炫丽贵州、七彩云南等境内专线和“跨洋邮轮”“直通美国”等出境产品,全年组团 760 批、1.5 万人次,实现旅游收入 4720 万元。针对传统车票代售点售票量下滑、经营亏损局面,调整代售票服务费分配比例和设备维护费,增加机票、彩票代售等综合服务项目,实现代售点经营基本稳定。

物流商贸业 拓展城市快消品仓配一体化业务,完成城市快消品配送周转量 584.8 万吨,实现物流服务增加值 9780 万元。巩固杜坞市场钢材交易量,开办罗源、杏林钢材交易市场,完成钢材运贸量 190.2 万吨。以钢材、水泥、煤炭、矿粉等为主要品类,拓展管内重点企业原料、成品贸易和煤电一体化经营。全年,完成商贸物流收入 17 亿元,平均毛利率 2.29%。

土地综合开发 编制《合资铁路公司土地综合开发规划》,签订昌赣、赣深、福厦、福平、合安九、衢宁、兴泉、九景衢、浦梅、昌景黄等新建铁路土地综合开发框架协议,明确综合开发用地23662亩,落实9360亩用地范围,扩大综合开发用地储备规模。推进南昌、福州、鹰潭、泉州、沙县等保障性住房项目,做好攸县铁路林场土地综合开发,落实一批重点项目前期工作。

建筑施工业　优化涉铁工程管理,建立统一开发、经济评价、协调推进、规范管理的工作机制,对项目实行全过程、全产业链管理。加快推进赣州国际港专用线、邵武电厂三期等重点项目建设,提高项目工期兑现率。全年,新签涉铁工程代建合同56项,合同金额20亿元。

加工制造业　拓展动车滤网、闸片修复、集便器、座椅、机车轮对、列供柜、电源柜、电机等配件维修业务;扩大120公里/小时道岔、轨道扣配件、尼龙件、货车门板、工索具等工业产品生产能力。年内,完成渗锌镍钢轨扣件产品开发,钢轨断轨实时监测系统、电泳涂漆产品轨距挡板批量投入生产,工务轨道多功能作业车实现样机试制。

科技服务业　建立健全客服维保纳入运输生产一体化管理的工作机制,开发客服维保调度指挥平台,实现高铁车站客服、消控、空调、照明、综合能源等系统的全领域服务。开拓高铁复测、铁路工程测量、工务检测和社会工程测量技术服务市场,与中铁设计集团、江西勘察设计院合作,组建南昌铁路天河测量技术有限公司,取得乙级测量资质。

酒店、房屋租赁、保险等综合业务　提高南昌江景假日酒店经营品质,酒店全年完成经营收入6816万元,同比增长23.5%,成为南昌市酒店行业标杆企业。加大房屋、场地、设备等富余闲置资源开发力度,累计开发租赁项目2681项,全年合同收入1.2亿元。完善乘意险纳入客运一体化管理工作机制,全年完成乘意险销售686万份。

【非运输企业改革】　深入推进非运输企业优化重组,撤销庐山铁路疗养院、井冈山圣地山庄、厦门休养院,整合集团公司旅游、疗养和酒店资产,组建南昌铁路旅游酒店资产管理有限公司。重组整合后,集团公司共有非运输法人企业41家,其中:一级非运输企业12家,二级法人企业(子公司)29家。

【制度建设】　制定《非运输企业工程劳务分包验工计价管理办法(试行)》(经工程函〔2017〕54号)、《非运输企业工程劳务分包招标管理办法(试行)》(经工程函〔2017〕55号)和《非运输企业工程劳务分包管理办法(试行)》(经工程函〔2017〕56号)等制度,建立劳务分包队伍库和劳务分包评标库,构建资产经营开发廉政风险防控机制。

(管群慧)

集体经济

【概况】　集团公司集体经济管理处内设综合科、人劳社保科、计财科、经营管理科,下设附属机构:福州集体经济管理办公室。处长任宝荣(4月退休)、李辛生(6月任),副处长付义庭(7月任)、邓华高(4月任)。年末,处机关及直属企业在册职工41人。

【资产及经营效益】　年末,集团公司集体企业88家(江西境内55家、福建境内33家),从业人员4445人。集体企业资产总额3.87亿元,负债总额2.09亿元,所有者权益1.78亿元。

全年,完成营业收入4.78亿元,为年计划的119.2%,同比减少0.17亿元,下降3.43%。

【帮困救助】　全年,对集体企业职工本人患重大疾病者发放救助款8人/4万元;对职工配偶及子女患重大疾病者发放救助款4人/1.2万元;对困难职工子女入学发放补助款12人/1.95万元(大学一本1人/2500元、大学二本2人/4000元、大专8人/12000元、中专1人/1000元);对特重困职工家庭给予补助款162户/16.2万元。

【管理与队伍建设】 年内，对26个“铁路会计基础工作规范化单位”按《铁路会计基础工作规范化单位考核评分标准》进行督导检查；对站段集经企业季度综合考评标准进行完善，对资产及资产租赁情况进行清查；根据各企业效益状况，为在岗职工月增加收入200～265元，对不在岗职工月增加生活费30～100元；对集体企业在职和退休人员发放社会保障卡7204张；结合集经实际，加强财会、工程建筑、人劳、食品安全、法律法规、经营合同等方面的专业培训，全年自培和委培共1600人次。

（黄利军　胡信生）

非运输企业

【江西地方铁路开发有限公司】 位于江西省南昌市井冈山大道683号（邮编330002）。公司与南昌铁路局江西地方铁路建设办公室实行两块牌子一套人员（公司总经理任办公室主任），是江西、湖南省境内地方铁路、铁路专用线及配套设施工程建设与运营的管理部门。内设综合部、计划财务部、市场开发部、工程管理部、安全质量部、集经管理部、生产管理部，辖上新、九炼、丰洛3条地方铁路线（运营里程92.09公里，资产2.44亿元）。总经理汪品福（8月免）、龚宏华（11月任），党总支书记饶小军，副总经理邓武斌、蒋江怀、宋志刚。年末，在册职工59人。

全年，完成营业收入6.23亿元（工程建设收入5.91亿元、运输收入3248万元），为年度预算的138%，同比增长10.9%；实现综合效益4507万元，为年度预算的106%，同比增长37.7%。

在地方铁路运输市场，取得省物价局支持和地方政府、货主理解，保证原有运输收费的延续和稳定。针对运输市场低迷形势，以市场需求为导向，与托管站段共同抓好货运营销工作，深化货运组织改革，在确保运输量的基础上适当浮动运价。投入161万元更新改造地方铁路运输设备、改善一线职工生产生活条件。

拓展涉铁工程市场，强化质量管理和过程控制，推进在建工程。完成漆家坳上跨沪昆铁路渡槽拆除和重建、吉安市吉水县八都S223上跨铁路立交桥改造、萍乡市萍安中大道南延段上跨立交桥等重点工程。推进赣州国际港二期铁路专用线、南昌志敏大道框架桥、九江县通江大道、株洲服瑞大道等多地工程建设。全年，完成工程收入5.9亿元；洽谈签订鹰潭月湖新城东外环路南延线下穿沪昆线框架桥及道路工程等委托代建和委托管理合同24项，合同金额8.2亿元。

2017年12月28日，南昌市绕城高速公路南外环上跨京九线K1459+840高架桥及下穿昌福铁路K12+948、西环线K45+184、杭长南铁路K727桥下桥工程竣工验收

国家安监总局督办重点项目漆家坳渡槽，位于湖南省醴陵县境内的沪昆线K1074+500处，是当地数十万居民生产生活用水主要设施，由于年久失修、地基下沉，出现倾斜、扭曲状况，随时可能垮塌，严重危及沪昆线行车安全。2017年2月9日，国家安监总局、水利部、国家铁路局、铁路总公司联合工作组在醴陵市组织召开上跨沪昆线K1074+600漆家坳渡槽安全隐患治理协调会，限期消除安全隐患。公司组织各参建单位实施治理。3月17日，老渡槽被拆除；5月19日，新建渡槽架设到位。

推进江西省重点工程—赣州港二期铁路专用线，对南康车站进行改造，增加到发线1股、机待线1股，实施电气化挂网，将2股既有集装箱线与牵出线贯通，同步增加集装箱货位；港区内新建到发线4股、牵出线1股、机待线2股。总投资5.6亿元，2017年8月动工建设，计划2018年5月竣工。建成后将实现整车到港10万辆，常态化开行19条中欧班列。

（应华峰）

【江西铁路实业发展有限公司】 位于江西省南昌市井冈山大道683号（邮政编码330002）。内设综合管理部（党群）、经营开发部、客服维保部（下设生产调度中心、综合维修中心）、计划财务部、人力资源部、安全（武保）部；辖3个子公司（江西南铁科技有限责任公司、江西路安保险代理有限公司、江西铁路水泥厂）、1个分公司（彬江分公司）、1个经营部（物资贸易部）和南昌、厦门、福州、上饶、赣州5个维保车间，其中江西铁路水泥厂和彬江分公司属于“两块牌子、一套人员”。总经理熊坚坚，党委书记蔡报银（11月退休），党委副书记、纪委书记、工会主席张祖锋，副总经理彭刚（11月免）、孙建华、张道清、吴刚、严国辉（11月任）。年末，在册员工558人（职工180人，其他用工378人），固定资产4.62亿元。

2017年12月，根据《南昌局集团公司南昌局集团公司党委关于培训疗养机构改革并成立南昌铁路旅游酒店资产管理有限公司有关事项的通知》（南铁劳卫〔2017〕368号），集团公司与南昌铁路旅游酒店资产管理有限公司办理南昌铁路大厦、置业公司、上饶新龙大酒店、横峰宾馆、贵溪综合楼、鹰潭铁路大厦、新余铁路大厦、萍乡服务大楼、赣州铁路大酒店的人员、资产移交手续。

强化客服维保工作，制定《客运服务系统维护管理办法》《消控系统维护管理办法》《中央空调机房管理制度》等客服维保管理办法及作业标准，加大客服设备修旧利废力度，降低配件维修成本。加强调度指挥中心建设，实行24小时值班，盯控故障“受理、派单、反馈、回访”4个环节。建立客服设备资料数据库，优化典型故障处置流程，缩短惯性故障排除时间。

加强经营管理，积极走访钢材、水泥等贸易商，钢材利润同比增长381.25%。与铁科院信息所、沈阳铁路信号工厂和通号公司开展合作，研发“点效管理系统”，将科技成果转化为经营效益。参加信息化建设、工务机具及电务STP等项目投标，中标自动取票机、南昌电梯视频监控等项目。发挥科技企业税费优势，将原25%的税率降低至15%，降低企业经营成本。加强保险代理营销，深入相关单位协调公车业务，确保到期车辆续保；加强与保险公司沟通协调，做好昌赣线中标标段二期暂估代理费回笼和昌赣线三期保费结算工作；拓宽私车险渠道，与太平洋保险公司协商，推出“贴心管家”车险服务。彬江分公司执行装卸车作业“三检”制度，杜绝超载、偏载等违章行为。全年，完成收入3.59亿元，实现利润785.49万元。

加强党建工作，强化党委中心组理论学习，7名领导班子成员分批参加集团公司培训学习。推进“两学一做”学习教育常态化制度化，指导各党支部制定推进计划，将学习教育融入“三会一课”，做好党费收缴、党员信息采集等重点工作。研究确定9个思想政治研讨课题，利用H5、PPT等新媒体开展宣传教育活动。召开二届三次职工暨工会会员代表大会，履行职工代表参政议政职责。深化事务公开制度，利用OA平台、厂务公开栏等载体，对微利房分配、公积金政策等职工重点关注事项及时予以公布，维护职工合法权益。加强党风廉政建设，履行监督责任，运用“四种形态”，深化重点领域风险防控。坚持“逢晋必考、公平公正”和“以考促学、考用结合”原则，对12名新任拟提拔干部进行书面任职考廉和廉政谈话。建立党建工作微信群，发布党纪条规、纪检监察等典型案例。

（朱品润）

【福建铁路实业发展有限公司】 位于福建省福州市晋安区华林路408号(邮政编码350013)。是集团公司所属一级非运输企业,经营范围涉及大宗物资贸易、站车商品集采集供、酒类销售、液化气销售、铁路旅客运输、房地产开发、资产经营、铁路线路相关工程项目代建、外贸出口代理、水产养殖合作等方面。2017年,内设综合管理部、人力资源部、计划财务部、经营管理部、市场开发部、安全保卫部、审计部、物资贸易部、资产经营部,辖4个全资子公司(福建福铁地方铁路开发有限公司、福州福铁燃气有限公司、福建铁路房地产开发有限公司、厦门铁路房地产开发有限公司)、3个合资子公司(福州开发区福龙客车有限公司、福建天成瑞源房地产股份有限公司、厦门铁路实业发展有限公司)、1个分公司(厦门分公司)。总经理方立华,党委书记潘立庆,党委副书记、纪委书记、工会主席陈秋金,副总经理郑应广(兼总会计师)、吴家通、郑清、翁友华。年末,在册职工212人,固定资产19.12亿元。

全年,提高物资贸易、资产管理、地铁代建、旅客运输、保障房建设等主营业务经营质量和创效能力,加大债权债务清理,有效落实经营风险防控措施。完成营业收入20.23亿元,完成年度预算的119%;实现利润1.57亿元,完成年度预算的115.66%。

物资贸易方面,参与福平、兴泉铁路物资供应投标,竞得福平铁路项目4万吨水泥、兴泉铁路项目26万吨水泥及1.5万吨钢材供应权;竞得建福水泥厂、永安煤业公司1.2万吨煤炭供应权;在云平高速项目中获得1.3万吨钢材供应业务;介入中铁二十四局福州火车站南广场PPP项目水泥供应业务;签订漳州经二路散装水泥居间合同。强化过程管理,跟踪合作单位经营状态,严控物资贸易风险,落实大额资金联签制度,确保贸易链条全程可控。

涉铁工程建设方面,以强化安全监管为保障,积极参与地方涉铁项目开发与服务工作。重点抓好23个项目综合开发,加快邵武电厂专用线、福州东南水厂、厦门象屿保税区、漳州台商投资区立交工程等项目推进力度;推进潜在项目开发,跟进福州市城北防洪、武夷山新区下穿峰福铁路等57个项目开发,发挥"前店后厂"平台优势,提前做好代建服务,扩大项目代建范围。发挥"互联网+"技术优势,建设视频监控中心,建立工程信息化管理平台,实现高效远程管理,节约人力成本。

旅客运输服务方面,持续深化"三个出行"总体要求,以"六达标""六整治"为重点,开展客运基础工作专项整治。举行三十场岗位练兵及职业技能竞赛,举办十五期业务培训班,提高人员素质;创建"劳模工作室",发挥"全国工人先锋号""全路巾帼标兵岗"等模范效应,强化品牌服务标准,提升旅客满意度;及时调整列车编组,合理分配运能,提高列车上座率;关注25T型客车购买方案进展情况,做好新线开通前调研论证,探索新的经济增长点。

暑运期间,福建铁路实业发展有限公司乘务人员热心服务旅客 (卓然 摄)

资产租赁方面,发挥租赁信息系统作用,规范房屋、店面、设备等资产资源经营开发管理。8万平方米房屋资源"应租尽租",出租率100%;做好桂山路综合楼招租工作,启动招租前期准备工作,完善招租方案;开展厦门龙都酒店新一轮招租,租金同比上涨47%;

针对个别商户欠租情况,采取专人盯控、协助招商、抵押担保、发律师函等措施,确保租金及时到账。

保障房建设方面,密切跟踪福厦高铁、兴泉、南三龙新建铁路土地综合开发项目,探讨路地合作开发模式,寻求站区土地开发机会。推进福州火车北站文化宫和 G 地块开发项目,文化宫项目 5 月取得施工许可证,G 地块项目完成三通一平及清障工作;泉州项目签约率达 100% ,准备验收;沙县项目完成第三期 93 户销售;结合龙岩站站房改造,做好龙岩南广场项目建设开发方案。

年内,加强干部队伍建设,落实中心组、两级班子成员学习制度,组织学习 27 次,参学率达 98% ;两级班子成员深入所属企业调研,形成调研文章 26 篇;坚持“三重一大”问题民主决策制度,召开党政联席会 14 次,党委会 21 次,作出集体决策 45 项。推进“两学一做”学习教育常态化、制度化,学习宣传贯彻党的十九大精神,举办 2 期党员轮训班,培训 159 名党员;开展党支部基础工作达标建设,出台《季度“四星”评选办法》;开展党组织和党员基本信息采集,完成公司 12 个党组织、161 名党员信息采集;开展“三找两增”(找短板、找隐患、找差距,增效益、增党性)大讨论,加强宣传报道,所写文章被路内外媒体采用 18 篇。

全年,组织 282 名职工健康体检、29 名职工健康休养;落实“三不让”帮扶救助机制,助困、助医、助学 62 人次/11. 24 万元;开展“两节”送温暖、暑期送清凉活动,发放慰问款 3. 96 万元;慰问困难党员 26 人次/1. 49 万元。

2017 年,该公司被评为集团公司党群工作达标创优优秀单位,福龙公司列车长黄历硕被评为集团公司服务明星。

(陈长木　吴生江)

【南昌铁路文化广告传媒有限公司】　位于江西省南昌市青山南路 142 号(邮政编码 330006)。内设市场开发部、经营管理部、客户服务部、计划财务部、综合部、广告事业部、设计策划中心,辖子公司 1 个(福建铁路广告传媒有限责任公司)、分公司 2 个(南昌文广印刷有限公司、书报刊分公司)。总经理乐锋华(11 月任),党总支书记王跃,副总经理胡兵武、唐聪、涂敏、刘毅祥(4 月任)。年末,在册职工 101 人,资产 7965. 72 万元。

全年,按照“重诺、笃行、超越、共赢”经营理念,提升广告资源价值,加强资产经营开发工作。完成收入 1. 07 亿元(广告收入 9394. 44 万元,占 87. 77% ;印刷板块收入 980. 82 万元,占 9. 16% ;书刊文化板块收入 328. 59 万元,占 3. 07%),实现利润 2569. 97 万元,实现综合效益 6756. 09 万元。

年内,加强列车冠名直销工作,对江西省旅游发展委员会进行营销,中标“江西旅游”号冠名列车项目;中标取得“王老吉号”动车组冠名广告发布权;中标取得“清新福建”高铁动车系列宣传投放项目;与江苏永达高铁传媒公司签订 40 组动车冠名合作、动车组车身贴整体合作合同;向上饶市政府推介动车冠名广告项目,4 月 16 日在上饶火车站举行“大美上饶”号冠名动车组首发仪式。

4 月 16 日,南昌铁路文化广告传媒有限公司在上饶火车站举办“大美上饶号”冠名列车首发仪式　(徐博翔　摄)

参加“2017(第十三届)中国广告论坛”,学习铁路广告运营新模式和其他单位营销经验。印刷分公司启动动车清洁袋项目,完善开发方案,改造印刷车间,2017 年 7 月正式投产,全年共生产2337.5万个清洁袋,实现收入93.58万元。做好客运车站和普速列车WiFi项目,配合中标单位进场施工。

加强安全管理,书报刊分公司对南昌市铁路桥梁广告媒体设施开展安全检查,对于部分生锈、画面破损的桥梁媒体,及时通知相关人员整改;按照南昌市城管委广告处要求,完成市内铁路桥梁悬挂"南铁文广"标牌工作;印刷分公司对消防标记、消防用具摆放等安全隐患进行整改,保障消防安全;完善应急预案,在"纳沙""天鸽"等台风灾害期间,各级干部分片包保,做好广告媒体防台风工作。

12月28日,利用九景衢铁路开通运营契机,开展动车组及挂旗广告媒体冠名自营销售,开发"江茶集团""红叶陶瓷""景德镇陶溪川"动车组冠名项目及景德镇北站3面挂旗广告业务。当日,在景德镇北站举行"红叶陶瓷号""景德镇陶溪川号"冠名动车首发仪式。

(邓　扬)

【南昌铁路旅游酒店资产管理有限公司】 位于江西省南昌市西湖区二七南路125号(邮政编码330002)。2017年12月,根据《南昌局集团公司　南昌局集团公司党委关于培训疗养机构改革并成立南昌铁路旅游酒店资产管理有限公司有关事项的通知》(南铁劳卫〔2017〕368号),南昌铁路旅游酒店资产管理有限公司成立,集资产管理、旅游服务、酒店服务、餐饮服务、商务会议代理、疗休养承办、用车用房预订、火车票飞机票代售、百货食品销售为一体。内设综合部、人力资源部、计划财务部、经营管理部、资产运营部,辖3个子公司(南昌铁路国际旅行社有限公司、北京圣地苑宾馆有限公司、南昌新龙置业有限公司)、5个分公司(福州分公司、厦门望海宾馆、庐山西湖宾馆、井冈山圣地宾馆、南昌铁路大厦)。原庐山铁路疗养院、井冈山圣地山庄、厦门休养院撤销,其资产转为非运输业经营,分别注册登记为庐山西湖宾馆、井冈山圣地宾馆和厦门望海宾馆,实行市场化运作,对外开展住宿、餐饮等经营业务;职工健康休养业务采用购买服务等方式,由南昌铁路旅游酒店资产管理有限公司承接。总经理俞力,党委书记殷轶,党委副书记、纪委书记、工会主席吴正广,副总经理沈华、董闽、邓伟华、傅利华。年末,在册职工288人。

年内,受互联网售票影响,客票代售业务呈断崖式下滑;旅游业务相比其他旅游企业,公司产品及价格均无明显优势,且受赴台游政策调控影响,作为公司主力产品的赴台游组团数量大幅减少,对公司收入造成较大影响。全年,旅游收入12140.29万元,车票代售收入3023.39万元,乘意险销售收入156.49万元;亏损502.72万元。

推动客票代售经营转型发展,将亏损自营点转联营点(自营点已减至5个),实现减员增效。利用企业微博、微信、公众号平台、动车广告,开展品牌形象宣传,推进公司"南铁旅游"网站建设,构建线下、线上营销网络。与上海迅途公司合作,在南昌、厦门、福州试点进行高端客户定点取送票及配送票服务。打造旅游专列特色产品,开行专列71列,完成收入6613.66万元。整合闽赣两省旅游资源,拓展假日、周末管内旅游产品,开发多条高铁周末旅游线路,如"婺源赏花""南丰采桔"等。完成厦门北站集散中心改建,并利用集散中心旅游宣传位开展展位租赁业务。整合福州站商旅中心与旅游集散中心收客、组团、地接、交通接驳的优势,向旅客提供个性化定制服务。做好职工疗休养工作,厦门望海宾馆、庐山西湖宾馆、井冈山圣地宾馆完成休养接待8786人,完成收入2991.6万元。加强酒店业务运营管控、资源整合,南昌新龙置业公司、南昌铁路大厦完成营业收入8935万元。南昌新龙置业公司引进12家租赁户,出租率100%;南昌铁路大厦引进2家租赁户,出租率45.39%。

在2017年中国旅行社协会铁道分会导游大赛中,公司获二等奖。

(刘冰玉)

【南昌铁路天河建设股份有限公司】 位于江西省南昌市青山湖区新魏路76号(邮政编码330002)。具有铁路工程施工总承包一级、市政综合施工总承包、城市园林绿化二级施工资质。内设工程管理部、市场开发部、安全质量部、技术设备部、计划财务部、人力资源部、综合部、审计部、项目管理部,辖4家子公司(南昌铁路天河路料有限公司、南昌铁路通信信号厂有限公司、南昌铁路新龙建筑安装工程有限公司、南昌铁路天河测量有限公司)和1家分公司(厦门分公司)。总经理毛坤海,党委书记薛建岷,党委副书记、纪委书记、工会主席万欣,副总经理王乡、饶国庆、徐春东,总工程师刘春瑞。年末,在册职工313人。

全年,完成经营收入7.9亿元,完成年度预算的86.3%,同比减少1700万元、降低2.1%;实现利润5792万元,完成年度预算的104.4%,同比增加1773万元、增长44.1%。

加快推进工程建设,2017年在建工程36个,其中新开工16个、竣工验收14个。完成下穿立交桥19座,新建/接长涵洞3座,制架梁51片;完成土石方242万立方米,铺轨8.543公里,铺设道岔23组;完成房建工程1100平方米。重点推进南康至赣州国际港线二期工程、南昌昌北铁路货场一期工程、南昌市玉带河水系截污提升下穿工程等项目。

加工制造业稳步发展,研发"转辙机缺口监测系统""转辙机牵引力测试仪""铁路信号设备轨旁信息监测系统""断轨监测系统",其中"断轨监测系统"获得国家发明专利,并取得局内230公里线路订单和青藏铁路270公里线路订单。自主研发的"轨道绝缘在线测试仪-Ⅲ型""轨道电路定压分路灵敏度测试仪"等仪器仪表,进入武汉局、成都局、兰州局等外局市场。推进采石业务发展,承接瑞九客专和南三龙、九景衢铁路的建设供砟业务,完成30余家采石场石材取样送检和CRCC认证工作,供应道砟108万立方米。做好维修供砟业务,供应工务维修道砟30万立方米。春运期间,抽调江西2个子公司的70名职工,担任南昌—上海南、南昌—广州东区段临时旅客列车值乘任务。

年内,与中国铁路设计集团有限公司、江西省勘察设计研究院合作,合资成立以高铁精密网测量为主营业务的南昌铁路天河测量有限公司,5月完成工商登记注册,10月取得测绘乙级资质。承揽赣瑞龙铁路运营后基础沉降观测、九景衢鄱阳湖大桥静动载实验及检定、隧道限界检测、线路大修设计等7项业务,合同金额881万元。

推进安全"三化"建设,促进安全规范管理。适应非运输企业安全管理机制改革要求,完善安全风险考核究责工作机制。开展施工安全专项整治,重点整治施工管理不规范、防护作业不标准等惯性问题。利用视频会议平台,每月对安全问题进行通报、点评,强化项目管理人员安全意识。组织职工技能培训和安全教育活动,在昌北货场项目部开展青年测量专项培训和竞赛。

加强党群工作,推进"两学一做"常态化制度化,组织职工400人次观看国家改革发展成果专题录像片,114名党员参加公司党员培训班,25名党员参加集团公司党建工作知识培训班。严肃党内生活,加强组织建设,领导班子成员到联系点讲党课14次、过组织生活74人次,组织9名党支部书记参加集团公司业务培训、11名党支部书记到兄弟单位参观学习。针对外地离退休党员过组织生活不方便问题,积极与宜春、新余、分宜、广州、赣州等市组织部门和社区沟通协调,帮助38名离退休党员将组织关系转入社区。加强企业文化建设和宣传报道,利用"天河家园"微信公众号,通过天河资讯、天河家园等板块发送78条信息,在路内外进行宣传,展示企业形象。

(张　鹏)

【江西京九物流有限责任公司】 位于江西省南昌市西湖区站前路29号(邮政编码330002)。经营范围涉及国内运输代理、国际货运代理、信息咨询、仓储、搬运、道路运输、国内贸易等,从事以第三方物流服务为重点的商贸物流、供应物流、配送物流和金融物流业务,是国家5A级综合服务型物流企业、物流与采购联合会理事单位。内设经营管理部、市场开发部、计划财务部、综合事务部、物流服务事业部、商业贸易事业部、资产经营开发事业部,辖南昌铁路物资公司、新余物流中心、八景物流中心、能源分公司。总经理杨宝林,党委书记戴志波,党委副书记、纪委书记、工会主席张伟华,副总经理万小平、陈鹏、刘善汉。年末,在册职工105人,资产2.42亿元。

全年,围绕"强基达标、提质增效"工作主题,提高创效能力、创新经营方式,完成经营收入4.18亿元、综合效益328.24万元,实现利润248.7万元;通过中国物流与采购联合会国家5A级综合物流企业评估复核,完成ISO 9001质量体系论证工作。

推进基地建设,与江西华贸物流有限责任公司在上高货场合作开办普通货物集装箱到发物流综合业务;与中国船舶工业物资闽赣有限公司合作,发挥水铁联运优势,共同提供装卸搬运、仓储保管、联运等物流服务;根据路局《关于开发向塘物流基地商品车物流服务业务的通知》,做好商品车中转库基地建设前期对接工作;营销萍钢、南钢、新钢等公司到达赣州东货场的钢材货源,拓展洋坊货场铁精粉装卸服务项目。启动国际联运业务,利用赣州无水港中欧、中亚班列开行机遇,于9月24日开行公司首列中亚班列、11月22日开行南昌首列中越班列。做好江铜集团公司综合物流服务项目,推进集装箱"散改集"技改项目。联系南宁局广西沿海铁路股份有限公司、百色货运中心,在互利共赢模式下,共同开展脱硫石膏、氧化铝集装箱循环运输综合物流业务。整合路内外供应链资源,介入新线建设物资、大型企业原材料及产品销售业务,开展钢材、矿粉、水泥、RPC盖板等物资供应投标,中标昌赣铁路、银西铁路(陕西段)、赣深客专、浦梅铁路、兴泉铁路等多个标段物资供应项目。转变鹰潭工务机械段铁路油罐加油模式,新增4个班组供油点;与中海油湖南销售分公司合作开展湖南省醴陵地区铁路加油项目;与中石化(森美)福州分公司签订福州地区供油协议并逐步进行全面覆盖;转储油业务完成12.82万吨,同比增加2.58万吨。推进闲置土地开发,完成南昌西客站西侧铁路桥间320国道旁高架桥下土地保护性开发工程建设,着手制定洪城大市场、东新乡高架桥下及周边地块经营开发方案并和目标客户洽谈;提交集团公司铁路建筑屋顶开发分布式光伏发电项目审查方案;完成德安加油(气)站建设项目的安评、环评和通过县规划审查。

组织开展《安全生产法》《最高人民法院 最高人民检察院关于办理危害生产安全刑事案件适用法律若干问题的解释》《江西省安全生产条例》专题学习,落实安全生产责任制,完善安全管理考核制度。做好恶劣天气预警和应急处置,防范仓储货物湿损和人身意外伤害。开展电气火灾隐患排查、危险化学品和零散快运货物安全风险整治、电梯安全专项检查等工作,制定完善液化气、成品油及相关资产监督管理办法。针对路局防火委办公室在全局消防安全专项检查情况中通报的鹰潭、上饶燃气站隐患问题,督促资产租赁方湖南中民燃气、鹰潭实华燃气有限公司及时整改。

江西京九物流有限责任公司在赣州东货场开展安全巡视　　(廖莹　摄)

贯彻落实全面从严治党责任，把党建工作纳入公司章程，发挥党建核心引领作用，推进“两学一做”学习教育常态化制度化，开展主题党日活动，采取简报、微信群推送、送教上门等方式加强宣传教育。开展“以行动诠释忠诚”党建工作自查和选人用人专项检查，细化“任务清单”和“责任清单”，将从严治党、依法治企要求贯彻到日常工作中。开展“战春运、保安全、抓经营、创效益”“春运爱心志愿服务”“货物快运营销状元”“五个争当”劳动竞赛以及“强基达标、提质增效”劳动安全、法律知识微信答题竞赛，制作反映八景物流中心贵溪营业部尾矿作业点的微电影，展示一线职工精神风貌。

（季　敏）

【福建汇丰物流有限公司】 位于福建省福州市晋安区华林路 408 号（邮政编码 350013）。主要从事铁路全程物流、供应物流、铁公海联运和国际联运，提供装卸、仓储、配送等物流服务，是全国第一批智慧物流配送示范单位和 5A 级物流企业。内设综合办公室、经营管理部、安全管理部、人力资源部、计划财务部、党群办公室、技术设备中心、综合事务室，辖供应物流中心、大宗物流中心、高铁货场开发中心、福州物流中心、福州钢材中心、江阴铁路物流园、厦门物流中心。总经理任祖明，党委书记蒋伟，纪委书记、工会主席江德官，副总经理王瑞平（至 7 月）、廖路阳（11 月任）、杨小林、唐俊艳、林智伟，总会计师陈喜保。年末，在册职工 162 人，固定资产 1.28 亿元。

11 月，占地 45000 平方米的安吉物流商品车福建（福清）仓储分拨基地建成并投入运营。年内，适应市场需求，完成钢材吞吐量 300 万吨，同比增加 180 万元；扩大钢材供应链金融业务，实现增加值 640 万元；煤炭、水泥等大宗货物物流业务量同比增加 1156.8 万元；着力开发厦门地区仓配一体化业务，利用高崎 11 道、海沧仓库，引入酒类、食品、服装等快消品，扩大高崎石材业务；加强江阴物流园区开发，做大东北粮食类货物铁海联运相关项目，完成货物到发 41.2 万吨、14533 标箱的装卸仓储吞吐量；完善化工品仓配、质押监管一体化服务，提高闲置仓库利用率。全年，完成营业收入 26.67 亿元，同比增长 58.87%；实现利润 3764 万元，同比增长 22.49%。

2017 年 1 月 22 日，福州市常务副市长林飞一行到公司调研指导工作

（刘建平　摄）

加强安全管理，开展安全大检查、大整治活动 4 次，整治重要安全隐患 8 个，开展消防应急演练 1 次。夯实业务运营基础，坚持经营数据周报、月报统计制度，严格按照合同单价与计费数量审核业务结算数据，在“开票审核信息系统”基础上开发业务数据信息系统，实现全公司范围内的业务开票审核无纸化、数据统计实时性信息共享。加强物资贸易风险防控，完善业务流程 94 个，其中管理流程 65 个、作业流程 29 个。加强合同管理，严格执行合同网上会签和法律顾问审查制度，共签订合同 700 余份，涉及金额 36 亿元，合同履约率达 100%。

改善职工生产生活条件，投入 69.66 万元补贴职工食堂，为江阴铁路物流园添置员工生活用品；投入 1.8 万元为职工活动室购置文体设施；安排 4.5 万元开展职工健康体检，组织 21 人次参加集团公司健康性休养和荣誉性休养;落实“三不让”帮扶救助机制,走访慰问28人次、助困5人次、助医10人次、助学5人次。全年,职工工资同比增长6.6%。

2017年,公司厦门物流中心获“中华全国铁路总工会火车头奖杯”。

(吴晓红)

【南昌华路建设咨询监理有限公司】 位于江西省南昌市西湖区站前路29号(邮政编码330002)。具有铁路工程监理甲级、工程造价咨询企业甲级、工程招标代理机构甲级、人防监理丙级及工程设计丙级资质,是赣闽两省唯一具有铁路工程监理甲级资质企业,通过GB/T 19001—2008、GB/T 24001—2004、GB/T 28001—2008管理体系及QEO新版管理体系认证。内设综合管理部、计划财务部、市场开发部、安全质量部、监理部、咨询部、设计所,辖福建分公司、福州福铁工程咨询设计事务所及现场监理站(组)。总经理陆卫珍,党总支书记谢祥斌,副总经理陆建明(兼总工程师)、夏荣强、庞茂东、胡建荣。年末,在册职工356人(其中,国家注册监理工程师58人、注册造价工程师24人、勘察设计注册工程师4人、注册安全工程师20人、注册设备监理师2人、注册建造师6人、注册招标师6人、铁路监理工程师196人、铁路总监理工程师68人、江西省监理工程师3人)。

年内,承担赣州至深圳客运专线铁路GSJXJL-1标段、浦城至梅州铁路建宁至冠豸山段全线站前站后工程PMJL-2标段、九景衢铁路江西段JQJXJL-4标段、福州至平潭铁路FPJL-1标段、瑞九铁路RJJL-2标段、临江商务区旧城改造(综合性住房小区)项目监理工程第一标段CD2-01地块、南平至龙岩铁路扩能改造工程、南平至龙岩铁路扩能改造工程站房工程NLZFJL-Ⅰ标段、昌赣客运专线等监理工程。

全年,签订工程监理合同182项、造价咨询合同176项、招标代理合同557项、工程设计合同463项,合同金额8711.45万元,完成营业收入6368.11万元。

在项目监理过程中,制定监理例会制度及监理人员岗位责任制41项,制定质量监控手册18项,以“事前指导、事中检查、事后验收”原则开展监理工作;依法实施项目管理,严格执行安全质量监控、投资控制、合同管理、变更设计、竣工验收等监理程序,提升监理管理水平;坚持“工装保工艺、工艺保质量、质量保安全”建设理念,定期组织质量安全隐患排查整治、工装配置情况专项检查、遏制安全质量惯性问题专项检查等活动,对存在的问题分专业建立问题库,组织分析原因,要求施工单位制定整治措施,明确责任人和整改期限;对暂停令、通知单和平推检查通报中的问题整改情况跟踪落实;对营业线和邻近营业线施工各工点,实行监理部、监理组、主管监理工程师三级巡查和把关制度,保证营业线和邻近营业线施工安全;落实旁站制度,对工程关键部位和工序安排监理人员进行全过程监督;开展“安全生产月”“质量月”“《安全生产法》宣传周”等教育宣传活动,及时传达行业新规范、新标准和监理实施细则,提高监理人员安全责任意识。

(卢　珊)

【南昌铁路物业管理有限公司】 位于江西省南昌市青山湖大道915号(邮政编码330002)。主要承担集团公司管内62个铁路住宅小区的环境保洁、资产租赁、绿化维护、保安管理、垃圾处置、住宅维修以及铁路城管、家委会等服务工作。内设综合管理部、人力资源部、计划财务部、物业管理部、市场开发部、技术设备部、武装保卫部,辖1个子公司、1个分公司、5个物业服务部、1个住宅维修部、9个城管大队、1个招待所、3个铁路家委会。公司总经理(执行董事)李军,党委书记韩磊,党委副书记、纪委书记、工会主席张云,副总经理王建丰、黄刚、潘爱珍、陈晓红。年末,在册职工228人,固定资产396万元。

年内,以“强基达标、提质增效”为主线,深化安全风险管理,加大对消防安全、营业线施工安全及乘务工作安全检查力度,发现并解决问题 302 个,其中:A 类 1 个、B 类 208 个、C 类 93 个。加强社区保洁、绿化维护,整治铁路小区环境卫生,清理卫生死角 1786 处,清掏化粪池 1295 座,清理菜地 5600 平方米,清运垃圾 1875 车/9375 立方米,消毒消杀 86 万平方米,疏通道路排水设施 400 米。在铁路社区公布房屋设备请修电话,实行电话请修“回访”制度,共受理电话请修 2295 件,完成维修 2290 件,请修兑现率为 99.78%;完成各类抢修 199 件,屋面大修 23 件;请修投诉 16 件,回访满意率达 99.5%。做好防洪抗台风工作,台风过后积极开展清扫、清淤工作,检修小区设备设施,尽早恢复社区正常生活秩序。采取市场走访、中介咨询等方式,将赣州铁路二区车库、永安采购站、永安建筑检修三工区等房屋出租,实现收入 9.66 万元/年。加强节支降耗,严格控制成本支出,执行全面预算管理。开展减员增效,通过跨车间调剂人员、兼岗并岗、干部下现场直接作业等形式减少外包业务费用,共核减外包费用 32.6 万元。全年,完成营业收入 6853.66 万元,实现利润 16.43 万元。

成立“三供一业”移交工作领导小组,领导班子成员分片负责和包保,建立社会化职能移交人员分工网络图,明确工作职责和要求;6 月,与相关地方政府签订移交框架协议。规范招投标工作,完成 76 项资产公开招租。加强财务管理,开展“小金库”专项治理,及时清理债权,完成营改增税务变更登记等工作。加强职工教育培训,举办各类培训班 10 期,培训职工 1072 人天。抽调 67 名职工组建九江乘务队,承担九江至南宁 K1523/4 次旅客列车乘务工作;抽调 13 名职工从事福州南车站安保巡逻工作。

推进“两学一做”学习教育常态化制度化,开展三个专题学习讨论,细化合格党员标准;举办党员培训班,培训 114 名党员;召开民主生活会,制定 6 个方面 24 项整改措施。深化“转观念、闯市场、增效益”和“强基达标、提质增效”主题教育活动,围绕社区“三供一业”分离移交工作开展党员岗位立功竞赛。

(胡剑涛)

【南昌铁路通达工贸有限责任公司】 位于南昌市青山湖区工人新村 1 路 5 号(邮政编码 330000)。主营铁路相关产品加工制造及维修,包含动车组及和谐机车车辆配件、工务道岔、钢轨配件、轨枕、门吊等产品制造;旅客列车集便器、机车轮对、机车电机、轨道车等维修;动客车吸污保洁服务及供电工程施工。内设综合部、安全质量部、人力资源部、财务部、企业发展部、市场部、技术开发部、武装保卫部;辖全资子公司 6 家(南昌铁路装备制造有限公司、上饶铁路机车车轮有限公司、厦门铁路正丰工程有限公司、福建郭坑铁路工务设备有限公司、福建榕铁混凝土制品有限公司、福建汇盛铁路重工有限公司),控股公司 2 家(三明汇盛铁路轨道车辆大修有限公司、南昌艾普空气技术有限责任公司),分公司 1 家(南昌铁路通达工贸有限责任公司福州分公司);参股企业 2 家:萍乡焦化有限公司(公司占股 11.11%)、江西省车辆报废回收有限公司(公司占股 8.3%)。总经理江勇,党委书记胡月武(7 月退休)、杨水弟(10 月任),党委副书记、纪委书记、工会主席彭刚(11 月任),副总经理王渭荣、费建文、贾映清、王昌明。年末,在册人员 1040 人(正式职工 392 人、集体职工 87 人、劳务派遣工 489 人、非全日制用工 72 人),资产 8.65 亿元。

年内,推进重点项目开发,研发集换枕、捣固和剪枝等功能为一体的“铁路工务多功能作业车”,完成两个型号设计方案,于 2017 年 12 月通过铁路总公司组织的方案评审,计划 2018 年下半年实现小批量生产并推向市场。2017 年 4 月,铁路总公司颁布新的钢轨扣件防锈标准后,所属福建郭坑铁路工务设备有限公司立即启动钢轨扣件锌镍合金共渗工艺的研发，8 月通过路局技术审查并纳入局内产品目录。

拓展外部市场业务，提升市场竞争力，全年局外市场收入 2.1 亿元，占总收入的 28%。2017 年 5 月，所属福建郭坑铁路工务设备有限公司和福建榕铁混凝土制品有限公司取得衢宁铁路钢轨扣件、轨枕供应业务，中标金额 8455 万元；上饶铁路机车车轮公司参与南宁局轮对大修招标，实现投标项目全部中标，完成收入 1062.56 万元。投入 902 万元用于基础设施建设、技术更新改造等，完成南昌铁路装备制造有限公司道岔及滤网产品生产扩能、福州分公司生产车间扩建、福建郭坑铁路工务设备有限公司锌镍共渗生产线投建、福建榕铁混凝土制品有限公司生产设施改造等项目，提升企业"硬件"实力。全年，公司完成营业收入 7.45 亿元，同比减少 285.56 万元；实现利润 6142.05 万元，同比增加 532.11 万元。

优化人力资源管理，推进结构性冗员清理，分流 13 名职工到南昌客运段，抽调福建汇盛铁路重工有限公司富余人员到轨道车公司工作；加强新入职青工培养，福州分公司青工万苏杰在集团公司第七届青年职业技能竞赛中获货车车辆钳工组第一名，工程师余梦被评为集团公司专业技术拔尖人才。

推进"两学一做"学习教育常态化制度化，结合"强基达标、提质增效"主题教育活动，组织宣讲小分队，下现场开展宣讲会 10 场、讨论会 7 场。开通"南铁通达之声"微信互动平台，有针对性地开展思想政治工作，保证职工队伍稳定。加强党风廉政建设，严格执行"三重一大"集体决策制度，规范职能部门和子(分)公司物资采购招投标程序，实行集中招标采购，建立合理分权、有效制约的管理机制。做好党风廉政宣传教育，把党章、条例、准则和典型案例作为学习重点，及时转发"南铁清风""南铁监督"微信公众号里廉政建设内容，提高党员干部纪律意识和规矩意识。

（赵　莉）

【南昌铁路天集房地产开发有限责任公司】

位于江西省南昌市青云谱区井冈山大道 999 号(邮政编码 330000)，具有房地产开发一级资质，业务包括保障房建设、商业开发、物业管理等。内设综合部、财务部、人力资源部、开发经营部、工程部、前期物业部、梅湖明珠项目部，辖两个子公司(南昌铁路天集物业管理有限公司、南昌聚隆房地产开发有限公司)。总经理赖学升，党总支书记胡绍群，副总经理单明船、姜羌、缪志强、王强，总会计师蔡莉。年末，在册职工 79 人。

加强安全管理，明确 18 项安全工作重点，制定全员安全生产责任制，明确各岗位安全职责和工作标准，重新公布《安全考核词典》。针对 2017 年江西境内降雨量大的特点，及时启动Ⅳ级防洪预案，最大限度减少灾害造成损失，汛期内未发生水害事故。吸取"白金汇"火灾事故教训，开展消防安全专项检查，整改安全隐患。严格执行建设标准、施工组织方案和交付验收制度，强化现场监管，确保安全总体受控。开展安全质量检查，督促施工单位落实安全措施，对贵溪烧箕山地块、鹰潭沙石塘 B 地块工地存在的脚手架问题下达《问题整改通知书》，责令其停工整改。全年，共检查发现安全问题 177 个、质量问题 203 个、监理问题 97 个，均整改完毕。

年内，受房地产市场宏观调控、项目拆迁、内部配售审批时间长等因素影响，南昌、鹰潭、上饶等地项目资金未能及时回笼，项目贷款无法按期归还。公司加强与各大银行沟通，按年初制定的资金预算落实资金筹集计划，办理新增贷款 2 亿元、贷款延期 1.5 亿元、借新还旧 1.6 亿元。加快推动剩余房源销售，以新媒体 H5、PPT 形式进行销售推介，向集团公司提报丰城、吉安、鹰潭等地剩余房源配售方案，积极跟进业主按揭放款进度。全年，完成营业收入 85271 万元，同比增长

29.09%；实现利润4892万元，同比增长12.67%；完成保障房开工1590户，竣工2482户。

完善物业管理，完成鹰潭沙塘石B、C地块和贵溪烧箕山二期的前期物业招投标，解决吉安青原明珠金辉物业公司合同履行问题，确保新老物业公司无缝交接。提升物业管理质量，集中整治上饶、玉山、吉安等住宅小区物业问题，投资60余万元更新改造南昌玉河明珠小区监控设备，硬化停车场场地，解决车辆乱停乱放及停车难问题。规范客服工作，及时与业主进行沟通，处理业主投诉，投诉率同比下降20%。加强物业欠费催缴工作，向南昌青云明珠欠缴业主送达《律师函》，追缴物业费14.6万元。做好空置房屋出租信息发布，完成赣州新友好商城招租工作。

依法合规开展招投标，完成14项招标，总招标额1.5亿元，总中标额1.4亿元，节约资金近千万元。组织开展档案资料清查，清查范围覆盖18个项目，规范开发项目档案资料管理，确保资料归档及时性和完整性。修订公司合同授权委托管理办法，严控合同签订、授权委托的会签审批，落实授权委托发放和收回制度，邀请集团公司企法处律师进行授课，提升合同管理能力。组织开展安全、房地产开发、电气化铁路知识及法律法规等专题培训教育，采取微信竞答等创新形式，调动职工积极性，参与者达196人次。筹建公司借阅室，拟采购书目广泛征集职工意见，提高职工学习主动性。

加强党建工作，推进"两学一做"学习教育制度化常态化，围绕党的十九大精神、"强基达标、提质增效""四个全面"战略布局、党纪条规等八个专题进行学习研讨，组织集中学习15次，形成调研文章9篇、学习体会56篇。开展"缅怀先烈　不忘初心"主题党日活动，重温入党誓词，坚定党员理想信念。加强党风廉政建设，重新修订《党风廉政建设责任制实施细则》，编制党风廉政建设重点工作任务书、路线图和时间表，开展"坚定理想信念、筑牢拒腐防线"主题教育活动，提高职工廉洁意识。

2017年，公司被评为南昌市房地产企业先进单位，梅湖明珠项目获南昌市第九届最佳楼盘综合奖。

（刘佳佳）

党 群 工 作

中共中国铁路南昌局集团有限公司委员会

【中共中国铁路南昌局集团有限公司委员会委员】 按姓氏笔画排序(截至2017年12月31日):万军、王培、刘明亮、任朝阳、陈寿卿、杨斌、金长平、钟生贵、郭建波、高松、黄少雄、彭磊、詹志文、戴平峰。

中共中国铁路南昌局集团有限公司委员会书记王培,副书记万军、高松。

【集团公司领导班子民主生活会】 集团公司领导班子2017年度民主生活会于2018年2月1日在南昌召开。会议由集团公司党委书记王培主持,按规定应参加会议的12名领导班子成员全部到会。铁路总公司党组成员、副总经理王同军,人事部(党组组织部)领导干部处处长于树栋,党组纪检组信访和审理室主办赵志峰同志到会指导。集团公司纪委副书记邓文忠、党委组织部部长宋和平、党委办公室主任王春柳、机关党委书记袁新峰按规定列席会议。

组织建设

【概况】 年末,集团公司党的基层组织2877个。其中,党委75个(运输站段党委45个,运输辅助单位党委3个,一级非运输企业党委8个,公安局及其下属党委7个,集团公司、集团公司机关、党校、科研所党委各1个);党总支323个(所属单位党总支4个、一级非运输企业党总支4个、合资铁路公司党总支1个,运输站段下属党总支285个,运输辅助单位下属党总支1个,一级非运输企业下属党总支10个,集团公司机关党委下属党总支6个,福州铁路办事处下属党总支2个,公安局所队党总支10个);党支部2479个(运输站段党支部1897,运输辅助单位党支部80个,一级非运输企业党支部94个,集团公司机关党委下属党支部85个,福州铁路办事处下属党支部27个,公安局下属党支部233个,合资铁路公司下属党支部34个,其他公司所属单位下属党支部29个);福州铁路办事处党工委1个。

集团公司党员44462人,其中江西境内29608人、福建境内14854人;在岗党员30487人,女党员6849人,35岁及以下党员7023人,生产一线党员26505人;离退休党员13917人,长病长休和家属等其他党员58人。

表 10-1　2017 年集团公司所属单位党员数及在岗情况

单位名称	党员总数	在岗党员	单位名称	党员总数	在岗党员
南昌车站党委	495	358	南平工务段党委	548	348
南昌车务段党委	1167	675	龙岩工务段党委	354	310
鹰潭车站党委	908	516	鹰潭工务段党委	916	567
向塘西车站党委	467	328	萍乡工务段党委	872	502
福州车站党委	371	209	南昌西工务段党委	223	223
福州车务段党委	765	519	南昌电务段党委	1168	860
南平车务段党委	992	599	福州电务段党委	659	523
厦门车站党委	228	159	南昌通信段党委	656	519
九江车务段党委	657	499	南昌车辆段党委	1159	906
上饶车务段党委	839	729	南昌南车辆段党委	1218	906
宜春车务段党委	1460	898	福州车辆段党委	503	357
永安车务段党委	647	384	福州东车辆段党委	453	382
漳州车务段党委	785	572	福州动车段党委	246	243
赣州车务段党委	704	549	南昌物资供应段党委	225	109
南昌客运段党委	1491	996	南昌房建生活段党委	1004	429
福州客运段党委	972	631	福州房建生活段党委	579	293
龙岩车务段党委	244	226	福州铁路办事处党工委	675	210
南昌机务段党委	1035	894	南昌铁路公安局党委	3497	2460
向塘机务段党委	1328	942	南昌局集团公司机关党委	2066	1418
福州机务段党委	1680	1098	南昌局集团公司科学技术研究所党委	67	36
福州供电段党委	468	411	南昌局集团公司党校党委	123	43
南昌供电段党委	669	548	新余职工培训所党总支	41	29
鹰潭机务段党委	1840	1170	福州职工培训所党总支	30	25
鹰潭供电段党委	295	245	南昌疾病预防控制所党总支	50	34
厦门供电段党委	306	286	福州疾病预防控制所党总支	38	22
南昌工务段党委	726	512	厦门海沧铁路有限责任公司党总支	10	10
福州工务段党委	481	319	东南沿海铁路福建有限责任公司党总支	109	108
永安工务段党委	481	281	昌九城际股份有限公司党委	66	64
厦门工务段党委	401	277	福建福平铁路有限责任公司党委	83	74
赣州工务段党委	711	493			
九江桥工段党委	481	392			
鹰潭工务机械段党委	789	556			

续上表

单位名称	党员总数	在岗党员	单位名称	党员总数	在岗党员
九景衢铁路江西有限责任公司党总支	45	44	南昌铁路天河建设股份有限公司党委	190	135
赣龙复线铁路有限责任公司党总支	165	57	南昌铁路物业管理有限公司党委	114	88
江西京九物流有限公司党委	82	77	南昌铁路天集房地产开发有限公司党总支	42	42
福建汇丰物流有限公司党委	135	101			
江西铁路实业发展有限公司党委	182	96	南昌华路建设咨询监理有限公司党总支	35	33
福建铁路实业发展有限公司党委	159	140	南昌铁路文化广告传媒有限公司党总支	66	51
南昌铁路旅游酒店资产管理有限公司党委	203	133	江西地方铁路开发有限公司党总支	48	39
南昌铁路通达工贸有限公司党委	475	170	合　计	44462	30487

表 10-2　2017 年集团公司所属单位党员年龄、文化结构、职业分布情况

党员总数	年龄结构					文化程度						职业分布		
	35 岁及以下	36 岁至 45 岁	46 岁至 55 岁	56 岁至 60 岁	61 岁及以上	研究生	大学本科	大学专科	中专	高中	初中及以下	工人	管理和专业技术人员	党政机关工作人员
44462	7023	9233	12144	4121	11941	216	8387	11448	5124	10562	8725	18971	9056	2460

【“两学一做”学习教育】　抓好专题学习研讨,运用过政治生日、重温入党誓词、讲师团送教上门等形式,提高学习效果。开展主题党日活动 2512 场次,607 名党员领导人员到所在或联系点党支部上党课,678 名党群干部参加集中考试。结合岗位实际,对合格党员标准作出细化规定。编发情况通报 41 期,拍摄 15 部党建专题片,永安工务段王建新“搜山扫石队”党员教育电视片参加总公司评选。定期梳理分析机关“灯下黑”、基层党建薄弱等问题,分公司、站段、车间 3 个层面列出问题清单,共查摆基层党建薄弱环节问题 5224 条、机关“灯下黑”问题 1426 条,检查党支部(总支)学习教育问题 2330 条。抽调站段 8 名专职党委副书记成立专项检查组,检查 78 个集团公司所属单位党组织,反馈问题 656 条,考核直接责任人 25 人。

【基层党支部建设】　新设、改设党支部(总支)410 个,撤销党支部(总支)301 个、党小组 538 个,督促 589 个基层党支部(总支)完成换届改选并增补支委 162 人。创建示范点党支部,召开党支部建设现场会 32 场,南昌客运段直达车队党总支被确定为中共江西省直机关工委党支部规范化建设示范点。下发《基层党支部(总支)党建工作任务清单(试行)》,明确书记、支委、党小组长、普通党员的党建量化任务。走访帮促 251 个基层党支部(总支),指导 86 个薄弱党支部制定专项整改方案。下发《高速铁路综合维修工区联合党支部建设指导意见》,并在婺源、莆田试点。

【党支部书记队伍建设】 指导2457名基层党支部(总支)书记完成抓党建工作述职评议,其中评价好478人、较好1513人、一般455人、差11人。对37个运输站段推荐的74名拟首任人选进行资格审核,组织55名首任人员进行党建业务集中测试。举办新任专职党支部书记培训班1期、兼职党支部书记培训班2期,培训423人。根据《铁路企业党支部建设纲要》,对普通工人兼职党支部书记的人员按工班长标准支付津贴。

【党内"三无"竞赛活动】 盯控45个运输站段党员"两违"情况,帮促查找安全薄弱环节,完善党内保安全制度,遏制"两违"问题。采取谈心帮促和技术帮扶等形式,对29名2016年度党员安全重点人进行包保帮促。年末,实现党员安全生产5218天。

【党员基本信息采集】 在党员组织关系集中排查基础上,通过查阅党员档案、核对身份证信息等,采集录入党员信息44357名,其中女党员6813名;录入党组织2808个,其中党委72个、党总支311个、党支部2424个。

【党员队伍建设】 落实《2014—2018年全国党员教育培训工作规划》,组织开展党员轮训,举办6期党课示范班、6期党员示范培训班、5期入党积极分子培训班,培训1632人;集团公司所属单位举办党员培训班188期,培训15038人。开展教学演练和模拟故障处理,强化党员实作技能。举办第三届机务、供电系统党员业务技能竞赛,对12名获奖选手进行表彰。提升高铁领域、主要行车工种、班组长党员比例,全年发展党员466名,转出离退休党员组织关系948名。春节、"七一"期间,下拨党费577万元对生活困难党员和老党员进行走访慰问,收集意见建议936条,帮助解决党员困难问题1029个。下拨党费1226.5万元用于脱贫攻坚、党员活动室和党建工作信息化建设。

【党的十九大代表】 2017年6月5日,在江西省党代表会议上,向塘机务段向塘运用一车间机车司机郭学飞当选为江西省出席党的十九大代表。2017年6月25日,在福建省党代表会议上,福州机务段动车车间动车组司机陈承仪当选为福建省出席党的十九大代表。

【先进表彰】 "七一"前夕,集团公司党委表彰学习型领导班子12个、党支部标杆13个、先进党支部87个、优秀共产党员300名、优秀党务工作者80名、优秀班组党支部书记10名、党内优质品牌3个。

(李承蓉 刘建勇 陈 波 项 彬)

宣传工作

【概况】 2017年,集团公司党委宣传部(企业文化处)内设宣教科、企业文化科、新闻科、网络舆情科。部(处)长金旭红,副部(处)长娄国标、刘建宙。定员21人,年末在册职工18人。

【理论学习】 全年,集团公司党委理论学习中心组集中学习21次,其中组织专题研讨9次、举办专家讲座2次。集团公司领导班子成员撰写调研报告16篇,党政主要领导先后在《人民铁道》报发表调研文章。编发党委理论学习中心组专题学习文摘14期,向两级党委中心组推荐学习书目15本。加强对各单位党委中心组学习的管理考核,派员列席督导,实施季度通报和年度评价制度。

【形势任务教育】 开展"强基达标、提质增效"主题教育活动,组织宣讲会3000余场,受众10余万人次。由业务处室牵头,各单位组织开展“我离标准有多远，我为提效做什么”全员讨论，“魅力南铁”微信公众号开辟“七嘴八舌微讨论”栏目。召开各种形式讨论会5600余场，收集意见建议5000条。开展“争当凡星、争当创客、岗位建功”岗位实践，指导各单位建立常态化“身边凡星”评选宣传机制，选树身边凡星700余人。征集到2000条合理化建议，465条建议被采纳。开展60期“学标对标嘉宾谈”活动，开发“安全大闯关”大家来找茬微信游戏，安排25名处长、站段长作“强基达标、提质增效”专访。

【主题宣传活动】 开展“走基层、看亮点，展风采、聚合力”系列宣传活动，宣传凡人小事，推出先进典型人物300余名。南平工务段王闽黔、南昌电务段支军、南昌供电段刘文慧、南昌车辆段刘鹏、南昌车站刘慧姣、漳州车务段李建波、南昌机务段余春根、福州车站赵静、福州车务段翁建忠、南昌客运段黄逢丽等10人被评为2017年度“十大平凡之星”。福州车务段翁建忠、周琦被评为2017年6月份“中国好人”，南昌车站熊小妹、鹰潭机务段孙欲晓被评为2017年第五期“江西好人”，向塘机务段郭学飞被评为“第五届江西省道德模范”。

【精神文明建设】 南昌南车辆段被评为第五届全国文明单位，厦门车站、南昌供电段被评为全路文明单位。南昌车站、南昌客运段、福州车站继续保留“全国文明单位”称号。南昌车站被评为“铁路民族团结进步创建示范单位”。

【企业文化建设】 制定下发集团公司《企业文化建设三年基础工程》文件，加强企业文化建设。评选表彰11个企业文化示范点，打造向塘机务段、鹰潭工务机械段向塘长轨基地和婺源高铁综合维修工区为企业文化建设示范样板。策划鹰厦铁路通车60周年、建局20周年系列纪念活动，拍摄企业文化建设电视专题片，举办职工书画摄影艺术作品展，开展“快乐工作　幸福生活”文化空间设计大赛，创作长篇报告文学《鹰厦长虹》，命名集团公司首批爱国主义教育基地。全公司有11人在中国铁路文联当选理事，其中永安工务段“草根诗人”马兆印当选常务理事。办好中国书协“‘一带一路’诗书万里行”采风活动，与江西省文联合拍的微电影《江边小站》获第五届亚洲微电影艺术节“金海棠”好作品奖。

【对外新闻宣传】 加强新闻选题策划，《高铁线上的骡马检修队》《九江长江大桥上的守灯人陈瑜》等新闻亮相央视《新闻联播》，南昌客运段食雕达人杨建、福州动车段机械师杨建的劳动故事在“五一”专题栏目中报道，周琦、翁建忠两位“福建好人”热心助残、见义勇为的故事被主流媒体宣传。春运期间，用稿数量排名全路第三、人物报道数量排名全路第一，集团公司被评为2017年铁路春运宣传和舆论引导工作突出贡献单位。围绕铁路客货运输热点，契合旅客货主需求，开展“高铁花运婺源春”“厉害了WORD南铁动车”等直播81场，策划组织“寻找南铁春色”“车迷看鹰厦”等在线征集活动9次，扩大宣传影响力；关注昌赣高铁、武九高铁、九景衢铁路、福平铁路、赣深高铁等重点工程进展，及时跟进报道，展示铁路建设成就。抓住鹰厦铁路通车六十周年、动车组开行十周年、龙厦铁路开通五周年等契机，开展系列“周年庆”宣传活动。在中央及省部媒体推出一批党建工作和发展成就报道，郭学飞、陈承仪两位十九大代表的成长故事分别在《人民日报》、央视《新闻联播》等主流媒体和各大网站刊播转载。全年，集团公司在各级媒体刊播报道41271篇(条)，其中《人民日报》头版16篇、中央电视台《新闻联播》33条。

【网络舆情引导】 开展媒体融合调研，重点打造向塘机务段“几歌新媒体工作室”，指导南昌通信段、福州车务段、南昌车站等单位创建新媒体工作室。举办首届融媒体作品大赛，189件作品参赛，50件作品获奖。处置重点舆情120起；编辑《舆情简报》169期；南昌铁路政务新媒体矩阵发布各类信息47万条，微博微信粉丝数量突破1000万人；“南铁职工网上家园”注册人数达12.9万人，发帖6.2万条，开展网上家园访谈90期，受理职工诉求近千件。在中央级网站刊发报道4168篇，其中“6+5”网站首页605篇、网评136篇；向江西省委宣传部、政法办推荐4名省级核心网评员；鹰潭机务段谢伟锋被评为全路“十佳”优秀网评员，并当选江西省青联委员；原创视频《我和春运约个会》，被评为“百部网络正能量动漫音视频”之一。

年内，“@南昌铁路”在全国交通系统微博排行榜、全国铁路系统微博排行榜、江西十大政务微博排行榜、江西十大交通系统微博排行榜中均位列第一，在全国地市级城市政务新媒体(双微)排行榜中排名第二，被评为“全国交通系统十大微博”之一。

(洪　亮)

党办工作

【概况】 2017年，集团公司党委办公室与集团公司办公室合署办公(内设机构和在册人员详见“综合管理”栏目中的“行政事务管理”分目)。

【党群工作落实】 学习贯彻习近平新时代中国特色社会主义思想和党的十九大精神，引导党员干部增强“四个意识”。坚持落实党管干部原则，抓好领导班子和干部队伍建设，选优配强所属单位领导班子，任免领导人员240人；实施选拔任用工作全程纪实制度，完善倒查追责机制，防止干部“带病提拔”。树立党的一切工作到支部的导向，落实《铁路企业党支部建设纲要》，推进“两学一做”学习教育常态化制度化。开展“强基达标、提质增效”主题教育活动，组织各类宣讲7675场。策划喜迎十九大、鹰厦铁路通车60周年、建局20周年系列纪念活动，完成20万字长篇报告文学《鹰厦长虹》。连续第7年开展“走基层、看亮点”系列宣传活动，选树2名“中国好人”、5名省级好人和1名江西省道德模范。推出《高铁线上的骡马检修队》、“陆地航母”等一批南铁网红。制定《南昌铁路局党委理论学习中心组学习实施细则》《南昌铁路局党群干部“两学一做”学习教育考试办法(试行)》《南昌铁路局党群工作达标创优考核办法》《关于运用典型案例开展“三会一书两公开”警示教育的实施办法》《中国铁路南昌局集团有限公司党委会议事规则》等制度办法。

【信息刊物编发】 编发《政工信息调研》54期，下发季度信息调研通报3期；向铁路总公司党组办、江西省委办公厅报送信息17篇，总公司党组办采用8篇，江西省委办公厅采用6篇，其中《南昌局党委认真学习宣传贯彻党的十九大精神》《南昌局党委着力提升“强基达标，提质增效”主题教育活动效果》《树立党的一切工作到基层的鲜明导向》《抓好思想教育这个根本》等信息先后被《人民铁道》报、《铁路政工》《铁路政工动态》采用。编辑《南铁政工》3期，刊载文稿73篇、图片90幅，共25万字。

【机要保密】 完成集团公司机要通信室搬迁改造工程，建立国家C级标准机要屏蔽机房并通过国家密码管理局检测合格。完成集团公司涉密人员分类确定，完善涉密人员脱密期管理措施。收发各类电报1300余份，保障厦门金砖会晤、党的十九大等重大会议活动期间政令安全畅通、资料管理规范。拍摄集团公司首部机要密码纪录片《永恒的“名字”》，获中央办公厅机要局“难忘的机要岁月”征文比赛影像作品三等奖、铁路总公司一等奖、江西省机要局特别荣誉奖。集团公司获2017年度铁路总公司“机要密码工作先进单位”“江西省保密工作优秀集体”等称号。

【信访维稳】 全年,接待职工群众来信来访1153人件次,同比下降39.9%;其中5人(含)以上集体访31批491人次,批次和人次分别同比下降45.6%、56.5%。针对厦门金砖会晤、党的十九大等重大敏感时期维稳工作特点,强化思想引导,积极开展矛盾纠纷化解,保持职工队伍稳定。在党的十九大期间,实现进京上访“零登记”。集团公司信访办被国家信访局评为“金砖国家领导人第九次会晤信访工作先进集体”,江西省信访工作联席会议办公室致函公司表示感谢。

(徐文军)

党(干)校

【概况】 集团公司党(干)校设2个校区(南昌本部和上饶分部)。本部位于江西省南昌市西湖区天佑路49号(邮政编码330002);分部位于江西省上饶市信州区水南街230号(邮政编码334000)。2017年,行政机构设办公室、计划财务科、政治经济教研室、党工团建教研室、企业管理教研室、运输教研室、信息教研室、理论研究室、教务科、图书资料室、后勤服务中心、上饶分部、函授部(辖福州函授站);党群组织设党委、工会,辖5个党支部、5个工会分会。学校常务副校长、党委副书记张志坚,常务副书记乐国旺,副校长熊春如(4月退休)、许琴(4月任)、张伟。年末,在册职工67人,固定资产3639.41万元。

【干部培训】 全年,完成各类培训班196期,培训学员14580人次(计划办班176期,培训干部11711人次)。

【备课试讲】 年内,李昌文、吴晓君、孙昕莹、黄强、刘思奇等5位老师就《“十九大”精神解读》集体备课试讲;推出《对“强基达标、提质增效”的认识和思考》《坚定推进全面从严治党—党的十八届六中全会精神解读》《中国共产党的历史》《全面从严治党,把纪律挺在前面》《中国梦与中国自信——学习习近平总书记系列讲话精神》《加强和规范党内政治生活的战略举措》《工匠精神》《发展党员工作实务》《新版党章解读》《奋力谱写社会主义现代化新征程壮丽篇章》《习近平新时代中国特色社会主义思想》《坚定不移推动全面从严治党向纵深发展》《中国特色社会主义进入新时代》《习近平新时代中国特色社会主义思想》《现代企业制度概述》等15门新课试讲。

【送教上门】 5月31日,在集团公司领导班子成员开展理论中心组集体学习期间,该校李昌文老师就《关于新形势下党内政治生活的若干准则》和《中国共产党党内监督条例》向参加学习同志作专题解读,为该校教师首次对集团公司领导层进行专题辅导。

年内,10名教师分别到集团公司机关、运输站段等50个部门及单位送党课上门352次/881学时。李昌文、孙昕莹、吴晓君、刘思奇等4名教师完成党的十九大精神宣讲14场,受众达3500人次。鞠蓓、李昌文、徐琳、李饶奇等4名教师完成在向塘、南昌、鹰潭、福州、厦门、龙岩等片区举办6期党课示范班的授课任务,培训专兼职党支部书记、党员骨干714名。

【交流与成果】 组织教师学习《习近平的七年知青岁月》一书,9名教师撰写学习体会文章,选派青年教师吴晓君参加铁道党校组织的《习近平的七年知青岁月》教学座谈会。组织4名老师参加铁路总公司党校系统十九大精神学习骨干师资培训班。选派李昌文老师参加在铁科院举行的铁路系统党建研究会专业委员会第二课题组会议。

6月,孙昕莹教师在集团公司“强基达

标、提质增效”主题教学观摩比赛中获三等奖。李昌文、孙呖莹、吴晓君、刘思奇等4位教师完成微党课试讲、拍摄和制作,刘思奇讲授的《中国特色社会主义进入新时代》获铁路总公司党校系统“学习宣传贯彻十九大精神与职工面对面”微课比赛三等奖。

【理论研究】 全年,完成铁路总公司“运用自身资源加强党员红色基因教育的研究”“南昌铁路局‘互联网+环境’下铁路基层站段思想政治工作创新研究”“南昌铁路局‘互联网+党支部’做法经验研究”等3个课题研究,完成集团公司“对我局运输一线职工思想状况的调查及对策探析”“关于鹰潭工机段强基达标和安全文化建设的调研和思考”“南昌铁路局职工‘两违’问题的心理学探析及对策研究”“新形势下铁路基层党组织创新党内活动调研与思考”“‘微生活’里的大文章——南昌局运用‘微媒体’加强宣传教育工作实践探索”“准确把握数量质量关系　提升发展党员工作科学化水平”等6个课题研究。组织教师参加总公司党校系统开展的“学习十九大精神”主题征文活动,上报《以十九大精神为指导　全面加强铁路企业党建工作》等3篇征文。

【后勤保障】 年内,该校2号楼正式投入使用;对门卫室、篮球场、1号楼学术报告厅升级改造,2号楼地下车库加盖坡道雨棚,校内地面摊铺沥青,1号楼外墙大修,6号楼屋面大修;迁移树木、美化草坪,修建“实事求是”校训墙,校内绿化率达60%;对食堂进行改造,将原有的2个包厢与大餐厅相连,接待能力由150人增加到200人。

(汤　丽)

铁道报社

【概况】 位于江西省南昌市西湖区天佑路49号集团公司党(干)校六号楼二楼(邮政编码330002)。其编发的《南昌铁道》报为江西省内部报型资料,准印证号为(赣)0100023,每周二、四、六出刊,每期印数11500份。内设办公室(新媒体策划室)、新闻部、专刊部、记者部、驻福州记者站。总编辑郑波,副总编辑陈志宏、郑国强。定员25人,年末在册职工25人。

全年,《南昌铁道》报出刊148期(对开四版、双面彩色印刷);微信公众号推送讯息1000条,单条讯息日均点击量2500人次。

【新闻策划与报道】 结合新线开通运营,刊发《瑞九铁路引入九江枢纽大施工首战告捷》《九景衢铁路正式开通运营》等报道。采写平凡人物,关注南铁好人,刊发反映龙岩工务段线路科科长周国云排除险情的《责任心扛起平安路》、翁建忠勇救轻生旅客的《客运员翁建忠奋力救人“引爆”全媒体》等报道。契合党和国家“一带一路”倡议,刊发《这趟班列不寻常》《本次“履”行,前往欧美》等报道。专题策划“难忘的军旅记忆”,刊发《一路“绿灯”彰显责任》(路局全力保障军事交通运输工作综述)、《红土情一家亲》(军民共建扮靓南昌车站“窗口”形象见闻)、专稿《南浔铁路与南昌起义》。

纪念鹰厦铁路通车60周年,刊发回顾式纪实通讯《沧桑变迁一甲子》、报告文学《寻找杨树排》《十万铁军战闽赣》、散文诗《鹰厦铁路前世今生》。

9月中旬,在一版开辟《砥砺奋进的五年——南铁新成就　喜迎十九大》专栏,从企业改革、安全管理、物流建设、路网完善、党的建设、客运发展、综合治理等方面推出9篇深度报道,宣传展示党的十八大以来全局改革发展成就。党的十九大闭幕后,在一版开辟“学习贯彻党的十九大精神”专栏,重点报道全局各单位学习十九大报告及路局举办四个片区巡回宣讲会情况。

【合作与交流】 与纪委合作,持续开设“南铁清风”专栏，做好党风廉洁宣传，刊发相关报道近百篇，5月6日推出党风廉政建设专刊。7月，与南昌（铁路）住房公积金管理部、福州（铁路）住房公积金管理部合作，刊发2016年度住房公积金财务收支情况公告。与工会合作开设“美丽站区是我家”“南铁佳缘”“我型我塑”等栏目，8月29日在四版推出《爱是永恒的星辰》七夕专刊。12月9日，与党委宣传部合作，推出“2017年集团公司‘平凡之星’评选”专刊。

6月2日，铁路总公司宣传部副部长王滨，人民铁道报社副社长、总编辑毕锋一行来到报社实地考察采编运作机制、流程及软硬件建设等情况，并与报社负责人和采编人员就媒体融合创新有关情况互动交流。9月13日至14日，中国铁路新闻工作者协会四届六次会议暨新闻舆论工作经验交流会在井冈山举行，全路18个铁路局、中铁公司、中铁建公司、中车公司、中铁快运公司、集装箱公司、特货公司的党委宣传部和报社、电视台负责人等80余名会员单位代表参加会议，报社总编辑郑波在会上作题为《依托四大“法宝”做好问题性深度报道》的交流发言。

【获奖作品】 6月，报社8件（篇、幅）作品获2016年度“中国企业新闻奖”。其中，黄波编辑的《南昌铁道》报2016年1月26日一版获好版面一等奖，王阳峰、彭德华撰写的《别了，老“绿皮”》获通讯类一等奖，张学东拍摄的《“海昏侯”坐火车回家》获新闻图片类一等奖。

9月，在中国铁路新闻工作者协会四届六次会议暨新闻舆论工作经验交流会上，消息《铁路零散快运助街边小店迅速壮大》（何卫东、陈国俊采写）、通讯《有多少爱可以重来》（王阳峰、徐旭辉采写）和《南铁“百灵”全路闻名》（毕嘉伟、林义忠采写）被评为“铁路报纸优秀新闻作品”，论文《互联网时代，如何办好企业报副刊》（刘佳撰写）、《做好问题性深度报道需依托四大“法宝”》（陈志宏撰写）被评为“铁路优秀新闻业务论文”。

【发行与通联】 通过渠道梳理、制度完善、奖惩到位等措施，依托邮政（快递）与传统铁路车递方式结合，《南昌铁道》报及时投送率达99%，基层车间到位率达96%。派员赴鹰潭、永安、福州、厦门、上饶等地抽查发行情况，为发行工作提供参考依据。全年收到单位和个人来稿（文图）15000篇（幅），用稿4000篇（幅）；其中，19名特约记者和40名特约通讯员来稿5000篇（幅），刊用2100篇（幅）。11月29日至30日，在南昌举办2017年度特约通讯员培训班，基层特约通讯员和报社采编人员80人参加，表彰2016年度“十佳”特约通讯员，6位优秀通讯员代表在会上交流经验。

（陈志宏　孙辉霞）

有线电视台

【概况】 位于江西省南昌市西湖区二七西街55号（邮政编码330002）。2017年3月，福建铁路有线电视网络基本完成与福建省广电网络联网整合。根据福建境内铁路有线电视业务移交地方的情况，有线电视台机构编制进行调整，撤销福州分台和邵武、来舟、永安、漳平、厦门电视站，核减定员29名；成立福州记者站，定员5名。调整后，电视台内设新闻部、编辑部、专题部、网络技术部、经营管理部、办公室、财务室，下设福州记者站和向塘、鹰潭、上饶、景德镇、新余、萍乡、赣州、九江8个电视站。台长杨力，副台长李一民、陈彬（7月免）、章卫（7月任）。定员68人，年末在册职工62人。

【电视新闻】 开设《南铁春运故事》《全面从严治党》《强基达标　提质增效》《全面从严治党》《科学高效推进铁路建设》《走基层看亮点》等系列新闻栏目，加强宣传报道。挖掘推出一批南铁“平凡之星”，拍摄《走看系列报道》110 部。播出《经营创效安全榜》，公布最新安全天数、运输收入等数据。循环播出《安全风险警示教育》栏目，引导职工深植安全责任意识。党的十九大后，开辟《学习贯彻十九大精神》《新时代新体制新作为》两个栏目。全年，播出《南铁新闻》145 期、新闻报道（含栏目）1500 条（期）；在全路联网频道播出新闻 152 条、专题节目 29 部，播出数居全路前列。

【品牌栏目】 拍摄播出《征程》《铸魂》《远山硬汉》等党建系列专题片 15 部，反映集团公司党建新亮点、新成效。推出《飞跃南铁》栏目，继续做好《心动时刻》《职工健康进行时》《媒体看南铁》等栏目制作。制作弘扬社会主义核心价值观公益广告 4 部。全年，制作播出专栏节目 300 余期（部）。

【对外宣传】 加强与中央电视台、铁路总公司影视中心的沟通合作，组织记者深入一线走基层。摄制的“高铁线上的骡马队”“九江长江大桥守灯人”、黄金周假日宣传、中欧班列开行等新闻和素材，被央视《新闻联播》《朝闻天下》《新闻直播间》《第一时间》播出和采用。在 2017 年全路优秀新闻作品评选中，《记者体验北漂“冻”车北上记》《启程》《踏平坎坷成大“道”》获“中国铁路电视优秀新闻作品奖”。

【队伍建设】 出台《南昌铁路局有线电视台工作质量考核办法》，将质量考评贯穿到新闻采、编、播全过程。加强联网联动能力，完善新闻考评会制度，每月开展好新闻评比。举办电视新闻宣传人员培训班，邀请专家授课，开展新闻事件解析和交流研讨，提升新闻业务水平。强化机房设备、光接收机、放大器防护箱用电安全管理，加强职工安全教育，提升应急处置能力。

（李一民）

纪律检查

【概况】 集团公司纪委、监察处合署办公。内设办公室、纪检监察一室、纪检监察二室、纪检监察监督室、信访和审理室。辖集团公司所属单位纪委 48 个、一级非运输企业纪委 8 个、南铁公安局及公安处纪委 6 个、福州铁路办事处纪工委 1 个、机关纪委 1 个。集团公司纪委书记高松（2017 年 9 月任），副书记、监察处处长张英东（2017 年 10 月退休），副书记王筱榕。办公室主任余小娟，副主任郦军；纪检监察一室主任邓文忠，副主任朱斌、朱家梁；纪检监察二室副主任毕之宏；纪检监察监督室主任邹建平，副主任陈向平；信访和审理室主任余云，副主任陆列佳。年末，在册职工 18 人。

【“两个责任”落实】 协助集团公司党委将责任要求纳入党建总体布局，统筹推进。召开集团公司“两个责任”推进电视电话会暨党风廉政建设重点任务分工部署会，印发任务书、路线图、时间表，把责任落实情况纳入巡察调研重点。指导 36 个机关部门制订权力清单和责任清单，压实主体责任。落实“一案双查”责任追究制度，修订信访受理、问题线索处置、约谈函询制度，建立《南昌局集团公司党风廉政建设责任制实施细则》。修订经营业绩考核办法，结合党群工作达标创优考核，对 70 个基层单位党委班子和班子成员履行管党治党责任进行民主测评。

【中央巡视问题整改】 办结中央巡视组移交的 13 件问题线索，对核查中发现的 2 名党员违纪问题立案审查。开展突出问题专项治理，对办公用房超标、公务用车超配、领导干部违规多占住房等问题整改“回头看”，对“小金库”、公款购买消费高档白酒等问题集中整治。

【监督执纪“四种形态”】 摄制警示教育片《反腐进行时》,建立纪检监察、组织人事、审计部门监督工作联动实施细则,落实谈话函询、提醒教育、诫勉谈话和违纪违规问题专题民主生活会等措施。加大执纪审查力度,做到有案必查、违纪必纠。全年,运用“四种形态”处理284人次。其中批评教育、谈话函询177人次,占62.32%;纪律轻处分、职务调整74人次,占26.06%;纪律重处分、重大职务调整19人次,占6.69%;严重违纪涉嫌违法、被立案审查14人次,占4.93%。

【权力制约和监督】 贯彻铁路总公司廉政风险防控工作要求,推进工程建设、物资采购、客货运输、多元经营等重点领域管理改革和制度创新。建立“加强物资质量控制体系建设指导意见”等制度办法,实现采、管、供“三公开”,建成“京东慧采平台”。完善非运输领域劳务分包廉政风险防控体系,坚持车皮车票、货运价格管理等权力事项集体议事、过程留痕、结果公开,促进规范管理。配齐配强基层单位纪委书记,加强监督执纪力量。建立基层纪检监察干部到集团公司纪委机关学习锻炼制度,采取以案代培等形式提高纪检干部办案能力。

（杨正华）

工　会

【概况】 集团公司工会所属单位工会75个,车间工会773个,工会小组4660个,工会会员89955人。集团公司工会一届委员会委员30人,常务委员9人,经费审查委员会委员7人。集团公司工会机关设办公室、财务部、组织部、生产宣传部、保障和女工工作部、火车头体育协会、经费审查委员会办公室。集团公司工会主席戴平峰,副主席陈丽芳、生志卿,办公室主任张帆,组织部部长罗文平,保障和女工工作部部长杨惠红,火车头体育协会秘书长叶松春,财务部部长勒敏,生产宣传部副部长王荣飞,劳动争议调解办公室副主任袁宵,经费审查委员会办公室副主任陈小红。年末,集团公司工会机关在册职工23人,所属单位专职工会干部178人。

【职工代表大会】 2017年1月9日至10日,路局五届三次职代会在南昌召开。会议正式代表272人,列席146人。会议审议并通过《行政工作报告》《路局职工福利费、医疗保险基金2016年收支情况和2017年预算安排报告》《南昌铁路局集体合同》《2017年调整职工岗位工资标准的方案》《南昌铁路局企业补充医疗保险管理办法(修订方案)》《南昌铁路局铁路交通事故和生产安全事故责任追究办法(修订方案)》;审议路局2016年“三不让”专项资金筹集使用情况及职工互助互济金、离退休(家属)大病医疗互济金使用情况、企业年金管理情况、住房公积金归集使用计划执行情况、职工教育培训经费使用情况和路局机关业务接待费使用情况,对路局五届二次职代会闭会期间职代会代表团长联席会议审议通过的《南昌铁路局职工保障性住房配售(租)管理办法》《关于提高南昌铁路局职工公积金缴存比例方案》《南昌铁路局工资管理办法》《南昌铁路局女职工权益保护专项集体合同》议题予以确认。会议收到职工代表提案183件,经提案审理委员会研究,确定立案180件;年内办结100件,56件已作政策解释解答,24件在项目推进过程中。

2017年9月20日,路局五届四次职代会在南昌召开,会议正式代表257人。会议审议通过《南昌铁路局公司制改革方案》,表决通过《关于南昌铁路局公司制改革方案的决议》。

2017年11月13日,路局五届五次职代会在南昌召开,会议正式代表246人。会议以无记名差额选举方式选举路局工会主席戴平峰为南昌局集团公司第一届董事会职工董事、路局工会副主席生志卿为南昌局集团公司第一届监事会职工监事。

【先进集体和个人】 2017 年,评选出 2016 年度路局“模范职工之家”9 个、“先进职工之家”19 个、“模范职工小家”94 个、“优秀工会工作者”127 名、“优秀工会积极分子”502 名、“优秀工会之友”9 名;“三八红旗集体”42 个,“三八红旗手”83 名,“先进女职工组织”10 个,“先进女职工工作者”52 名,“女职工之友”56 名;“廉政光荣之家”81 户,“安全生产光荣之家”164 户,“五好”文明家庭 110 户。郭学飞劳模创新工作室被评为“全国示范性劳模和工匠人才创新工作室”,陈萍劳模创新工作室、罗佳森劳模工作室被评为“福建省劳模工作室”。

【工会干部培训】 3 月 18 日至 20 日,举办工会主席业务培训班,培训 99 人;6 月 1 日至 3 日,举办工会指导员培训班,培训 100 人;8 月 20 日至 26 日,举办两期车间工会主席业务培训班,培训 188 人;选送 20 人参加江西省总工会和铁路总工会的干部培训。

【帮扶救助】 全年,集团公司帮扶救助 60555 人次/5162.25 万元。其中,助困补助 55129 人次/3205.98 万元,助医补助 4946 人次/1803.97 万元,助学补助 480 人/152.30 万元。

8 月 10 日,在南昌举办金秋助学启动仪式暨励志夏令营活动,受助学生代表、优秀大学毕业生志愿者代表及赣闽两省部分从事帮扶救助工作的工会干部参加仪式。

【“三线”建设】 以“抓新线、促三偏、建百点”为主线,实行集团公司工会常委包保立项调研,安排“三线”建设更新改造项目 121 个;发挥文明站区示范引领作用,表彰“三线”建设文明站区 76 个;按照“集中建设,统一管理”要求,配合推进 10 个高铁试点综合工区生产生活一体化工作。

【职工联谊与休养】 集团公司所属单位举办各类联谊活动 69 场,促成 252 对青年男女现场牵手。组织 22 批共 1113 名公司级及以上先进职工赴昆明、成都等地荣誉性休养。

【安全巡查】 6 月 28 日至 7 月 6 日,组织职工代表和劳模先进,对 45 个运输站段、3 个运输辅助单位和 2 个非运输企业开展安全巡查活动,覆盖 146 个车间和 180 个班组。发现问题 397 个,当场整改销号 80 个,剩余 317 个问题限期整改;收集到需集团公司协调解决或答复的问题 95 个(含 2016 年未整改问题 2 个),按照《路局职工代表安全巡视管理办法》提交相关业务部门。

【劳动竞赛】 举办 2017 年“振兴杯”第十三届南昌铁路职业技能竞赛,1619 名选手参加 60 个职业(工种)、71 个个人项目和 3 个团体项目决赛,259 名选手、9 个单位(部门)分别获个人和团体奖项,17 个单位(部门)获优秀组织奖。在竞赛优秀选手中择优向铁路总公司申报“全路技术能手”20 名;向江西省人力资源和社会保障厅申报“江西省技术能手”167 名;向江西省人力资源和社会保障厅、共青团省委申报“江西省青年岗位能手”116 名;向江西、福建省妇女联合会申报“巾帼建功标兵”27 名;向江西省总工会申报“五一劳动奖章”3 名,向福建省总工会申报“五一劳动奖章”2 名。

在 2017 年第五届全国铁道行业职业技能大赛中,福州车辆段选手颜其获客车检车员全能第一名,被授予“火车头奖章”。

开展“五个争当”系列劳动竞赛,评选出“安全生产标兵”348 名、“客运服务明星”80 名、“货运营销状元”53 名、“铁路建设标兵”48 名、“技术创新能手”14 名。

【合理化建议】 2017 年,征集“五小”创新合理化建议 2868 条。在福建省百万职工创新大赛中,集团公司获 132 个奖项,集团公司工会获优秀组织奖。职工创新成果取得28个新型实用国家专利，其中11项创新成果为全路首创技术。

【职工文体活动】 4月1日至6月30日，组织开展“快乐南铁健步走”活动，全局60个单位的12810名职工参赛。南昌电务段等3个单位获一等奖，向塘机务段等6个单位获二等奖；南昌工务段等16个单位获三等奖。

4月20日至22日，车务系统第十七届“安全杯”职工乒乓球比赛在赣州铁路工人俱乐部举行。全局车务系统20个单位的120名选手参赛。福州客运段、漳州车务段、南平车务段代表队分获甲级组团体比赛前三名，赣州车务段、鹰潭车站、京九公司分获乙级组团体比赛前三名。

4月26日至27日，路局职工女子气排球比赛在新余俱乐部举行，10支系统代表队的70名运动员参赛。车辆系统代表队、机务系统代表队、供电系统代表队分获前三名。

6月9日至10日，机辆供电系统第四届职工羽毛球比赛在南昌铁路体育馆举行。14个单位的70名运动员参赛。福州机务段、路局机关、福州车辆段分获前三名。

7月13日至14日，职工桥牌比赛在萍乡俱乐部举行。7支系统代表队的50名运动员参赛。机务系统、土房物资系统、车务系统代表队分获前三名。

8月31日，“中国梦·铁路情·劳动美”路局职工歌手大赛在南昌铁路文化宫举行。全局12个片区选送的32个作品参赛。南昌文体馆《流浪记》、福州文体馆《青春舞曲》获一等奖，龙岩片区《也许明天》、鹰潭俱乐部《斑鸠调》、南昌文体馆《想你的365天》获二等奖，福州文体馆《父亲的草原母亲的河》、鹰潭俱乐部《青春不迷惘》、向塘俱乐部《永远的火车头》、南昌文体馆《悟空》、南昌文体馆《美丽的神话》获三等奖。

9月20日至22日，全局机务、车辆、供电系统棋类比赛在鹰潭举行，13个单位的100名选手参赛。南昌机务段、鹰潭机务段、福州供电段分获前三名。

9月27日至29日，“中国梦·铁路情·劳动美”全局职工舞蹈比赛在永安俱乐部举行，11支代表队参赛。南昌文体馆《晨梦飞翔》获一等奖，九江俱乐部《天路守护者》、永安俱乐部《盛世梦园——铁路腾飞》获二等奖，福州文体馆《美丽的畲乡》、鹰潭俱乐部《她来听我的演唱会》《美丽的大脚》获三等奖。

11月20日至24日，组织职工摄影协会会员赴南平片区单位开展“我爱我家”摄影采风活动。

11月22日至12月2日，中国铁路文工团到集团公司福建片区慰问演出，在漳州北站、角美站、漳州站、华安站、漳平站、湖头站、安溪站、泉州站、晋江站、施厝站、泉州东站、厦门客技站、厦门供电段、Z308次列车等演出14场。

12月5日至8日，集团公司篮球比赛在向塘俱乐部举行，11个代表队的130名运动员参赛。供电系统、机务系统、工务系统代表队获前三名。

（罗文平　勒　敏　杨惠红　叶松春　任立群　刘圣林）

共青团工作

【概况】 2017年，集团公司团委下设基层团委62个、团工委4个、独立团总支4个、独立团支部4个、团总支57个、团支部733个，另设8个片区团工作联席会。集团公司共青团员15401人，35岁以下青工34217人，28岁以下青工17711人。集团公司团委机关设组织部、宣传部。团委书记殷轶（4月免），团委副书记安勖（11月免）、熊鹏（11月任）。定员8人，年末在册职工7人。

【青年思想引领】 在各级团组织中开展“学习总书记讲话　做合格共青团员”教育实

践,筑牢团员青年思想根基;开展“青春喜迎十九大　不忘初心跟党走”主题宣传教育,通过知党史国情、访革命圣地、看祖国发展等活动弘扬红色文化,教育引导青年听党话、跟党走;开展习近平新时代中国特色社会主义思想和党的十九大精神集中学习983场次,召开“践行新思想　拥抱新时代”专题组织生活会874场次。

【纪念“五四运动”98周年暨建团95周年活动】 举办“奋斗的青春最美丽”“我与高铁共成长”青年典型分享会;与南昌铁道报社共同编发纪念“五四”运动98周年专版,制作发布建团95周年宣传视频;各级团组织围绕“再忆五四”“寻找最美”“逐梦南铁”“传承匠心”“绽放活力”等主题开展实践活动47场次。

【青年志愿者活动】 春运期间,开展“青春建功　奉献有我”春运主题活动,招募志愿者3892名,在管内67个车站上岗14585人次,服务总时长96650个小时。1月20日,借助《中国青年报》APP平台,分4个时段直播路局青年奋战春运画面,相关图片在1月25日《中国青年报》头版刊登。清明、端午、五一小长假期间,与“邹德凤爱心志愿团队”“蓝天救援队”等社会公益组织合作,常态开展志愿服务旅客活动60场次。依托“志愿中国”服务管理平台,组织17858名青年成为注册志愿者和网络文明志愿者,其中团员注册率达100%。

【学技对标、“双创”立功活动】 3至5月,联合运输处、客运处、货运处,举办第二届“我的安全·我做主”新入路青年劳动安全知识竞赛,车务系统15个单位1800余名青年参与。年内,评选表彰10个“青年安全生产示范岗”、15个“安全生产先进团支部”、20名“尼红式青年”。

【青年创新创效】 5月,联合工会、党委宣传部举办“强基达标、提质增效”擂台开讲、现场开讲、巡回《开讲啦》活动1302场次;8至12月,开展“创青春”主题系列活动;推荐优秀作品参加全路“美丽铁路”研学旅行专列产品设计大赛,其中2个作品分获二、三等奖;会同总工程师室(科委办)推荐青年创新成果参加第三届全国铁路青年科技创新奖评选,南昌电务段《300S型车载设备PB总线测试仪》等5个项目获奖。

【青年职业技能竞赛】 4至7月,联合12个处室举办第七届全局青年职业技能竞赛,6259名青年参加;384名青年入围决赛,110名青年取得各竞赛工种前五名,66名选手获表彰奖项,22名选手被授予“全局青年岗位能手”称号。9至12月,推荐青年参加“振兴杯”铁道行业青年职业技能竞赛暨全国铁路第二届新入路青年职业技能竞赛,1113名机车副司机、1207名动车组乘务员参加网络闯关赛,6名选手参加全路总决赛;福州机务段副司机刘尧斌、刘威、柳亮分获机车副司机工种竞赛全路第二、第五、第十名;南昌客运段列车员张亮获动车组客运乘务员工种竞赛全路第四名;集团公司获竞赛“优秀组织单位”称号。

【服务青年安心安家】 春运期间,开展“团情陪伴送温暖”活动,为青年家庭提供家政帮扶103件,走访青年班组64个,慰问困难团员青年37名;在小年、大年三十期间,策划开展“暖心饺子宴”“牵动你我”趣味运动会、“新春与你在一起”联欢会等系列活动59场次;建立团干部直接联系青年制度,每名专职团干部联系100名青年,采取现场“面对面”、网络“线联线”等方式联系青年,帮助青年解决实际困难。

【青年文明号创建】 3月,共青团中央、最高人民法院、铁路总公司等22个单位联合发文，命名南昌西站和南昌铁路公安局南昌公安处德安车站派出所共青城警务区为“2015—2016年度全国青年文明号”，并于8月3日举行授牌仪式。

【团组织建设】 印发《南昌铁路局团费收缴、使用和管理实施细则》，规范团费管理；加强团干部队伍建设，举办2期专兼职团干部培训班、5期团支部书记培训班，培训401人次；开展“活力团支部”创建活动，举办2017年度集团公司“十大活力团支部”展示评选会，宣传推介基层团组织建设成果；优化调整8个片区团工作联席会结构，促进工作联动、资源整合；加大对青年组织支持力度，打造并申报“青年之家”9个、“青仝社团”20个、“青仝工作室”8个，丰富青年业余生活。

【团组织和个人获奖】 年内，集团公司团委被评为2016年度“江西省共青团工作优秀单位”，获“铁路共青团五四新闻奖”；南昌车辆段南昌动车组运用所检修一组被评为2016年度“全国青年安全生产示范岗”；南昌电务段支军获第十六届“铁路青年五四奖章”；福州机务段王振东获第十四届“福建青年五四奖章”；上饶车务段团委、鹰潭供电段团委、南昌通信段团委被评为“全路五四红旗团委”；向塘机务段团委被评为2016年度“江西省五四红旗团委”，漳州车务段团委被评为2016年度“福建省五四红旗团委标兵”；宜春车务段萍乡北站团支部等16个团支部被评为“全路五四红旗团支部”；南昌通信段婺源通信车间团支部被评为2016年度“江西省五四红旗团支部（团总支）”，福州客运段动车一队第二联合团支部被评为2016年度“福建省五四红旗团（总）支部”；鹰潭车站王苏宜等21名团干部被评为“全路优秀共青团干部”；集团公司团委邢君被评为2016年度“江西省优秀共青团干部”；上饶车务段吴丽等16名团员被评为“全路优秀共青团员”；上饶车务段李夏春等3名团员被评为2016年度“江西省优秀共青团员”；九江车务段共青城站售票厅等7个集体被评为“全路青年安全生产示范岗”；南昌供电段南昌供电车间昌北网工区团支部等6个团支部被评为“全路安全生产先进团支部”；赣州车务段杨澜等10名团员青年获“尼红奖章”；南昌车站高茜等20名团员青年被评为“全路新长征突击手”；福州东车辆段包建被评为2016年度“福建省青年岗位能手”；上饶车务段上饶站售票班组被评为“全路共青团员先锋岗（队）”；漳州车务段泉州车站客运班组青年突击队被评为2016年度“福建省青年突击队”；鹰潭车站团委被评为“2017年新春走基层‘温暖中国’网络宣传活动先进集体”。

（钟小广）

机关党群工作

【概况】 集团公司机关党委书记袁新峰，党委副书记、纪委书记游月勇，工会主席李晓群。定员7人，年末在册职工7人。

【落实全面从严治党要求】 加强机关专兼职党务干部培训，3次召开机关党建重点工作动员会，部署党组织和党员基本信息采集、专项党费使用、规范党费收缴管理等工作，培训机关党支部书记、委员330人次；组织10名党支部书记、支委和党员骨干参加集团公司党课示范培训班；举办机关组织委员、纪检委员培训班，培训91人。核定党费基数两次，督促党员主动、按时、足额交纳党费。用好专项党费，下拨4.34万元开展走访慰问，拨付20.21万元用于党员活动室建设、党建工作信息化、支部活动经费等。加强党建工作督查，3月至4月对各部门党组织落实2016年度党建重点工作进行“回头看”，反馈“分工不明、责任不清、有责不落”等问题103条，督促抓好整改；7至9月对机关19个部门党组织开展学习教育现场检查，对发现的50条问题督促整改。优化机关党组织设置，撤销工务检测所党支部，指导计统处等6个支部建立党小组；指导调度所等24个部门党组织换届改选、及时增、补选支委；春节和“七一”前夕走访慰问新中国前老党员、生活困难党员550人次。

【“两学一做”学习教育常态化制度化】 分层制定推进方案和落实计划，明确25项主要任务；按照“一支部一方案”要求，细化具体措施，确保责任到人。召开3次专题会议，举办6期培训班，集中培训党员679人。加强党员管理，做好党组织和党员信息采集工作，共采集录入全国党员管理信息系统党员信息2094个。向机关在职党员发放“政治生日贺卡”，组织党员参加“今天是我的政治生日”活动，指导26个支部开展主题党日活动，教育引导党员不忘初心、牢记使命。

【纪律规矩教育】 开展年度“述廉评廉考廉”及党风廉政建设责任制考核。通过送教上门、集中播放等方式，组织机关党员干部观看《反腐进行时——南铁反腐警示录》，用身边的事、身边的人严肃警示党员干部。将《中国共产党廉洁自律准则》《中国共产赏纪律处分条例》解读、《做遵纪守法的模范》等课程纳入机关党员轮训班教学。组织2批次37名机关党员干部参加法院庭审旁听，召开旁听体会交流会，扩大受教育面。3至4月，对机关48个部门落实党风廉政建设工作进行监督检查，对4个方面11项共性问题进行通报；7至9月，会同集团公司纪委（监察处）纪检监察监督室对38个部门执行权力清单情况进行监督检查。用好“四种形态”，通过批评教育、约谈函询等手段，提醒党员干部及时纠正苗头性问题，保持纪律审查高压态势。

【工作质量考评与创先争优】 贯彻落实《南昌铁路局机关改进作风建设的规定》《南昌铁路局机关挂钩工资考核办法》，加大作风问题考核权重。全年，提报机关工作质量考核信息155条，涉及机关部门126个次，纳入干部安全履责考核系统跟踪落责253人次；对8个未及时完成党建指令工作的支部进行考核，落责8人。

对机务处党支部等19个先进党支部、陈健等167名优秀共产党员、徐恒春等19名优秀党务工作者、电务处等8个党风廉政建设先进集体、甘新华等43名党风廉政建设先进个人给予表彰奖励。

【机关工会工作】 举办第十届机关职工运动会，组织参加“快乐南铁健步走”、户外拓展、春秋游健身等活动，组队参加公司、地区各项文体竞赛。开展机关春运立功竞赛，对120名优胜个人进行表彰奖励。组织开展“五小”创新项目征集活动，择优参加福建省总工会举办的百万职工“五小”创新大赛。对机关“三高”职工进行健康干预，做好荣誉性休养组织工作，为机关职工发放生日蛋糕和电影券。开展“庆三八”系列活动，组织女职工参加“旗袍礼仪”专家讲座、“带着妈妈去踏青”和“书香南铁”等活动。落实帮扶机制，办理帮扶救助42人次，发放助医款41人次/30余万元、助困金10人次/6万元、助学金1人次/0.1万元；互助互济42人次/6万元，日常困补35人次/2万元；慰问住院职工18人次/3595元。

【机关共青团工作】 做好机关团员青年组织关系排查，优化团组织设置。组织机关团员青年参加志愿服务、“南铁佳缘”青年联谊交友等活动，指导调度所团组织开展“读一本好书”活动，做好“五四”评比表彰。

（谢春明　刘　昆　俞　波　王应江）

公安　政法　武装

公　安

【概况】 南昌铁路公安局(以下简称公安局)内设信息指挥中心、国内安全保卫处、技术侦察处、治安管理处、刑事犯罪侦查处、刑事技术处、消防监督处、交通管理处、反恐怖处、警卫处、法制监管处、网络安全保卫处、警务督察处、保安管理处、办公室(与政治部办公室合一)、装备财务处、纪检监察处、组织干部处、宣传教育处、人事训练处、离退休干部管理处、工会、机关党委、团委,下设南昌、福州、鹰潭、厦门、赣州5个公安处和民警训练支队。公安局党委书记、局长金长平,党委副书记、政委李海京,纪委书记沈子汶(至12月),政治部主任杨师军,副局长尤卫、曹胜(至10月)、徐朗、罗刚(10月任)。南昌公安处党委书记、处长李敏,党委副书记、政委李饶明;福州公安处党委书记、处长罗刚(至10月)、张敏(10月任),党委副书记、政委张清(12月任);鹰潭公安处党委书记、处长李永红,党委副书记、政委杨丁强;厦门公安处党委书记、处长张敏(至10月)、曹胜(10月任),党委副书记、政委渠卫明(至7月)、黄子奇(12月任);赣州公安处党委书记、处长金晶(10月任),党委副书记、政委金晶(至10月)。年末,在职民警3589名。

【反恐防恐工作】 把反恐防恐作为安保工作的首要任务,结合厦门金砖会晤、党的十九大等重点时期安保工作,加强反恐常态化建设。投入资金6300余万元,在管内93个重点车站的354个验证口安装“两网合一”设备,新增“双源双视角”安检仪83台、安全门36扇,增配防暴处突车、警犬运输车、反恐搜排爆设备、便携式安检仪、爆炸物探测仪、液体检测仪等安防设备。加强常态化武装巡逻和路地联勤联动,落实特警、警车、警犬、视频“四位一体”巡逻防控机制。在省公安厅、各地市公安机关的配合下,在火车站地区投入联勤警力923人、警车251辆,组织开展路地联合实战演练653次。开展涉恐隐患排查整治专项行动,督促铁路单位整改各类涉恐隐患问题382个,纳入集团公司安全风险管理考核B类问题29个、C类问题16个。加强情报分析研判和重点人员查控,共查控重点关注人员31832名,盯控涉恐重点人员355名,抓获和协助抓获涉恐在逃人员86名、负案嫌疑人3名。

【安全维稳】 运用公安局“大数据”平台,加强敌情搜集、内部维稳、非访劝返等工作,协助地方政府查控各类涉军、非访重点人员5922人。开展专案会战等专项行动,查控邪教重点人员2784人。协助闽赣两省公安厅侦破一批邪教案件,抓获骨干人员9人。加强铁路内部重点群体、重点人员稳控工作,杜绝重点群体进京集访。

【站车线治安管理】 围绕"车站治安可控，列车治安平稳，杜绝媒体负面报道"目标，开展治安整治专项行动。全年，查处行政案件3141起，查处违法人员3103人，治安处罚2792人。整治线路安全隐患1910处，清理入网闲杂人员387人。在"一带一路"会议安保工作中，筑牢环京铁路安全屏障，核查登记终到北京旅客71501人，查控重点关注人员1464人，查获危险违禁品10061件，查控进京非访人员258批/409人。在厦门金砖会晤安保工作中，查控、拦截各类危险、重点人员12683人，查获危险违禁品75182件。在党的十九大安保工作中，办理治安案件578起，查处违法人员568人，集中清理2140场次，查控进京非访人员85批次/147人。查处倒票案件102起，抓获违法人员113名，查处违规代售点33家，缴获车票6671张，票面总额108.25万元。在暑运期间，开展列车专项打击整治行动，查处案件19起，查处违法人员19人。

【消防监督管理】 2017年，结合夏季防火、十九大安保及新线建设等工作，加强消防安全检查，消除火灾隐患。检查旅客列车2154趟次、重点人员密集场所2256个次、重点行车场所1102个次、物资集中场所908个次、机车车辆存放场所424个次、易燃易爆场所189个次、其他重点场所382个次，督促整改防火问题和隐患4076件，下发《消防检查记录单》2801份、《责令立即改正通知书》29份、《责令限期改正通知书》201份、《公安行政处罚决定书》193份。实现"零责任性火灾事故"的工作目标。

【"三保"宣传】 "三保"宣传指保行车、保人身、保牲畜安全宣传活动。全年，出动警力34232人(次)，开展"三保"宣传14142次，刷写标语1243条，张贴宣传图6876张，召开安全会议1563场(次)，签订安全协议书4211份，受教育群众395.71万人次。

【打击刑事犯罪】 2017年，开展"利剑"、毒品查缉、整治涉枪违法犯罪、"铁鹰"等专项打击行动，严厉打击刑事犯罪。破获刑事案件530起，抓获犯罪嫌疑人271名，查获移交网上逃犯2471名，缴获赃款赃物价值495.1万元。

【典型案例】 "4·12"生产销售假冒伪劣产品案　2017年3月，南昌电务段收到九景衢新线施工部门送检的继电器6196台，经检测有852台不合格。经联系生产厂家，发现不合格的继电器大部分系假冒伪劣产品。公安局成立由局长金长平任组长，副局长尤卫、南昌公安处处长李敏任副组长的"4·12"专案南昌分指挥部，南昌公安处为案件主侦单位，抽调刑侦、技术、技侦、网安部门警力116人开展专案侦查。经查，该批假冒继电器系浙江阿继电器有限公司生产，经乐星产电公司组装后销往九景衢项目部。4月18日17时，专案组在浙江省永嘉县将涉案公司实际控制人钱某某、乐星公司法人黄某某(均系浙江省乐清市人)抓获。经审查，两人自2016年12月至2017年2月间共向九景衢项目部发送假冒继电器11批次/3154台，涉案价值450余万元。

"5·4"贩卖毒品案　4月16日，赣州公安处刑警支队三大队在赣州站抓获吸毒人员张某(江西省南昌市人，赣州车务段赣州南车站职工)。根据张某提供的线索，专案组于4月20日，在江西省南康市抓获贩卖毒品嫌疑人刘某(江西省赣州市人，赣州车务段南康站职工)。5月4日在江西省兴国县抓获吸毒人员彭某(江西省南昌市人，赣州工务段兴国路桥工区职工)，在江西省瑞金市抓获吸毒人员张某(江西省南昌市人，赣州工务段瑞金线路车间职工)。5月5日在江西省新干县抓获容留吸毒人员黄某(江西省南昌县人，赣州工务段新干路桥工区职工)，并在新干路桥工区的宿舍内缴获毒品1.1克。7月15日，在江西省新干县抓获贩卖毒品犯罪嫌疑人曾某(江西省新干县人)、林某(福建省福安市人),在其租住的房间内缴获甲基苯丙胺类毒品(冰毒以及麻古)69.7 克。

"5·10"D2353 次列车特大旅财被盗案 5 月 10 日,D2353 次列车运行到杭深线厦门北至角美站区间,发生旅客挎包被盗案件,挎包内有现金 4000 元、钻戒 1 枚(价值 3.5 万元),涉案金额 3.9 万元。接报后,福州公安处成立专案组开展案件侦破工作,公安局将该案列为 2017 年 10 号督办案件。专案组通过侦查,于 6 月 14 日在福建省南平市将嫌疑人何某(福建省南平市人)抓获。经审查,嫌疑人对其实施盗窃的犯罪行为供认不讳。

"8·14"向塘西工务工具房被盗案 8 月 14 日,南昌工务段向塘车间厂二工区向西编组场上行驼峰旁的工具房门锁被撬,被盗 P50 鱼尾板 40 块、绝缘夹板 12 块、P50 铁垫板 180 块、普通接头螺栓 100 个、绝缘接头螺栓 50 个、绝缘拉杆 50 根、P43 绝缘夹板 8 块、普通夹板 10 块、P43 垫板 60 块、P50 道岔轨下大垫板 30 块、作业撬棍 6 根,涉案价值 2.69 万元。南昌公安处专案组于 8 月 22 日在南昌县向塘镇将犯罪嫌疑人余某、甘某(均系江西省南昌县人)抓获,并在犯罪嫌疑人余某家中缴获盗窃所得的部分零散铁路专用器材。

【公安队伍建设】 围绕习总书记"对党忠诚、服务人民、执法公正、纪律严明"要求,持续推进公安队伍正规化建设。加强党风廉政建设和纪律作风教育整顿,开展队伍纪律作风教育 1200 场次,教育民警 18300 人次;查办党纪案件 2 起,办理政纪案件 16 起。开展实战实训,以专项集中培训、送教下基层和日常岗位练兵为重点,实施民警技能素质提升工程。举办各类培训班 147 期/4577 人次,赴郑州参加铁路公安局实战化训练考核任务 6 批/174 人次,完成对 288 名基层所队及机关执法勤务部门领导的实战化训练考核测试。

【立功创模】 结合"人民警察核心价值观"大讨论、好警察好警嫂评选等活动,深化立功创模活动。2 人被评选为"全国优秀人民警察";8 人荣立个人二等功、122 人荣立个人三等功,1 个单位荣立集体二等功、15 个单位(集体)荣立集体三等功。12 人记个人嘉奖。

(林清贵)

治安综合治理与护路联防

【概况】 集团公司政法委员会办公室、集团公司铁路治安综合治理委员会办公室与江西省综治委铁路护路联防领导小组办公室合署办公。内设政法综治处、综合处、指导处,辖 11 个设区市铁路护路联防工作领导小组办公室。集团公司党委政法委副书记兼政法(综治)办主任、江西省护路办主任、福建省护路办主任徐向春,副主任李涌涛、吕永雄。定员 51 人,年末在册职工 41 人(含试用人员 8 人)。

【铁路沿线治安环境整治】 在全国"两会"、香港回归二十周年、建军九十周年、"一带一路"国际高峰论坛、厦门金砖会晤、党的十九大等重点敏感时期,加强督导和线路巡查。厦门金砖会晤期间,组织护路志愿者巡查线路 1638 人次;党的十九大期间,组织护路志愿者巡查线路 4529 人次。

江西境内整治隐患问题 1786 件,拆除违章建筑 466 处/68396.5 平方米,清理垃圾 5212.1 吨,绿化 32047.6 平方米,涂装面积 39402 平方米,亮化工程 114 处,整治站场绿化带 1561 处/18732 平方米,收回铁路用地 86132 平方米;福建境内拆除违法搭建物 233 处/78688 平方米,清理垃圾 2753.57 吨,绿化 652280 平方米,涂装面积 98 平方米,亮化工程 50 处,设置金属栅栏 17.94 千米。

【路地平安创建】 2017 年,与南昌市西湖区联合将二七南路北社区打造为"安全社区",

拆除小区东侧南昌站围墙旁非法搭建物。协调地方政府、综治办及相关部门联合开展南昌站东广场整治工作,解决广场周边营运摩托车乱停乱放、闲杂人员拉客宰客、堵塞旅客通道、占道摆摊等严重影响旅客通行问题。4月,根据江西省综治办《关于调整挂点帮扶县(市、区)平安创建工作责任单位的通知》(赣政法明电〔2017〕14号),联系走访修水县综治办,了解集团公司平安创建帮扶修水县相关工作;12月18日,下发集团公司《2017—2019年挂点帮扶修水县平安创建工作方案》(南铁综治〔2017〕376号)。

【护路联合工作站】 江西省在铁路沿线治安复杂、线路里程较长的村建设了176个铁路护路联合工作站。依托村级综治中心,实现地方、公安、铁路护路巡防"三位一体",将综治信息系统和网格化管理平台接入《全国铁路护路联防信息管理系统》,实现资源共享和集成应用。全年,江西省护路工作站驱赶闲杂、可疑人员91人,处理栅栏破损、堆放杂物、倾倒垃圾等治安隐患185个,进村宣传教育5200人次。9月29日,江西省护路办被评为"2013—2016年度全省社会治安综合治理先进集体"。

【技防建设】 争取地方政府支持,将铁路沿线视频监控建设纳入社会公共安全视频监控整体规划,打造社会治安防控体系"升级版"。将公共安全视频监控向铁路沿线公铁立交桥、隧道、涵洞进出口,沿线学校、村镇、市场交通要道和高铁沿线治安复杂地段、要害部位延伸覆盖,累计安装视频监控探头1013个,其中2017年新增视频监控探头430个,延伸扩大社会治安监控面,提升护路智能化水平。推进微信实战应用,通过微信排查、处置治安隐患110个。

【综治护路宣传】 利用微信、电子显示屏、广播、标语、板报、宣传画等多种方式开展综治护路宣传。张贴标语3万条,悬挂横幅2600条,设置固定宣传牌800块,发放铁路安全知识传单6.3万份、宣传画2万册、教育读本500套。深入铁路沿线乡村、中小学校开展宣传教育活动1900场次,与沿线中小学校签订安全协议书1200份,与学生谈心、教育700人次,与"五残"人员监护人、废品收购站点业主等签订责任书1500份,安装警示标牌3082块,受教育群众150万人次。

赣州工务段组织青年志愿者开展综治宣传日活动

【表彰奖励见义勇为旅客】 2017年6月15日,政法(综治)办会同南昌铁路运输检察院在东华理工大学组织召开王占明见义勇为表彰会,向学校赠送感谢信,向王占明同学赠送锦旗和发放奖金800元。6月20日,向协助王占明同学一道打击偷盗行为的旅客杨利华发放奖金500元。

2016年2月25日,在西安开往南昌的K792次旅客列车上发生一起旅客财物被盗案件。车上旅客王占明等人见义勇为,协助列车乘警将罪犯抓获归案。

【综治业务培训】 9月,集团公司综治干部培训班在井冈山圣地山庄举办,集团公司所属各单位、各一级非运输企业、江西省各设区市护路办等78名综治干部参加培训。培训班安排8个专题讲座、1次座谈会和1场经验交流会,邀请井冈山干部学院教授罗庆宏、江西省警察学院教授张艺授课。

(郑莉军　涂晨阳　金　妍　叶　青)

武装战备

【概况】 集团公司人防战备处(人民武装部)位于江西省南昌市西湖区天佑路49号(邮政编码330002)。2017年,辖南昌、福州武器库两个附属机构,处长(部长)张宏杰。定员6人,年末在册职工4人。

【制度建设】 落实集团公司国防动员工作“七种机制”(分工负责机制、综合考评机制、表彰奖励机制、典型激励机制、人才培养机制、法规制约机制和经费保障机制);落实赣闽两省交通建设贯彻国防要求联席会议制度,结合交通战备建设“十三五”规划,会商解决交通战备重大问题;重新修订《南昌铁路局民兵事业费和民兵训练会议伙食补助标准及开支范围的规定》。

【民兵工作】 落实民兵政治教育和全民国防教育制度,完成基干民兵季度一课和普通民兵半年一课的政治教育,普及率达85%以上。利用《国防交通法》宣贯活动、建国68周年、建军90周年、全民国防教育日、国家公祭日等时机,开展各类国防教育活动96次,受教育民兵4万余人。组建集团公司民兵应急分队2支,加强民兵安保勤务工作,在全国“两会”、党的十九大、厦门金砖会晤等重要时期,督导运输单位民兵强化反恐防暴工作。

【铁路交通战备】 按照铁路总公司《关于“十三五”铁路战备建设规划实施工作有关问题的通知》要求,完成长泰战备器材储备库改扩建、南昌车辆段柴油发电机组检修场地及附属配套设施建设项目建议书和可研报告;依据上级交战部门要求,完成管内重点目标保障方案修订任务;按照江西、福建省国动委任务部署,全面开展国防动员潜力调查,更新《国防交通信息管理系统V6.0版》数据库,按时完成动员潜力数据报送工作;编制完成《南昌局武夷山库增储战备制式器材》《南昌局战备储备物资维护》等两个项目申报书,报送铁路总公司;开展450物资清查,投入157.95万元对集团公司战备储备物资进行全面维护保养;完成武夷山450库新建工程交接,由南平工务段负责武夷山450库日常管理;派员参加国家交通战备办公室在石家庄铁道大学举办的“全国第四期铁路工程专业保障队伍技术骨干集训班”。

【国防交通理论研究】 全年,组织撰写战备学术论文12篇,其中,在《国防》上发表1篇,在《国防交通》上发表2篇,在《东南国防交通》上发表3篇。

【人防战备设施管理】 3至10月,对早期人防工程开展安全隐患排查,与所在地的省、市人防办加强沟通。加强人防战备设施日常维护,“9·18”开展人防警报试鸣。开展人防战备设施租赁,实现租赁收益9.96万元。年底,将南昌铁路地区3个人防口部场地租赁移交南昌铁路物业管理有限公司管理。

【训练演练】 全年,开展应急救援、反恐防暴、抗洪抢险、消防应急、公共卫生、打冰扫雪等训练演练42次。6月20至22日,组织鹰潭机务段机车车辆救援保障一中队在景德镇救援基地举办机务综合应急救援演练,完成吊翻棚车、吊复事故车、吊棚车本线复轨等演练科目。8月21至23日,组织福州动车段车辆保障五中队在福州南动车所开展动车组应急救援演练。8月31日,在福州武器库组织开展反恐防爆暨消防演练。

【武器管理】 开展武器装备清查、保养和武器库隐患排查,完成江西、福建省军区实力会审。10月,按照江西省军区要求,完成南昌武器库武器装备统一集中管理任务。年末,福州武器库实现连续49年安全无事故,南昌武器库实现连续37年安全无事故。

(包卫国)

所属站段

直属车站

【南昌车站】 位于江西省南昌市西湖区二七南路213号(邮政编码330002),管辖南昌站、南昌西站两个客运一等站。行政机构设办公室、劳动人事科、计划财务科、安全保卫科、技术教育科、营销业务统计科、多元经营部,辖南昌西站、运转一车间、运转二车间、客运车间、售票车间、行包车间、综合车间和集体企业办;党群组织设党委、纪委、工会、团委,辖3个党总支、21个党支部、7个车间工会、6个团(总)支部。站长吴昌进,党委书记周光辉,党委副书记刘建同,纪委书记邓松,副站长周苑、朱世翼、余晓峰、杨军,工会主席郭侃(10月退休)。年末,在册职工937人,固定资产1.88亿元。

南昌站位于南昌市西湖区,分本场、客技场和Ⅱ场。设有东、西两座站房,站场有正线2股、到发线14股;站台13个,其中11~13站台为昌九城际场站台;设实名制验证口35个,有自助检票闸机72台、扶梯34部、直梯7部、安检查危仪16台;有人工售票窗口45个、自动售票机22台、自动取换票机37台。

南昌西站位于南昌市红谷滩新区九龙湖,距离南昌站20公里,连接沪昆高速线、昌福线、昌九城际线,市内交通连接地铁2号线,是江西省最大的高铁车站。站场分城际场和沪昆场,呈横列布置,设正线4股、到发线22股、站台22个。站房设实名制验证口38个,有自助检票闸机158台、扶梯64部、直梯26部、安检查危仪16台;设有人工售票窗口28个、自动售票机16台、自动取换票机41台。

1月22日,南昌站历近三年的站改工程基本完成,西进站口正式启用。站改施工期间,该站提前谋划客流流线,每周定期召开站改工作推进会,较好解决16道开通、候车室空调及站房照明开关分路设计、进站广厅改造、基本站台落差等问题。

全年,发送旅客3362.36万人次,完成年计划的101.28%;运输收入40.07亿元,完成年计划的100.97%。10月1日,发送旅客25.19万人次(南昌站发送16.20万人次、南昌西站发送8.99万人次),同比增长29.46%,创该站单日客发新高;完成其他业务收入7975万元,同比增长31.04%;实现毛利7287万元,同比增长36.38%。

年内,贯彻落实“强基达标、提质增效”工作主题,完善车站“三三”安全质量管理模式。明确44项重点工作内容,完善7项安全管理制度;清理三大标准体系,重新公布《南昌车站三大标准体系文件目录和引用上级技术标准目录》,其中管理标准250项、技术标准29项、工作标准39项;建立健全17个部门安全生产权力清单、169个岗位安全生产责任制;修订、制定27个工种的岗位作业指导书。建立实施新的《南昌车站干部履职质量考评办法》,强化"一岗一月一表"制度落实,实现干部履职质量考评工作信息化、标准化、规范化;建立《南昌车站安全风险管控和安全隐患排查治理双重预防机制实施办法》,实现安全管理关口前移、超前防范,加强安全风险预警防控,实施"十、五、三、二、一"防控机制,工作实施情况纳入"三标"工效挂钩考核;针对接发列车、调车作业、劳动安全、施工安全、站台乘降组织等重点环节,深入开展安全大检查,发现各类安全问题1170件,均整改到位;加强"一带一路"高峰论坛、香港回归20周年、金砖厦门会议、党的十九大会议等重要时期反恐防暴工作,实行二次安检95天。

9月12日,南昌车站开展新兵运输工作
(张学东　摄)

以持续推进客运标准化建设为载体,组织对站场秩序、环境卫生、设施设备、客运服务等开展整治。每季召开一次客运现场观摩会,引领管理人员互学互鉴;建立厕所"双所长"制,强化干部包保、班组包保,实施卫生责任明示化管理,开展厕所美化竞赛;南昌西站东进站口设置4台自动验证闸机,两站候车室增加手机充电区,候车室内服务台增加车票改签、退票功能;对验证设备进行升级改造,优化验证亭(台)摆放以及验证栏杆设置,安装45套人脸识别验证系统,在站外设置17台自助售(取)票设备;利用"12306"测评平台,定期在旅客中开展调查问卷,建立车站、车间两个层面的服务质量日、周分析制度,持续改进旅客关注问题,提升服务整体水平。

做好空余商铺招租及候车室、高架夹层闲置场地商业开发,推进广告媒体开发,引进刷屏机、实物展位及平面灯箱等商业广告媒体;创新营销模式,设立专职营销员,鼓励职工将工资收入与营销业绩挂钩;适应市场机制,在招租方面摈弃以往商铺一对一招租方式,采取同一业态商铺集中投标,按投标价格由高到低选择商铺,提高商铺中标率;推进客运延伸服务,引进电商模式,开发高端订制服务,与龙腾、广州悦途等多家公司合作贵宾服务,实现"线上订购、线下服务"经营模式;落实铁路总公司12306网上订餐服务举措,改善旅客出行体验,拓宽创效渠道。全年,完成经营收入7975万元,同比增长31.04%;实现毛利7287万元,同比增长36.38%。

加强党建基础工作,完成10个党(总)支部换届选举,优化设置6个班组党支部,重新修订完善《党支部一体化考核办法》,对考评条款、项点、奖惩力度等方面进行调整,促进党建主体责任落实。坚持每周支部书记例会、每月政工例会制度,加强现场调研指导,广泛运用微信(工作交流群)等手段,抓好党支部书记日常业务培训。围绕"两学一做"学习教育的4个专题,举行专题党课20场次,开展主题党日活动26场次,车站领导班子参加中心组集中学习25次,进行专题研讨8次。开展"转闯增"暨深化"四个意识"大讨论集中性教育活动,领导班子成员宣讲10场次,机关宣讲小分队宣讲10次,车间开展宣讲30次,覆盖全站34个班组。

强化新闻宣传及舆论稳控工作,先后安排4名舆情员及各支部选派的16名职工到南铁报社、南铁电视台、车站舆情室学习。针对春运、暑运、小长假等重点运输时期,提前谋划亮点人物、特色岗位,策划重点新闻选题,积极向媒体推荐。全年,该站在各大媒体用稿858篇,其中中央传统媒体157篇,省部级、地市级媒体764篇;路内宣传报道351

篇。央视《经济半小时》刊播《春运回家路:清洁伴我行》报道,央视《新闻联播》刊播《爱心温暖返程路:手语志愿者蔡天龙》报道,央广网《中国之声》多次刊载该站小长假运输服务举措。处置舆情35起,编制舆情速报17期、舆情周报43期,官方微博粉丝数突破52万人。

加强职工业务培训,创新培训方式,利用网上授课形式开设周末讲堂,将新文件、新规章编写成学习提纲和题库公布在职工网上学习平台。建立公开课制度,研发C7在线考试系统,缓解工学矛盾。全年,举办培训班294期,参培10985人。在“振兴杯”第十二届南昌铁路职业技能竞赛中,该站获客运值班员第二名,客运员第三、四名,售票员第四名的成绩。

2017年,该站获“全路标准化直属站和全路文明车站”称号。

表12-1　南昌车站2017年主要指标完成情况

项目	单位	计划	实际	完成(%)
旅客发送	万人	3320	3362.36	101.28
运输收入	万元	396900	400740.50	100.97

(陈思思)

【向塘西车站】　站机关位于江西省南昌县向塘镇辉煌大道399号(邮政编码330201)。行政机构设办公室、安全科、技术统计科、职工教育科、劳动人事科、计划财务收入科、信息管理科、武装保卫科,辖9个车间、综合事务管理办公室和集体企业;党群组织设党委、纪委、工会、团委,辖3个党总支、27个党支部、9个工会支会、7个团支部、1个俱乐部。站长胡敏,党委书记刘国华,党委副书记兼纪委书记周斌(9月退休)、商登伟(12月任),工会主席王勇,副站长何志(7月免)、袁庐坪、彭思胜、王亚斌(4月任)、严向明(7月任)、甘为牛(8月任)。年末,在册职工917人,固定资产1.99亿元。

向塘西编组站为特等路网性编组站,中心里程处于京九线K1476+118,站型为双向混合式三级七场,由上行(二级四场)、下行(三级三场)两大系统组成。主要担负京九、沪昆两大干线及昌福、西环、抚乐、丰洛、张塘线的货物列车中转、解编技术作业、机车换挂、旅客列车接发及枢纽内12条专用线、段管线的货物取送任务。

年内,强化安全基础建设,完善安全责任清单和全员安全生产责任制,修订安全管理制度21个。开展安全大检查,共检查发现问题3040件,均落实整改。加强重点信息追踪分析,制定卡控措施,完成信息追踪603条、安全分析52份,下发安全预警通知32次。截至12月31日,实现运输安全737天。

加强调度集中统一指挥,推进精细化作业管理,利用驼峰攻关会,及时解决驼峰照明、分钩点下沉、废料清理等问题,提高驼峰作业效率;通过站区联劳协调会,解决结合部问题81个,优化站区运输协调组织;加强运输指标分析,积极应对年底车流激增状况,优化分类线运用,密切机列衔接,消化折角车流,保证编组站畅通稳定。11月,日办理辆数持续高位,受到铁路总公司、集团公司通令嘉奖。全年日均办理车数14955辆,创历史最好成绩。依托向塘物流基地建设,发挥编组站运力优势,以商品车运输为重点开展品牌宣传,全年发送商品车5.71万台,完成计划的135.9%。

推进物防技防建设,做好编组站SAM系统自动功能试验过程盯控和风险研判,及时与铁科院沟通,优化系统功能,完善系统作业办法。12月8日18时,SAM系统列车自动功能正式开通,实现编组站各场接发列车作业集中自动控制、运行图内列车接发作业防错办、天窗修和接触网施工安全卡控、STP调车安全防护、驼峰无线机车遥控等功能。投入30余万元,补强完善全站视频监控系统,实现作业区域监控全覆盖;优化平调录音系统,实现录音网络共享。

全年，举办各类培训班42期，参培人员4202人次。在第十三届南昌铁路职业技能竞赛上，该段职工取得货检值班员和调度员第一名、车站值班员第四名的成绩。开展“强基达标、提质增效”主题宣传教育活动，召开宣讲会45场次，编发H5网页19期，通过官方微信、车间职工群宣传展示，扩大宣讲覆盖面；举办讨论会26场次，参与人员913人次，收集意见建议36条。加强青年思想引领，开展“学习总书记讲话　做合格共青团员”“星级活力团支部”创建评定、“团员先锋岗(队)”创建等活动，提升团员青年责任意识和业务素质。加大帮扶救助力度，助困25人次/8.82万元，助学15人次/3.02万元，助医58人次/9.99万元，临时救济91人次/4.49万元。

4月26日，向塘西车站开展“强基达标、提质增效”演讲擂台赛　（曾文栋　摄）

表12-2　向塘西车站2017年主要生产指标完成情况

项目	单位	计划	实际	完成
运输收入	万元	13700	14567	106.6%
客运收入	万元	4000	2848.5	71.2%
货运收入	万元	9700	11718	120.8%
旅客发送	万人	65	52.96	81.5%
货物发送	万吨	31	32.36	104.4%
货车静载重	吨	23.9	26.4	110%
装车数	车	13140	12244	93.2%
卸车数	车	/	12835	/
日均解体	列	/	101.2	/
日均编组	列	/	101.7	/
日均办理车数	辆	15057	14955	99.3%
日均有调车数	辆	/	10054	/
中时	小时	5.9	5.4	-0.5
停时	小时	20.3	20.0	-0.3

（敖　斌）

【鹰潭车站】　站机关位于江西省鹰潭市月湖区四海西路1号(邮政编码335000)。车站为特等站，地处沪昆普速线、鹰厦线、皖赣线和沪昆客专交汇处，担负客货运输和列车编组工作。行政机构设行政办公室、劳动人事科、计划财务科、安全科、技术统计科、职工教育科、业务科、信息管理科、武装保卫科、综合事务管理办公室，辖14个车间(车站)、货运营销分中心和1个集体企业；党群组织设党委、纪委、工会、团委，辖18个党(总)支部、16个工会支会、10个团支部、1个俱乐部。站长周茂安，党委书记余忠民(10月免)，副站长吴平、乐锋华(10月免)、王学、陈刚、宋明翔(4月任)，党委副书记张卫东，党委副书记兼纪委书记陆德海(8月退休)、周欣(12月任)，工会主席林志。年末，在册职工1581人，固定资产2.3亿元。

全年，发送旅客523.93万人，同比增长2.4%；发送货物354.55万吨，同比增长4.0%。运输收入8.73亿元，同比增长3.4%(客运收入5.36亿元、同比增长5.6%，货运收入3.37亿元、同比增长2.7%)；其他业务收入1210.76万元，同比下降6.3%；实现综合效益1083.92万元，同比下降6.4%。

完善安全管理体系，制定《安全风险管控和安全隐患排查治理双重预防机制实施细则》《安全生产全过程责任追溯制度》《安全管理监督检查考核办法》等17个安全管理制度,加强安全管控。落实干部履职质量考评机制,下发安全履责考评通报12期、干部作风通报13期。强化安全监督检查,建立专业工程师季度评价机制,采取视频监控检查、集中检查、突击检查、电务微机监测回放等方式加强作业盯控,下发检查通报58期。加快推进安全生产指挥中心建设,完善监控视频网络,在信息平台引入干部轨迹系统、H8000调车实时监控系统。组织修复鹰潭南站、贵溪北站、客技站道岔告警装置,更新二场部分股道停车器和减速顶,消除设备安全隐患。截至12月31日,实现运输安全2371天。

年内,落实编组场为站区服务要求,减少货场、中间站调车作业翻勾次数,降低劳动强度和安全风险。加强调度指挥协调,对调机进出库、机车交路接续、车辆检车扣修、货检作业、车辆集结等环节加强联系,压缩非生产时间,畅通运输组织。每季度牵头组织站区联劳协作会,协调解决单位结合部问题74个。多次派员到上海局乔司站、金华西站参观学习,重点解决JSQ车辆编组顺序问题,理顺运输组织秩序。

完善车站客运服务设施,创建鹰潭北站客运服务示范站,加强高铁营销宣传。提前谋划节假日运输组织方案,加强客票预售情况分析,加大团体票宣传力度。积极开发货运新产品,向集团公司申请鹰潭南发往乌鲁木齐北X344次班列加挂车政策,日均装车3辆。加强铁矿粉运输营销,针对铁矿粉铁路运输份额不足30%的实际,车站与企业共同开发新的销售市场,全年发送铁矿粉83.19万吨,同比增长36.65%。学习借鉴赣州港经验,与地方政府物流委加强合作,召开铁路运输企业产品推介会,强化货源组织,研究始发班列开行方案,努力实现增运增收。

加强劳动用工管理,实施停止向贵溪北站化专线派驻调车人员的生产组织改革,完成28名作业人员转岗分流工作。赣闽快运列车停运后,对39名作业人员转岗安置。在驼峰调车长、南站行车室等岗位实施“小四班”轮班制,减轻职工劳动强度。优化生产布局,调整货运车间、营销分中心办公地点,搬迁鹰潭南站营业厅,方便货主集中办理业务。

举办各类培训班212期,培训13556人天。积极开展岗位练兵活动,培养“铁路工匠”。在第十三届南昌铁路职业技能竞赛中,该段选手获车站值班员第一名,制动员第一、四名,叉车司机第一名,货检员第四名,货运员第五名的成绩。

8月8日,鹰潭车站在贵溪站举办学技练功调车技能竞赛　　（王正南　摄）

改善职工生产生活条件,完成车站十六届一次职代会确定的10个“为职工办实事”项目。自筹资金开展作业场所和雨棚漏水问题整治、建设驼峰提钩室及停车场等工程。落实帮扶救助机制,慰问困难职工、劳模先进、离退休职工829人次/48.65万元,助医83人次/34.42万元,助学19人/4.63万元。组织职工健康体检1503人次、健康休养160人次、荣誉性休养21人次。

表12-3　鹰潭车站2017年主要指标完成情况

项　目	单位	计划	实际	完成
旅客发送	万人	548	523.4	95.6%
货物发送	万吨	344	354.5	103.1%
运输收入	万元	88700	87353.6	98%
日均装车	车	162	166	102.5%

续上表

项　目	单位	计划	实际	完成
日均卸空车	车	/	294	/
货车中时	小时	6.4	6.5	延长0.1
货车停时	小时	15.7	16.2	延长0.5
日均办理车	辆	10325	10191	98.7%
日均有调中转车	辆	/	6699	/

（陈　曦）

【福州车站】　站机关位于福建省福州市晋安区华林路502号(邮政编码350013)，属客运一等站。行政机构设办公室、客运统计科、安全技术教育科、信息设备科、劳动人事科、计划财务科，辖福州站、福州南站、运转车间、客运车间、行包车间、后勤车间、综合事务管理办公室、多元经营部和劳动服务公司；党群组织设党委、纪委、工会、团委，辖20个党支部、6个工会支会、3个团支部。站长闵越民，党委书记汪榕，副站长林万斌、李友铭、朱仁来、马晓薇(4月任)，党委副书记、纪委书记林建国，党委副书记卢伏龙，工会主席王仁华。年末，在册职工550人，固定资产5.81亿元。

按照2017年"12·28"年底调整运行图，福州站每日图定开行184.5对列车(普速列车14对、动车组列车114.5对、动检列车6.5对、回空动车组列车17.5对、货物列车14对、单机18对)，福州南站每日图定开行列车143对〔动车组列车117.5对(办理乘降88.5对)、动检列车4.5对、回空动车组列车17对、货物列车4对〕。

年内，制定下发9项管理制度，修订3项作业办法。动态研判作业风险，明确134个安全风险项点及相应管控措施。开展安全生产大检查和专项整治，开展安全对话12次，下发周安全分析通报51期、预警通知书21份。修订完善5项应急处置办法，开展列车大面积晚点、火灾疏散、食物中毒、消防、反恐等应急演练，启动防台应急响应11次。截至12月31日，实现运输安全10379天。

完善网络订票、电话订票、自助机售票、POS机电子支付、代售点售票等平台，在银行网点、大学城等站外区域增设15台取票机、2台售票机，覆盖东二环购物商圈、五里亭、五四路金融区、古田路和闽侯大学城等人流密集区域，方便旅客购(取)票；对售(取)票机升级改造，实现新版台胞证(卡式)自助购(取)票功能。抓住春运、暑运、小长假时机，用好运能，组流上线，平均票价率118元(税后)，同比上升5.98%；网购率77.01%，同比上升7.06%。4月2日，发送旅客147456人，创历史最高纪录。加强多元商业经营，新开发12个项目包件(11个商业包件、1个广告包件)，实现合同收入2313.6万元。全年完成其他业务收入7208.73万元，实现毛利6085万元。

1月24日，福州市市长尤猛军检查指导福州车站春运工作　　（韩毅　摄）

结合高铁站车基础工作专项整治、客运安全专项检查、厕所卫生达标年活动，开展基础环境整治，按照绿化、美化、亮化目标，集中整治厕所卫生、跑冒滴漏、通风照明等问题260项。借助福州市政府开展火车站周边综合整治的有利时机，争取福州市、相关区政府对火车站周边区域综合治理整治项目23个(福州站15个、福州南站8个)，争取整治资金2273万元，项目包括两站标识改造、贵宾通道改造、贵宾厅修缮、北站房钢梯建设、五区服务台改造、南北站房景观灯亮化提升、职工自行车棚及运转信号楼地面硬化改造、福州南站东站房停车场工程等客运服务方面。

全年，开展各类培训班46期，培训职工5016人次；开展学历教育768人天；组织技术比武演练16场，参与职工1036人次。在第十三届南昌铁路职业技能竞赛中，该站选手获客运值班员第三名，客运员第一、二名，售票员第三、四名，行李员第四名的成绩。

年内，召开党建工作暨企业文化建设现场会，优化党支部设置，建立机关党总支，下设3个科室党支部。运用微信工作群，抓好党支部书记日常业务培训。加强党委中心组学习，开展集中学习研讨30次，班子成员撰写调研文章39篇，其中在《政工调研》刊登2篇。推进"两学一做"学习教育常态化制度化，建立问题清单，逐项整改销号。加强新闻宣传，全年各级媒体对车站宣传报道983篇，其中中央级媒体242篇；央视《朝闻天下》栏目播出《福州：两站直通快车　摆渡走错站旅客》，《中国经济网》刊登《烈日下的"钢轨舞蹈"》，《福建日报》刊登《一线党员的风雨担当》，福建东南网《我与新时代》刊发关于车站客运员王秀事迹的系列报道《服务为民　坚守铁路梦》。

全年，帮扶救助职工70.33万元/379人次，其中助困46.55万元/42人次、助学1.13万元/9人次、助医11.27万元/31人次、两节"送温暖"慰问6.25万元/180人次、日常慰问职工5.13万元/117人次。组织452名职工健康体检、62名职工健康休养。

2017年，该站继续保留"全国文明单位"称号，获"全路客货运输窗口用户满意单位"称号；客运值班员赵静被评为集团公司"十大平凡之星"之一。

表12-4　福州车站2017年主要指标完成情况

项　目	单位	计划	实际	完成(%)
旅客发送	万人	2900	2789.99	96.21
运输收入	万元	343300	330536.62	96.28

（陈建兵）

【厦门车站】　站机关位于福建省厦门市思明区厦禾路900号之二（邮政编码361004）。行政机构设办公室、安全技术教育科、客运统计科、计划财务科、劳动人事科、信息设备科，辖厦门北站、运转车间、客运车间、售票车间、行包车间、后勤车间、厦门综合事务办公室、多元经营部和劳动服务公司；党群组织设党委、纪委、工会、团委，辖11个党支部、6个工会支会、4个团支部。站长林平超，党委书记方添全，副站长姚悦亮、陆道峰、郑建德，党委副书记连贤智，纪委书记陈荣赛，工会主席郑重要。年末，在册职工481人，固定资产7.87亿元。

厦门站和厦门北站均为客运一等站。厦门站设有站台5座，旅客列车到发线9条（其中6道兼机走线）、出站人行地道1处；有16个售票窗口、29台自动售票机、22台自助取票机、54台自助检票闸机、30部扶梯、14部直梯、24个实名制验证口、15台安检查危仪；站房建筑面积2.76万平方米，高架候车室建筑面积7400平方米。按照2017年底调整运行图，厦门站开行图定旅客列车60对（普速13对、动车47对）。全年，厦门站发送旅客1031.13万人，运输收入12.58亿元。

厦门北站设有站台6座，旅客列车到发线12条，出站人行地道2处；有16个售票窗口、20台自动售票机、12台自助取票机、52台自助检票闸机、36部扶梯、11部直梯、18个实名制验证口、12台安检查危仪；站房建筑面积10.9万平方米，候车厅建筑面积2万平方米。按照2017年底调整运行图，厦门北站开行图定旅客列车58对，经停动车157趟。全年，厦门北站发送旅客1583.53万人，运输收入17.40亿元。

年内，构建"三位一体"安全保障体系，细化《铁路交通事故和生产安全事故责任追究办法》《安全生产全过程责任追溯制度》，制订安全生产权力和责任清单。不定期对行车、客运等技术规章进行修订，实行编号归口管理，每半年公布一次有效规章目录。开展安全大检查，发现各类问题隐患66个，全部整改完毕。根据厦门北站动车所建设进度，及时研判安全风险，发布安全卡控措施。截至12月31日，实现运输安全7106天。

增开旅客列车21列，其中发往上饶1列、重庆北1列、南昌2列、福州南1列、三明北2列、赣州1列、南京南1列、郑州东1列、深圳北6列、汉口/武汉2列、龙岩2列、福鼎1列。优化售票组织，调整自助售取票机位置，提高自助设备使用率。规范引导标识，更换64处客运揭示，统一制作进站口、售票厅公告栏。增加母婴哺乳室，设置商务旅客候车专区，完善商务座旅客服务流程，提供免费茶水、糖果糕点等食品。扩大车站WiFi覆盖面，增强网络信号，在WiFi登陆页面增加站内导航、候乘车提醒等温馨提示。全年，厦门车站发送旅客2614.66万人(其中高铁发送2361.53万人)，同比增加216.75万人、增长9.04%；运输收入29.98亿元，同比增加4.84亿元、增长19.26%；完成其他业务收入9031.08万元，同比增加1378万元、增长18.01%；实现毛利8909.82万元，同比增加1478万元、增长19.88%。

强化安保工作，完成厦门会晤和十九大期间各项安保任务。完善反恐应急处置预案，重新修订《厦门车站反恐怖防范工作实施办法》等18项制度，细化实名验证、安检查危作业标准和流程。投入300余万元更新安保设施设备，邀请厦门铁路公安处反恐支队警员到车站培训反恐知识。十九大召开期间，实行超常规安检措施，对所有进京列车旅客实行专区候车、二次安检，确保将危险、违禁品堵在站外车下。

厦门金砖会晤期间，厦门站进站口设置二次安检（潘璀璇　摄）

加强党建基础工作，配齐配强党支部书记，增配1名专职党支部书记，调整1名专职和2名兼职党支部书记；组织5个党支部(总支)完成换届选举工作；重新修订《厦门车站党支部(总支)工作考评办法》；举办两期党员培训班，培训132名在职党员；组织党员参观廉政教育基地，观看爱国主义影片；开展“强基达标、提质增效”主题教育活动，组织17场宣讲会和22场讨论会。强化新闻宣传及舆论稳控工作，春运期间开展“平安春运、有序春运、温馨春运”主题宣传活动，编发《春运简报》，在各级媒体刊发稿件162篇，其中中央级传统媒体13篇、“6+5”网站29篇；每周通过网络、微信、微博收集旅客意见建议，形成《舆情通报》48期；完善在新浪网、腾讯网上开设的服务微博功能，及时发布出行资讯、失物招领及便民利民措施；车站微博粉丝数达81万人，微信粉丝数达2.7万人。

全年，举办各类培训班58期，培训职工3693人次；送外培训63期，培训职工124人次。全员培训率6.1%，脱产培训率3.1%。改善职工生产生活条件，投资23.23万元改造生产房屋，投资177.67万元维修设备设施，投入20.4万元组织职工体检，补贴职工食堂伙食费45.6万元。落实帮扶救助机制，补助困难职工110人次，发放“三不让”救助资金和“互济”基金5.88万元。

2017年，该站被评为“全路文明单位”，获集团公司“平安单位”“铁路治安综合治理先进集体”“信访工作先进集体”等称号。

表12-5　厦门车站2017年主要指标完成情况

项　目	单位	计划	实际	完成
旅客发送	万人	2726	2614.66	95.92%
运输收入	万元	313300	299888.71	95.72%
其他业务效益	万元	8906	8910	100.04%

（段　婧）

车务段

【南昌车务段】 段机关位于江西省南昌市青云谱区南莲路668号(邮政编码330001)。行政机构设办公室、安全科、技术统计科、业务科、计划财务科、劳动人事科、职工教育科、信息技术科、武装保卫科、货运营销分中心,辖44个车站(二等站2个,三等站13个,四、五等站29个)和劳动服务公司;党群组织设党委、纪委、工会、团委,辖60个党支部、17个工会支会、12个团支部。段长朱一平,党委书记鲁新,副段长付军华、彭均清、谌祖安、万勇、魏小华,工会主席杨平,纪委书记陈国红(2月任)。年末,在册职工1715人,固定资产4.3亿元。

该段管内线路运营里程为800.23公里,有专用线53条、货物线61条,货物品类主要为煤炭、石油、钢材、粮食等。年内,强化"七项制度"建设,落实每日安全问题信息追踪制度,开展安全大检查和专项整治,共追踪安全信息1211条,安全预警36次,下发《周安全情况分析通报》48期,约谈对话12次。截至12月31日,实现运输安全1039天。

年内,以实现"三个出行"常态化为目标,开展客运服务质量年。利用高铁效应,积极向集团公司提报列车开行建议,加强堵漏保收工作,严把"进站、出站"等关口,对"重点车次、重点人员、重点时段"实行重点把关。落实首问首诉制度,严肃查处影响路风、路誉问题,实现客发量、客运收入双增长。全年,发送旅客999.87万人,同比增长11.33%;客运收入6.73亿元,同比增长9.74%。

以钢材、纸业、焦炭、煤炭等大宗货源运输为重点,加强货运市场调查,精准设计营销方案。与江西晨鸣纸业有限责任公司签订物流总包合同,将该企业原发往新疆、广西、浙江地区的公路运量转为铁路运输,运量增长33.4%;借助"一口价"政策,组织开行八景站发王家营西等特需班列,满足八景陶瓷产业基地铁路运输需求;开发铁海联运项目,奥克斯空调公司、江铃汽车公司等出口集装箱业务取得较大增幅。全年,发送货物892.79万吨,同比增长6.4%;货运收入9.22亿元,同比增长19.67%。

4月5日,南昌车务段开行横岗—宁波北仑港的外贸班列 (王靖达 摄)

全年,举办职工业务培训班50期,培训17316人次;培训"三新"人员164名,对1027名行车主要岗位职工进行技能达标培训及考评。举办4期党员培训班,参培党员263名。开展"强基达标、提质增效"主题教育活动,举办9场巡回宣讲会,参与职工1100余人。常态开展干部作风督查,下发干部作风督查通报5期,究责考核处理6人次。

落实帮扶救助机制,慰问困难职工126人次/30万元,助医135人次/45.37万元,助学14人次/6.26万元,日常困难补助78人次/27.6万元。加大职工生活后勤保障,投入66万元新建温家圳、梅林、东乡等站职工宿舍,投入16万元整修抚州站食堂、篮球场等。

2017年,该段获集团公司"国防动员工作先进单位"称号。

表12-6 南昌车务段2017年主要指标完成情况

项目	单位	计划	实际	完成
运输收入	亿元	15.09	15.95	105.75%
货物发送	万吨	878	892.79	101.68%
旅客发送	万人	995	999.87	100.49%
日装车	辆	427	458	107.26%
停时	小时	20.2	19.6	压缩0.6

(甘 陶)

【宜春车务段】 段机关位于江西省宜春市平安路535号(邮政编码336000)。管内沪昆线、沪昆高铁、上新线、分文线、醴茶线、吉衡线营业里程915.81公里。行政机构设办公室、劳动人事科、计划财务科、安全科、技术统计科、业务科、职工教育科、信息技术科、武装保卫科、货运营销分中心,辖49个车站(一等站2个、二等站6个、三等站7个、四等站22个、五等站9个、无人站3个)、1个集经公司(宜春)、2个综合事务管理办公室(新余、宜春);党群组织设党委、纪委、工会、团委,辖党支部(总支)70个、工会支会19个、团支部13个。段长汪海华,党委书记吴振宇,副段长唐国良、李北京、彭迪源、涂海平、赖汉华,党委副书记邹丽君,党委副书记、纪委书记黄海峰,工会主席段彬兴。年末,在册职工2397人,固定资产6.32亿元。

以“强基达标、提质增效”为主题,构建人防、物防、技防“三位一体”安全保障体系。加强安全检查,共查处H类违章101件,A类违章220件,B类违章6521件,C类违章3192件。根据攸县电厂铁路专用线开通,新市、菜花坪站停用施工等情况,重新修订《醴茶线行车组织办法》。做好“两会”“一带一路”高峰论坛、厦门金砖会晤、“香港回归20周年”庆典、党的十九大期间安全包保检查工作,落实“二次”安检,确保重点时期安全稳定。截至12月31日,实现运输安全1183天。

全年,发送旅客1229.7万人,完成计划的98.6%,同比增加100.8万人,增长8.9%;发送货物1186.2万吨,完成计划的100%,同比增加54万吨,增长4.8%;完成运输收入22.82亿元,完成计划的103.1%,同比增加2.5亿元,增长12.33%。

加强客流调查预测,积极开行临客列车、假日动车,实现假期增运增收。春运、暑运及小长假期间,发送旅客489.2万人,完成客运收入5亿元。召开客运现场会,组织各客运站站长现场观摩萍乡北站客运基础管理工作。推进“厕所革命”,建立“双所长”制,加强厕所设施、环境卫生日常维护,重点解决高铁站厕所通风不畅问题。抓好购票微信扫码支付业务的推广组织,在窗口和自动售票机醒目位置张贴引导标识。开通“铁路畅行”会员服务,组织23名售票员开展“铁路畅行”业务培训,指导各站做好会员服务窗口的设备安装、系统升级测试等工作。完善旅客服务流程和考核办法,加强“明月情”“心连心”服务台作用发挥,收到旅客表扬信32封。

12月20日,宜春车务段在萍乡北站召开客运“强基达标、提质增效”现场会

(余旺 摄)

加强与物流企业合作,吸引物流企业入驻货场,开发上高站货场和宜春西站370专用线的集装箱业务,全年发送集装箱7816TEU。开展煤炭、金矿、焦炭、水泥运输市场专题调研,走访企业674家,开发总包项目16个,下发客户货运票据电子化服务指南1000份。规范服务质量体系,敞开受理渠道,落实客户回访制度,共受理货运客服业务189件,回访客户5294人次,处理客户不满意评价20件、合理化建议46件,受到客户表扬15次。

全年,举办业务培训班74期,培训职工2441人次;开展接发列车仿真演练考试48次,参与职工8297人次。举办5期党员轮训班,培训党员360人。选聘兼职教师164名,开展日常业务教学;为分宜、宜春西等6个站各配备2台接发列车仿真系统专用电脑,提高仿真演练成效;建设分宜、新余、新花、安仁、炎陵、攸县南站多媒体教室,为高安、临江镇等7个四等站配备55寸液晶显示器用于业务学习。

深化“强基达标、提质增效”主题宣教活动，制作宣传展板、橱窗117块，悬挂横幅标语135条，段领导班子成员宣讲10场，巡回小组宣讲16场，车间干部宣讲46场，受众3268人次。落实帮扶救助机制，发放重困职工生活补助76人次/26.28万元，发放职工日常困难补助1155人次/42.08万元，发放职工医疗补助80人次/41.49万元，发放困难职工子女助学款32人次/7.13万元。

2017年，该段获集团公司“走基层、看亮点，展风采、聚合力”系列宣传活动“优胜单位”“党风廉政建设先进集体”“职工教育培训工作先进单位”“国防动员先进单位”“综合治理平安单位”“保密工作先进单位”“信访工作先进单位”“合同管理先进单位”等称号。

表12-7　宜春车务段2017年主要生产指标完成情况

项　目	单位	计划	实际	完成
运输收入	亿元	22.13	22.82	103.1%
货物发送	万吨	1186	1186.22	100.01%
旅客发送	万人	1247	1229.73	98.61%
中时	小时/车	—	2.3	—
停时	小时/车	27.4	28.5	延长1.1

（简炎兵　童　彪）

【上饶车务段】　段机关位于江西省上饶市信州区灵溪镇松山村（邮政编码334000）。行政机构设办公室、劳动人事科、计划财务科、安全科、技术统计科、职工教育科、业务科、信息技术科、武装保卫科，辖综合办公室、货运营销分中心、56个站（所）和上饶、景德镇劳动服务所两个公司；党群组织设党委、纪委、工会、团委，辖12个党总支、51个党支部、14个工会支会、17个团支部。段长汪仁昌，党委书记杨水弟（10月免）、余忠民（10月任），副段长张朝阳、曹美荣、卢云路、李路生、景阳，党委副书记、纪委书记舒文广，工会主席柳振宇，调研员程金生。年末，在册职工1921人，固定资产5.22亿元。

该段管内营业里程789公里，其中沪昆高速线94.2公里、合福高速线118.5公里、沪昆普速线121.9公里、皖赣线183.5公里、鹰厦线67.2公里、衢九线90.7公里、上饶联络线40公里、峰福线29.6公里、乐德线43.4公里。12月28日，衢九线正式开通运营，该段接管5个车站：德兴东站、婺源衢九场（既有婺源站）、桥上村站、赋春站、景德镇北站。

全年，发送旅客1225.53万人，完成计划的99.6%，同比增加126.49万人，增长11.5%；发送货物638.78万吨（其中集装箱45.66万吨），完成计划的99.0%，同比增加2.43万吨，增长0.4%。实现运输收入18.52亿元，完成计划的101.5%，同比增加1.85亿元，增长11.1%；客运收入完成13.38亿元，完成计划的100.8%，同比增加1.53亿元，增长13.0%；货运收入完成5.13亿元，完成计划的103.3%，同比增加3157.61万元，增长6.6%。

年内，提高客运服务质量，在售票窗口设置12306手机客户端及微信公众号二维码等揭示，候车室内设置母婴哺乳室。以市场为导向，开发管内旅游资源，开行“大美上饶号”冠名动车组和“婺源赏花”专列；全年管内共开行旅游专列77列，发送旅客0.47万人，实现收入562.9万元。加强货运市场营销，与管内27条专用线企业签订运输协议和安全协议，提供多方位物流服务。开展“质量月”活动，对管内轨道衡开展使用和保养自查，提高计量准确度。倾听客户意见建议，回访客户1200家，其中受理满意1192家。春节、元宵等传统节日期间，向货运客户发送祝福信息940条。货运客服人员帮助或代理企业进行95306网站注册199家。

年内，修订安全生产权力清单，完善安全生产责任制，落实安全预警机制，下发65项预警通知。规范《站细》、编制管理，清理完善35个客、货运管理办法。组织召开站区调车联劳协作会,解决问题38个。深入开展安全大检查,发现隐患问题98个,全部整改完毕。截至12月31日,实现运输安全7751天。

全年,举办职工业务培训班58期,培训9236人次。针对新入路的大学及高职毕业生311人,加强实作培训指导,举办岗前培训6期。组织货运职工开展1次货车车门关锁业务专项培训,分析研判容易导致货车敞门运行的风险因素,制定管控措施。在"振兴杯"第十三届南昌铁路职业技能竞赛中,该段选手获5个工种第一名、4个工种第二名、两个工种第三名的成绩。评选出段"安全生产标兵"36人、"客运服务明星"32人、"货运营销状元"24人。

年内,推进"两学一做"学习教育常态化制度化。党委中心组组织集中学习32次,开展专题研讨2次。优化党支部设置,新设的班组党支部书记,均由管理人员或班组长兼任。举办四期党员培训班,邀请党(干)校3名老师授课,培训党员298人。9名段领导班子成员到包保联系点上专题党课51场。评选"零违章"先进党员64人次、"身边凡星"37人次。定期编发《饶车信息》,制作新媒体作品20篇,在中央传统媒体刊发稿件14篇。组织段机关干部和"六管"人员90人进行廉政谈话,组织520人观看廉政专题教育片。受理廉政问题线索7件,书面函询4人,诫勉3人,通报批评5人。

9月19日,上饶车务段举行机关党总支换届选举　（胡　钧　摄）

改善职工生产生活条件,投入200万元改造部分沿线车站单身宿舍,配置电视机、电冰箱等家电。安排职工荣誉性休养33人次,职工健康体检1610人,女职工专科普查217人。落实帮扶救助机制,助困47户/38.84万元,助医107人次/47.66万元,助学11人次/3.18万元,两节慰问426人次/17.48万元,互助互济金资助5人次/0.87万元。丰富青工业余生活,举办青工卡拉OK比赛、《开讲啦》演讲比赛、"南铁佳缘·相约窑山"交友联谊活动。

表12-8　上饶车务段2017年主要指标完成情况

项　目	单位	计划	实际	完成
运输收入	万元	182500	185209.84	101.5%
货运收入	万元	49700	51352.08	103.3%
客运收入	万元	132800	133857.76	100.8%
货物发送	万吨	645	638.78	99.0%
旅客发送	万人	1230	1225.53	99.6%
装车	车	117165	121049	103.3%
卸车	车	/	132927	/
停时	小时	18.5	19.2	/
中时	小时	/	2.5	/

（蔡　潇）

【九江车务段】 段机关位于江西省九江市长虹大道236号(邮政编码332000)。行政机构设办公室、劳动人事科、计划财务科、安全科、技术统计科、职工教育科、业务科、信息技术科、武装保卫科、综合事务办公室,辖货运营销分中心、南昌客运车队(10月撤销)、综合车间、劳动服务公司和30个车站(武九客专9月21日开通,新增瑞昌西站、柴桑站;衢九线12月28日开通,新增鄱阳站、邮墩街站、都昌站);党群组织设党委、纪委、工会、团委,辖党总支8个、党支部36个、工会支会14个、团支部12个。段长吴森林,党委书记曾方平,副段长徐论员、余道选、王志峰、杨健、梅文思、陈建红,党委副书记、纪委书记吴崇炎,工会主席邹道银,调研员孙建能(8月退休)。年末,在册职工1455人,固定资产1.86亿元。

该段管内运营里程467公里。全年,完成运输收入18.04亿元,同比增加2.21亿元,增长13.99%;发送旅客1117.08万人,同比增加82.93万人,增长8.02%;发送货物1277.75万吨,同比增加131.02万吨,增长11.43%;实现其他业务综合效益1226.75万元,同比增加141.63万元,增长13.05%。截至12月31日,实现运输安全2680天。

推进安全管理规范化建设,加大监督检查力度,成立7个由段领导班子成员带队的值班检查组,每天安排一个检查组进行安全检查;成立4个专业科室检查小组,采用夜查、暗查、蹲守等形式,加强对关键时段、关键岗位、重要车站的检查。年内武九客专、衢九铁路两条新线相继开通,该段经历3次一级大施工,针对新站场开通、新设备启用及作业方式改变等情况,加强安全风险动态研判,对安全关键岗、关键人进行重点盯控。开展月度对规对标活动,每月由分管领导组成4个对规对标检查组进行全覆盖检查评比。年内货运装车数同比增长9%,管内车站调车工作量大幅上升,该段通过调车勾分析等形式,规范调车日常管理,实现调车安全可控。

发挥九江西站枢纽作用,贯彻"大站带小站"思路,以煤炭、钢材、特货、河砂等卸车工作为重点,压缩停时。提升3台调机(琵琶湖调机、武九线调机和乐化调机)运用效率,按需配空,按时配空。开行一站式直达货车,优化货位摆放,全年七里湖站开行直达列车515列、琵琶湖站开行320列。

优化售票组织,提高自助设备使用率,全年新增自动取票机20台,管内自助取(售)票机达58台。节假日客流高峰时,组织青年志愿者对旅客进行导购、导取,方便旅客购票。针对部分客运设施故障问题,开展旅客服务设施设备大排查活动,建立问题库,限期组织修复。节假日期间,成立加岗组和包保组到车站把关,确保客运秩序平稳。春运期间,发送旅客150.23万人,同比增长8.1%;运输收入1.19亿元,同比增长10.3%。暑运期间,发送旅客210.52万人,同比增长9%;运输收入1.9亿元,同比增长25%。

春运期间,九江车务段青年志愿者帮扶旅客　　(胡国林　摄)

强化货运营销,组织营销队伍走访客户312家次,收集客户档案230份,完成营销写实报告89份,达成物流总包协议8项,完成物流总包运量79万吨;开展水铁多式联运业务,完成水铁集装箱运量890TEU;利用卸空的专用车资源,会同特货公司组织发送业务,完成装车329车,发送小汽车3200台;会同铁龙公司、中粮集团开展植物油物流业务,用特种箱发送植物油394TEU。动态调整运力,针对琵琶湖站货源激增情况,及时申请增配一台调机,增加6名调车人员,装车能力从每日150车增加到300车。加大货场设施设备投入,推进九江南站物流配送中心建设,自筹资金20余万元对货场设施和环境进行整治。

规范车站商业经营,建立经营客户档案,完善检查考核条款。提前介入新线商业、广告建设,加大项目招商力度。全年,提报23个商铺开发建议方案,商铺收入同比增加201万元;加强与中国银行合作,实现ATM机延续期租金收入119万元;督促厚泽广告公司签订还款协议,解决历史欠账问题,广告收入同比增加 72 万元。

推行岗位星级管理，完善经营绩效考核机制，借鉴上海局嘉兴车务段相关办法，制订《九江车务段岗位星级管理实施细则》和《九江车务段安全经营绩效考核实施细则》，拉开收入分配档次，选树第一批三星级岗位 53 人、二星级岗位 244 人，三星级与无星级职工每月收入相差 700 元，激发职工工作热情。建立专业工程师履责考核机制，每季对专业工程师履职情况下发专题通报，3 名工程师因履职不力被调离专业科室。推进新线建设预介入工作，成立 8 个工作小组，统筹新线开通工作；武九客专和九景衢铁路联调联试前，举办 7 期管理人员、行车人员和客运人员适应性培训班，培训管理人员 50 人次、行车人员 89 人次、客运人员 87 人次。

全年，落实帮扶救助机制，“两节”走访慰问困难职工，发放慰问金 15.66 万元；补助重困人员 81 人次/13.68 万元，补助一般困难户 82 人次/5.33 万元；大病职工一次性补助 9 人/13.55 万元；日常困难补助 154 人次/5.8 万元；互助互济补助 5 人次/1.55 万元。

2017 年，该段获集团公司“信访工作先进集体”“治安综合治理平安单位”称号。

表 12-9　九江车务段 2017 年主要指标完成情况

项目	单位	计划	实际	完成
运输收入	万元	17.57	18.04	102.6%
货物发送	万吨	1258	1177.75	101.5%
旅客发送	万人	1156	1117.08	96.6%
日均装车	车	534	488	91.3%
货车停时	小时	21.5	21.5	持平
中时	小时	7.4	6.1	减少 1.3

（邹平鸿）

【赣州车务段】　段机关位于江西省赣州市章贡区赣州火车站旁（邮政编码 341000）。管辖京九线峡江至定南站、赣龙线赣州东至瑞金站、赣瑞龙线赣县至瑞金站、吉衡线吉安南至睦村站、赣韶线南康至梅关站，运营里程 909.7 公里。行政机构设办公室、劳动人事科、计划财务科、安全科、技术统计科、职工教育科、业务科、信息管理科、武装保卫科、货运营销分中心、综合事务办公室，辖 45 个站（一等站 2 个、二等站 2 个、三等站 7 个、四等站 18 个、五等站 16 个）、2 个线路所、1 个客车队（10 月撤销）和向西列尾所；党群组织设党委、纪委、工会、团委，辖 6 个党总支、46 个党支部、50 个工会支会、13 个团支部、1 个俱乐部。段长姜明富，党委书记熊祐春，副段长刘小平、盛忠义、李小安、彭杰，党委副书记、纪委书记刘世杨，工会主席曾繁红。年末，在册职工 1689 人，固定资产 5.3 亿元。

全年，旅客发送 1817.5 万人次，同比增长 10.7%，完成年计划的 99.8%；货物发送 425.4 万吨，同比增长 109.4%，完成年计划的 207.5%；运输收入 16.23 亿元，同比增长 16.1%（其中客运收入 13.50 亿元，同比增长 10.11%；货运收入 2.73 亿元，同比增加 57.8%），完成年计划的 103.4%。

年内，加强零散、混装及危险货物运输工作，投入 7 万元购置 57 台执法记录仪和 19 台移动硬盘，对零散、混装货物装车进行全过程拍摄监控，取消部分车站的危险货物到达业务。推进作业标准化建设，修订《岗位作业指导书》，开展标准化行车室、调车组评比；以非正常接发列车演练为契机，推行安检压力测试、问题追踪分析常态化；强化现场监督检查，对管内 19 个调车作业站实行调车作业“双把关”制度。截至 12 月 31 日，实现运输安全 296 天。

采取“以货补客”战略，加大货运营销力度，挖掘河砂、石灰石等大宗货物新增长点，完成河砂发送 300.8 万吨，同比增加 222.3 万吨、增长 283.2%；石灰石发送 67.6 万吨，同比增加 10.3 万吨、增长 18.0%。发挥南康家具运输及赣州港优势，打造家具快速列车品牌，全年管内共发送家具 9749 车，其中赣州港发送家具 3420 车/3.86 万吨、家具班列开行 60 列/2498 车（发往城厢站 34 列/1390 车、王家营西站 20 列/912 车、平湖南站 3 列/66 车、儋州站 2 列/90 车、改貌站 1 列/40 车）。加强“乘意险”销售，全年发售 58.86 万份，实现收入 176.58 万元。加大客运查堵保收力度，完成查堵收入 289.81 万元。

加强职工业务培训，全年举办培训班 79 期，培训职工 2213 人次。为管内 47 个车站配置行车便携式电脑，改善职工学习条件。每月在吉安、赣州两个片区开展职工在线对规对标考试，并投入 181.3 万元用于考试奖励。在第十三届南昌铁路职业技能竞赛中，该段职工获货运计划员第一名、货运安全员第二名、货检值班员第三名的成绩。

赣州车务段参加第十三届南昌铁路职业技能竞赛的选手合影　　（胡友林　摄）

推进“两学一做”教育常态化制度化，开展 4 个专题集中研讨，在 42 个运输一线党支部（总支）中开展党员学技练功活动。利用赣州港地域优势，打造“赣州港铁路快运党员优质服务链”党内服务品牌。加强舆论宣传引导，新闻稿刊用在中央级传统媒体 20 篇、中央级网络媒体 66 篇、省部级媒体 64 篇、路内媒体 90 篇、《赣车动态》（段域网）224 篇，完成春运报道、赣州港专用线开通中欧班列等重要宣传任务。开展“赣车之星”评选活动，全年评出 40 名“赣车之星”，宣传展示优秀职工先进事迹。

全年，自筹资金 360 万元改善职工生产生活条件，实施大修项目 9 项、更新改造项目 2 项、三线建设项目 5 项。组织 22 名先进职工荣誉休养、117 名职工健康休养、1007 名职工健康体检、422 名女职工专科普查。落实帮扶救助机制，补助困难职工 338 人次/27.9 万元、助学 10 人/3.02 万元、助医 38 人次/16.0 万元。关心青工生活，在赣州和定南片区举办 2 场“南铁佳缘”青年联谊交友活动。

2017 年，该段被赣州市政府评为“赣州市创建全国文明城市工作先进单位”。

表 12-10　赣州车务段 2017 年主要指标完成情况

项目	单位	计划	实际	完成
运输收入	万元	15.66	16.2	103.4%
货运收入	万元	1.81	2.7	149.2%
客运收入	万元	13.85	13.5	97.5%
货运发送	万吨	205	475.4	207.5%
客运发送	万人	1820	1816.7	99.8%
装车	车	22630	81992	356%
卸车	车	/	173276	/
停时	小时	20.9	21.2	增加 0.3
中时	小时	3.5	3.2	压缩 0.3

（陈坚红）

【福州车务段】　段机关位于福建省福州市晋安区鹤林路 59 号（邮政编码 350014）。行政机构设办公室、劳人科、计财科、技统科、业务科、安全科、职教科、信息科、武保科、货运营销分中心，辖 44 个车站（二等站 5 个、三等站 4 个、四等站 20 个、五等站 15 个，其中双坑、莪洋 2 个五等站于 2017 年 11 月 30 日被拆除）、5 个线路所、综合事务办公室和劳动服务公司；党群组织设党委、纪委、工会、团委，辖 8 个党总支、7 个党支部、14 个工会支会、11 个团支部。段长吴启乐,党委书记黄新鹏,副段长齐韦、李永春、陈芬、邓言(5 月免)、黄立川、罗颖桢、王成汉(7 月任),党委副书记、纪委书记刘芳,工会主席詹文国,调研员陈宁。年末,在册职工 1316 人,固定资产 2.53 亿元。

该段管辖线路为峰福线洋丹仔至杜坞、福马线福州东至马尾、温福线连江至福鼎、福厦线福清至仙游,营业里程 668 公里(高速里程 452 公里、普速里程 216 公里),生产经营覆盖福州、南平、宁德、莆田等四地市。全年,实现运输收入 22.43 亿元,同比增加 4.64 亿元,增长 26.11%,完成年计划的 101.92%。其中客运收入 16.61 亿元,同比增加 3.47 亿元,增长 26.42%,完成年计划的 101.48%;货运收入 5.82 亿元,同比增加 1.17 亿元,增长 25.26%,完成年计划的 103.20%。发送旅客 1965.92 万人,同比增加 214.26 万人,增长 12.23%,完成年计划的 100.3%;发送货物 802.15 万吨,同比增加 196.99 万吨,增长 32.55%,完成年计划的 112.19%。

全年,把安全工作作为重中之重,构建人防、物防、技防“三位一体”的安全保障体系。跟踪分析日安全信息 1235 条,下发周安全分析通报 53 期,组织召开安全约谈对话 31 次,下发安全风险预警通知书 45 张,对 12 个车站进行综合剖析检查,干部安全监督检查 1652 人次,查处问题 9053 个;检查三等及以上车站 1451 站次,检查班组 13720 人次,添乘检查 582 人次,夜查 5578 人次;干部顶岗作业 1303 人次、跟班作业 3025 人次。下发干部作风通报 12 期,究责问题 185 个。

年内,修订审核 18 个行车工种、14 个货运工种、9 个客运工种的岗位作业指导书,修订编发客运规章 22 次、货装规章 14 次。主动介入“1·5”“4·16”“7·1”“9·21”“12·28”运行图优化调整工作,积极提报优化建议,集团公司采纳 15 条,共新增图定列车 13.5 对,增加办客点 57 个,深圳、上海、杭州、厦门等方向运力大幅增加。推进互联网售票,设置银行电子支付终端,新增“支付宝”“微信扫码”等购票支付方式;完成宁德站安检口改造、高铁站“手机应急充电处”设置、宁德和莆田站候车室 WiFi 网络建设、宁德站母婴候车室建设、莆田站“壶兰服务台”建设;打造“厕所文化”,完成 8 个高铁车站厕所整修。举办计划内培训班 34 期,培训 3485 人次;举办计划外培训班 13 期,培训 504 人次。在 2017 年南昌铁路职业技能竞赛中,该段选手获客运值班员第一名、货运核算员第一名的成绩。

筹措资金加快单身宿舍清理改造,将原福州东站篷修所、原福州东站运贸中心大楼改造成单身宿舍,为异地职工提供住所。加强中间站伙食团建设,完成福鼎、下过溪、连江、马尾、温福线路所等 4 站 1 所的餐厅改造。加强后勤保障平台维护管理,维修人员下现场 123 次,解决问题 101 个,处理零小维修项目 1099 项。落实“三不让”帮扶救助制度,助困 44 人次/15.12 万元,助医 83 人次/11.9 万元,助学 12 人次/4.36 万元。深化“青年成长成才导航和安心安家服务工程”,推进“青年之家”和“青”字号品牌创建,开展志愿服务、青年联谊交友等活动。做好文明行业、文明单位创建评比活动,通过“2015—2017 年度省级文明单位”复评。

12 月 19 日,福州车务段举办“绿色承诺”教育读书活动暨团员青年学习党的十九大精神宣讲会 (王凡 摄)

表 12-11　福州车务段 2017 年主要指标完成情况

项目	单位	计划	实际	完成
运输收入	万元	220100	224330.55	101.92%
货运收入	万元	56400	58203.38	103.20%
客运收入	万元	163700	166127.17	101.48%
货物发送	万吨	715	802.15	112.19%
旅客发送	万人	1960	1965.92	100.3%
装车	车	119392	131778	110.37%
卸车	车	/	113371	/
停时	小时	20.5	19.5	压缩 1.0
中时	小时	11.0	9.8	压缩 1.2

（陈丽娟）

【南平车务段】　位于福建省南平市延平区横排路 49 号（邮政编码 353000）。行政机构设行政办公室、武装保卫科、计划财务科、劳动人事科、安全科、技术统计科、职工教育科、业务科、信息技术科、综合事务管理办公室，辖 60 个车站（一等站 1 个，二等站 2 个，三等站 9 个，四五等站 48 个）、邵武列尾所、邵武俱乐部、货运营销分中心和南平劳服总公司；党群组织设党委、纪委、工会、团委，辖 13 个党总支、48 个党支部、65 个工会支会、14 个团支部。段长苏慧群，党委书记张仁光，党委副书记、纪委书记李广平，副段长刘忠明、黄滨、王周华、蔡海勇、安勖（11 月任），工会主席东国华（7 月退休）。年末，在册职工 1741 人，固定资产 2.7 亿元。

全年，发送旅客 728.5 万人，同比增长 9.5%；发送货物 113.2 万吨，同比增长 8.0%。完成运输收入 9.58 亿元，同比增长 11.4%；其中客运收入 8.51 亿元，同比增长 13.3%；货运收入 1.07 亿元，同比减少 1.7%。完成其他业务收入 998.7 万元，同比增长 2.4%；实现综合效益 740 万元，同比增长 6.0%。

年内，加强安全制度建设，建立《安全生产权力和责任清单》和《全员安全生产责任制》。规范专业管理，构建“1229”专业管理体系，动态开展规章清理，修订《站细》69 站次、《作业指导书》41 项、行车规章 5 项、客运规章 4 项、货运规章 3 项。加强现场安全检查，检查人员下现场 28634 人次、跟班作业 2094 人次、顶岗作业 895 人次、夜查 827 人次、诊断帮促车站 16 站次、约谈管理人员 11 人次、督促整改安全问题 19412 个。推行风险隐患双重预防机制，组织开展安全风险辨识，确定 9 个风险类别、45 个风险源、167 个风险点，建立两级《安全风险库》，实施安全风险分级管控。推进安全生产指挥中心建设，接入“远程视频监控”“施工和维修天窗管理”“现车查询与统计分析”等系统，实现应急指挥、监控检查、运输协调“三合一”功能。加强 STP、TDCS3.0、视频监控等设备使用管理，投入 9.75 万元整治设备问题 16 个。截至 12 月 31 日，实现运输安全 786 天。

以市场为导向，对接“清新福建”旅游推介活动，开发武夷山等地旅游资源，管内开行旅游专列 16 列，发送旅客 1.1 万人，实现收入 1314 万元。加强售票组织，实行异地票、乘意险销售奖励，鼓励职工营销增收；推进互联网售票，设置“支付宝”“微信扫码”终端，方便旅客购票。加强与光泽鑫成石膏公司、顺昌炼石水泥公司、福州金牛水泥公司等重点企业联系，协调空车配给，满足客户需求，氟石膏、水泥运量同比分别增长 59.6%、69.5%。加快发展集装箱运输业务，新增光泽、埔上、顺昌 3 个集装箱办理站，全段集装箱办理站增至 7 个，实现 50 公里区域内设有一个办理站；全年发送集装箱 12752 个，同比增长 258.4%。发展物流总包业务，实行“一厂一策”，为企业制定个性化物流解决方案，成功争取到金牛水泥物流总包项目；全段物流总包项目达到 4 个，共发送货物 21.6 万吨，收入 987.8 万元。设计“一口价”“批量议价”方案，执行“一口价”项目 18 个、“批量议价”项目7个,实现装车12665车,收入4876.2万元。加强与中铁特货公司合作,发展冷链运输,推进圣农集团、双汇集团冻鸡项目上量,发送量同比增长28%。加强高铁商铺推介招商,优化设置商铺功能,新增车站商业合同5份,实现收入472.7万元,同比增长20.7%。

5月8至9日,南平车务段举办2017年“安康杯”列尾作业员作业技能竞赛

（赵海敏　摄）

争取集团公司资金819.4万元,用于沿线生产生活用房更新改造和设施维修添置,完成来舟、铁关村、大禾山、华桥、大源村、拿口等站给水管路大修,邵武地区综合楼、办公楼及俱乐部球场大修,光泽站站前广场、站台大修及单身宿舍改造,建阳站货运楼大修,峡阳站站房改造,外洋站新建生产房,仙店、小桥镇、大横、陈坊站生活设施改造等项目。为27个饮水困难车站配送饮用水6720桶,解决沿线饮水问题。组织职工健康体检1418人次、健康休养180人次、荣誉性休养22人次。开展“三不让”帮扶救助,发放救助资金136.89万元,帮扶1028人次。围绕“中国梦·铁路情·南车美”主题,组织开展书法(绘画、摄影)作品征集、“南车的变化”主题征文、“风采杯”职工文艺汇演等活动。在武夷山下梅、太平杉湖岛等地举办3场“南铁佳缘”交友联谊会,16对单身男女成功牵手。

2017年,该段获“全路安全生产标准化车务段”称号。

表12-12　南平车务段2017年主要指标完成情况

项　目	单位	计划	实际	完成
旅客发送	万人	745	728.5	97.9%
货物发送	万吨	107	113.2	105.8%
运输收入	万元	96500	95848.4	99.3%
客运收入	万元	85200	85059.2	99.8%
货运收入	万元	11300	10789.2	95.5%
货车停时	小时	21	19.1	/
货车中时	小时	/	4.6	/

（程俊福）

【永安车务段】　段机关位于福建省永安市黄竹洋路36号(邮政编码366000)。管内运营里程526.884公里(昌福线260.9公里、鹰厦线208.509公里、永莆线29.636公里、永嘉支线27.839公里)。行政机构设办公室、劳动人事科、计划财务科、业务科、信息管理科、职工教育科、技术统计科、安全科、武装保卫科,辖39个车站(11月30日撤销楼前站,12月13日撤销城头站、沙县站;12月13日启用大洲站、三明北站鹰厦场)、货运营销分中心、综合事务管理办公室和三明劳动服务公司;党群组织设党委、纪委、工会、团委,辖4个党总支、34个党支部、43个工会支会、13个团支部和1个俱乐部。段长陈炜,党委书记吴平,副段长张潘忠、陈阳钦、陈吉坚、曹刚、邹宜斌,党委副书记、纪委书记陈春生,工会主席王秀珍。年末,在册职工1218人,固定资产1.57亿元。

年内,构建安全防控体系,强化安全基础管理。加强调车风险研判与提示,开展三明北等车站接发列车专项整治与安全警示教育;加强施工行车组织,确保877项Ⅲ级以上施工安全有序;推进货装安全专项整治,落实货物超偏载安全卡控；开展安全大检查，下发周安全通报 52 期、追踪信息 1014 条、安全预警 53 次。截至 12 月 31 日，实现运输安全 1512 天。

加强客流调查分析，结合各次调图时机，优化动车开行与各站停点方案，“7·1”调图时新增三明北—杭州东、三明北—福州列车；加大异地联程车票销售，异地票销售 82.57 万张；深化文明车站创建活动，加强售票组织，采取增加售票窗口、延时售票等措施，方便旅客购（取）票；在三明北、将乐等站设置母婴哺乳室，将三明北站“迎春花志愿服务台”调整到售票大厅，提高服务质量。全年，发送旅客 764.1 万人，同比增加 81.3 万人，增长 11.9%。加大高铁商业开发，推进车站商贸租赁、广告传媒等业务，实现多元经营收入 592 万元，为年计划的 84.4%，同比增长 31.3%。其中，车站商铺租赁收入 370 万元，同比增长 21.3%；广告业务收入 136 万元，同比增长 138.6%。

开展货运市场营销，与企业签订互保协议，确保钢材、水泥等重点物资运量增长，全年发送钢材 323 万吨，同比增长 5.9%；发送水泥 177.9 万吨，同比增长 16.2%；发送矿建 142 万吨，同比增长 2.1%。推进坑边水泥罐式箱运输，永安、三明轮胎入箱货源，青州三发物流专用线白炭黑、瓷粉入箱货源等营销项目，全年发送集装箱 10766TEU，同比增长 32.0%，连续四年实现集装箱运量增长。以青纸、白炭黑、轮胎、铸管等批量快运货源为平台，开展公路价格调查，5 次申报批量议价调整，全年完成批量快运 4510 车，同比增加 897 车（其中批量入箱完成 1300 车，同比增加 483 车）。根据客户需求，个性制定装载方案，启动跨局物流协调机制，开发福建台明铸管科技有限公司铸管、三发物流有限公司磁粉、三钢闽光股份有限公司钢坯、福建鼎新铸造有限公司生铁等新增货源 2195 车，实现收入 1214.9 万元。拓展大客户物流外包及“总对总”项目等多种物流形式，全年开发物流总包项目 7 项，完成物流总包运量 114.53 万吨，实现收入 1.4 亿元。

全年，举办各类培训班 59 期，培训 2924 人次；104 人参加定职考试，三级安全教育 269 人次，职业技能鉴定 232 人。开展劳动竞赛活动，26 个工种 1360 人次参与。在第十三届南昌铁路职业技能竞赛中，该段职工获调车长第二名、客运值班员第二名、叉车司机第二名、装卸值班员第二名的成绩。在福建省百万职工“五小”创新大赛中，该段选送成果获一、二、三等奖各一项。“罗佳森创新工作室”被评为福建省劳模创新工作室。

推进“两学一做”学习教育常态化制度化，抓好党支部“三会一课”，加强班组党员培养，党员班组长的比例提升至 75%。探索党员教育管理新方法，鼓励党员分布较为分散的一线党支部通过新媒体来开展学习，青州、麦园、三明北等 6 个党支部先后通过视频、微信等形式组织召开了不需党员票决的“三会一课”。开展党委中心组集中学习 24 场次、中心发言 41 人次。组织召开党委会、党政联席会 47 场次，集体讨论重大问题 82 项。围绕“强基达标、提质增效”主题，形成调研报告 17 篇，其中调研成果《关于提高现场安全管控水平的对策与思考》被评为集团公司“强基达标、提质增效”主题教育活动优秀政研文章。

开展“强基达标、提质增效”主题教育活动，分层分片召开宣讲会 85 场次。加强新闻宣传和舆论引导，强化舆情监控及研判处置，共在媒体刊登稿件、信息 361 篇（条），其中省级以上媒体用稿 76 篇（条）。改善职工生产生活条件，新建益口与坑边站单身宿舍、永浆与桂口站生产办公房等 16 个项目，改造上房山、坑边站设备设施等 25 个项目，为沿线各站配置电器 198 件。加大职工住房保障力度，为 30 名职工申购三明东铁路经济适用房、45 名职工申购三明北天瑞花园微利商品房。组织职工健康体检 871 人次、健康休养 78 人次、荣誉性休养 18 人次。落实帮扶救助机制，全年助医 103 人次/36.6 万元、助困 449 人次/35.67万元、助学41人次/5.1万元。

表12-13 永安车务段2017年主要指标完成情况

项 目	单位	计划	实际	完成
发送旅客	万人	745	764.1	102.7%
发送货物	万吨	779	760.1	97.6%
运输收入	万元	98300	102085.2	103.9%
客运收入	万元	54300	54657.2	100.7%
货运收入	万元	44000	47428.0	107.8%
装车数	车	/	122678	/
卸车数	车	/	217941	/
静载重	吨/车	/	61.96	/
停时	小时	20.0	20.2	/
中时	小时	/	4.1	/

（吴春梅）

【龙岩车务段】 段机关位于福建省龙岩市人民路166号(邮政编码364000)。行政机构设办公室、劳动人事科、计划财务科、业务科、安全科、技术统计科、职工教育科、信息技术科、安全生产指挥中心、武装保卫科、综合事务办公室和货运营销分中心,辖29个车站和2个线路所;党群组织设党委、纪委、工会、团委,辖党支部11个、工会支会9个、团支部9个。段长林夏光,党委书记颜志义,副段长林小明、陈水连、汪泽、伍美洪,党委副书记、纪委书记王晓萍,工会主席卢春城。年末,在册职工844人,固定资产1.15亿元。

该段管内运营里程534.156公里(赣龙线154.138公里、赣瑞龙线145.273公里、漳龙线137.057公里、龙漳线93.730公里、龙东支线3.958公里),图定开行列车104对,其中旅客列车47对(动车组41对,普速6对)、动检列车3对、回空动车组3.5对、货物列车50.5对。

全年,发送旅客667.5万人,完成计划的101.1%,同比增长14.8%;发送货物247.1万吨,完成计划的95.4%,同比减少0.8%。完成运输收入7.42亿元,完成计划的104.6%,同比增长21.1%;实现毛利729.39万元,完成计划的100.74%,同比增长10.25%。

推进安全基础管理,完善“3+1”安全管理模式。修订《营业线施工安全管理实施细则》,强化维修天窗计划管理,抓好铁山洋站、龙岩站技改等重点工程施工安全管理。动态调整《安全风险库》,对接发列车、调车计划等8项主要安全风险加强防控,启动12次黄色预警、2次蓝色预警。开展安全隐患排查整治,共检查发现问题399件,均整改销号。制定《关键车站安全管控办法》,每月对关键车站进行帮促指导,并进行专题通报。开展劳动安全“回头看”活动,组织职工学习典型事故案例;举办“我离标准有多远,我为提效做什么”讨论会15场和“我的安全我做主”新入路青年劳动安全知识竞赛。截至12月31日,实现运输安全2088天。

加强客运市场调研,开拓闽西地区客运市场,动态调整客运组织措施。利用阶段调图契机,向集团公司提报客车开行方案,扩大票额紧张方向运能,克服龙岩站施工困难,加开长汀南、冠豸山、龙岩3个车站始发动车。推进车站“厕所革命”,结合各站特色张贴文明提示、温馨图片,打造“厕所文化”。组织各客运站管理人员和值班员到厦门北、莆田站观摩学习,提升车站经营管理质量。组织开展车站基础工作专项整治,检查发现问题96件,下发检查通报4期,问题均整改完毕。

推进货运改革,加大市场营销力度,与企业签订物流总包合同,达成运量互保协议。优化竞争性一口价项目,细算运价优惠系数,保持铁路运价优势,全年水泥运量同比增加6.8万吨,煤炭运量同比增加9.7万吨。加强货运安全风险管控,以货运装载加固为重点,整理有效装载加固方案30份,对货运装载加固知识进行培训考试,141名职工参与。

全年,举办各类培训班51期,培训3596

人次。完成行车工种272人次、客运工种432人次、货运工种45人次的岗位技能达标考评工作。开展危险品运输应急预案演练、货场消防演练、零散货物危险品查堵演练共7场次,310人次参与。举办2017年全段“强基达标、提质增效”暨岗位技能竞赛,676名职工参加。在第十三届“振兴杯”南昌铁路职业技能竞赛中,该段选手获货运值班员第一名,制动员第二、三名,客运员第四名的成绩。

12月12日至13日,龙岩车务段开展客运服务人员礼仪培训　　（陈国俊　摄）

推进“两学一做”教育常态化制度化,开展4个专题集中研讨,组织党委中心组学习21次。开展零小物资采购、配套工程招议标等重点项目监督8次,防控廉政风险。贯彻民主集中制,集体讨论“三重一大”事项16件。在管内29个车站开展“强基达标、提质增效”巡回宣讲44场次,编发简报20条。推进企业文化建设,将古田会址站打造为企业文化示范点,制作企业精神宣传牌4块,建立职工照片墙1面,将红色文化和铁路文化有机结合。

全年,落实帮扶救助制度,助困64人次/7.72万元,助学11人次/1.88万元,助医16人次/2.61万元;慰问住院职工26人次/0.87万元,“两节”慰问困难职工家庭26户/3.54万元;发放救急济难基金7.6万元,发放沿线伙食团补贴35.75万元。

2017年,该段领导班子被集团公司党委评为“学习型领导班子”。

表12-14　龙岩车务段2017年主要指标完成情况

项目	单位	计划	实际	完成
发送旅客	万人	660	667.5	101.1%
发送货物	万吨	259	247.1	95.4%
运输收入	万元	71000	74269.64	104.6%
客运收入	万元	53300	53223.75	99.9%
货运收入	万元	17700	21045.89	118.9%
装车数	车	/	50166	/
卸车数	车	/	66801	/
停时	小时	13.4	13.4	持平
中时	小时	4.4	5.0	增加0.6

（伍尚松　邝文愿）

【漳州车务段】　段机关位于漳州市芗城区(邮政编码363000)。行政机构设办公室(含基建)、技术统计科、安全科、业务科、职工教育科、信息技术科、劳动人事科、计划财务收入科、武装保卫科、货运营销分中心,辖56个车站、漳平列尾所和漳州劳动服务公司;党群组织设党委、纪委、工会、团委,辖5个党总支、42个党支部、15个工会支会、14个团支部。段长吴成忠,党委书记曾文斌(3月任),党委副书记郑全(5月免),纪委书记钟义建,工会主席薛德福,副段长连建荣、卢叶青、易罡、许朝阳、郑志华。年末,在册职工2318人,固定资产1.76亿元。

年内,推进安全管理规范化建设,提高安全风险预警和防范能力。建立安全隐患库和排查治理清单,对重大安全隐患纳入段安委会挂牌督办,对单位结合部问题纳入季度站区协调会解决。开展25次安全专项整治活动,解决隐患问题426个,确保全国“两会”、厦门金砖会晤、党的十九大等关键时期安全稳定。截至12月31日,实现运输安全1140天。

规范客运基础管理,加强客运营销组织,提升客运服务质量,创建泉州站“淑娥”服务示范岗和漳州站“芗江情”服务台,在管内主要高铁站建立候车室母婴哺乳区、青年志愿者驿站。1月16日至18日,与泉州市总工会合作,泉州站和晋江站分别组织开行D3274次、D2232次"务工人员返乡动车专列",发送农民工团体700余人,受到社会各界赞誉。全年,发送旅客2092.6万人,客运收入21.22亿元。

发挥管内车站衔接码头优势,加强与港口合作,通过港铁综合报价和"专线"联系制度,会同港务公司、厂矿企业共同制定收费标准,实现港铁双方共赢,共发送港口散装货物717.9万吨;联手厦门海投、厦门建发等物流企业,开行中欧、中亚班列89列,实现收入5593.7万元;做好乌鲁木齐、成都、昆明、沈阳方向白货运输组织,实现收入10535.1万元;推进物流总包工作,开发物流总包项目20家,实现收入2.37亿元。全年,发送货物1252万吨,货运收入14.01亿元。

4月28日,漳州车务段领导带队走访漳平红狮集团　　(张晓峰　摄)

年内,优化用工管理,推行大站带小站模式,在三等及以上车站储备车站值班员等岗位工种替班人员,用于沿线小站职工年休替班,解决沿线职工紧缺问题。完善工资管理办法,实行总额调控,将工资、奖金的二次分配权下放给车间和班组,调动基层职工积极性。继续实行艰苦地区、艰苦岗位工资倾斜政策,对从事"苦、累、脏、险"工作的调车人员、货检人员实行工资倾斜,对接发列车作业繁忙的车站值班员、信号员进行专项奖励,全年发放艰苦岗位奖励180万元。

全年,举办培训班85期,培训3018人次。组织2批386人进行技能鉴定考试取证,选送12人次参加特种设备操作取证及复审,组织58人参加班组长轮训复审。建立季度抽考制度,抽考职工468人次,其中奖励316人次、考核53人次。在第十三届南昌铁路职业技能竞赛中,该段职工获列尾作业员前三名、车号员第一名、车站调度员第三名、连接员第四名、装载机司机前两名、装卸值班员第一名的成绩;在第七届青年职业技能竞赛中,该段职工获制动员第二名的成绩。

加强十九大精神学习,组织党委中心组集中学习21次,开展4次专题研讨。落实党支部书记述职评议制度,优化党支部设置,对机关党支部、东孚站党支部、漳平站运转党支部进行调整,解决退休党员混编在职党支部等问题。举办3期党员轮训班,培训229名党员。加强廉政建设,落实"两个责任",在纪委谈话室的基础上设立廉政教育基地,丰富党纪教育形式。加强舆论宣传,在媒体刊发报道146篇,其中中央级传统媒体刊发54篇。落实"三不让"帮扶救助机制,慰问重困职工34人次/26.88万元、一般困难职工285人次/15.64万元;助医96人次/46.81万元;助学44人次/7.86万元。

2017年,该段被评为"福建省第13届省级文明单位"。

表12-15　漳州车务段2017年主要指标完成情况

项目	单位	计划	实际	完成(%)
客发	万人	2033	2092.6	103
货发	万吨	1243	1252	101
客运收入	亿元	20.67	21.22	103
货运收入	亿元	14.6	14.01	96
运输收入	万元	35.22	35.23	100

(张晓峰)

机 务 段

【南昌机务段】 段机关位于江西省南昌市洪都南大道334号(邮编330001)。行政机构设办公室、劳动人事科、计划财务科、运用科、安全科、技术科、质量检查科、职工教育科、武装保卫科、统计科、材料科,辖6个车间、客运车队、多元经营部和集体企业;党群组织设党委、纪委、工会、团委,辖55个党支部、7个工会支会、12个团支部。段长甘雄华(7月任)、夏忠键(7月免),党委书记徐跃生,党委副书记李希良,党委副书记、纪委书记郑湘南,工会主席张发桃,副段长高洁、张贵才、万谦(4月任)、徐海松、王江东,总工程师邹剑,总会计师徐立权。年末,在册职工3137人,固定资产35.56亿元。

该段配属机车234台(DF$_{11}$型25台、DF$_{11G}$型7组14台、DF$_{5}$型7台、DF$_{7C}$型4台、SS$_{8}$型16台、HXD$_{1D}$型123台、HXD$_{3D}$型45台),担负277对客运列车(含183对高铁和动车组)乘务牵引以及南昌、昌北、南昌Ⅱ场、昌南、乐化等5个站区的调车工作。运营里程8800公里,设有阜阳、麻城、信阳、九江、东莞东、笋岗、深圳西、广州东、赣州、杭州东、黄山北、长沙南、三明北、福州、衡阳、金华等21个运用驻班点和折返点。具备内燃机车大、中修(C4修)和SS$_{8}$、SS$_{9}$、SS$_{4G}$型电力机车中修能力,担负本段机车小辅修(C1~C3修)和集团公司部分机车大、中修(C4修)任务,SS$_{8}$型电力机车中修以及北京、郑州、济南、合肥、南京东机务段机车整备工作,设2个中修台位、10个小辅修台位。

完善安全生产责任制,开展安全大检查、大整治等专项活动,落实干部顶岗作业要求,加强LKJ、音视频、录音笔、摄像手电等安保文件分析,进行"两严"执纪对标专项整顿。落实防止重大安全隐患奖励办法,提高奖励范围和标准;共防止各类事故284件,其中防止较大事故8件;下发奖励通报22期,奖励有功人员459人次/88350元。各级参控干部下现场检查27365次,添乘8275趟,夜查3534次,跟班作业4358趟。截至12月31日,实现运输安全481天。

年内,组织实施"1·5"、"4·16"、"7·1"、"9·21"、"12·28"等阶段调图,抓好新线联调联试、试运行工作,确保武九客专、衢九铁路分别于9月21日、12月28日开通运营。完成机车牵引总重626.4亿吨公里,同比增长1.2%;机车走行10085.8万公里,同比增长6.7%。完成内燃机车中修26台,和谐机车C4修57台、C3修179台、小修/C2修306台、辅修/C1修562台。机车检修率4.6%,大修率2.2%,段修率2.5%,临修率0.1%。全年运输支出88034.66万元,主营业务收入88801.05万元,其他业务收入217.26万元,实现利润744.46万元,节支766.38万元。

落实"220"实施细则,完善和谐型机车修程和趟检工艺范围,加强机车"五项专检",启用和谐型机车检修工具发放中心,推行C4修配件配送"台份制"。成立机车检测分析中心,运用技术装备对机车动态质量进行监测预报,强化关键部件质量控制。开展机车春季鉴定和秋季整修,加强惯件故障整治,全年发生机破23件,每十万公里0.05件,其中3月实现"无机破月"。合理安排机车交路,减少机车附挂和辅助走行公里,降低机外停车次数、单机走行公里,利用四次调图时机,将南昌至向塘间单机台数由每日31组49台优化为每日2组2台。

加强干部作风督查,下发干部作风督查通报9期、究责通报3期。启动机车乘务员环流办法,继续开展"星级动车组司机"和"优秀员工"评比,完善机车乘务员出退勤考试系统。加强职工业务培训,举办培训班125期,培训38240人次。开展技术岗位练兵,在第十三届"振兴杯"南昌铁路职业技能竞赛中,该段选手获 1 个第一名(动车组司机)、1 个第二名(内燃机车钳工)、1 个第三名(动车组司机)的成绩。

加强党建基础工作,组织班子成员集中学习 26 次、上党课 13 场次,撰写心得体会 140 篇,开展十九大精神宣讲 12 场。推进“两学一做”学习教育常态化制度化,开展 3 个专题集中学习研讨,查摆基层党建问题 74 个、“灯下黑”问题 26 个,逐项落实整改。开展“强基达标、提质增效”主题教育活动,举行宣讲会 104 场、专题讨论会 105 场、微讨论 25 场。在新闻媒体刊用稿件 110 篇,其中中央级媒体 15 篇、省部级媒体 42 篇。开展党风廉政专题教育,组织全体党员签订廉政承诺书 871 份,签订党风廉政责任状 21 份。

7 月 24 日,南昌机务段举办建段三十周年座谈会 (王智明 摄)

改善职工生产生活条件,完成整备场股道自动化系统更新和职工单身宿舍整治。开展“送清凉”“送温暖”、金秋助学等活动,落实“三不让”帮扶救助机制,助困 1369 人次/81.7 万元、助学 60 人次/8.72 万元、助医 85 人次/34.69 万元。关心青年职工生活,开展青工职业生涯导航,分别与江西省中医院、一附院举办“南铁佳缘 · 青春有约”青年联谊活动。

2017 年,该段被评为“集团公司春运立功竞赛先进集体”;检修车间技师余春根当选集团公司“十大平凡之星”。

表 12-16 南昌机务段 2017 年主要指标完成情况

项目	单位	计划	实际	完成
机车走行公里	万公里	9876.5	10085.8	102.1%
机车牵引总重	亿吨公里	600	626.4	104.4%
机车平均牵引总重	吨	/	650	/
技术速度	公里/小时	/	127.2	/
机车日产量	万吨公里/台日	/	108.6	/
机车日车公里	公里/台日	/	1676	/
机车总检率	%	7.0	4.6	/
机车段修率	%	3.6	2.5	/
机车大修率	%	3.4	2.2	/
机车中修(本段)	台	83	83	100%
机车大修(委外)	台	41	41	100%
机车小修	台	510	485	95.1%
机车辅修	台	582	562	96.6%
机破率	件/十万公里	0.10	0.05	/
内燃机车燃油单耗	公斤/万吨公里	45	39.31	/
电力机车电力单耗	千瓦时/万吨公里	/	166.2	/

(龚志军 徐久发)

【向塘机务段】 段机关位于江西省南昌县向塘镇向铁大道 61 号(邮政编码 330201)。行政机构设办公室、劳动人事科、计划财务科、运用科、安全科、技术科、质量检查科、职工教育科、统计科、材料科、武装保卫科、驻段验收室、经营部，辖南昌铁路龙飞实业公司和8个车间；党群组织设党委、纪委、工会、团委，辖13个党总支、61个党支部、10个工会支会、5个团总支、18个团支部。段长甘雄华（7月免）、陈智伟（7月任），党委书记杨伟宏，副段长熊洪贵（4月退休）、邓国辉、周建平、杨宏斌，党委副书记柳晓平，党委副书记、纪委书记熊文华，工会主席付柏向（8月退休），总工程师欧阳明海，总会计师王铁强。年末，在册职工3634人，固定资产57.94亿元。

该段配属机车382台（电力机车256台、内燃机车126台），分11种机型；担负45217对货物列车、21220对旅客列车的牵引以及向塘西、九江西等编组站和南昌南、赣州、赣州东、赣县、南康、瑞金、建山、张家山、樟树、进贤（横岗）、上塘、梅林、吉安、抚州北、八景、丰城电厂、九江北、九江、武九、七里湖、琵琶湖等沿线调（度）机、厂矿出租调机点的调车工作，运营里程4105公里；设向塘、向塘西、赣州东、九江西等4个运用车间派班室和吉安、瑞金、赣州车站、赣州折返段、九江车间、井冈山等6个折返点派班室，配有6个内燃机车小辅修台位、机械动力设备561台（设备固定资产0.65亿元），负责本段小辅修以及南京东、南昌、鹰潭、合肥、郑州、向塘机务段的机车整备。

构建“三位一体”安全保障体系，梳理安全规章制度410个，清理废止及失效的技术规章7个，编制HXD_{1C}、DF_{11}和HXN_{5B}型机车作业指导书33项、HXD_{1D}和HXD_{3D}一级整备作业指导书6项、机车走行部复检作业指导书44项，修订162个管理岗位的安全管理职责、工作标准。构建“120”应急指导台，自8月启用以来共接收各种非正常行车信息442条，其中直接指导处置的信息369条。开展秋季整修及防寒整治，完成318台机车走行部隐患排查，消除隐患171处。加强检修整备数据网络化管理，完成作业影像记录158台次，发现问题248个，分析机车6A系统数据18183个，分析报警信息151292条，处置问题274个。

优化作业方式，大力挖潜提效，加强向西站场站接轮乘组织，安排向西站接轮乘计划3047趟，缩短乘务员辅助作业工时共13474.5小时，日均缩短36.9小时；缩短机车周转时间共3259.7小时，趟均缩短62分钟，提高机车、人员使用效率。全年，机车牵引总重为697.8亿吨公里，同比增加50.95亿吨公里，增长9%；多元业务收入975.77万元，实现利润505.97万元；机破率为0.08件/十万公里。

年内，举办脱产培训班77期/11506人次，全员培训率6.33%，脱产培训率3.02%。开展群众性QC攻关活动，共发表成果15个，其中1个成果获铁道行业优秀奖，2个成果获局级优秀奖。开展先进“一帮一”师带徒活动，53对师徒结对，推选五对师徒申报集团公司“优秀师徒”。收集合理化建议32条，获国家新型实用型专利1项。在“振兴杯”第十三届南昌铁路职业技能竞赛机务赛区中，该段获电力机车司机前5名，内燃机车司机第一、二、五名，内燃机车钳工第三名，电力机车钳工第五名，救援机械司机第一名的成绩。

推进“两学一做”学习教育常态化、制度化，组织领导班子成员学习16次、集中研讨5次。在段微信公众号设置“网上党务助手”，推送APP电子书，强化党建业务学习。严格党支部工作一体化考评奖惩，明确车间党支部（总支）48项、班组党支部35项、机关科室与集经党支部44项考评内容，建立党建工作问题库，挂牌督办239条问题。编发《党风廉政教育专刊》12期，组织开展“廉政教育日”活动12次。落实“三不让”帮扶救助机制，投入189.81万元，助困、助医、助学共2201人次。拨出专项资金52万元为职工发放生日蛋糕，选送50名集团公司级以上先进职工进行荣誉性休养。

加强企业文化建设,从征集到的50件作品中评选出段徽图案、段歌《永远的火车头》。4月开始筹建向塘机务段段史馆、新媒体工作室,9月建成,段史馆被授予集团公司首批爱国主义教育基地。利用职工DIY创意制作《党旗飘扬》等文化创意作品3件,增强职工对企业的归属感和认同感。10月24日,该段党的十九大代表郭学飞出席中国共产党第十九次全国代表大会,中央电视台、经济日报、人民铁道、江西日报、江南都市报、江西电视台二套《都市现场》等主流媒体报道其参会及后续学习宣传党的十九大精神等内容。

向塘机务段职工郭学飞参加中国共产党第十九次全国代表大会　　(陈承仪　摄)

2017年,该段整备车间电力专修组被评为"江西省质量信得过班组",并获"火车头奖杯";郭学飞劳模创新工作室被评为"全国示范劳模创新工作室"。

表12-17　向塘机务段2017年主要指标完成情况

项目	单位	计划	实际	完成(%)
机车走行公里	万公里	4800	4845.3	100.1
机车牵引重量	亿吨公里	660	697.8	105.7
货机平牵	吨/列	2729	2712	99.4
机车日产量	万吨公里/台日	125.3	139.6	111.4
机车日车公里	公里/台日	489	556	113.7
机车辅修平均停时	小时	24	26.4	110
机车小修平均停时	小时	36	27.7	76.9
机破率	件/十万公里	0.1	0.08	80
机车燃油单耗	公斤/万吨公里	37.18	37.19	100

(杨　光)

【鹰潭机务段】　段机关位于江西省鹰潭市环城东路108号(邮政编码335000)。行政机构设行政办公室、技术科、运用科、安全科、质量检查科、劳动人事科、计划财务科、职工教育科、材料科、统计科、武装保卫科、多元经营部,辖10个车间;党群组织设党委、纪委、工会、团委,辖69个党支部、12个工会支会、18个团支部。段长傅伟奇,党委书记朱家欣,党委副书记饶晓华,党委副书记、纪委书记吴海茂,副段长欧培玉、吴从刚、唐大祥、吴正良,工会主席黎洪波,总工程师田明,总会计师张弋光。年末,在册职工4670人,固定资产35亿元。

该段担当110对客车、227.5对货车、23对小运转列车、5.5对行包列车牵引任务,运营里程2489.4公里。配属机车269台,其中电力机车189台、内燃机车80台;支配机车34台,均为内燃机车。年内,推进"三位一体"安全保障体系建设,强化安全关键过程控制,防止各类事故868件,其中一般B类事故779件、一般C类事故70件、一般D类事故19件。开展"六项"(安全风险、运用专业、机车质量、整备场管理、经营管理、设备质量)平推检查30次,发现风险源信息2768

个。各级管理人员下现场44567人次，检查车间1747人次、班组18691人次，添乘15170趟，夜查6071人次，跟班作业5355人次，顶岗作业3582人次。集团公司下发7期《安全表扬通知书》，对该段21起机车乘务员防止路外伤亡事故进行通报表扬。11月，实现无铁路交通相撞事故月。截至12月31日，实现安全生产127天。

3月31日，鹰潭机务段召开机务系统暨段"强基达标、提质增效"宣讲会(袁艺　摄)

3月18日，该段鹰潭货运车间值乘鹰潭车站1调(鹰潭机务段 DF_{75071} 机车)，在执行第31号调车计划时，司机根据领机调车长发出的"起动"指令进行推峰作业，推进车列越过关闭的TF11信号机，挤坏174、158号道岔，构成铁路交通一般D3类事故。

贯彻乘务区段化要求，优化乘务交路，重点优化沪昆东线客车、沪昆西线货车交路，并将鹰潭至吉安交路延长至赣州。为确保九景衢铁路顺利开通运行，提前安排景德镇运用车间26名司机进行电力机车跟车学习，配齐景德镇北派班室人员和设备。加强乘务员作业执标管理，确定43名车间、车队、指导区级行车关键人，组织集中培训。对异地运用车间进行对规达标专项整治，清理整备场、油库周边菜地44393平方米，清理杂草24100平方米，平整场地72895平方米，清理尖轨、水泥枕、旧木枕408根。开展标准化整备场建设，整备场安全联锁监控系统、整备综合管理信息系统等投入使用，基本实现机车状态数据分析、整备作业过程视频监控、机车运用服务数据化管理，提高整备生产效率。

10月13日，该段取得铁路总公司颁发的 HXD_{1B}、HXD_{1C}、HXD_{1D}、HXD_{3C}、HXD_{3D} 五种机型C4修资质。全年完成C4修 HXD_{1B} 型机车16台、HXD_{1C} 型机车28台、HXD_{1D} 型机车7台、HXD_{3C} 型机车5台、HXD_{3D} 型机车5台。

加强职工教育培训，举办各类脱产培训班43期，培训1703人次；其中机车乘务员培训班23期，培训766人次。组织开展QC质量攻关，4个QC小组获局级"优秀质量管理小组"称号，"HXD型机车制动夹钳杠杆销超声波探伤"成果获铁道行业优秀成果奖。在第十三届南昌铁路职业技能竞赛中，该段选手获1个第二名、2个第三名、3个第四名的成绩。

推进基础设施建设，改善职工生产生活条件。安排专项资金对萍乡、景德镇运用车间单身宿舍，东乡调机点，上饶、鹰潭、景德镇救援列车班组房屋等进行改造；对检修设备楼、机关大楼、萍乡机调楼、景德镇单身宿舍等进行大修；为段职工文体综合楼配置羽毛球塑胶垫、乒乓球桌、健身器材、图书等文体设施，新建五人制足球场。落实帮扶救助机制，补助困难职工80户/27.42万元，"两节"慰问478人/87.98万元，互助互济116人/11万元。

2017年，该段整备车间获铁路总公司"标准化车间"称号。

表12-18　鹰潭机务段2017年主要指标完成情况

项目	单位	计划	实际	完成
机车走行公里	万公里	6659.90	6378.04	95.76%
机车牵引重量	亿吨公里	853.37	848.39	99.42%
货机平牵	吨/列	2619	2618	99.96%

续上表

项目	单位	计划	实际	完成
机车日产量	万吨公里/台日	107.7	112.5	104.45%
机车日车公里	公里/台日	429	453	105.59%
C4 或中修	台	/	61	/
C3 修	台	/	120	/
C2 或小修	台	/	315	/
C1 或辅修	台	/	498	/
机破率	件/十万公里	0.10	0.082	/
机车燃油单耗	公斤/万吨公里	/	28.32	/
机车电力单耗	度/万吨公里	/	106.44	/

（陆　明　吕文星）

【**福州机务段**】　段机关位于福建省福州市晋安区潭下村 88 号(邮政编码 350014)。行政机构设办公室、安全科、运用科、技术科、质量检查科、统计科、材料科、职教科、劳人科、计财科、武装保卫科,辖化验室、多元经营部、劳服公司、锅检所和 12 个车间;党群组织设党委、纪委、工会、团委,辖 15 个党总支、59 个党支部、14 个工会支会、5 个团总支、44 个团支部。段长陈刚,党委书记李振文,副段长韩忠明、周建强、沈奕新、郑义军、张文忠,党委副书记章森军,党委副书记、纪委书记林相河,工会主席林永喜,总工程师蔡雷,总会计师王寒生。年末,在册职工 5009 人,固定资产 34.94 亿元。

该段配属机车 306 台,托管机车 11 台。其中电力机车 199 台,内燃机车 118 台;分客、货、调(客车:SS_3、HXD_{3C};货车:HXD_{1C}、SS_4、DF_{4D}、DF_{4B}、DF_{11};调机:DF_5、DF_{7G}、DF_{10D}、DF_{12}、HXN_{5B})12 种机型。担当动车组 172.5 对、动车组高峰线 36 对、确认列车 14.5 对、普速旅客列车 26 对、普速高峰线 3 对、行包列车 0.5 对、货车 180.5 对的牵引以及 37 个作业点的调车工作,运营里程 5139 公里(涉及合福、杭深、昌福、龙漳、沪昆、峰福、沪昆高速、外南、鹰厦、赣瑞龙、漳龙、漳泉 12 条干线以及福马、嘉福、漳州、海沧、天湖山、泉肖、南平东、东吴、江阴港、可门港 10 条支线,横跨闽、赣、浙、粤、皖 5 省);设 1 个中心机调室、24 个派班室、13 个折返点、28 个公寓点和 37 个调车作业点;有 8 个整备场(点),日均整备作业 445 台次;有 2 个中修台位、6 个小辅修台位,承担段内机车小辅修,局内 SS_{3B}、SS_4 型电力机车、DF_{4B} 型内燃机车和所有调小机车中修及 HXD_{3C}、HXD_{1C} 型机车 C1～C3 检修任务。全段设备保有量 926 台(起重运输设备 205 台,机械动力设备 721 台),主要生产设备 628 台。

全年,机车及动车牵引总重为 734.3 亿吨公里,同比增长 8.0%;机车及动车走行 1.2 亿公里,同比增长 9.9%。内燃机车中修 37 台,平均停时为 18.5 天;电力机车中修 18 台,平均停时为 22.5 天。内燃机车 C3 修 10 台,C2 及小修 175 台,C1 及辅修 196 台,定修平均停时为 35.7 小时;电力机车 C3 修 42 台,C2 及小修 184 台,C1 及辅修 406 台,定修平均停时为 30 小时。中修机车一次成功率达 88.3%,小辅修机车一次成功率达 99.7%。

开展车间班组对规达标活动,组织跨专业联合检查。组织干部 3446 人次参加现场检查,检查 65416 人天,检查车间 3028 人次,检查班组 29860 人次,添乘机车 18559 次(趟),夜查 9408 人次,跟班作业 11813 人次,发现各类安全问题 22844 个。防止各类事故 1122 件,受到铁路总公司通报表扬 1 次、集团公司通报表扬 7 次,在集团公司下半年对规评比中获机务系统第一名。管内防洪重点地段 330 处,全年启动防洪应急响应 10 次(Ⅳ级 5 次、Ⅲ级 4 次、Ⅱ级 1 次),安排管理人员添乘 1027 人次。8 月 7 日,该段武夷山折返点工作人员违规焚烧杂草,火势失控造成接触网断线，构成一般C14类事故。截至12月31日，实现安全生产146天。

推进机车质量分析室建设，规范6A、CMD、机车整备作业综合管理系统、机车走行部动态监视系统、轮对动态检测系统、受电弓及车顶状态动态检测系统等设备“大数据”管理，提高机车质量风险防控能力。全年发生机破29件，同比减少12件、下降29.3%，机破率为0.08件/十万公里；2月，实现无机破月。

举办各类培训班358期，培训10146人次、57684人天，其中脱产培训班312期，培训2459人次、39252人天；全员培训率达7.75%，脱产培训率达3.58%。组织动车组司机面试3期/78人，培训合格60人。在第十三届南昌铁路职业技能竞赛中，该段11名选手获得名次，并在计量钳工项目上获团体第一名。在全国铁路第二届新入路青年职业技能竞赛暨“振兴杯”铁道行业青年职业竞赛中，该段3名选手进入全路前十。开展QC攻关活动，QC课题获1个国优和2个省优。开展“我为增运增收、节支降耗献一计”合理化建议征集活动，其中“机车速度校正装置”获集团公司职工创新专利项目一等奖，并受邀参加2017年“6·18”海峡两岸职工创新成果展览表彰会。在2017年福建省百万职工“五小”创新大赛活动中，该段申报的项目获一等奖1个、二等奖2个、三等奖6个。

10月26日，福州机务段党委召开党群工作例会暨党建工作现场会　（陈巍　摄）

加强党建基础工作，段领导班子成员指导支部党建工作56人次，在联系点支部上党课12场。党委理论中心组开展集中学习20场、专题研讨4次，调研文章在《南铁政工》发表1篇。举办党员轮训班10期，培训党员718名。建立“福机工匠”选树管理办法，全年评选“岗位之星”527名、“福机之星”40名。改善职工生产生活条件，自筹资金61.9万元为漳平、邵武等片区职工添置标准化、组合式高低床，并逐步开展异地职工单身宿舍改建扩建。落实“三不让”帮扶救助机制，助医322人次/141.47万元，助困1859人次/94.78万元，助学39人次/8.74万元；互助互济基金补助106人次/12.56万元。

表12-19　福州机务段2017年主要指标完成情况

项目	单位	计划	实际	完成
走行公里	万公里	/	12152.9	/
重吨公里	亿吨公里	/	734.3	/
日车公里	公里/台日	341	334	97.7%
日产量	万吨公里/台日	68	67	95.1%
平均牵引	吨	2193	2184	97.4%
技术速度	公里/小时	/	47.4	/
电力机车中修	台	/	18	/
电力机车小修	台	/	184	/
电力机车辅修	台	/	406	/
内燃机车中修	台	/	37	/
内燃机车小修	台	/	175	/
内燃机车辅修	台	/	196	/
电力机车电耗	千瓦小时/万吨公里	/	223.2	/
内燃机车油耗	公斤/万吨公里	/	61.1	/
内燃专调油耗	公斤/小时	/	18.8	/

（詹文斌）

供 电 段

【南昌供电段】 段机关位于江西省南昌市二七南路77号(邮政编码330002)。行政机构设办公室、安全科、供电技术科、电力技术科、设备科、职工教育科、材料科、劳动人事科、计划财务科、武装保卫科、业务科,辖生产调度指挥中心、动态检测室、16个车间和集经公司;党群组织设党委、纪委、工会、团委,辖78个党支部(总支)、15个工会分会、14个团支部。段长苏光德(7月任),党委书记温图,副段长陶德正、朱秋水、戴世勇、杨勇(4月任)、杨敏(7月任),党委副书记、纪委书记丁高军,工会主席倪斌。年末,在册职工1875人,固定资产41.2亿元。

该段负责管内牵引供电及电力设备的运营管理,管辖接触网2348.6正线公里、6406.8条公里,47座牵引变电所,9个线路开闭所,43个分区所,13个AT所。其中,直管接触网1337正线公里、3757.7条公里,24座牵引变电所,6个线路开闭所,31个分区所,6个AT所;委管接触网1011.6正线公里、2649.1条公里,23座牵引变电所,3个线路开闭所,12个分区所,7个AT所。已开通高速铁路接触网774.7正线公里、2086.2条公里,其中自管1619.8条公里。管内电力线路总长9594.97公里,电力设备换算工作量为23661.6公里。

全年,牵引变电所受电量123687.48万度,同比减少31.93%;发受电量23113.6万度,同比增加0.04%;售电量20885.84万度,同比增加0.03%。检修高低压电力线路8804.28公里、发变配电设备19797座/台,完成其他业务收入8686.67万元,实现综合效益2222万元,节约成本946.44万元。截至12月31日,实现运输安全475天。

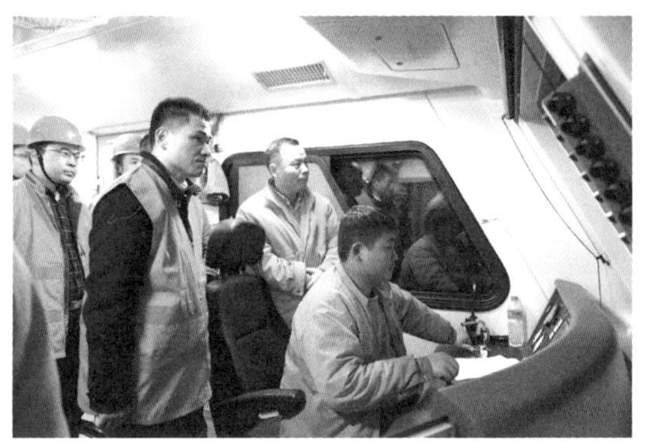

2017年12月13日,南昌供电段JJC型接触网检修列正式投入运用 (龚继超 摄)

年内,围绕“强基达标、提质增效”工作主题,构建“三位一体”安全保障体系,夯实人防基础,创新物防、技防工作。根据总公司和集团公司要求,加快推进“三供一业”移交工作。创新电费收取方式,实施远程集抄和委托银行收费方式,节约用工82人。开发段生产管理系统,系统基于“大数据、云计算、物联网”技术,通过建立接触网、电力、轨道车、人员等电子信息档案,实现故障自动分析统计、实时掌握防洪信息、迅速定位和处置故障等功能。加强干部作风督查,运用随机查、突击查、追踪查等方法,督查机关科室和车间班组40次,开展重要节点专项督查7次,对违纪干部进行经济考核12460元。开展劳动用工清理整顿,依法解除劳动合同12人,限期返岗工作1人。成立预介入管理实施领导小组,制定《南昌供电段铁路建设提前介入工作实施细则》,做好武九、衢九线的静态验收、联调联试、试运行等相关工作,并对武九、衢九线接触网设备分别开展三次平推整治。

强化应急工作,完善各类应急处置预案27个;针对基础坍塌、断线断杆、异物处置等事故场景,编制应急脚本,开展应急演练。在生产调度信息平台中,自主研发“应急抢修”模块,该系统依据“故标”定位,快速提供“一杆一档、静态图片、抢修预案、图纸资料、设备台账”等重要基础数据,在年内“3·25”高安至新余北避雷器故障、“8·12”萍乡北至醴陵东绝缘子闪络故障的应急指挥决策中,发挥了重要辅助作用。

加强职工日常培训,举办各类培训班65期,培训1780人次。加快职教工作“互联网+”建设,建立微信学习平台,满足职工自主学习和数字化培训需要;以岗位标准化作业和应急处置能力为重点,开发培训教材、题库,增强培训实效性。利用新线建设契机,在全部接触网工区、大部分电力工区院内建设“练兵场”,配齐培训设施。建设九江职教基地,引进变电、电力和接触网作业车模拟实训系统,提高培训质量。加强工人技师培养,全段具有高级技师资格13人、技师资格53人。开展QC成果攻关,其中樟树电力工区成果获集团公司供电系统三等奖,赣州修试工区成果获江西省二等奖,醴陵网工区获“铁道行业优秀质量管理小组”称号。开展合理化建议征集活动,评比出优秀合理化建议23项。落实帮扶救助机制,发放救助资金32.52万元,其中,重困职工定额补助30人次/11.16万元、日常性困难补助194人次/5.8万元、助学8人次/2.6万元、助医44人次/12.96万元。

表12-20　南昌供电段2017年主要指标完成情况

项目	单位	计划	实际
受电量	百万度		1900.16
供电量	百万度		1769.82
接触网悬挂检调	条公里	6406.8	6406.8
电线路检修	公里	8804.28	8804.28
变配电设备检修	台(面、座)	19797	19797
“天窗”兑现率	%	≥80	98.6
“天窗”利用率	%	≥95	97.9
力率	%	95	99.22
负荷率	%	48	58.67
变压器利用率	%	21	25.3

(张　宇　舒国权)

【鹰潭供电段】　段机关位于鹰潭市月湖区龙虎山北大道7号(邮政编码335000)。行政机构设行政办公室、劳动人事科、计划财务科、安全科、供电技术科、电力技术科、设备科、职工教育科、材料科、武装保卫科,辖计量室、动态检测室和10个车间;党群组织设党委、纪委、工会、团委,辖40个党支部(总支)、11个工会分会、10个团支部(总支)。段长刘新,党委书记熊歆伟,副段长楼卫、颜志强、徐晓钟,党委副书记、纪委书记林民辉,工会主席卢志峰。年末,在册职工890人,固定资产17.95亿元。

该段担负管内沪昆高速、合福高速、昌福线、沪昆线、峰福线、鹰厦线、衢九线、皖赣线的供电、电力设备运营维护工作。管辖范围为昌福线北起大岗,南至闽赣省界;合福高速线北起黄山北,南至武夷山东;沪昆高速线东起江山杭长场,西至横岗线路所;沪昆线东起新塘边,西至梁家渡;衢九线东起德兴东站,西至都昌站;皖赣线南起贵溪北站,北至营里站;鹰厦线南起华桥,北至余家;峰福线南起上乌石,北至横峰站。接触网管辖里程1300.75公里(含委管里程575.64公里),其中双线区段运营里程1075.02公里、单线区段运营里程225.73公里。配有接触网作业车42辆、接触网检修列1列、轨道吊车2辆、放线车1辆、平板车11辆。

全年,该段牵引变电所受电量为3.57亿千瓦时,供电量为1.13亿千瓦时;电力受电量为8341.24万千瓦时,售电量为7971.5万千瓦时。开展供电设备专项整治,完成峰福线弹性支撑更换134组,弹簧补偿改造2组,牵引供电设备支柱防护桩制作31组;把50组接触网终点标改为落地式,解决易被风吹脱落的隐患;更换供电线预绞式接续条105组,消除供电线电气过渡不良隐患。开展职工代表安全巡查活动,巡查员深入作业现场,共走访3个工区,发现问题108条,已整改93条。截至12月31日,实现安全生产870天。

鹰潭供电段职工在蚺城隧道内对接触网设备进行检查　　　　（徐斌　摄）

年内，对九景衢铁路进行预介入工作，参与电力及电气化等设备（含接触网零部件）进场质量检验，对生产生活设施、进出变配电所道路、接触网作业车等工机具配置提出建议，指导供变电、电力、SCADA 等方面预介入工作。预介入期间，检查发现各类问题 799 个，其中接触网问题 431 个、牵引变电问题 102 个、电力问题 266 个，均整改完毕。11 月 17 日，启动衢九线标准化评定工作，发现问题 1675 个（接触网 852 个、变电 183、电力 640 个），整改销号问题 1322 个（接触网 787 个、变电 151 个、电力 384 个）。共评定 59 个单元（接触网 22 个，牵引变电 15 个，电力 22 个），其中优良单元 17 个，优良率 28.81%。

全年，举办各类培训班 91 期，培训 7315 人次。其中，承办集团公司培训班 6 期，培训 338 人次；自办培训班 51 期，培训 6672 人次；送外培训 34 期，培训 305 人次。7 月，举办第六届生产运动会，分 10 个工种开展岗位技能竞赛，设置个人项目和团体项目，123 人参赛，38 名选手获个人奖项，4 个车间获团体奖项。

加强党建工作，召开党委会 17 次，研究讨论“三重一大”事项 31 个；组织党委中心组集中学习 21 次、专题研讨 7 次，其中学习十九大精神 3 次，撰写心得体会 51 篇、调研报告 11 篇；下发党支部（总支）工作质量一体化考核通报 12 期、专题通报 3 期，检查问题 209 个，考核 75 人次，奖励 39 人次。举办党员培训班 2 期，培训在职党员 167 人；开展专题党课 70 场，教育党员 3000 人次。推进“强基达标、提质增效”主题教育活动，段领导班子开展宣讲 14 场次，党总支开展宣讲 20 次，党支部开展宣讲 40 场次，受众 900 人次；开展“我离标准有多远，我为提效做什么”全员大讨论 80 场次，收集问题 141 条，全部整改销号。在各类媒体刊发新闻稿件 214 篇，其中中央级媒体 31 篇、省部级媒体 23 篇；发布微博信息 20511 条、微信信息 100 条、微视频党课 40 期。加强党风廉政建设，组织党员进行党纪党规答题 6 次，制作 H5 网页 5 篇；向党员发放自制纪检信息和党风廉洁知识读本 600 本；在机关、车间及部分工区装设廉洁宣传展板 92 块。段纪委发现问题线索 5 件，办理信访举报 3 件，约谈 8 人；参与九景衢铁路静态验收的 116 名人员签订《验收人员廉政承诺书》；对京东慧采电商平台采购项目进行日常监督；下发干部作风督查通报 11 期，通报考核 93 人次。

推进三线建设，完成景德镇电力工区建设任务，玉山电力工区、上清网工区成为集团公司示范工区。落实“三不让”帮扶救助制度，开展“金秋助学”、困难职工走访慰问等工作，共补助困难职工 329 人次，发放救助款 35.95 万元。

2017 年，该段抚州网工区陈文强被中华全国总工会授予“火车头奖章”。

表 12-21　鹰潭供电段 2017 年主要指标完成情况

项目	单位	完成
受电量	万千瓦时	100063
供电量	万千瓦时	95277
接触网悬挂检调	条公里	9860.44
电线路检修	公里	5548.79
变配电设备检修	台（面、座）	5965
“天窗”兑现率	%	97.19
“天窗”利用率	%	99.72
力率	%	97.72
负荷率	%	55.97
变压器利用率	%	27.67

（宋斌苑）

【福州供电段】 段机关位于福建省福州市晋安区新店镇磐石村马厝下185号(邮政编码350013)。行政机构设办公室、劳动人事科、计划财务科、材料科、安全科、供电技术科、电力技术科、职工教育科、设备科、武装保卫科,辖计量室、动态检测室、多元经营部、预介入办、安全生产调度指挥中心和14个车间;党群组织设党委、纪委、工会、团委,辖47个党支部(总支)、15个工会分会、21个团支部。段长熊焱球,党委书记陆伟忠,副段长陈龙福(7月免)、高寿新、苏龙、黄彬、范响连(7月免)、黄武昌(11月任)、范芳荣(11月任),党委副书记、纪委书记任良文,工会主席张炳森。年末,在册职工1716人,固定资产10.06亿元。

该段负责管内牵引供电和电力设备的运营管理、检修维护、大修更改等工作。管理变电所28座、开闭所5座、分区所19座、AT所21座、10千伏变配电所30座、35千伏变配电所5座;牵引供电设备电化里程3793.77延长条公里(高速2424.9延长条公里、普速1368.87延长条公里),电力设备里程21981.01换算条公里。9月8日,根据《南昌铁路局关于调整供电调度管理关系并重新核定供电调度人员编制等有关事项的通知》(南铁劳卫函〔2017〕554号),供电调度工作统一纳入调度所管理,该段不再负责供电调度工作。

年内,夯实安全管理基础,完善16个安全管理制度和24个技术规章;加强安全风险过程控制,抓好对施工方案审查、施工计划审批、施工防护等关键环节监督把控;推行干部顶岗、带班、跟班作业制度,干部共下现场1658人天、带(跟)班作业328人次、顶岗作业91人次、检查整治问题636件。截至12月31日,实现安全生产2733天。

提前介入高铁建设,参与福平、衢宁、浦梅、福厦铁路等方案审查、迁改施工配合等工作,对变电所选址进行现场踏勘;加强隐蔽工程施工监督,对检查发现的584个问题督促施工单位整改。开展34项设备专项整治,重点对远动隔离开关、整体吊弦、外挂电力电缆槽等设备进行补强。推进各项更新改造施工,重点做好鹰厦、外南、峰福线分段绝缘器和来舟枢纽接触网更新改造,更换承力索接触线52.885条公里、腕臂315套、补偿装置56组、分段绝缘器32台、软横跨51组、各类电连接129组、中心锚节19组,混凝土支柱25根。

推进修程修制改革,成立改革实施小组,制定《福州供电段合福高铁接触网修程修制改革试点方案》,细化相关技术管理文件。加强大数据开发运用,完善6C管理规章制度,推进6C数据中心建设,建立6C分析专业队伍,配置2C设备4套、3C设备22套、4C设备1套、5C设备1套。12月15日,成立安全生产调度指挥中心,建立生产调度、作业控制大数据系统。完善高铁运营后评估制度,从工程建设、维护管理等方面提出对策和建议,消除安全隐患。抓好综合检修列的运用管理,组织专业人员到衡水供电段学习综合检修列的先进管理经验,制定《福州供电段接触网检修车列综合管理办法》《福州供电段接触网检修车列行车安全管理办法》,将总公司配属的检修车列配置在福州南供电工区。

4月26日,福州供电段劳模先进宣讲团到尤溪工区宣讲　　（张志霞　摄）

开展“强基达标、提质增效”主题教育活动,在局域网上开设专题链接,组织专题宣讲会20场、集中讨论会137场,征集合理化建议18条,整改问题49个。鼓励职工创先争优,出台“福供之星”评比办法,共产生4名“福供之星”。在第十三届南昌铁路职业技能竞赛供电系统决赛中,该段职工获接触网工第一名、电力工第一名、作业车司机第二名的成绩。落实帮扶救助机制,助困442人次、助医63人次、助学8人次,发放救助款65.4万元;互助互济补助86人次/5.6万元;为高铁职工发放伙食补贴28.2万元;下拨10.1万元开展暑期送清凉活动。

2017年,该段职工黄林惠获“全路技术能手”称号。

表12-22　福州供电段2017年主要指标完成情况

项　目	单位	完成
受电量	百万度	1179.1
供电量	百万度	1115.6
接触网悬挂检调	条公里	18680.75
电线路检修	公里	11781.62
变配电设备检修(电力)	台(面、座)	13892
变配电设备检修(供电)	台(面、座)	10812
“天窗”兑现率	%	96.71
“天窗”利用率	%	92.1
力率(电力)	%	97.05
力率(供电)	%	99.0
负荷率	%	64.56
变压器利用率	%	26.48

(陈瑞莺)

【厦门供电段】 段机关位于福建省厦门市湖里区中埔西路584号(邮政编码361012)。行政机构设安全科、供电技术科、电力技术科、设备管理科、职工教育科、材料科、劳动人事科、计划财务科、行政办公室、武装保卫科,辖计量室、动态检测室、多元经营部、安调中心和11个车间;党群组织设党委、纪委、工会、团委,辖28个党支部、12个工会支会、11个团支部。段长陈松溪(6月任),党委书记蔡恒信(12月任),副段长谢适、张诚兴、傅诗建、范响连(7月任),党委副书记、纪委书记赵如财(3月任),工会主席李力荣。年末,在册职工1240人,固定资产7.22亿元。

该段负责鹰厦线三明以南、杭深线渔溪至闽粤省界段、永莆线涵江北(不含)至莆田、赣瑞龙线(福建段)、赣龙线(福建段)、龙漳线、漳龙线、漳泉线、海沧支线、江阴支线、湄洲湾港口支线的牵引供电和电力设备运营维护工作。运营接触网1037.909公里(普速417.662公里、高铁620.247公里)、接触网延展2677.439条公里(普速884.53条公里、高铁1792.909条公里)、牵引变电所21座、开闭所4座、分区所13座、AT所12座、并联开闭所6座、开关站2座,均为自管;管辖电力设备线路7035.317公里(普速2190.044公里、高铁4845.273公里)、10千伏配电所37座、35千伏变配电所1座。配有自轮运转设备57台,其中动力车44台、非动力车13台。

全年,检修接触网4783.8条公里、电力线路7035.317公里、变配电设备12644台座米、自轮运转设备82台次。整治杭深线一跨内接触线高差缺陷125处,更换福厦段整体吊弦207根,排查补偿坠砣限制架3868处,排查高速区段接触线偏角1056处,斜腿钢柱加固247处;更换杭深线福厦段55组西铁科分段绝缘器,更换补偿器连接销钉1551根;会同交大许继厂家完成杭深线管内远动SCADA检查整治;更换杭深线8台绝缘电阻超标的真空断路器。整治电力电缆槽121.849公里,克服缺陷1624处;更换杭深线运行不稳定的远动装置(RTU)10台,修复28台;电力架空线改绝缘导线(电缆)3.81公里;更换避雷器278组、杆号牌9580块。鹰厦线永安、西洋变电所避雷针大修8座,郭坑、杏林变电所110千伏互感器大修9台,郭坑、杏林变电所10千伏电力变压器大修2台。

优化应急处置规程,针对“4·9”“6·21”

事故,制定防范措施,对供电技术资料、示意图、LKJ、CTC 及行车限制卡资料全面梳理;规范登销记内容格式,建立车间登销记“110”保障机制,配置应急资料包;推进调度应急指挥中心建设,完善段、车间、班组三级救援网络,组织接触网、电力、变电值班员、作业车司机等四个工种开展应急处置演练 143 次。完善劳动安全风险控制措施,加大干部添乘、顶岗、带(跟)班作业力度,采取暗访检查、音视频监控等形式,加强夜间、多线并行地段、通信条件不良地段、V 型天窗、不同专业共用天窗、天窗点外上道、恶劣天气等情况下作业的安全检查和盯控;干部下现场检查 11132 人天、跟班作业 2802 次、顶岗作业 311 次,检查发现问题 5470 个,均落实整改。组织开展干部履责效能监察活动,干部履职问责考核 267 人次,转变干部作风;修订《厦门供电段安全风险管理监督检查办法》,每季度将班组自查考核金额作为安全生产有功人员的奖励予以返还,提高班组自管能力。收到集团公司“安全表扬通知书”一张(南铁安监〔2017〕第 18 号);发现安全隐患和防止事故 16 件,其中获集团公司奖励 12 件(一类 1 件、二类 6 件、三类 5 件,24 名职工受奖励)。截至 12 月 31 日,实现运输安全 1762 天。

3 月 27 日,厦门供电段开展防洪抢修演练 (陈莹 摄)

加强职工教育培训,举办培训班 82 期,培训 1790 人次;组织专兼职教师,采取送教上门方式,到车间开展 7 场培训,培训 120 人次;建立段、车间和班组三级职业技能竞赛制度,定期开展技术比武。抓好新线建设施工提前介入工作,完成厦门前场货场和厦门北动车所设备接管、南龙线、铁山洋站改、东南联络线提前介入,共检查发现问题 3130 个(A 类问题 1663 个,B 类问题 1467 个)。

开展“强基达标、提质增效”主题教育活动,组建 19 个宣讲小分队,开展 80 场主题宣讲,参与人员 1130 人次;开展大讨论活动 35 场次;制作 18 件新媒体作品,设立 5 个研讨课题。推进“两学一做”学习教育,组织 215 次集中学习和 56 次集中讨论。完成全段 33 个党组织和 303 名党员的信息采集。加强党风廉政建设,组织“六管人员”64 人召开集体廉政谈话会,开展中层干部任前廉洁谈话,对 11 名提职提级干部进行廉洁考试。

落实“为职工办实事”计划,投入 91.79 万元完成漳平供电车间、郭坑变电所、漳平变电所房屋大修等;为 13 个车间(班组)配置生活、文体设施。慰问困难职工家庭 73 户、退休人员 244 人,发放慰问款 25.05 万元;开展“金秋助学”活动,发放助学补助 8 人/1.5 万元;助医 21 人/5.31 万元;互助互济补助 44 人/7.31 万元。

2017 年,该段漳州电力工区获集团公司“工人先锋号”称号。

表 12-23 厦门供电段 2017 年主要指标完成情况

项　目	单位	计划	实际
牵引受电量	百万度	/	711.57
牵引供电量	百万度	/	671.55
电力受电量	百万度	/	110.25
电力供电量	百万度	/	104.69
接触网设备检修	条公里	4783.8	4783.8
电线路检修	公里	7035.317	7035.31
变配电设备检修	台(面、座)	7856.28	7856.28
“天窗”兑现率	%	≥80	93.44

续上表

项目	单位	计划	实际
“天窗”利用率	%	≥95	99.28
力率(电力)	%	≥95	97.96
负荷率	%	≥48	60.3
变压器利用率	%	≥21	31.18
牵引供电功率因素	%	≥90	98
电损	%	≤14.8	4.35

(谢海波)

工务段

【南昌工务段】 段机关位于江西省南昌市二七南路125号(邮政编码330002)。承担管内沪昆、京九、昌福、抚乐、丰洛部分线路以及向塘西编组场线桥设备的养护维修工作。2017年,行政机构设办公室、劳动人事科、计划财务科、安全科、质检科、职工教育科、线路技术科、路桥技术科、材料科、武装保卫科,辖16个车间、110个班组;党群组织设党委、纪委、工会、团委,辖26个党支部、16个工会支会、16个团支部。段长李晔,党委书记袁跃斌,副段长顾大均、何东、欧阳国强、颜振华,纪委书记李建生,工会主席叶小明,总会计师翁建保。年末,在册职工1597人,固定资产66.02亿元。

该段管辖线路里程1489.89公里(其中正线1031.24公里,站线、到发线、特殊用途线458.65公里),代维专用线66.936公里,正、站线道岔1561组(其中正线520组、到发线380组),代维专用线道岔77组。管内设施:路基606.673换算公里,桥隧建筑物329座/57141换算米,隧道18.05座/5808换算米,涵渠2445座/11886换算米,桥涵限高防护架831座,交通涵强排85座;公铁并行防护栏17684延长米,桥上防抛网99处/8872.76延长米,桥头防护栏79处/8232.9米,防护栅栏709.947公里(其中金属栅栏385.724公里、砼栅栏295.786公里、围墙类25.524公里),技术通道329处;道口、平过道212处,其中工务看守道口5处、其他单位看守道口5处、无人看守道口17处、路产平过道185处;可通行4轮及以上机动车辆的非法通道84处,其中临时重点监护的非法通道9处。

年内,推进安全标准化建设,建立生产权力责任清单,推行风险管理检查考核机制,下发安全考核通报35期、预警通知书10张;形成安全分析报告12份,开展安全专项整治活动7次;向外单位发放“施工安全整改通知书”62张、“营业线停工通知书”6张、函件120张。

全年,完成正线大机维修383.468公里(其中高铁81.4公里),道岔大机维修312组(其中高铁61组),站特线路维修63.65公里,站特线道岔维修84组,桥梁维修20.3座/11336米,涵渠维修10座/257米,道岔大修118大组,线路中修31.662公里,线路大机打磨766.6遍/公里,道岔大机打磨92组,工电联合整治道岔381组(其中昌福线61组),顽固道岔整治15组(昌福线);成段更换失效扣板17.25万套、弹条18.95万只、螺帽21.85万个;混凝土枕螺栓改锚16.74万只,补充道床3.66万方,清挖翻浆1.5万孔,换枕大修4.645公里;扣件涂油188.6公里(高速75公里,普速113.6公里),应力放散10.159公里;更换新尖轨103根,尖基轨117根、普通岔心70只、贝尔岔心55只、可动心辙叉3只、木枕3042根;钢轨探伤检查正线5111.51公里、到发线1249.715公里、其他站线1057.193公里,发现重伤175处、轻发伤710处、轻伤149处;道岔检查10856组,焊缝探伤15025处,可动心辙叉手工扫查640组、加强132组;贝尔辙叉手工扫查5767组、加强108组,高锰钢岔手工检查4449组,探伤大车未检地段补检326.65公里。

9月7日凌晨,南昌工务段职工在赣江北桥进行更换桥枕作业　　　(姜文卓　摄)

全年,管内遭遇2次强降雨,各雨量监测点平均降雨量为1182.6毫米,同比减少7%。雨量警戒报警841站次,其中重点出巡报警649站次、全面出巡报警166站次、限速报警22站次、封锁报警1站次。防洪添乘353人次,防洪出巡3478人次,雨后设备检查810人次,防洪看守6844人次,发现、处置水害131处。

落实铁路总公司、集团公司关于全面推进工务修程修制改革工作部署,结合集团公司关于创建示范车间、标准化安全生产调度指挥中心要求,推进段生产组织改革。打造示范车间,推广进贤车间"检养修分开"做法;利用集中修天窗,对京九、沪昆线薄弱设备进行更换改造,以站区为单元,将伤损老旧的道岔、枕木和轨件及时下道,确保线路状态良好。执行全面预算管理,实行职工工资与生产任务、安全风险、预算管理、工作质量等指标挂钩的绩效考核激励机制,推行星级岗位收入差异化评比工作。全年,运输支出节约6.49万元,实现综合效益1411万元,完成多元化经营收入4264万元。职工年平均收入9.96万元,同比增长8.02%。

加强职工教育培训,举办技能鉴定培训班4期,培训鉴定187人;开展高铁岗前、工班长、防护员、特种设备取证等资格性送培工作,培训69人;举办全员专项培训班121期,培训8212人次。探伤车间黄星山获总公司工务系统钢轨探伤比赛第十二名;进贤线路车间邹朋、陈庆亮,综合机修车间黄仁政分获集团公司线路工技能竞赛第三、五、六名;探伤车间常天煌获集团公司探伤工技能竞赛第一名。

推进"两学一做"学习教育,开展专题学习研讨,对20个思想政治课题开展信息调研。组织召开党委理论中心组学习24次,撰写调研文章63余篇,形成14篇调研成果。开展党的十九大精神等各类宣讲30次,完成10个任期届满党支部的换届选举工作。

争取集团公司资金465.93万元(三线建设资金126.82万元,大修资金63.69万元,更新改造资金275.42万元)对向塘、进贤等地区房屋、道路、排水等设施进行大修整治。自筹资金242.06万元,改善车间班组生产生活条件。落实"三不让"帮扶救助机制,为5名患大病职工发放一次性救助款9万元;发放职工住院医疗补助24.45万元;日常困难补助69人次/1.76万元。两节期间慰问一线职工、劳模先进、重困职工75人次,发放慰问款14.83万元。组织职工健康体检885人、女职工妇科体检85人。组织17人参加集团公司荣誉性休养、67人参加段荣誉性休养,组织120人健康休养。

表12-24　南昌工务段2017年主要生产指标完成情况

项　目	单位	完成
正线大机维修	公里	383.468
道岔大机维修	组	312
站特线路维修	公里	63.65
站特道岔维修	组	84
桥梁综合维修	座/延长米	20.3/11336
涵渠综合维修	座/延长米	10/257
道岔大修	组	118
线路中修	公里	31.662
线路大机打磨	遍公里	766.6
道岔大机打磨	组	92

续上表

项　目	单位	完成
工电联整道岔	组	381
更换失效扣板	万套	17.25
混凝土枕螺栓改锚	万只	16.74
补充道床	万立方米	3.66
清挖翻浆	万孔	1.5
螺栓涂油	公里	188.6
无缝线路应力放散	公里	10.159
更换新尖轨	根	103
更换新辙叉	个	125
更换新枕木	万根	0.3

（袁琮晖）

【南昌西工务段】　段机关位于江西省南昌市新建区望城新区创业北路51号(邮政编码330103)。2017年,行政机构设办公室、线路技术科、路桥技术科、安全科、劳动人事教育科、计划财务科、材料设备科、武装保卫科,辖12个车间;党群组织设党委、纪委、工会、团委,辖16个党支部、14个工会支会、15个团支部。段长裘宏,党委书记霍东江,党委副书记、纪委书记肖建新,工会主席刘建国,副段长何建平、余少华、罗强,总工程师袁雪娥。年末,在册职工809人,固定资产79.75万元。

该段承担沪昆高速K429+202~K1006+798段、合福高速K1307+230~K1801+706段、昌福线K0+000~K2+129段、昌九城际上行K137+485~K140+467及下行K137+479~K140+467段共2346.480延展千米线路,471组道岔,732座桥梁,212座隧道(含明洞),490座涵洞设备的维修养护工作。

加强安全基础管理,构建"三位一体"安全保障体系。强化过程履职考核,拍摄16个标准化视频,制定作业指导书40个;自主研发线路养修周期盯控软件,自动对未完成和临近检查周期项目进行预警提示,解决设备漏检漏修问题。推进安全生产调度指挥中心功能建设,建设全段应急体系,完善27项应急预案,细化应急指挥对照卡控表,明确各岗位职责;每周、每月分别由段、车间两级组织应急演练,并对存在问题进行责任考核。

全年,完成线路大机打磨1275.045遍/千米,线路捣固大机26.485千米,道岔捣固大机45组,道岔打磨大机53组,道岔人工精磨127组,扣件涂油12.76千米,无砟轨道扣件复拧1735.9千米,道岔工电联整410组,常规探伤3947.697千米,焊缝探伤检查30819处,整治无砟轨道板起拱19处,无砟轨道修补处理112处;桥梁综合维修20座/4064延长米,隧道综合维修10座/39613延长米,涵渠综合维修4座/99.0延米,桥梁人行道栏杆加固5座/3100米;完成骨架、挡墙、拦泥墙、混凝土抹面等防护1835平方米,坡面挂网喷混1075平方米,主动网防护635平方米,草皮铺设12150平方米,新建排水沟2.527千米,硬化防洪检查道73.906千米。

年内,开展代号为"铁篱行动"的铁路沿线环境专项整治活动,对沿线隐患问题及时与地方政府对接,跟踪治理、限期整改;共排查问题727处,完成整治671处。做好线路防护栅栏金属加密网安装工作,针对栅栏网片间隙较大而无法阻止小型动物的设计缺陷,分别在沪昆、合福高速线路防护栅栏上安装金属加密网293千米、157千米。为防止路外人员破坏高铁作业门门锁,对高铁作业门进行安全补强设计,完成421处作业门改造。在防护栅栏高低相差易攀爬地段安装防攀爬网,分别在沪昆、合福高速线路安装7032处、6585处。规范工电结合部管理,建立道岔"一岔一档"基础数据库,将道岔顶铁顶死、辊轮失效、限位器顶死等结构病害列为重点整治项目,开展专项整治。规范高铁无砟轨道动道作业管理,对动道作业建立电子档案。修筑栅栏外检查道294千米,对高陡边坡、检查道过窄等区段增设栏杆与围挡，确保人员行走安全。

加强培训教育，提高职工业务素质。举办各类培训班29期、送外培训12期；建立8个线路专业、11个探伤专业、15个路桥专业实训场所；组织新接收高职生15人、本科生5人开展三级安全教育；开展职业技能鉴定，鉴定合格149人；委托江西师范大学举办三期工班长培训班，培训184名工班长。安排研究生、大学本科生担任一线工班长，提升现场管理能力；继续推行管理人员公开招聘制度，公开招聘车间副主任3名、线路科技术人员1名、路桥科技术人员2名。在第十三届南昌铁路职业技能竞赛中，该段获计量工第一名、线路工第二名、桥隧工第三名、探伤工第五名的成绩。

南昌西工务段职工张光宗、涂浩分别获集团公司2017年度"南铁工匠""最美青工"称号 （曾耀凡 摄）

深化"三线"建设，推进婺源综合维修工区提升改造工程，在各综合维修工区建立读书角、健身房；投入97万元为车间班组改善生产生活条件，投入18.5万元为沿线工区接入WiFi，方便职工学习生活；落实"三不让"帮扶救助机制，助困、助医、助学30人次/6.5万元；组织246名职工健康体检、78名职工健康休养。

2017年，该段获江西省"五一劳动奖状"。

表12-25 南昌西工务段2017年主要指标完成情况

项 目	单位	计划	实际
大机线路维修	公里	36.195	26.485
大机道岔维修	组	45	45
钢轨大机打磨	遍公里	2326.16	1275.045
道岔大机打磨	组	65	53
更换新P60无孔轨	双面公里	0	0.15
可动心道岔联整	组	211	410
扣件涂油	公里	89.401	12.76
委外道岔人工精磨	组	68	127
桥梁混凝土栏杆加固	公里	1.33	3.10
桥梁附属设施检查	处	731	731
隧道衬砌、底板渗漏水排查	公里	309.21	309.21
连续梁0号块及支座检查	处	18853	18853
桥隧设备秋检	公里	925.66	925.66
路基综合维修	公里	47.133	48.73
路基小型病害整治	公里	0.545	0.56
路基保养	公里	376	376.722

（陈冰锋 田丹妮）

【九江桥工段】 段机关位于江西省九江市长虹大道598号（邮政编码332000）。行政机构设办公室、劳动人事科、计划财务科、线路技术科、路桥技术科、安全质检科、职工教育科、材料科，辖18个车间和集经公司；党群组织设党委、纪委、工会、团委，辖29个党（总）支部、18个工会支会、18个团支部。段长管锋，党委书记蔡恒信（12月免），副段长唐厚国、廖文俊、谭小伟、饶露、张小勇，党委副书记、纪委书记商登伟（11月免）、谢功章（11月任），工会主席刘建华（11月任），总会计师邱卫兵（4月任）。年末，在册职工1407人，固定资产86.41亿元。

该段担负管内京九线 K1277 + 000 ~ K1428 + 000、武九线 K185 + 809 ~ K242 + 614、铜九线 K164 + 000 ~ K220 + 219、昌九城际 K0 + 000 ~ K137 + 485、武九客专 K153 + 676 ~ K209 + 766、衢九线 K198 + 000 ~ K335 + 383、南昌西环线 K0 + 000 ~ K59 + 000、沙浔线 K0 + 000 ~ K11 + 635 的线路 1302.239 延展公里，以及道岔 1020 组、桥 455 座、涵 2150 座、灰坑 34 座的养护维修和大、中修任务。截至 12 月 31 日，实现运输安全 632 天。

构建“三位一体”安全保障体系，做好厦门金砖会晤、党的十九大等关键时期安保工作。抓好安全风险研判，加强对重点线路、重点环节、重点时段的安全监督检查和专业指导。成立 7 个由段领导班子成员带队的包保检查组，深入现场开展拉网式检查，重点盯控施工作业、设备运维、路外安全、防火防爆等方面安全措施落实情况。坚持边查边改和闭环管理，对发现的问题逐条制定整改措施，责任落实到人，确保整改到位。加强干部包保责任落实，包保干部每周不少于二分之一的时间在现场检查指导，业务科室加密机车添乘，对作风不实的干部进行严肃处理。

全年，完成正线道岔大机维修 175 组，线路大机综合维修 487.68 公里，大机钢轨打磨 1248 遍公里，道岔小机维修 90 组，道岔工电联整 361 组，更换尖轨 59 根、基本轨 86 根，更换 P60 长轨 7175 米，补充道床 41864 方，铝热焊接 994 头，更换贝尔岔心 82 只；常规钢轨探伤 6878.416 公里，焊缝全断面探伤 22157 个，道岔手工检查 4318 组，发现伤损钢轨 334 根，其中重伤 179 根、轻发伤 54 根、轻伤 100 根；桥梁综合维修 52.21 座/24978 延米，涵渠综合维修 87 座/1025 米，更换桥枕 150 根，更换护木 3 座/754 米，增设人行道 2 座/3862 米，整治人行道栏杆、支架 33 座/19213 米，更换高强度螺栓 604 个，整修支座 38 个；更换 L 形挡砟板 1 座/1263 米，更换铜九线、武九线、京九线桥梁步行板 20565 块/5804 平方米；路基综合维修 45 处/21191 米，小型病害整治 3 处/240 米，路基保养 1254 处/769986 米；整修排水设施 31 处/7111 米、防护设施 7 处/1621 米，增设检查道 19 处/12459 米，更换水沟盖板 8290 块；排查栅栏 4 遍/3120 公里，完成沟头封闭、加装刺丝滚笼、更换失效网片、整治底部吊空等栅栏病害整治。针对管内站支线设备病害多、结构不良等薄弱问题开展专项检查整治，重点整治沙浔线、九江北站、七里湖站和九江西站的峰下道岔及调车股道，发现问题 340 条，全部整改完毕。

做好新线预介入工作，针对武九客专及衢九铁路接管，成立提前介入办，抽调 90 名职工参与施工监控及精调等工作，发现问题 37810 条（武九客专 15535 条、衢九铁路 22275 条）。在武九客专开通运营前，对规章制度进行全面清理，重新确立安全管理制度 151 个、技术规章 50 个、应急预案 22 项，并做好 54 名接管人员的资格取证和岗前适应性培训工作。

2 月 7 日，龙江桥工段职工进行武九客专新线精调作业　（王浩　摄）

加强职工业务学习培训，坚持理论与实作培训相结合，落实关键岗位持证上岗制度，举办各类脱产培训班 111 期，培训职工 4021 人次；173 名线桥工取得中级以上职业资格，139 人取得高铁岗位培训合格证，技师和高级技师人数分别为 54 人和 10 人。在 2017 年“振兴杯”第十三届南昌铁路职业技能竞赛中，该段选手获探伤工个人第三、四、五名，总分第一名的成绩。

改善职工生产生活条件，投入建设资金200余万元解决工区生产房屋失修、屋面漏水、生活设施不足等问题。落实帮扶救助机制，实行领导干部联系重困职工制度，发放助学、助困、助医等补助188人次/108.27万元；为职工发放防暑降温费6.2万元，发放“两节”慰问金18.12万元，安排职工荣誉性休养17人。

表12-26　九江桥工段2017年主要指标完成情况

项　目	单位	计划	实际
线路大机维修	公里	487.68	487.68
大机钢轨打磨	遍公里	1248	1248
道岔小机维修	组	90	90
道岔工电联整	组	361	361
更换P60长轨	米	7175	7175
铝热焊接	头	994	994
更换贝尔岔心	只	82	82
钢轨探伤	公里	6878.416	6878.416
焊缝全断面探伤	个	22157	22157
补充道床	方	41864	41864
桥梁综合维修	座/米	52.21/24978	52.21/24978
涵渠综合维修	座/米	87/1025	87/1025
增设人行道	座/米	2/3862	2/3862
更换人行道步行板	块	20565	20565
排查栅栏	遍/公里	4/3120	4/3120
路基综合维修	处/米	45/21191	45/21191

（程志春）

【赣州工务段】　段机关位于江西省赣州市章贡区赣州火车站旁（邮政编码341000）。行政机构设办公室、线路技术科、路桥技术科、安全质检科、劳动人事科、计划财务科、职工教育科、材料科、武装保卫科，辖18个车间（5月成立探伤车间）、安全生产调度指挥中心（5月成立）和多元经营部；党群组织设党委、纪委、工会、团委，辖34个党（总）支部、19个工会支会、19个团支部。段长夏裕强，党委书记林月友，副段长何绍柄、肖海锋、聂兆生、陈海红、罗春平，党委副书记、纪委书记姚又平，工会主席温正三，总会计师严忠华。年末，在册职工1807人，固定资产136.27亿元。

该段担负赣瑞龙线181.980公里、京九线903.156公里、赣龙线131.462公里、吉衡线103.891公里、赣韶线66.819公里、吉安南疏解线3.929公里、南康疏解线5.306公里，站线259.093公里，道岔1007组，桥梁427座，隧道191座，涵洞3520座的养护维修任务。

年内，制定《安全生产权力和责任清单》《干部安全履责考核评价实施细则》等安全制度，完善应急工作流程。为16个车间和121个班组会议室安装视频监控系统，落实班前安全预想工作。段领导带队到车间班组进行劳动安全宣讲21次，人员参与率达86.5%。开展沿线安全整治，排查线路安全问题261处，向有关单位发函59份，已整改221处。推进昌吉赣客专预介入工作，发现问题2697个，其中A类2136个、B类561个。截至12月31日，实现运输安全1837天。

3月8日至14日，赣州工务段开展劳动安全专项巡视活动　　（周连英　摄）

全年,完成线路大机维修181千米,曲线精拨51条/23.1千米,道岔大机维修6组,道岔小机维修130组,钢轨大机打磨95.4千米;客车径路木枕道岔大修23组,首次实现正线原位更换1/18混凝土枕道岔;道岔破底清筛111组;赣州站7、9道更换P60再用轨;站线中修26千米;无砟轨道结构检查60.448千米,有砟轨道结构检查374.98千米,到发线检查55.413千米,道岔检查369组。

完成桥梁综合维修34座/9309米;积水涵洞整治10座/280米;路基维修71.917千米;更换桥上步行板46942块,吊围栏维修110个,加宽路肩763米;电化立柱绕行困难地段加装盖板312处、增设绕行平台910处,技术通道修路13处;处理危树20.74万株、竹子5920根;更换整桥防抛网10座、安全警示牌18块;抢修97处被撞限高架;更换、修补4处声屏障;在325处无栅栏地段安装滚笼1000米、悬挂警示牌810块。

举办各类脱产培训班42期,培训4828人次。开展新职人员三级安全教育6期,培训98人次。开展"一对一"师带徒活动,设立师带徒专项奖励基金。组织专业技术人员到南平、永安工务段学习路基维修管理经验,到永安、厦门工务段学习高速铁路养护经验。抽调车间人员参与合福线精调、赣瑞龙线设备验收和精调,以精调点为培训基地,培养高铁养护业务骨干232人。

改善职工生产生活条件,推进三线建设,完成吉安路桥工区屋面大修、新建永阳线路工区和西江工务工区材料间、赣州东线路车间及综合车间排污管道改造、机关门禁系统改造、沙村线路工区等6个工区安装净水器、赣州路桥车间卫生间整修、信丰线路车间和信丰路桥车间厨房改造、赣州东线路车间道路硬化、铁石口站区水源井改造、10个车间太阳能热水器安装等项目。

推进赣州路桥车间、赣州东线路车间两个示范党支部建设,"七一"期间组织党员到兴国将军园、于都长征出发地纪念馆、瑞金叶坪革命旧址、井冈山革命博物馆等地开展"向党的生日献礼"主题党日活动18场次;暑运期间组织党员开展"战暑运、保安全、当先锋"主题实践活动,35名党员被评为"暑运安全标兵"。落实帮扶救助机制,补助重困职工24人次/11.88万元,助学21人次/5.46万元,日常困难补助220人次/7.23万元,互助互济补助32人次/2万元。

2017年,该段获集团公司"模范职工之家""先进纪委""信访工作先进集体""保密工作先进集体"等称号。

表12-27　赣州工务段2017年主要指标完成情况

项　目	单位	完成
线路保养质量评定合格率	/	100%
道岔保养质量评定合格率	/	100%
路基保养评定合格率	/	100%
线路大机综合维修	公里	317.727
曲线精拨	条/公里	89/41.569
道岔大机	组	91
工电联整	组	447
大机钢轨打磨	公里	387.38
道岔小机维修	组	200
更换曲磨轨	条/公里	8/5
更换尖轨	根	80
更换尖基轨	根	39
更换岔心	组	103
桥梁综合维修	座/米	45/12455
涵洞综合维修	座/米	80/2393
支座清污加油	座/个	31/1188
更换人行道步行板	块	2450
整治积水交通涵洞	座	10
圬工勾缝	平方米	79047.2
抹面	平方米	34633.6

（欧阳海珠）

【鹰潭工务段】 段机关位于江西省鹰潭市南站路18号(邮政编码335000)。行政机构设办公室、安调中心、线路技术科、路桥技术科、安全质检科、劳动人事科、计划财务科、职工教育科、材料科、武装保卫科、多元化经营部,辖2个集体企业和15个车间;党群组织设党委、纪委、工会、团委,辖18个党总支、47个党支部、17个车间工会、15个团支部。段长林发友,党委书记龚火林(5月任),纪委书记江志飞(12月任),工会主席汪慈福,副段长徐庆有、谢小林、邱必发、刘坤,总会计师滕加敏,总工程师刘军平。年末,在册职工1978人,固定资产66.97亿元。

该段承担衢九线203.168千米、沪昆线427.749千米、皖赣线197.274千米、皖赣联络线1.148千米、鹰厦线75.53千米、鹰厦联络线1.099千米、峰福线29.097千米、上饶联络线40.68千米、乐德线43.87千米、弋樟线13.467千米、鹰潭反发线1.389千米、鹰潭环到线7.749千米、贵溪疏解线7.818千米、横峰疏解线7.41千米、景德镇东南联络线2.857千米、景德镇西南联络线1.636千米正线,479.287千米站线、专用线,1546组道岔,366座/58.488千米桥梁,87座/47.006千米隧道,2408座/11.856千米涵洞,1114.964千米路基,557.8476千米防护栅栏和13处有人看守道口、33处无人看守道口的养护维修工作。

围绕"强基达标、提质增效"工作主题,加大安全风险问题检查整治,干部下现场17065人次,检查发现问题7042件,追踪安全信息890条,落实上级"安全风险预警通知书"24份,下发"安全风险预警通知书"9张。截至12月31日,实现运输安全2069天。

全年,完成道岔大修98组,道岔大机维修173组,道岔小机维修227组,道岔打磨103组,道岔工电联整290组;线路大机维修428.03公里,线路大机打磨1688.8遍公里,线路中修36.203公里,站专线维修29.747公里;桥隧大修续建2座,桥梁维修35.8座、保养327.65座,涵渠维修114座、保养3750座,隧道保养31座,灰坑保养63座,桥梁人行道整治12座;拆除平过道2处,道口平台大修3处,安装11台道口作业提醒仪;栅栏更新改造39.248公里,整修公铁并行防护栏1513米,新增防牛护栏1188米,维修声屏障680米;更新防抛网4处,修复限高架12处;处理危树(竹)6.8万棵,绿篱修剪169.103公里。

12月27日,鹰潭工务段进行春运设备整治作业 (徐国栋 摄)

加强职工业务培训,选送30名青年骨干参加班组长资格培训,建立后备班组长人才库;择优推荐17名劳务派遣工参加集团公司职业技能竞赛,获奖选手取得转正资格;送培高铁工种从业人员110人参加资质培训;拓宽基层班组长成长渠道,提拔6名班组长担任车间管理岗位;实施本科生在基层班组锻炼制度,建立青年干部后备队伍;每半年组织一次专业管理干部业务考试,提高业务素质。

全年,落实"三不让"帮扶救助机制,发放大病职工一次性救助款13人次/21万元,职工住院医疗补助67人次/29.95万元,日常困难补助97人次/4.76万元;两节期间慰问一线职工、劳模先进、重困职工133人次/18.9万元。推进"两学一做"教育常态化制度化,开展党的十九大精神等各类宣讲36次,对22个思想政治工作课题开展信息调研;组织党委理论中心组学习 27 次,撰写调研文章 20 余篇,形成调研成果 4 篇;完成 11 个党支部的换届选举工作;创建"徐明石道岔侧磨攻关队"和"白露桥工区企业文化示范点"。

2017 年,该段上清线路工区和浮梁线路工区获集团公司"工人先锋队"称号。

表 12-28　鹰潭工务段 2017 年主要指标完成情况

项　目	单位	完成
道岔大修	组	98
正线大机维修	公里	428.03
道岔大机维修	组	173
道岔工电联整	组	290
线路中修	公里	36.203
道岔清筛	组	25
桥隧大修	座	2
桥梁综合维修	座/延长米	44.8/3492.9
涵渠综合维修	座/延长米	147/3401.6
整修支座	座/个	59/797
拆除平过道	处	2
螺栓改锚	万只	26.2256
补充道床	万方	5.5163
清挖翻浆	万孔	2
更换新尖轨	根	149
更换贝尔岔心	只	57
更换可动心辙叉	组	1

(梁上木)

【鹰潭工务机械段】　段机关位于江西省鹰潭市东二村 13 号(邮编 335000)。主要承担管内线路机械化大修、铺设无缝线路、桥隧大修、焊接钢轨、旧轨料整修、采石等工作。行政机构设办公室、劳动人事科、计划财务科、安全质量科、技术科、设备科、路桥科、材料科、职工教育科、武装保卫科、安全生产调度指挥中心(8 月设),辖多元经营部、2 个集体企业和 20 个车间;党群组织设党委、纪委、工会、团委,辖 28 个党支部、23 个分工会、17 个团支部。段长胡立峰,党委书记丁安升,副段长张光平(兼总工程师)、徐喆、蒋正洪、李自强、刘俊、涂序辉、施礼敦(5 月任),党委副书记张海峰,工会主席龚火林(5 月免),纪委书记黄岳云,总会计师夏伟。年末,在册职工 2090 人,固定资产 16.22 亿元。

年内,完善作业标准体系,修订主要工种作业指导书,清理技术规章 9 个。制定《鹰潭工务机械段安全风险管控和安全隐患排查治理双重预防机制实施细则》,构建人防、物防、技防"三位一体"安全保障体系。完善工效挂钩管理办法,按照"按劳分配、兼顾效率和公平、倾斜一线"原则,形成职工收入能增能减的分配格局,调动职工生产积极性。针对九江大机检修基地检修台位、存车线路不足问题,统筹安排大机检修计划,采取冬季集中检修与日常轮修相结合方式,实施大机运用零故障管理。开展设备保养作业标准压力测试,专业管理人员提前在车班日常保养设备上设置故障,测试检修保养人员能否发现,以此检验作业人员日常执标情况。整改设备质量缺陷,从源头消除安全隐患,重点对大机脱挂档机构、轮轴弛缓线、宝鸡厂轨道车轴箱减震弹簧变形、WY100 型物料车排障器、长轨车装载偏重等问题进行整治。加强防火安全,对全段 13 台捣稳联车发动机间进行消防改造,加装烟雾报警器和监控探头。

全年,完成大修清筛 137.378 公里;换轨 181.01 公里,更换轨枕 9.107 公里;线路大机捣固 11534.573 公里,道岔大机捣固 3372 组;线路大机打磨 15112.183 遍公里,道岔大机打磨 937 组;钢轨探伤 72363.78 公里;长轨焊接 893.87 公里;产销道砟 16.5 万立方米;老 K 车卸车 5825 车。完成沪昆线、京九线第一和第二阶段集中修;完成向西 A3、B3 线复杂地段换轨任务;完成武九客专、衢九线精调及联调联试;完成横岗、三明北、厦门北动车所站改工程;完成瑞九线引入九江枢纽

Ⅰ级施工大机捣固拨接及三江镇、武九西南联络线拨接施工。主营业务实现利润249.41万元，其他业务实现利润4673.9万元。

加强职工教育培训，举办各类培训班22期，培训14076人次、送培324人次。开发“微信培训”模式，解决流动车间班组日常培训考试组织难的问题，并制定《新工培养手册》，相关开发运用方法被推广至整个工务系统。开展技术练兵活动，在“振兴杯”第十三届铁路职业技能竞赛轨道车司机决赛中，该段参赛选手包揽前三名；在2017年福建省百万职工“五小”创新大赛上，李雪忠劳模创新工作室成果获一等奖1项、二等奖2项、三等奖3项；贵溪综合车间长轨二班被评为“江西省创建质量信得过班组”，机械维修五车间W502班组被授予“全路青年安全生产示范岗”；由该段参与的《高速铁路焊轨基地系统技术及研究应用》项目获中国铁道学会科学技术特等奖。

4月28日，鹰潭工务机械段职工李雪忠被授予鹰潭市“铜都工匠”称号

（姜志伟　摄）

加强党建基础工作，按照“五个构建”思路，推进“两学一做”学习教育常态化制度化，落实党建工作责任制，推广党支部“一事一清”制度，建立党支部“一账六卷”基础资料。配合做好集团公司党的建设“强基达标、提质增效”现场会筹备工作，展现企业文化。加强新闻宣传，在各类媒体刊用稿件322篇。推进党风廉政建设，细化76项重点任务分工，落实廉政谈话制度，召开集体廉政谈话5次，班子成员与车间党政正职、科室负责人谈话200余人次，党政主要领导“一对一”廉政谈话20人次；处置问题线索3件，程序性办案审结1件，给予1名党员开除党籍处分、1名党员诫勉谈话。

投入“三线”建设资金623万元，改善职工生产生活条件，建设完成向塘焊轨车间等7个集团公司级“三线”建设示范点。加大“三不让”帮扶救助力度，助困236人次/17.72万元，助医93人次/41.08万元，助学12人次/3.27万元。安排1773名职工健康体检、235名职工健康休养、27名职工荣誉性休养。

2017年，该段获集团公司“春运立功竞赛优胜单位”“‘强基达标、提质增效’主题教育活动先进单位”等称号；职工肖文峰获铁路总公司“火车头奖章”，曹鸿平、张李明、吴日春被评为“江西省技术能手”，李雪忠被评为鹰潭市首届“铜都工匠”、集团公司“南铁工匠”，李雪忠、叶军获鹰潭市“五一劳动奖章”。

表12-29　鹰潭工务机械段2017年主要指标完成情况

项目	单位	完成
大修清筛	公里	137.378
换轨	公里	181.01
更换轨枕	公里	9.107
线路大机捣固	公里	11534.573
道岔大机捣固	组	3372
道岔大机打磨	组	937
线路大机打磨	单遍公里	15112.183
长钢轨焊接	公里	893.87
桥隧大修施工完成产值	万元	413
实现道砟产销	万方	16.5

（陈昔新　田爱珍）

【萍乡工务段】 段机关位于江西省萍乡市萍福路30号(邮政编码337000),担负管内沪昆线、吉衡线、醴茶线、醴茶联络线、清璐线、洋坊线、泉高线、萍乡联络甲乙线、分文线、张塘线、张建线、上新线、塔七线等线路1764.166延展公里和道岔1471组、桥梁316座、隧道39座、涵渠4061座的养护维修任务。行政机构设办公室、劳动人事科、计划财务科、线路技术科、路桥技术科、安全质检科、道口办、职工教育科、材料科、安调中心,辖18个车间和集经公司;党群组织设党委、纪委、工会、团委,辖34个党支部、21个车间工会、13个团支部。段长刘俊龙,党委书记骆艺凡,党委副书记、纪委书记叶皋,工会主席朱忠红,副段长胡元明、曹正龙、刘红星、游明华、洪小平。年末,在册职工1859人,固定资产56.6亿元。

年内,健全安全风险防控体系,推进“三化”建设。完善岗位安全职责和工作标准,出台《萍乡工务段防护员标准化作业考评办法(试行)》《萍乡工务段安全生产全过程责任追溯实施细则(试行)》,修订《萍乡工务段管理岗位人员履职质量考评实施细则(试行)》《萍乡工务段安全点评会制度》等12个文件。开展安全大检查,参控干部下现场21965人天,检查车间1167人次,检查班组15306人次,添乘检查3908次,夜查2563次,跟班检查4068次;发现问题4362件,其中H类16件、A类558件、B类2475件、C类1313件,全部整改完毕。截至12月31日,实现运输安全1482天。

全年,完成更换道岔70组,线路大机打磨2042遍公里,线路大机维修601.260公里,道岔大机维修466组,岔区坡底清筛25组,成段换枕500米;更换P60无孔轨5.88公里、再用轨4公里,更换木枕4001根(沪昆线1356根、支线2645根)、混凝土枕8450根;补充道床42000方。线路小机维修88.719公里,道岔维修327组,工电联整260组;桥隧维修9座/660.5米,路基维修57处/14733米;螺栓改锚24.27万只,清挖翻浆25000孔,扣件涂油277.6公里(沪昆线145.07公里、支线132.536公里);更换轨距挡板17.9045万块、弹条17.0042万只、螺帽21.6514万只、大胶垫2.9937万块,更换失效岔枕1525根、尖轨57根、尖基轨38根;更换普通岔心47只、贝尔岔心51只;站线中修24.66公里(正线8.138公里、支线16.522公里);低温轨条应力放散31.34公里。

萍乡工务段综合车间进行更换道岔作业
(文建生 摄)

加强职工业务培训,承办集团公司培训班8个,培训483人次;自办培训班32个,培训1017人次;开展专项培训11次,培训“三新”人员458人。在第十三届“振兴杯”南昌铁路职业技能竞赛线路工决赛中,该段获团体第一名和个人第一名的成绩。

落实帮扶救助机制,助困59户/17.8万元,助学11人/3.8万元,助医9人/8万元;安排职工健康休养177人次、荣誉性休养16人、健康体检1202人。投入194万元用于新余界水工区、芦溪泉江西工区、新余昌付工区、新余站东工区、宜春机工队等5处三线建设项目,改善职工生产生活条件。加强新闻宣传和企业文化建设,在各类媒体刊发278篇稿件,利用官方微博、微信发布129组图文信息。

2017 年，该段获集团公司“平安单位”称号。

表 12-30 萍乡工务段 2017 年主要指标完成情况

项 目	单位	计划	实际
线路大机维修	公里	601.26	601.26
道岔大机	组	466	466
到发线维修	公里	59.43	59.43
其他站线维修	公里	33.776	33.776
线路小机维修	公里	86	88.719
站线道岔维修	组	151	151
工电联整	组	260	260
桥隧维修	座/米	9/660.5	9/660.5
路基维修	处/米	76/14391	57/14733
更换木枕	根	10081	5189
更换Ⅲ型枕	根	2000	2205
更换Ⅻ型枕	根	13686	20361
更换再用混凝土枕	根	9548	9548
补充道床	立方米	42000	42000
锈蚀螺栓改锚	万只	17.8	24.27
道岔大修	组	70	70

（熊狮文）

【福州工务段】 段机关位于福建省福州市晋安区站东路 6 号（邮政编码 350013）。行政机构设办公室、线路科、路桥科、材料科、安质科、劳人科、职教科、计财科、武保科、多元部、安调中心，辖 13 个车间；党群组织设党委、纪委、工会、团委，辖党支部 16 个（含离退休 1 个）、工会支会 13 个、团支部 13 个。段长郑祯国，党委书记陈庸斌，党委副书记、纪委书记卞智平，工会主席朱悦敏，副段长徐德强、肖剑，总工程师沈绍颂，总会计师聂小丁。年末，在册职工 1093 人，固定资产 17.8 亿元。

该段担负峰福线 140.911 公里、福马线 23.402 公里、杭深线 637.821 公里、昌福线 21.366 公里、合福线 14.921 公里、外福疏解线 4.248 公里、永莆线 0.798 公里、东吴支线 29.064 公里、东吴疏解线 4.468 公里、江阴支线 17.931 公里、渔溪疏解线 2.845 公里、可门支线 16.397 公里、透堡疏解线 2.544 公里、福州联络线 25.543 公里、杭福联络线 7.042 公里、福州南动车联络线 7.005 公里线路；站线 362.377 公里，专用线 13.926 公里，道岔 1102 组；桥梁 361 座/108915 米，隧道 131 座/188701 米，涵渠 948 座/27871 米；封闭防护栅栏（含金属网片与混凝土栅栏）290.768 公里，围墙 17.178 公里，限高架 287 座/575 处，防撞墙（公铁并行栏）248 处/25.272 公里，防抛网 77 处/7.145 公里的养护维修任务。

年内，构建“三位一体”安全保障体系，开展安全生产大检查，下发《安全风险预警书》9 份，发现问题 585 件，全部整改完毕。推进“物防”“技防”建设，为管内车间配置 240 台列车接近报警装置，防控作业人员下道不及时的安全风险；在峰福线沿线安装 180 处钢轨防断监测装置；为 6 处繁忙道口配置作业提醒仪和视频监控系统，防控道口工“两违”风险；设置 64 处雨量报警器，建立雨量短信报警平台、重点桥梁水位监测系统、危岩落石报警监测系统，配合防洪巡线定位手机使用，构建科学防洪体系。截至 12 月 31 日，实现运输安全 1558 天。

全年，完成高铁线路大机捣固 306.80 公里，线路打磨 371.66 公里，道岔大机捣固 48 组，道岔打磨 115 组，更换轨件 63 处，CPⅢ复测 319 公里，道床整治 115.30 公里；普速线路道岔大修 19 组，换岔 11000 根，道床大机清筛 12 公里，曲线更换新轨 37 条/8.95 公里。完成水害复旧、防洪预抢工程 40 项，桥隧大修 2 项，护轨改造（新增）16.25 公里。完成杭深线隧道病害整治 12 座，桥梁维修 28 座/5092.8 延长米，危树（竹）清理 8605

棵/275 处。在地方政府配合下,拆除违章建筑物 32 处/9681 平方米,清运垃圾 568 吨,新设桥下栅栏 11.54 公里;更新改造高铁栅栏 24.32 公里,新增公铁并行防护栏 18 处/2475 米。拆除有人看守道口 2 处,移交看守道口 1 处。做好衢宁、福平铁路提前介入工作,开展搜山扫石、隧道衬砌敲击检查,发现问题 1123 个,向建设单位发函 6 份。

加强标准化建设,推进杭深线贯标达标工作,优化平纵面条件和钢轨廓形,线路优良率达 100%。改革普速线路修程修制,成立检查工区,强化专业修、精确修。与沿线村庄签订安全共保协议 19 份,加大安防设施隐患整治力度,行人入网次数大幅减少。加强防洪工作,全年发生水害 20 处,均不影响行车,实现连续第 34 个防洪安全年。落实钢轨探伤回放和作业轨温"三测"制度,杜绝超温作业。

全年,加强职工教育培训,举办培训班 32 期,培训职工 10038 人次。每月开展业务知识微信答题,提升职工学习积极性。增强干部队伍储备力量,制定《车间后备管理人员选拔与培养管理办法》,择优选拔 19 名后备管理人员。在第十三届"振兴杯"南昌铁路职业技能竞赛中,该段选手获桥隧工第一、二、四、五、六名,轨道车起复团体第二名的成绩。福州线路车间 QC 小组的质量管理课题"降低昌福线下行 K536 + 200 线路 TQI 数值"获"省优""局优"称号。

福州工务段党委公开招聘党群工作人员考试情景 (吴芳 摄)

投入 34.97 万元改善职工生产生活条件、推进三线建设,修缮职工宿舍,添置健身器械、电视家具等设备设施,实现 WiFi 入工区。打造霞浦综合基地、大箬工区和鼓山线路工区为全段家园文化建设示范点,其中大箬工区被评为集团公司企业文化示范点。落实"三不让"帮扶救助机制,助困 143 人次/23.67 万元,助医 49 人次/84.99 万元,助学 13 人次/4.92 万元。

加强党建工作,开展党的十九大精神宣贯活动,推动"两学一做"学习教育常态化制度化,举办"永远跟党走,喜迎十九大"职工歌咏大会。落实"三重一大"集体决策制度,召开党政联席会 25 次。强化干部作风建设,加强关键时段干部履职情况督查,促进干部作风转变,下发干部作风通报 14 期,究责 77 人次。

2017 年,该段获集团公司"先进单位""企业文化建设示范单位""党风廉政建设先进集体""铁路综合治理先进集体"等称号。

表 12-31　福州工务段 2017 年主要指标完成情况

项　目	单位	计划	实际
正线综合维修	公里	397.8	397.8
补充道床	立方米	36766	17080
到发线维修	公里	11.6	11.6
其他站线维修	公里	4.407	4.407
清挖翻浆	万孔	0.5	0.5
线上焊修钢轨	根	50	50
整治接头病害	处	600	600
工电联整	组	118	118
道床轮筛	公里	10	10
更换新轨枕	根	2000	2400
螺栓改锚	只	(高铁) 600 (普速) 20000	(高铁) 600 (普速) 20000

续上表

项 目	单位	计划	实际
线路大机维修	公里	397.8	397.8
道岔大机维修	组	130	52
整治外观	遍公里	397.8	397.8
线路保养质量评定合格率	%	100	100
道岔保养质量评定合格率	%	100	100
优质曲线保存率	%	100	100
优质道岔保存率	%	100	100
线路设备状态评定合格率	%	100	100
清理排水设备	米	129162	107621
清除防护加固设备	米	101838	149903
整修各种排水设备	米	16992	19397
整修检查道	米	9505	33612.2
桥梁综合维修	座/米	40/16986.86	47/18884.3
隧道综合维修	座/米	33/50700	36/53245.5
涵渠综合维修	座/米	39/1324	62/1594
桥梁保养	座	333	333
隧道保养	座	121	121
涵渠保养	座	884	884

（杨健勇）

【南平工务段】 段机关位于福建省南平市中山路1号（邮政编码353000）。行政机构设办公室、线路技术科、路桥技术科、安全质检科、劳动人事科、计划财务科、材料科、职工教育科、武装保卫科，辖多元经营部、安全生产指挥调度中心和14个车间；党群组织设党委、纪委、工会、团委，辖24个党支部、16个工会支会、10个团支部。段长黄益荣，党委书记陈庸斌（2月免）、何闽安（2月任），副段长王荣高（11月免）、王德福（8月免）、张七生、杨昌福、陈金柏、林玉应（11月任）、唐国华（11月任），党委副书记、纪委书记黄玉忠，工会主席李雪松，总会计师余淑萍。年末，在册职工1173人，固定资产17.32亿元。

该段承担正线491.34公里（鹰厦线216.36公里、外南线29.41公里、峰福线226.95公里、南平东支线5.62公里、来外Ⅱ线5.51公里、外包Ⅲ线2.54公里、外包Ⅳ线1.68公里、横南联络线0.57公里、外洋联络线2.7公里）、站线254公里、专用线42.54公里、道岔843组（正线道岔306组、站线道岔537组、专用线道岔67组）及桥梁172座/20.82公里、隧道96座/65.61公里、涵洞1518座/36.22公里等设备的养护维修任务。

推进安全风险管理，制定《南平工务段安全风险管控和安全隐患排查治理双重预防机制实施细则》，加强风险防控和隐患排查，强化劳动安全、施工安全、钢轨防断防胀安全、轨道车和道路交通安全等重点环节管理，把原季度考核奖励改为百日安全考核奖励，将安全成绩与单位、个人利益挂钩。全年追踪分析安全信息393件，下发安全情况通报52期，转发事故通报167期、上级安全预警通知书30张，下发段级安全预警通知书13张。开展安全生产大检查，干部下现场检查9176人次，检查车间888人次，检查班组7343人次，添乘1564人次，夜查1249人次，跟班作业1633人次，顶岗作业522人次，发现问题3425个，均整改完毕。截至12月31日，实现运输安全3348天。

全年，道岔大修37组，股道换枕4.931公里，股道无缝化6.214公里，隧道抛床清筛3.2公里、更换薄型枕0.77公里，线路中修33.838公里，道岔小机维修200组、工电联整185组；正线大机综合维修148公里、综合保养351.648公里，道岔综合保养425组，保优站到发线121.855公里；更换叉心51个、重伤轨件301根(钢轨240根、岔心46组、尖轨15根),成段更换钢轨36根/860米;成段更换长轨22条曲线/6.975公里;铺设60无缝再用长轨25.9公里(单面);扣件及接头螺栓涂油170.359公里,螺栓改锚24400根,小半径曲线钢轨打磨32.43公里;更换轨底大胶垫35181块、轨距挡板30292块、弹条20810个、拉杆2123根、胶接绝缘夹板42付。整治排水设施97处/12832米、涵渠179座/1104米,处理危树危竹102454棵;桥梁保养127座、隧道保养62座、涵渠保养1157座、路基排水设备保养2944处/421202米;桥梁综合维修11座/1869.19米、隧道综合维修3座/2000米、涵渠综合维修54座/1333.6米;疏通泄水孔592处/160757米,修筑检查道958处/7706米,排水不良病害整治9处/1280米。管内平均降雨1470.2毫米,降雨量达警戒值1574次,启动防洪应急响应7次,办理区间封锁12次、限速106次;发生水害33件,均及时发现并有效处置。

南平工务段南平南路桥车间对七里街大桥进行养护维修　　　　(阳豆　摄)

加强职工业务培训,举办各类培训班54期/1576人次;选派157人次参加总公司、集团公司培训班。在第十三届南昌铁路职业技能竞赛中,该段选手获轨道车副司机第四名。开展QC攻关,南平线路车间的QC课题"降低钢轨打磨机使用故障率"获集团公司工务系统二等奖。

夯实基层党建基础,推进"两学一做"学习教育常态化制度化,修订完善《党支部一体化考评实施办法》《党员创岗建区实施办法》《党员创优设备管理考核办法》等系列制度,探索党支部书记联检互评工作机制,搭建党员创先争优平台。开展"创建党员优质设备""三比三无""抗洪抢险当先锋、节支降耗做表率"等党内实践活动。围绕"强基达标、提质增效"主题,在南平、邵武、武夷山等片区开展形势任务大宣讲64场,形成调研成果、体会文章40篇,征集合理化建议25条。开展专题党课13场,查摆薄弱问题131条,整改"灯下黑"问题18条。评选出南平线路车间小桥11#曲线、顺昌线路车间照口3号道岔等十大党员创优品牌,增强党员先锋模范意识。

推进"三线"建设,集团公司投入127.7万元完成五里峰线路及路桥工区、上乌石巡养站、潘坊巡养站、武夷山片区文体活动中心等4个"三线"建设项目;段自筹117.8万元完成邵武路桥车间、武夷山综合维修车间、南平南路桥工区、峡阳路桥工区、峡阳巡养站、南雅巡养站、官墩巡养站、黄莲坑巡养站、陈家寨巡养站等9个"三线"建设项目。改善职工生产生活条件,完成一线工区WiFi全覆盖。落实帮扶救助机制,发放各类补助金97人次/32.8万元。

表12-32　南平工务段2017年主要指标完成情况

项　目	单位	完成
道岔大修	组	37
站线中修	公里	33.838
股道换枕大修	公里	4.931
道岔小机维修	组	200
道岔工电联整	组	185
正线综合保养	公里	351.648
道岔综合保养	组	425
站到发线保优	公里	121.855
更换钢轨	根	301

续上表

项 目	单位	完成
成段更换长轨	公里	6.975
更换岔心	个	51
铺设60无缝再用长轨	公里	25.9
股道无缝化	公里	5.940
铝热焊接	头	357
更换胶接绝缘夹钣	付	42
扣件涂油	公里	170.359
螺栓改锚	根	24400
小半径曲线钢轨打磨	公里	32.43
防洪预抢工程	件	6
水害复旧工程	件	1
路基维修	万元	206
整治防护加固设备	处/平方米	12/471
整治排水设施	处/米	97/12832
整治涵渠	座/米	179/1104
处理危树竹	棵	102454
桥梁保养	座	127
隧道保养	座	62
涵渠保养	座	1157
路基排水设备保养	处/米	2944/421202
路基综合维修	处/米	201/22231.2
桥梁综合维修	座/米	11/1869.19
隧道综合维修	座/米	3/2000
涵渠综合维修	座/米	54/1333.6
排水不良病害整治	处/米	9/1280
修筑检查道	处/米	958/7706
排水设备清淤、修补	处/米	592/160757

（黄懿武）

【永安工务段】 段机关位于福建省永安市黄竹洋路168号(邮政编码366000)。行政机构设办公室、线路科、路桥科、安全科、计划财务科、劳动人事科、职工教育科、材料科、武装保卫科，辖多元经营部、劳动服务公司、安全生产调度指挥中心和12个车间；党群组织设党委、纪委、工会、团委，辖21个党支部、14个工会支会、13个团支部。段长黄明雄，党委书记张志良，副段长钱水林、陈星福、温国春、王春光，党委副书记、纪委书记罗政轩，工会主席苏建昌，总会计师杨贞金。年末，在册职工1195人，固定资产14.81亿元。

该段承担正线1004.5公里、站线延长186.237公里、道岔653组、代维修专用线46.054公里；桥梁201座/82.364公里、隧道164座/345.165公里、涵渠915座/23.646公里等设备的养护维修工作。

年内，强化安全基础管理，修订完善《交通事故和生产安全事故责任追究办法》《安全生产委员会成员部门安全生产权力和责任清单》《全员安全生产责任制》《干部履职质量考评实施办法》等制度，健全安全控制体系。加强安全风险分析预警，召开安全对话会11次，转发上级安全预警通知书28张，下发段安全预警通知书14张。开展安全大检查，查出问题4767件，其中H类13件、A类158件、B类2305件、C类2291件。加强防洪工作，全年雨量报警1490站次、限速报警149站次、封锁报警15站次，开展防洪巡查5623班次、防洪看守8214班次，未发生因水害导致的行车事故。落实施工“五关”要求，阶段性开展防洪工程、换轨换枕、大机作业、道岔大修等施工专项检查。强化道口及路外安全，拆除鹰厦线K334、K335道口，计划拆除永嘉线K1+900道口，配合交警安装永嘉线K6+792道口监控抓拍系统。开展路外环境排查，发现各类隐患132项，已整治销号57项。开展3次轨道车对标检查，通过轨道车音视频系统，实时监控分析司乘人员执标情况。加强对薄弱区段、小半径曲线、站场老杂轨和异型接头等关键处所的检查监控，做好探伤回放。截至12月31日，实现安全生产2656天。

全年,加强薄弱设备整治,更换伤损钢轨703根、叉心26个、尖轨12根、基本轨5根;成段换轨22条/19.828公里,补充道砟988立方米,整治翻浆4959孔,复拧扣件81.445公里,更换锈蚀扣件14.625公里。推进"精细修""准确修",轨检车平均优良率49.98%,动检车平均优良率100%。强化路桥设备整治维修,完成桥梁综合维修3275米、隧道综合维修4971米、涵渠综合维修2810米。路基合格率85.13%,桥梁、隧道、涵渠劣化率分别为59%、45%、16%。

11月7日,永安工务段搜山扫石队在昌福铁路上清除危石　　(李春　摄)

加强职工业务培训,举办培训班196期,培训职工9575人次。开展"四个一"日常学习培训,针对高铁接管需要和新职人员较多特点,要求各车间(班组)每周脱产学习时间不少于半天;每月随机抽考15%的职工,并进行专项奖励考核;全年抽考1330人次,奖励4.74万元、考核0.76万元。

推进"两学一做"学习教育常态化制度化,深化"强基达标、提质增效"宣传教育。落实党委中心组学习制度,组织集中学习28次,专题学习研讨7次,共73学时。举办党员轮训班2期,脱产培训在职党员140名,占在职党员的51.1%。加大干部作风督查力度,全年编发干部作风督查通报12期,考核干部126人次。落实党风廉洁建设责任制,运用监督执纪"四种形态",实施任前廉政谈话9人,查办违纪案件2件,纪律处分3人。

改善职工生产生活条件,对打虎坑、城口、青州线路工区及桂口路桥工区等班组进行"三线"改造,更新一批家具家电。推进永泰试点综合工区一体化建设,牵头对三明北等6个综合工区内部环境进行整治。接待和走访群众103人次,召开维稳会议13场次,受理群众来信来访4件。落实"三不让"帮扶救助机制,共补助667人次,发放补助金85.42万元。

表12-33　永安工务段2017年主要指标完成情况

项　目	单位	计划	实际
线路大机综合维修	公里	110.79	110.79
线路中修	公里	15.44	15.44
站特线维修	公里	7.925	7.925
工电联整	组	116	116
抽换新油枕	根	1000	1000
抽换再用铪枕	根	4000	4000
铪枕螺栓改锚	套	35000	35000
更换伤损尖轨/岔心	根/个		12/32
更换夹板	块		56
处理翻浆冒泥	孔	8000	8000
维修及养护补充石砟	立方米	13280	13280
清理排水设备	米	334272	335856
清理防护加固设备	平方米	1428	1471
整修排水设备	米	4199	4286
桥梁维修	座/延长米	36/3275	36/3275
涵渠维修	座/延长米	23/4971	23/4971
隧道维修	座/延长米	101/2810	101/2810
道口平改立	处	2	2
道岔维修验收优良率	%	95	96.2
线路保养质量评定合格率	%	100	100

续上表

项　目	单位	计划	实际
道岔保养质量评定合格率	%	100	100
线路动态检测合格率	%	100	100
曲线优质保存率	%	95	95.1
桥隧涵综合维修优良率	%	100	100
桥隧涵保养质量合格率	%	97	97
运输有权支出	万元	24802.39	23481.12
集经经营收入	万元	300	382.53
集经利润	万元	0.5	0.87

（刘名炜）

【龙岩工务段】 段机关位于福建省龙岩市人民路龙岩火车站西侧(邮政编码364000)。行政机构设办公室、劳动人事科、计划财务科、安全质检科、职工教育科、线路技术科、路桥技术科、材料科、武装保卫科、多元经营部、提前介入办、安全生产调度指挥中心和19个车间;党群组织设党委、纪委、工会、团委,辖26个党支部、20个工会支会、17个团支部。段长黄青松,党委书记谢步恭,副段长马东才、刘俭承、张浩平、阙永强、陈邦开,党委副书记、纪委书记高绍洪,工会主席邹小明,总会计师聂裔先。年末,在册职工1851人,固定资产31.38亿元。

该段承担正线930.706公里(赣龙线157.227公里、鹰厦线28.378公里、漳泉线202.786公里、漳龙线143.06公里、龙岩东支线3.968公里、肖厝支线12.587公里、天湖山支线23.63公里、斗尾支线25.878公里、龙漳线15.353公里、赣瑞龙线317.839公里)、站段岔特线266.602公里、道岔895组、专用线58.094公里、桥梁443座/92713延长米、隧道292座/193748延长米、涵洞2266座/59219延长米的养护维修工作。

年内,推进安全基础建设,健全安全管理制度,梳理安全规章115个、技术规章42个,废止技术规章10个,杜绝“土政策”“土规章”。加大对现场“两违”行为检查力度,督导检查23957人次,机车添乘2923人次,夜查2556人次,带(跟)班作业2841人次,顶岗作业736人次;发现安全风险问题6370个,其中红线问题6件、A类问题126件、B类问题3440件、C类问题2798件。改善作业防护条件,配备320台列车接近预警器、460台天翼对讲机,提高防护能力。

加强防洪工作,管内年均降雨量为1355.7毫米,防洪重点出巡报警1058次、全面出巡报警461次;线路限速45公里/小时警戒206次、限速120公里/小时警戒29次、封锁警戒31次;雨量封锁50小时54分钟、雨量限速2936小时36分钟、水害封锁5小时20分钟;防洪巡查53678人次,防洪添乘581人次。划分普铁Ⅰ级防洪重点地点4处、普铁Ⅱ级防洪重点地点32处、普铁Ⅲ级防洪重点地点48处,高铁Ⅲ级防洪重点地点10处;冒雨巡查责任区段107处、薄弱处所巡查转巡守28处。

完成大机综合维修284.38公里,维修专用线、站特线61.776公里;维修桥梁17座/2086.8延长米、涵渠67座/1824.9延长米、隧道5座/1034延长米;维修正、到发线道岔488组,道岔工电联整445组;更换木枕4000根、混凝土枕3200根、尖轨19根、叉心28个、夹板599块、岔枕3008根;补充道床1.99万立方米,处理道床冒浆2.5万孔。做好南龙铁路提前介入工作,完成隧道锤击40.09座/86.541公里、路基检查56段/8110米,检查发现问题37013个,其中A类问题26182个、B类问题14045个;复查问题整改33404个,整改率83%。

6月7日，龙岩工务段探伤工区职工在雁石站场进行探伤作业　　（邬偎林　摄）

全面推进修程修制改革，在前期漳平线路车间试点的基础上，4月在8个普速线路车间成立检查工区，在路桥车间设置1个检查班组（下设4个检查小组）。加强职工业务培训，举办各类培训班40期，培训9224人次/15071人天；送外培训39期，培训249人次/2217人天。加强党建工作，优化党支部设置，创建龙岩检控车间示范点党支部；召开2次党建工作现场会，举办2期党支部书记业务培训班，轮训142名在职党员；深化创岗建区、“三无”竞赛等党内主题活动，评选表彰35名优秀共产党员。

改善职工生产生活条件，投入73万元对龙岩东12号楼等三处生产房进行改造，投入24万元推进龙岩路桥车间等5个三线建设项目；对102户普速车间（班组）值班室电视信号源升级改造，为38个沿线饮水困难工区派送桶装矿泉水。落实帮扶救助机制，共发放补助款54.08万元，其中：助困132人次/23.77万元，助学9人次/1.87万元，助医108人次/26.23万元，救助劳务工23人次/2.21万元。

2017年，该段获集团公司“模范职工之家”称号。

表12-34　龙岩工务段2017年主要指标完成情况

项　目	单位	完成
大机综合维修	公里	284.38
专用线、站特线维修	公里	61.776
正、到发线道岔维修	组	488
道岔工电联整	组	445
更换新木枕	根	4000
更换混凝土枕	根	3200
补充石砟	立方米	19942.7
更换尖轨	根	19
更换叉心	个	28
更换夹板	块	599
更换新岔枕	根	3008
道床枕盒、边坡清筛	公里	63.8
处理道床冒浆	孔	25000
扣件、接头螺栓涂油	公里	433.464
道岔加强（优质道岔）	组	445
曲线加强（优质曲线）	条/公里	698/247.264
更换P60再用轨	公里	1.815
更换P60新钢轨	公里	1.75
更换P50再用轨	公里	2
更换混凝土枕道岔大修	组	14
正线、到发线道岔维修优良率	/	95%
线路、道岔保养质量评定合格率	/	100%
曲线、道岔优质保存率	/	95%
清除排水设备淤积物	处/米	4945/734195
清除防护加固设备杂物	处/平方米	107/65928
砍除危树	株	388/6876
整修检查小道	处/米	487/31695
桥梁维修	座/延长米	17/2086.8
涵渠维修	座/延长米	67/1824.9
隧道维修	座/延长米	5/1034
整修各类排水设备	处/米	138/12305

续上表

项　目	单位	完成
整修各类防加设备	处/平方米	6/665
水害复旧(国铁)	件/万元	1/43.7
水害复旧(漳龙)	件/万元	1/35.6
水害复旧(漳泉)	件/万元	4/151.56
清除排水设备淤积物	处/米	2283/483211

(姚　敏)

【厦门工务段】 段机关位于福建省厦门市湖里区高崎中埔53号(邮政编码361011)。行政机构设办公室、线路科、路桥科、安全科、计财科、劳动人事科、材料科、职工教育科、武装保卫科,辖多元经营部、劳动服务公司、安全调度指挥中心和14个车间;党群组织设党委、纪委、工会、团委,辖26个党支部、16个工会支会、14个团支部。段长李文澄,党委书记林沧海,副段长余绍山、李建军、邬良正、林开辉、万七斤(8月任),党委副书记、纪委书记马金龙,工会主席郑润(8月退休),总会计师黄光耀。年末,在册职工1065人,固定资产10.87亿元。

该段承担管内线路1381.216公里(正线1036.959公里,站特线344.257公里)、专用线20.446公里、线路道岔1090组(正线道岔469组、站线道岔621组)、专用线道岔29组、桥梁353座/129.483公里、隧道70座/118.930公里、涵洞1272座/35.465公里、声屏障229处/50.701公里、限高架617个、防撞墙107处/6.358公里、防抛网129处/6.8公里、道口28处(其中工务看守8处)、公铁并行桩153处/23.252公里、防护栅栏470.8公里、高铁作业门162处等设备养修工作。

年内,建立安全生产权力和责任清单,健全安全生产责任制。7月,安全管理信息系统投入使用,落实135名管理人员安全履职考评工作。组织现场检查11809次,查出问题3367件(H类1件、A类94件、B类1598件、C类1675件);开展安全大检查,发现问题166个,全部整改完毕。落实集团公司蓝色预警书21张、黄色预警书1张,下发蓝色预警书19张。修订专项应急预案12个,确定24个Ⅱ级、60个Ⅲ级防洪点,开展段级应急演练7次、车间级应急演练21次,启动防洪应急响应5次,防洪演练5次,发布防洪预警通知10次,防洪添乘281人次,冒雨巡查21120人次,雨后检查1224班次,重点出巡870次,全员出巡236次。参与厦门轨道交通等路外上跨、下穿施工的安全监控工作。截至12月31日,实现运输安全1109天。

全年,完成道岔大修13组,客车径路到发线无缝化整治7股道/6.624公里,高铁工电联整135组,道岔顽固病害整治31组,更换再用Ⅱ型枕4.662公里,无缝化方枕及插入轨枕3.515公里,螺栓改锚2万余只,更换轨距挡板5万块、失效胶垫8万块、失效弹条4万个,处理道床翻浆1万孔。完成涵渠修补48座,限高架维修78个,防抛网整治12处,声屏障整改5处,路基排水设备保养312.063公里,排水设施维修26.420公里,增设沟帮检查道18.112公里、桥梁渗锌人行道支架432处,更换桥梁步行板96立方米、渗锌吊围栏92墩、枕木57根、挡砟块6820块。完成道口平改立4处,道口大修10处。完成防洪预抢项目6项、水害复旧项目7项。

推进"两学一做"学习教育,组织专题集中研讨4次,领导班子成员上党课28节。开展"强基达标、提质增效"主题宣传教育活动,举办3期党员轮训班,培训120名党员;开展大讨论91场次,组织主题演讲96场次,征集合理化建议67条。推进高铁综合工区生产生活一体化建设,重点完成云霄、龙山镇、漳州、翔安、泉州综合工区责任区划分及综合管理办法出台等工作。加强党风廉政建设,排查案件线索1件,立案6件,党纪处分4人,政纪处分2人。

6 月 28 日，厦门工务段纪委组织职工到厦门市廉政教育基地学习　　（付佳　摄）

举办各类培训班 31 期，培训 1411 人次；送外培训 103 期，培训 496 人次；高铁准入培训 4 期，培训 19 人。全员培训率 23.79%，脱产培训率 6.8%。开展技能鉴定 226 人次，2 人获得集团公司技师资格。

落实"为职工群众办实事"项目，投入 43.15 万元为车间班组添置电视机、洗衣机等电器 540 台（套）。走访慰问 363 户困难职工，发放慰问款 48.06 万元。安排职工健康体检 619 人、健康休养 78 人、荣誉性休养 11 人、女职工妇科体检 53 人。组织"职工集体生日会"活动，发放人均 200 元蛋糕券。评选表彰"最美青工""最强工班长""厦工工匠""高铁之星"各 5 名。

表 12-35　厦门工务段 2017 年主要指标完成情况

项　目	单位	计划	完成
线路大机维修	公里	250（杭深线）	161.1（杭深线）
		90（龙漳线）	90（龙漳线）
		120.45（鹰厦线）	63.9（鹰厦线）
道岔大机维修	组	100（杭深线）	93（杭深线）
		35（龙漳线）	0（龙漳线）
		52（鹰厦线）	14（鹰厦线）
线路大机打磨维修	遍公里	650.19（杭深线）	650.19（杭深线）
		313.92（龙漳线）	313.92（龙漳线）
道岔大机打磨维修	组	149（杭深线）	149（杭深线）
		23（龙漳线）	0（龙漳线）
线路中修	公里	12.015	12.015
鹰厦线站特线维修	公里	10.53	10.53
鹰厦线道岔小机维修	组	81	81
抽换新油枕	根	1000	1000
抽换新Ⅱ型混凝土枕	根	2000	2000
砼枕螺栓改锚	套	20000	20000
更换伤损尖轨/岔心	根/个	—	23
处理翻浆冒泥	孔	10000	10000
清理排水设备	米	125644	266846
清理防护加固设备	平方米	62820	209624

续上表

项　目	单位	计划	完成
整修排水设备	米	12680	28782
整修防护加固设备	平方米	62820	68674
桥梁维修	座/平方米	23/15393	34/24684
涵渠维修	座/平方米	29/530	42/632
隧道维修	座/平方米	2/5336	4/10864
道口平改立	处	4	4

（高志彬　陈志兴）

电　务　段

【南昌电务段】　段机关位于江西省南昌市西湖区二七西街51号（邮政编码330002）。行政机构设办公室、信号技术科、信息技术科、安全科、修建科、职工教育科、劳动人事科、计划财务科、材料科、武装保卫科、调度指挥中心、多元经营部、集体企业办公室，辖38个车间；党群组织设党委、纪委、工会、团委，辖党支部（总支）95个、工会支会39个、团支部38个。段长徐国强（4月任），副段长楼晓亮、周文军、熊卫、艾小勇、谢江勇、王小明（11月任），党委副书记方公新，党委副书记、纪委书记帅建龙，工会主席梅建民。年末，在册职工3072人，固定资产36.44亿元。

该段担负管内沪昆普速、京九、昌福、昌九城际、沪昆高铁、合福、吉衡、赣瑞龙、武九、铜九、皖赣、峰福、赣龙、赣韶、鹰厦、醴茶线共4622.66公里信号设备和888台机车、90组动车组、359台轨道车的电务车载设备维护管理工作。全段设备换算道岔为123246.18组。

全年，完成年度任务47509项、月度任务96780项；天窗修72758次，中修39站/23个区间设备，大修换岔285组；LKJ机车数据换装24次，动车组数据换装14次，换装机车和动车组共12048台。完成68个站场联锁仿真试验和32个车站改造模拟试验。完成Ⅰ级施工2次、Ⅱ级施工2次、Ⅲ级施工31次。

构建“三位一体”安全保障体系，夯实安全管理基础。强化安全风险“红线”问题分析和考核究责，考核H类问题5条、A类问题110条。防控违章作业，下发劳动安全违章通报2次、周视频分析通报50期。开展安全大检查，检查发现各类问题1334件，已整改1329件，整改率99.6%。运用安全对话、问题通报、风险预警等方式提高职工安全意识，共开展安全对话24次、问题通报94次，下发预警通知书14张（蓝色预警书5张、黄色预警书6张、橙色预警书2张、红色预警书1张）。全年，发生D9事故1件、D21事故5件、设备故障192件（电务设备故障117件、外转故障75件）；设备故障率为0.164件/每百组道岔，故障平均延时为40分钟。截至12月31日，实现运输安全1077天。

年内，加强精细维修，实行道岔“一岔一档”，解决道岔状态不可追溯性问题，考核数据假测、错测等问题24人次。落实工电联整制度，重新制定《南昌电务段工电结合部管理实施细则》，加强更换尖轨（基本轨）等涉及道岔转辙部位的作业后回检工作，下发结合部问题处理通报10期，规范工电结合部管理。强化监控分析，利用道岔缺口视频系统监测道岔运用状态,发现问题及时申请故障修进行处理。全年通过监控发现各类问题51464件,其中信号设备问题46616件、微机监测设备问题2282件、班组管理问题2566件,处理设备隐患7789件。根据应急抢修工作需要,投入50余万元,配齐站间信息传输设备、高压脉冲设备、3V化轨道电路设备等备件。

推进武九客专、九景衢铁路、昌赣客专、蒙华铁路等新线建设预介入工作,加大质量安全管控力度,严格落实设备验收标准,发现并解决九景衢铁路建设中存在伪劣信号继电器、不合格电缆和武九客专建设中存在无CRCC认证产品等问题,消除安全隐患。优化施工组织,保障“5·22”瑞九铁路引入九江枢纽Ⅰ级施工、“9·12”九景衢铁路引入九江枢纽Ⅰ级施工顺利完成和武九客专、九景衢铁路顺利开通。

加强职工队伍建设,动态完善后备人才库,制定年轻干部培养计划,强化干部交流和大学生轮岗实践,择优选拔6名大学毕业生到关键岗位任职。推进两级培训基地建设,利用向塘培训基地“全国职工教育培训示范点”扶持资金,扩充培训设备设施,改善培训条件;利用备品和废旧器材,建立赣州、萍乡等车间级培训场所。利用瑞九、衢九等新线建设及施工契机,抽调人员组建筹备组和施工小组,开展实践训练。全年,承办集团公司培训班7期,培训728人天;自办培训班48期,培训20212人天;委外培训37期,培训3116人天;全员培训率8.5%,脱产培训率3.2%。在第七届南昌铁路青年职业技能竞赛电务系统决赛中,该段选手包揽前四名;在“振兴杯”第十三届南昌铁路职业技能竞赛电务赛区决赛中,该段选手获第一、三、四、五名;QC攻关成果获4项国家专利、2项国优奖、2项省优奖。

改善职工生产生活条件,推进“三线”建设,投入188万元新建和改造沿线职工生产房屋、单身宿舍,安排15.08万元用于高铁单身宿舍职工住宿补贴,安排22.61万元用于职工伙食团营养补贴,投入42万元为职工活动室添置运动器材;分配职工保障性住房121套;组织1706名职工健康体检、568名女职工妇科体检、290名职工健康休养、104名职工荣誉性休养。关注青工婚恋问题,举办青年联谊活动4场。协调解决75名异地工作职工通勤、住宿等实际困难。

推进“两学一做”学习教育,围绕4个专题上专题党课86场次,开展主题党日活动66场次;推动党支部“三年基础工程”,组织开展“创岗建区”“党员立项课题攻关”等党内主题实践活动;开展职工书法、美术、摄影作品征集和党的十九大精神微信答题竞赛。全年,落实“三不让”帮扶救助机制,助困77人次/28.26万元,助医102人次/28.16万元,助学13人次/3.66万元,临时困难补助398人次/21.72万元。

2017年,该段职工支军被评为集团公司“十大平凡之星”之一,鹰潭驼峰空缓工区被评为“全国工人先锋号”。

8月8日在鹰潭驼峰空缓工区举行“全国工人先锋号”授牌仪式　　(汪志强　摄)

表12-36　南昌电务段2017年主要指标完成情况

项　目	单位	计划	实际
设备故障率	件/百组换算	≤0.225	0.164
设备故障平均延时	分钟	≤55	40

续上表

项　目	单位	计划	实际
信号中修任务	站	38	38
维修天窗	次	61649	61649
信号联锁关系正确率	%	100	100
地面信号显示合格率	%	100	100
机车信号显示正确率	%	100	100
信号设备综合合格率	%	99	99.93

（刘　康）

【福州电务段】 段机关位于福州火车站沁园支路49号北侧（邮政编码350013）。行政机构设安全科、信号技术科、信息技术科、职工教育科、劳动人事科、计划财务科、材料科、武装保卫科、行政办公室，辖多元经营部、集经企业、调度监测中心和26个车间（1月新成立福州南车载设备车间）；党群组织设党委、纪委、工会、团委，辖5个党总支、44个党支部、31个工会支会、25个团支部。段长朱国桢，党委书记陆永平（3月免）、高鹏（3月任），党委副书记兼纪委书记林晴（9月退休）、罗昭远（12月任），工会主席罗华鸿，副段长王苏安、熊诒跃、孙俊辉、郑景泰、王家平、陈志忠，调研员肖永胜。年末，在册职工2000人，固定资产9.31亿元。

该段担负杭深线、合福线、赣瑞龙线、龙漳线、昌福线、永莆线、峰福线、外南线、鹰厦线、漳龙线、赣龙线、漳泉线、福马线、永嘉线、天湖山支线、肖厝支线、南平东支线、龙东支线、湄洲湾支线、江阴港支线等线路3384.23公里、313个站（场）、68处道口信号、福州机务段配属320台机车的422套LKJ列车运行监控装置、福州动车段配属117组动车组的234套LKJ列车运行监控装置和163组动车组的316套ATP车载信号设备、188台轨道车GYK设备的养护维修任务。信号设备换算道岔为84618.299组。

年内，构建"三位一体"安全保障体系，下发干部作风通报11期，通报62人，提醒谈话18人次；开展安全生产大排查大整治，发现问题5264个，均整改完毕；发布各类预警通知书22张，启动防洪防台应急响应39次（Ⅳ级28次、Ⅲ级9次、Ⅱ级2次）。完善应急预案，制作应急交通路线二维码，提高应急处置效率。建立两级"安全风险库"，实施安全风险分级管控。全年，发生D21事故1件（厂家全部责任），同比减少8件，下降88.9%；发生设备故障127件、责任故障69件，设备故障率为0.155件/百组换算道岔，平均延时46分钟。截至12月31日，实现运输安全2961天。

推进标准站建设，完成南平、建阳、闽清、建瓯西站标准化信号机械室和道岔整治。严格LKJ基础数据管理，换装数据版本24次。加强技术检查，机车添乘（徒步）检查设备3596人次，发现并解决信号显示不良问题13个、移频轨道电路传输干扰区段问题11个、补偿电容失效问题14个。完成更新改造项目4项、大修项目6项，组织鹰厦线沙县改线工程等施工配合12项。完成其他业务收入2068.24万元，实现毛利1349.18万元，完成年度预算的109.69%。

4月10日，沙县改线站改施工中，福州电务段职工进行施工配线　　（林秋　摄）

加强职工业务培训，建成武夷山东高铁培训基地，创建"李德迎劳模（先进）创新工作室”。举办培训班47期，培训职工1875人次；送外培训51期，培训职工312人次。在“振兴杯”第十三届南昌铁路职业技能竞赛电务赛区决赛中，该段选手谢奕发获第二名。武夷山北信号QC小组的质量管理成果“缩短信号设备故障登销记时间”获“局优”和“铁道行业优”称号；电子设备QC小组的质量管理成果“研制信号信息系统智能协议分析仪”获“局优”“省优”及“国优”称号。

推进“两学一做”教育常态化制度化，开展4个专题集中研讨，组织党委中心组集中学习16次，上专题党课36场次，开展主题党日活动35场次。举办4期党员培训班，培训党员280人。开展“强基达标、提质增效”巡回宣讲170场次。推进示范党支部和标准化活动阵地建设，加强党员党纪条规学习，编发纪检专刊17期、H5信息2条、反腐资讯270条。开展工程项目、物资采购及“三公”经费整治，制定《福州电务段机关工作人员管内出差用餐交费管理办法》，规范机关工作人员就餐制度。

全年，落实帮扶救助机制，补助重困职工54人次/8.76万元；日常补助困难职工368人次/12.85万元；救急济难补助58人次/5.33万元；大病及特殊困难一次性补助5人次/8.5万元；助学5人次/2万元，助医7人次/1.03万元。改善职工生产生活条件，争取集团公司资金119.74万元新建杜坞信号工区生产房及武夷山信号车间伙食团、整修来舟信号车间单身宿舍；自筹资金265.75万元对杭深、向莆、鹰厦、赣龙线等部分生产生活用房进行专项整治。

2017年，该段获集团公司国防动员工作先进单位、信访先进集体、综合治理先进集体等称号；职工赵伟被评为集团公司“十大平凡之星”之一，阙绍智获“火车头奖章”。

表12-37　福州电务段2017年主要指标完成情况

项目	单位	计划	实际
地面信号显示合格率	%	>98	98.06
联锁关系正确率	%	100	100
机车信号显示正确率	%	>99	100
信号设备综合合格率	%	>90	99.8
信号设备故障率	件/百组换算道岔	0.225	0.155
故障平均延时	分钟	55	46

（刘文炜　王培伟）

通　信　段

【南昌通信段】　段机关位于江西省南昌市西湖区二七西街53号（邮编330002）。负责集团公司管内行车通信系统的安全保障工作，通信设备换算皮长35.82万公里。行政机构设安全调度科、有线技术科、无线技术科、职工教育科、劳动人事科、计划财务科、材料科、办公室，辖28个车间（5月16日成立九江高铁通信车间）、多元化经营部和网管中心（4月8日成立）；党群组织设党委、纪委、工会、团委，辖39个党（总）支部、29个工会支会、28个团支部。段长林其彪，党委书记高承鹏，党委副书记、纪委书记邹梁平，工会主席谭慧，副段长洪伟、陈金平、汤黎荣、曾毅（4月任），总工程师姜少明。年末，在册职工2066人，固定资产18.95亿元。

年内，围绕“强基达标、提质增效”主题，推进安全风险管理，追踪分析安全信息856件，督办问题39件，召开典型安全问题交班分析会33次，下发问题通报8期、安全预警通知书5张，落实集团公司安全预警通知书25张。组织安全工作约谈1次，召开光电缆安全工作研讨会1次。开展劳动安全和施工安全专项整治，分别整改问题387件、355

件。对高温高空露天作业人员健康体检中查出的30名高温禁忌人员调整暑期工作岗位。全年,发生通信设备责任故障5件(较计划减少15件),平均延时58分钟(较计划减少2分钟),安全红线问题3个(较计划减少2个)。截至12月31日,实现安全生产2938天。

年内,实施杭深线视频补强工程等2017年度更新改造项目6项,完成投资1961万元;完成2016年度续建项目20项,完成投资481.34万元。完成杭深线T形桥梁通信外挂电缆槽改造16.712公里;完成动车组CIR/LBJ三级修59组、四级修25组、五级修14组;完成鹰厦线大机清筛通信光缆迁改8.2公里;完成京九线桥槽中修整治15公里、京九线南昌—三江镇光缆中修46公里和漳龙线龙岩—省界、苏坂—坂尾长途电缆中修80公里。

推进维修作业标准化,修订作业指导书,完成车间网调室视频监控建设。开展通信设备维修整治,完善CIR设备障碍应急预案,更换551台CIR设备器件;组织线路专项整治,完成存在安全隐患的光缆迁改8公里。投入180万元整治部分复合槽风化及桥槽支架锈蚀严重问题。完成鹰厦线基础网改造后31个通信机房的达标整治和补强。全年,管内有线通信设备综合合格率97%,同比提高0.27%;移动通信设备综合合格率99.39%,同比提高1.69%。

依托信息化平台,推进精细管理,该段自主开发的数据网资源管理系统通过铁路总公司、集团公司评审,在集团公司数据网投入试运行。建立材料管理系统,实现材料采购情况的实时查询。修订完成23类67项的作业指导书库,制作作业指导书计表操作视频片13个并刻录成光盘发给职工学习。建设上饶培训基地和婺源、南平北、永泰、吉安等车间实训场所。运用微信平台组织在线培训、考试。制定岗位星级评定实施办法,组织两次职工岗位星级评定工作。全年,完成各类适应性培训8803人次;送培武汉高铁训练段高铁岗位资格取证231人;开展车载通信设备、现场综合维护、数据网维护3个项目的职工技能比赛;1464名职工参加岗位技能达标培训及考试。开展全面质量管理和QC攻关,其中技术支持中心成果获江西省QC成果大赛二等奖,漳州车间成果获福建省QC成果大赛一等奖。

推进“两学一做”学习教育常态化制度化,轮训党员247名,开展主题党日活动百余次。开展“普铁学邵武、高铁看婺源”学习引领活动,遴选出邵武车间和婺源车间作为示范点。优化离退休党支部设置,成立中修网管联合党支部,指导5个党支部换届选举,增补12名党支部委员。深化“通通工作室”新媒体平台建设,推进企业文化三年基础工程,建成10个文化示范点。每月开办“纪律讲堂”,组织职工学习党纪条规和案例通报,随机抽考规章制度。组织集体廉政谈话2次,编写党风廉政专栏11期,编发党风廉政学习专刊1期,举办廉政宣传教育会14场次,受教育人员4205人次。加强干部作风督查,通报履职不力人员70名,廉政约谈3人,责令书面检查5人,行政处分1人。

8月1日,南昌通信段在上饶干校举办党员轮训班　　(陆逸　摄)

改善职工生产生活条件,投入74.5万元进行47处房屋维修,投入75万元对5处生产用房大修;投入22.3万元用于暑期送清凉活动;投入319万元用于职工伙食团补贴。组织在职职工1452人、退休职工11人健康体检,组织15批共163名职工健康休养。分配职工保障性住房23套，发放各类补助救济款45万元。开展爬山、书法、厨艺等职工文体活动500余次，分片区组织青工联谊活动，常态推进青年成长成才导航和安心安家服务工程。

2017年，该段获集团公司“综合治理先进单位”、“平安单位”、“信访先进单位”、“学习型领导班子”和“模范职工之家”等称号。

表12-38　南昌通信段2017年主要指标完成情况

项　目	单位	完成
完成通信大修任务	项	3
完成通信中修任务	项	3
有线通信设备综合合格率	%	97
移动通信设备综合合格率	%	99.39

（杜　娟）

车　辆　段

【南昌车辆段】　段机关位于江西省南昌市新魏路2号（邮政编码330002）。行政机构设办公室、技术科、材料科、安全统计科、劳动人事科、计划财务科、职工教育科、武装保卫科、质量检查科、动车技术教育科、动车安全质检科、客车调度应急指挥中心、动车调度应急指挥中心和多元经营部，辖10个车间；党群组织设党委、纪委、工会、团委，辖61个党支部（总支）、12个工会支会、15个团支部。段长杜锦程，党委书记刘青林，副段长徐国林、丁涛、刘一平、申孝周、苏贤达、刘耀华，总工程师钟国才，总会计师杨俊，党委副书记杜勒彪，党委副书记、纪委书记郑晔强，工会主席马道木。年末，在册职工2896人，固定资产164.1亿元。

该段配属客车1900辆、动车组90组（CRH2A型40组、CRH380A型50组）。客车设有段修台位12个、整备线30条、临修线6条、存车线19条；动车设有两线检查库2个、四线检查库1个、单线临修兼镟轮库1个、临修线1条、不落轮镟线1条、洗车线2条、存车线24条（其中6条与客车共用）。拥有各种动力设备926台。

全年，完成客车段修876辆，临修1697辆，A1修1777辆，入库检修411732万辆，到、发、通检修1911013辆，轮对临修1347对；完成动车组一级修13873组，专项修15985组；客车走行451191.204千辆公里，动车组走行390503.241千辆公里。开行临客、旅游列车282对/328组/4580辆，完成军、专运任务100组/281辆。截至12月31日，实现运输安全790天。

年内，加强安全检查，从检查项点、计划编制、兑现质量、问题销号等方面完善日检查计划，将检查项点安全情况与参控干部责任挂钩，每季度对参控干部日检查计划落实情况进行考核评价。制定旅客列车24小时安全检查机制，每月对段担当列车进行全覆盖检查，突击检查车辆乘务员、随车机械师途中、站折作业，特别是车辆乘务员途中换挂机车、列车转向、折返站作业等关键作业环节。全年，发布日检查计划365期，对1108个安全信息进行追踪分析；开展11次旅客列车24小时安全检查，发现问题826件并落实考核。

推进信息化建设，在重点作业环节研发十余项信息系统。其中，客车调度应急指挥平台、随车机械师出退乘及钥匙交接管理系统、摄像手电筒数据落地分析评价系统、TEDS实训系统、TVDS作业评价系统已投入使用，客车运用管理信息系统、动车组关键部件安装状态图像检测系统、动车组检修作业过程控制系统已投入试用。客车运用管理信息系统可实现对作业数据自动采集、统计、分析、评价，形成大数据报表，为优化现场作业组织提供支撑。优化升级客车调度应急指挥中心，研发运用4大系统、12个模块，实现乘务作业自动提醒、重点作业监控、应急指挥可视化、安全检测信息实时推送等功能。

按照铁路总公司、集团公司要求，推进修程修制改革，完成 5 组 CRH2A、3 组 CRH380A 统型动车组高级修周期间隔延长的实车验证。全面开展扩大二级修，成立扩大二级修班组，检修周期由 20 天缩短至 7 天。选取 3 个交路的 18 组 CRH380A 统型动车组实施一级修周期里程由“≤4000 + 400 公里”调整至“≤5000 + 500 公里”的验证。满足动车组周末图开行需要，对二级修作业周期进行优化，将原计划周五至周日实施的二级修作业调整到周一至周四，并对镟轮、LU 探伤等作业进行优化整合。

加强职工队伍建设，推行技师岗位化管理，合理分配技师岗位职数；试行质检员星级评价，督促质检员认真履职。优化人力资源配置，调整班组 2 个，原设备车间的动检维护组划归南昌动车所，南昌客列检车间的 TVDS 分析组划归客车调度应急指挥中心；新增检修车间油漆组、库检车间值班室和蓄电池组、南昌动车所调度组和设备维修组、南昌西动车所调度组和轮轴组等 7 个班组。

全年，举办各类培训班 105 期，培训 12884 人次，全员培训率 20.55%。该段职工在第十三届集团公司职业技能竞赛车辆系统比赛中，获车辆电工全能第一、二名和车辆钳工全能第一名，并包揽客车检车员全能前四名；在第五届全国铁道行业职业技能大赛中获列检车电员第二名、列检检车员第三名。

4 月 17 日，南昌车辆段举办动车组开行十周年庆祝活动 （肖尧 摄）

年内，推进“两学一做”学习教育常态化制度化，组织开展 3 个专题的集中学习和讨论，举办 4 期党员培训班，对 362 名在职党员进行脱产培训。开展党支部设置情况调研，对 7 个车间级党支部（总支）进行优化设置。以“党建基础工作年”为主线，开展党建课题实践和研讨，取得 4 项课题攻关成果。依托局域网，开发发展党员管理系统和党员业绩管理信息系统。

全年，走访慰问困难户 310 人次/17.42 万元；助困 262 人次/47.04 万元；助学 11 人/3.15 万元；助医 60 人次/17.72 万元；互济补助 208 人次/15.15 万元。

2017 年，该段通过 ISO 9001:2015 质量管理体系换版审核，获集团公司“‘强基达标、提质增效’主题教育活动先进单位”“春运立功竞赛优胜单位”“国防动员工作先进单位”“体育先进单位”“信访工作先进集体”等称号和第十三届南昌铁路职业技能竞赛优秀组织奖。检修车间胡勇勇被评为“铁路工匠”，南昌西动车所刘鹏被评为“十大平凡之星”之一。

表 12-39 南昌车辆段 2017 年主要指标完成情况

项 目	单位	实际
客车送厂修	辆	151
客车 A2、A3 修	辆	876
客车 A1 修	辆	1777
客车临修	辆	1697
轮对检修	对	1347
发电机组中修	辆	12
动、客车乘务走行公里	千辆公里	841694.445
支配客车日辆公里	公里	957
库检入库检修	辆	411732
客列检到、发、通检修	辆	1911013
动车组一级修	组	13873
动车组二级修	组	15985
动车组送厂三级修	组	39

续上表

项　目	单位	实际
动车组送厂四级修	组	32
机械设备完好率	%	98
修旧利废值	万元	406.99
全员劳动生产率	辆/人年	49.85
盈利	万元	1585.23

（熊宏钢）

【南昌南车辆段】 段机关位于江西省南昌市向塘镇向铁北大道15号（邮政编码330201）。具备60T、70T级铁路货车段修资质，自备车厂修及国铁C64K、C70、P65厂修资质。2017年，行政机构设办公室、劳动人事科、计划财务科、技术科、安全科、质量检验科、信息调度统计科、材料科、职工教育科、武装保卫科，辖多元经营部、2个作业场和13个车间；党群组织设党委、纪委、工会、团委，辖8个党总支、68个党支部、18个工会支会、1个团总支、17个团支部。段长刘晓，党委书记邢为，副段长滕明山、朱建国、易汉成（至4月）、张玉江（4月任）、邱新亮（4月任），总经济师杨俊（至4月）、胡颖（4月任），总工程师邱新亮（至4月）、易汉成（4月任），党委副书记吴德兴，纪委书记廖鸿麟，工会主席饶秋生，调研员熊跃武。年末，在册职工2811人，固定资产6.45亿元。

该段拥有段修台位45个、厂修台位4个，年段修能力12000辆、厂修能力500辆；拥有临修台位56个（向塘西站修18个，鹰潭东站修24个，沙北站修6个，萍乡站修8个），年临修能力20000辆。全年，提前24天完成检修生产任务，完成国铁货车厂修51辆、段修11197辆，自备车厂修55辆、段修1119辆。

年内，围绕“强基达标、提质增效”主题，构建人防、物防、技防“三位一体”安全保障体系，强化质量管理，严格执行干部值班包保和跟带班制度，加强现场关键点卡控和督导检查，开展隐患排查和专项整治。全年，各级管理人员下现场检查22358天、检查班组15312人次、夜查3999人次、整治安全问题10874个，遏制“两违”问题发生；落实安全责任追究，对安全突出问题倒查干部管理责任，考核管理人员200人次；强化安全风险防控，发布安全风险预警23次，其中红色预警2次、橙色预警1次、黄色预警1次、蓝色预警19次。

3月10日，发生广茂线P64K3407875车辆后从板座铆钉折断一般C类事故，该段列同等主要责任。该段深刻吸取事故教训，对责任车间进行帮促指导，开展全员安全反思、干部整风肃纪和薄弱车间帮扶，集中整治安全问题129个，签订干部安全承诺书227份，夯实安全管理基础。

年内，修订完善《南昌南车辆段经营业绩考核办法》、《南昌南车辆段车间管理人员履责考核办法》和《南昌南车辆段机关管理人员履责考核办法》，将管理人员工作实绩、工作质量与收入挂钩，提升管理效率。坚持“质量为本”理念，开展立标打样工作，选树向塘修配车间内制动和向塘西运用二车间5T运用为典型，打造标准化示范标杆；在运用区域常态化开展TFDS质量对规，组织始发列车标准化作业示范活动演示，提高列检安全防范能力；在定检区域开展惯性质量问题整治，组织修订段修作业指导书942份，促进岗位人员执标作业。

10月9日，江西省文明办调研员刘小珍对该段全国文明单位创建工作进行检查指导

（卢香莲　摄）

4月21日，取得国家铁路局颁发的国铁C70、P65型车厂修资质，为提高检修收益创造条件。拓展其他业务收入，扣解报废车190辆；开展修旧利废活动，节约成本416.37万元；开展配件源头质量索赔，录入369件，获赔付85件，价值8.7万元。全年，完成债权清理3213万元，期末债权445.08万元，较集团公司债权控制目标减少105万元，减幅19%；实现利润774.44万元。实行精确激励约束，开展技术专业管理评价，根据评分对管理人员进行奖励，发放奖金18.52万元；在定检区域开展重点工艺兑现竞赛活动，促进职工落实工艺标准，发放奖励1.57万元；对职工解决重点典型故障奖励1.41万件/20.01万元。

加强人才队伍培养，公开招聘和组织推荐中层管理人员10名；举办脱产培训班40期/824人次，全员培训率8.48%。在第十三届集团公司职业技能竞赛车辆系统比赛中，该段选手获货车检车员第一名、5T维修员第二名、站修制动钳工第二名的成绩。在全路货车运用职业技能竞赛中，该段选手获列检值班员第一名、站修焊工第七名及1个一等奖、4个二等奖、2个三等奖。坚持开展群众性质量管理活动，“研制铁路货车压轮器”和“研制分解ST型缓冲器专用工具”分获江西省QC成果一等奖和二等奖，“研制制动梁滑块磨耗套铆钉夹具”获公路总公司QC成果优秀奖，谭志勇创新工作室获“全国优秀质量管理小组”称号。

全年，落实“三不让”帮扶救助机制，助困459人次/53.15万元，助学132人次/13.04万元，助医95人次/43万元，互济补助126人次/9.72万元，两节慰问225人次/6.93万元。组织2867名职工健康体检、198名女职工妇科普查，安排320名职工健康休养、38名先进职工荣誉性休养。

2017年，该段获“全国文明单位”称号，向塘修配车间台车组获铁路总公司“火车头奖杯”，职工谭志勇被铁路总公司评为“铁路工匠”。

表12-40　南昌南车辆段2017年主要指标完成情况

项　　目	单位	实际
货车厂修	辆	51
货车段修	辆	11197
货车临修	辆	20165
轴承一般修合格	套	11696
轮对检修	条	7939
货车厂段修一次交验拒收率	%	0.52
货车临修一次交验拒收率	%	0.23
轮对厂修一次交验拒收率	%	0.68
轴承一般检修一次交验拒收率	%	3.04
机械设备完好率	%	96.6
修旧利废值	万元	416.37
全员劳动生产率	辆/人年	24.519
盈利	万元	774.44

（王勇强）

【福州车辆段】　段机关位于福建省福州市晋安区西凤路2号（邮政编码350013）。行政机构设办公室、安全调度统计科、技术科、材料科、劳动人事科、计划财务科、质量检验科、职工教育科、武装保卫科，辖5个车间和集经公司，代管福州职业技能鉴定站；党群组织设党委、纪委、工会、团委，辖5个党总支、29个党支部、7个工会支会、5个团支部。段长张爱锋，党委书记李东，副段长谢国安、徐杰、谢启连，党委副书记、纪委书记陈道云，工会主席郑丽月，总工程师林建金，总会计师袁冬平。年末，在册职工1179人，固定资产28.18亿元。

该段配属客车1371辆，拥有段修台位12个、临修台位8个、运用区域整备线15条、存车线5条、临修线3条、机械动力设备507台。负责福州至北京、北京西、南京、成都、重庆北、呼和浩特东、贵阳以及厦门至北京西、贵阳、重庆北、上海南、兰州等方向14对47组旅客列车的维修、检修、保养和车辆乘务工作。

全年,完成客车段修673辆、辅修1010辆、临修1097辆、送厂修106辆;运用客车出入库检修17.02万辆,列检完成10596列167968辆(始发)、10555列167963辆(到达);开行旅游车33组509辆,完成专、军运任务114组271辆;运用客车走行346543882辆公里。截至12月31日,实现运输安全923天。

年内,健全应急处置管理体系,修订完善3项应急预案,编制"安全风险提示卡",结合季节性特点和易发故障,开展客车空调失效等实景式应急演练,提升应急处置能力。编制修订1050份作业指导书,实施作业指导书二维码管理。建立库乘质量互控机制,明确库检员、乘务员职责分工,加强质量问题的互控追溯。完善应急指挥中心功能,增设1套应急指挥三方通话语音设备和3个应急指挥工位。依托信息化平台,收集整理客车"一车一档"技术影像档案。加强乘务远程控制能力,新增乘务巡检手持机系统的定位及到站作业提醒功能,加装发电车巡检系统,实现对乘务标准化的动态监控和实时提醒。加强质量攻关,检修车间空调综合工班QC成果"铁路餐车电蒸饭箱故障检测装置的研制"获福建省优秀QC成果奖,库检车间车辆综合工班QC成果"气路控制箱辅助拆卸装置的研制"获全国优秀QC成果奖。开展先进作业法征集,征集到先进作业法23个,解决了一些客车检修、生产中的惯性问题。开展制动故障攻关,通过优化制动楼工艺布局、强化运用客车除尘排水、落实单元缸金属软管防松捆扎防控措施、推广使用制动管系超声波检漏仪和带排水塞门远心积尘器体等手段,有效降低了运用客车途中制动故障。

全年,举办各类培训班256期,培训14879人天;委外培训59期,培训2379人天。脱产培训率3.01%,全员培训率6.2%。在第十三届南昌铁路职业技能竞赛中,该段选手获机修钳工项目全能第一名的成绩;在第五届全国铁道行业职业技能竞赛中,该段选手获客车检车员项目第一名的成绩。

年内,扎实开展党内主题实践活动,举办三期党员轮训班,培训218名党员;制作宣传横幅5条、板报7面,在段微信公众号上推送相关信息2期;开展"强基达标、提质增效"专题教育宣讲31场次,下发干部作风通报8期,问责考核干部作风问题11件。按照"三个有利于"原则,优化设置党支部,新成立3个党总支、21个党支部。开展"福辆之星"先进评比活动,评选产生"福辆之星"27人,发放奖金12000元。将厂区作为企业文化建设主阵地,打造8面主题文化墙,开辟"星路星语"和"身边榜样"宣传专栏。

全年,走访慰问困难职工、离退休人员、劳模和职工遗属318人/38.67万元;助困392人/53.23万元;助学22人/2.32万元;助医69人/92万元。安排职工健康休养110人次、荣誉性疗休养17人次,组织645名职工健康体检、92名女职工妇科体检。开展"职工生日送祝福"活动,受惠职工1183人;关注大龄青工婚恋问题,举办三期"南铁佳缘·相约福辆"青年联谊活动,10对青年牵手成功。

4月27日,福州车辆段举办"南铁佳缘、相伴一生"集体婚礼　　（郑元　摄）

2017年,该段获集团公司"先进职工之家"称号。

表 12-41　福州车辆段 2017 年主要指标完成情况

项　　目	单位	完成
客车段修	辆	673
客车辅修	辆	1010
客车临修	辆	1097
段修一次交验合格率	%	96.14
客车轮对检修	对	3640
客车轴承检修	套	14560
设备计划修	台	675
客车入库检修	辆	167963
客车始发检修	列	10596
电扇年修	台	1689
发电车 C 级保养	台	12
全员劳动生产率	辆/人年	33.39

（赖立新　周　璇）

【福州东车辆段】　段机关位于福州市晋安区鼓山镇东三环路 728 号（邮政编码 350014）。行政机构设办公室、安全调度统计科、技术科、劳动人事科、计划财务科、质量检验科、材料科、职工教育科、武装保卫科、多元经营办公室，辖 9 个车间、1 个集经企业和 7 个装卸检修作业场；党群组织设党委、纪委、工会、团委，辖 48 个党支部（总支）、11 个工会支会、11 个团支部。段长陈宗辉，党委书记郑力敏，副段长陈昌煦、刘尧俊、吴木盛（2017 年 3 月退休）、陈国旺（2017 年 3 月任），总会计师郑永煜，纪委书记徐建荣（2017 年 11 月退休）、郭桂元（2017 年 12 月任），工会主席吴祖华。年末，在册职工 1142 人，固定资产 4.48 亿元。

该段承担总公司和集团公司下达的货车技术改造、入段厂修、段修、临修、罐车洗涮、通过修、红外线轴温探测、车辆运行动态检测等任务。拥有机械动力和起重运输设备 401 台，设厂修台位 4 个、段修台位 16 个、临修台位 28 个、预检预修台位 13 个，配有转向架、轮轴、钩缓、制动梁、制动阀等 8 条检修流水线。全年，完成货车厂修 138 辆、段修 5289 辆、临修 8574 辆、通过修 4064839 辆，转向架换装 47 辆，手制动拉杆整治 1025 辆，缓解阀拉杆座换装 4 辆，脱轨自动制动阀换装 1670 辆，行包整备 14234 辆。截至 12 月 31 日，实现安全生产 9656 天。

年内，提升工艺水平，增加检修台位，扩展生产资质。优化修车网络，动态调整生产计划，达到日均 30 辆的段修生产能力。

针对 2016 年底段部从永安搬迁至福州之后产生的环境、设备、人力资源、修车网络等生产要素变化，该段及时组织人员进行适应性培训，统一制作安全警示标识，开展安全风险研判，排查安全风险源头、隐患 112 个，制定防控措施。完善安全管理机制，动态修订安全风险库，更新安全制度 59 项、安全预案 19 个。建立与机务、车务等单位的横向沟通机制，研发应急救援指挥系统，实现信息共享，提高应急响应效率。

推进标准化建设，修订规章制度 250 项、合并 19 项、废止 27 项。适应新的货车检修结算方式，开展各修程、车型检修成本写实，根据实际材料消耗情况，动态更新扣车指令，实现均衡生产。优化运用生产布局，加强运用车间基础建设，撤销永安、邵武装卸检修作业场，减少作业场之间的重复作业。投资 1620.39 万元实施大修项目 27 个，投资 21.4 万元实施更新改造项目 4 个。完成铁山洋运用车间搬迁、还建工作。

编制货车“四新”知识多媒体课件，组织职工开展在线学习、考试，缓解工学矛盾。安装车间教室视频监控系统，所有考试、培训全过程录像，促进车间“真培、真学、真考”。全年，段办班 26 期，培训 868 人次；车间办班 172 期，培训 8769 人次；送外培训 52 期，培训 118 人次。

加强党建工作落实，完成全段 450 名党员基本信息采集;举办四期党员轮训班,培训在职党员209人;优化党支部设置,增设机关党总支、检修车间党总支和漳平运用车间党总支;段领导为党员讲授"党的十九大精神"专题党课14场次,受众达743人次。开展"强基达标、提质增效"主题教育活动,编发宣传简报16期,制作微信公众号作品32个。常态开展每季度"福东之星"评选,共评选出18名安全之星、标准化之星、创效之星和美德之星。以"家园亲情"为主线,组织职工创作《记忆·永辆》雕刻画、《福东辆·征程》图画,开展安全漫画、安全格言及摄影作品征集展示活动。

福州东车辆段车库轮轴检修流水线安全文化展示区　　（张文饶　摄）

落实为职工办实事工程,优化职工通勤方案,组织通勤职工分批次到三明北站乘坐动车,并联系三明公交公司大巴在永安至三明北区段接送职工。积极对接地方政府,解决职工落户、就学问题,完成职工落户239人、配偶子女落户247人、子女就学8人。加强帮扶救助工作,发放困难补助402人次/640527元、"两节"送温暖补助151人次/135400元、日常补助117人次/68300元、救急济难金补助19人次/10700元。

2017年,该段获集团公司"学习型领导班子"、"党群工作达标创优考核先进单位"和"保密工作先进单位"称号。段技术科科长詹怡彬获茅以升科学技术奖,漳平站修张彭获总公司"火车头奖章",检修车间陈代秋、王国强获福建省"金牌工人"称号。

表12-42　福州东车辆段2017年主要指标完成情况

项　目	单位	计划	实际
货车厂修	辆	118	118
货车段修	辆	5250	5250
临修	辆	/	8574
行包整备	辆	/	14234
通过修	辆	/	4064839
货车厂修一次交验合格率	%	97.5	100
货车段修一次交验合格率	%	97.5	99.73
货车临修一次交验合格率	%	97.5	99.88
机械动力设备完好率	%	95	98.43
修旧利废值	万元	/	354.87
全员劳动生产率	辆/人年	/	24.571
货车修理收入	万元	/	22817.34
货车修理支出	万元	/	22559.93

（严勇林）

动　车　段

【福州动车段】　位于福州市仓山区城门镇湖际村江店48号(邮政编码350018)。行政机构设办公室、安全统计科、技术科、劳动人事科、计划财务科、职工教育科、材料科、质量检查科、武装保卫科、设备信息科,辖5个车间、多元经营部和调度应急指挥中心(9月成立);党群组织设党委、纪委、工会、团委,辖17个党支部(总支)、6个工会支会、12个团支部(总支)。段长郑敏,党委书记黄墀才,副段长周建忠、陈秉航、吴诗春,总工程师黄如福,纪委书记黄奔(12月任),工会主席魏永和。年末,在册职工1860人,固定资产

181.31 亿元。

该段配属动车组 159 组，其中 CRH1A 型 55 组、CRH2A 型 38 组、CRH380A 型 42 组、CRH1A-A 型 24 组；设动车组检修列位 28 个、检查线 10 条、存车线 42 条，临修线 2 条，镟轮线 2 条；有机械动力设备 306 台。承担 106.5 对动车组的运用维修任务。全年，完成动车组一级修 24818 组、二级修 27459 组、送厂高级修 83 组；动车组检车乘务 65553.34 万辆公里；动车组日均开行 106.5 对。

2017 年 1 月 4 日，厦门北动车组运用所正式投入使用。厦门北动车所位于厦门市同安区刘塘村境内，距离厦门北站约 3 公里。工程于 2014 年 12 月开工，2016 年 12 月竣工。动车所占地面积 1085 亩，设检查线 8 条、存车线 27 条、临修线 1 条、镟轮线 1 条，承担厦门至上海、宁波、重庆、郑州等地共 39.5 对动车组的运用维修任务，解决了厦门枢纽的动车组运用检修和存放问题。

年内，开展检修源头质量整治，其中 CRH1 型动车组 20 项、CRH2 型及 CRH380A 型动车组 27 项；开展专项普查 119 项次，处理故障 1371 件。TEDS 系统检测动车组 169498 次/181204 组，发现故障 1275 件，其中立即停车检查 5 件、前方办客站检查 9 件、途中监控入库检查 1261 件。TADS 设备检测过车 57002 列次，发现 2 级报警 43 次、3 级报警 103 次。截至 12 月 31 日，实现运输安全 2221 天。

全年，梳理规章制度 409 项，其中新增 142 项、废止 95 项；修订作业指导书 84 项，新增作业指导书 28 项。对 TEDS 图像检查作业指导书进行优化，形成“W、Z、O”图像检查作业标准。完成 1 个段级、16 个部门级、109 个管理岗位的《安全生产主要职责》编制。推进安全风险库、隐患问题库及典型故障数据库等安全“三库”建设，加强安全生产信息分析运用，实现安全风险和故障隐患提前防控。利用动车组调度安全监控系统和动车组全景仿真系统，实现应急指挥员与随车机械师同步视角，提高远程指挥准确度。推进应急指挥中心建设，配足应急装备器材。结合季节性、阶段性典型问题和多发故障，定期开展应急演练。

开发系统集成平台，将办公软件、生产系统、控制系统进行整合，实现办公数据、生产信息的交互共享。推广动车组一二级检修全景仿真实训及考试系统，将系统客户端延伸到班组，班组自行组织学习考试。建立 TEDS 综合评价系统，实现对职工工作量、业务素质、作业质量、作业纪律等方面的综合考评。推进标准化动车组、标准化班组、标准化调度室、标准化配送中心、标准化资料室、标准化探伤间等 6 个标准化载体创建，厦门北动车组运用所获“2017 年度全路示范标准化动车所”称号，CRH2A-2453 动车组获“2017 年度标准化动车组”称号。开展 QC 攻关和亮点创意活动，福州南动车所 380 专项修工班获福建省“质量信得过班组”称号。

全年，举办职工培训班 373 期，培训 4907 人次；承办集团公司培训班 15 期，培训 242 人次；选送 352 人参加铁路总公司动车组运用检修理论培训，142 人参加特种设备操作培训取证。全员培训率为 5.36%。在“振兴杯”第十三届南昌铁路职业技能竞赛（动车赛区）中，该段职工夏坤、王星、代付军分获全能第二、第三、第四名，郭国栋、高贵鲁分获机械钳工第二、第五名。

年内，走访慰问困难职工 53 户，发放慰问金 3.5 万元；日常补助困难职工 10 人，发放慰问款 0.55 万元；互助互济 22 人次，发放救济金 1.72 万元；资助困难职工子女就学 2 户 3 人，发放助学金 0.22 万元。

2017 年，该段获路局“春运立功竞赛先进单位”“铁道企业文化建设优秀成果单位”等称号。

表 12-43　福州动车段 2017 年主要生产指标完成情况

项　目	单　位	完成
动车组一级修	组	24818
动车组专项修	项	247138
动车组送厂高级修	组	83
动车组检车乘务	万辆公里	65553. 34
动车组日均开行	对	106. 5
全员培训率	%	5. 36

（林　棋）

客　运　段

【南昌客运段】　段机关位于江西省南昌市西湖区二七南路 197 号(邮政编码 330002)，担当 112. 5 对列车的客运任务。行政机构设办公室、劳动人事科、计划财务统计科、乘务科、安全科、职工教育科、武装保卫科，辖 2 个综合车间、多元经营部和 14 个车队；党群组织设党委、纪委、工会、团委，辖 18 个党总支、151 个党支部、14 个车队(间)工会、24 个团(总)支部。段长况文发，党委书记陆志勇(5 月任)，党委副书记、纪委书记侯辉，党委副书记刘燕(11 月任)，工会主席张伟，副段长俞剑、汪源洁、陈其南、周春祥、郑建军。年末，在册人员 5105 人(全民职工 2882 人、劳务派遣工 2223 人)，固定资产 8693. 77 万元。

全年，完成运输收入(堵漏保收)2. 42 亿元，同比增加 554. 60 万元，增幅 2. 5%；其他业务收入 9159. 08 万元，同比增加 458. 35 万元，增幅 5. 27%；实现利润 1424. 47 万元，同比增加 403. 94 万元，增幅 39. 58%；实现毛利 5086. 95 万元，同比增加 859. 39 万元，增幅 20. 33%。

构建安全保障体系，加强安全风险管理，制定《铁路交通事故和生产安全事故责任追究办法》等制度，健全干部履责质量考评机制，督促干部履职尽责。实行运输生产全过程安全责任追溯制度、问题整改督办制度，强化结合部一体化管理。制定安全生产权力和责任清单，修订完善《全员安全生产责任制》，并录入安全管理信息系统，其中岗位职责 2887 条、工作标准 9247 条。开展安全隐患排查治理，建立问题清单，对南昌洗衣厂燃气锅炉、客技站地面安全、站台小推车管理等安全隐患纳入段安委会挂牌督办。开展防火防爆专项整治，做好列车防火禁烟宣传工作。根据暑期运输特点，开展以防烫、防压、防砸、防摔为内容的“四防”整治活动。加强安全生产结果分析运用，梳理惯性“两违”问题，完善现场作业联控措施。在启用新安全管理信息系统的基础上，配置旅客列车视频监控和列车长音视频记录仪等设备，实现重点作业、重点岗位、重点部位的全方位监控。截至 12 月 31 日，实现运输安全 2871 天。

建立服务质量评价机制，启用“南昌客运段服务质量管理评价库”，加强服务质量问题追踪分析，实现现场服务质量、作业人员工作质量追溯管理。完善乘务管理制度，修订《空调失效应急处置办法》《列车短停点办客作业组织办法》《车队(班组)乘务台账资料管理办法》。制定《南昌西站生产组织管理规定》《赣州站区乘务生产组织管理规定》，实行异地车队一体化管理。做好车务段担当列车移交该段管理的交接工作，实施“一车一方案、一车一亮点”工程，巩固客运服务质量年活动成果，规范重点旅客服务标准、服务流程。推进高铁列车基础工作专项整治，G1390 次、G5208 次在全路质量检查中评价良好。打造高铁列车品牌，重点推进 G489/90 次、G1382/87 次和 G631/2 次红旗列车品牌创建。全年，帮助旅客找回遗失物品 9000 余件，帮扶重点旅客 3000 余人次，收到旅客来电来信表扬 800 余件(次)。

加强职工业务培训，利用段生产交班会“学一题、考一题”方式促进学习，分批次组织各车队分管副职和专业科室人员进行岗位轮训，提高专业管理水平。以岗位作业指导书为基础拍摄作业标准写实，为 14 个车队配备教学投影仪和笔记本电脑，实现实物化教学和情景化教学。拓展每周二列车长交班会内容,加强案例分析、点评。全年培训职工18958人(天)。开展"机关作风效能建设年"活动,重点整治违反劳动纪律、漠视职工诉求、工作推诿扯皮等突出问题,提高工作效率和服务水平。全年下发《干部作风检查通报》12期,通报处罚干部143人次。

1月26日,南昌客运段组织青年志愿者与敬老院老人们一起包饺子,欢度除夕

(宋晨　摄)

推进全面预算管理,加强节支降耗,严控列车易耗品、洗涤、保洁费用等支出,实行竞争性采购,降低物资采购成本。全面分析市场供给需求,优化列车开行方案,实现增运增收。全年,组织开行(担当)临客307.5对、军运233辆、旅游专列37趟,安全运输旅客9853.5万人。修订完善车补收入激励考核机制,激励职工主动创效增收。推进异地食品供应上料点仓储、配送一体化管理模式,实现食品安全源头卡控。将在高铁动车上销售较好的品牌冰淇淋等商品推广到普速车,开展水果、牛奶、地方名优土特产经营试点,丰富经营品种。推进"互联网+"配送餐工作。

改善职工生产生活条件,对劳服公司洗衣厂地面进行硬化和环境改造,更新鹰潭、九江等异地车队职工生活设施。职工人均年收入95631元,同比增长10.5%。落实帮扶救助机制,助困510人次/42.96万元,助医212人次/217.9万元,助学33人次/8.07万元。落实劳务工转正政策,将119名符合条件的优秀外聘劳务工转为合同制员工。畅通诉求渠道,解决职工诉求300余件。

2017年,该段获集团公司"信访先进单位"称号。

表12-44　南昌客运段2017年主要指标完成情况

单位:万元

项　目	计划	实际	完成(%)
车补收入	23700	24258.99	102.3
其他业务收入	9900	9159.08	92.52
劳动服务公司收入	1300	1321.4	101

(彭文斌)

【福州客运段】　段机关位于福建省福州市晋安区站前路1号(邮编350013)。行政机构设乘务科、安全科、职工教育科、劳动人事科、计划财务统计收入科、行政办公室、武装保卫科,辖福州综合车间、厦门综合车间、多元经营部、劳动服务公司和10个车队(动车一队、动车二队、厦门动车队、福京车队、沪宁车队、成都车队、重庆车队、厦京车队、厦龙京车队、厦渝车队);党群组织设党委、纪委、工会、团委,辖91个党支部(总支)、15个车队(间)工会、22个团(总)支部。段长陈寿亮,党委书记陆永平,副段长张好、兰贵仁、陈连春、郭旺金、陈观水生、平炜、林时清,党委副书记黄锐,党委副书记、纪委书记陈宣宇,工会主席吴建平。年末,在册职工5214人(职工1712人、劳务派遣工3457人、集体职工45人),固定资产0.37亿元。

该段担当福州—北京、福州—北京西、福州—南京、福州—成都、福州—贵阳、福州—重庆北、福州—呼和浩特、厦门—兰州、厦门—上海南、厦门—北京西、厦门—贵阳、厦门—重庆北等13对图定普速旅客列车(运用车底44组,班组88个)和福州—北京南、福州—上海虹桥、福州—西安北、福州—重庆西、福州—昆明南、福州—龙岩、厦门—北京南、厦门—上海虹桥、厦门—重庆北、厦门—

龙岩等111.5对动车组(运用动车车底148组,班组346个)的旅客运输、餐营供应工作。全年,完成乘务里程95288万辆公里,同比增长24.7%;运送旅客13066.6万人,同比增长21.5%;担当收入973619万元,同比增长13.9%。车补收入2.46亿元,完成年度计划的102.52%,同比增长4.92%;其他业务经营收入1.61亿元,完成年度计划的89.26%,同比下降4.73%;其他业务毛利6693万元,完成年度计划的101.19%,同比增长1.19%。在岗职工人均年收入108686元,职工工资总额同比增长8.95%,职工收入稳步增长。

年内,贯彻"强基达标、提质增效"工作主题,提高作业人员业务水平,规范整备作业管理,加强上线质量验收。做好"1·5""4·16""6·1""7·1""8·1""9·21""12·28"等调图期间的运输组织,开展基础工作"六达标"、突出问题"六整治"、服务品牌"两创建"、管理机制"三规范"工作。推进列车库内周期保洁制度,建立首次上线车底验收制度,重新修订乘务作业流程,完善红旗列车管理办法。开展列车厕所达标活动,加强厕所环境卫生整治和维护,提高保洁质量。构建人防、物防、技防"三位一体"安全保障机制,落实安全管理事前预防、提示预警工作,抓好重点问题追踪,加强应急处置,按照集团公司要求配齐列车安全员。全年,在集团公司安全风险管理评价中被评为优秀;截至12月31日,实现运输安全9750天。

加强职工业务技能培训,开办各类培训班132期/63365人次,其中资格性培训52期5526人、适应性培训80期57839人次,完成计划的209%。在2017年"振兴杯"第十三届南昌铁路职业技能竞赛中,该段选手获列车长组第一、二、四名,列车值班员组第三、四名,列车员组第三、四名,行李员组第五名,中式烹调师组第一、四、五名的成绩;在"中式烹调师"青年职业技能竞赛中,该段选手获第一、四名的成绩。

以"加强党建基础工作年"为主线,推进"两学一做"学习教育常态化制度化。修订完善党支部一体化考评办法,规范支委会设置,明确支委职责,严肃党建问题责任追究。深化"走基层、看亮点,展风采、聚合力"主题宣传教育活动,常态化开展主题党日活动,加强党员轮训,全面落实从严治党的各项要求。落实帮扶救助机制,发放职工医疗补助、困难补助497人次/138.46万元,发放助学补助25人次/8.44万元,互助互济46人次/3.05万元,"两节"慰问职工816人次/38.39万元。组织1230名职工参加体检,18批次170名职工参加健康休养。

3月28日,福州客运段召开五届三次职工代表大会　　(李一明　摄)

2017年,该段担当的福州—北京西Z60/59次、福州—上海虹桥D3102/1次、G1634/5次等9趟列车获"红旗列车"称号,福州—北京K46/5次、厦门—北京西K572/1次"红古田号"品牌列车获"全路客货运输窗口用户满意单位"称号,该段获福建省"文明单位"和全路"文明单位"称号。

表12-45　福州客运段2017年主要指标完成情况

单位:万元

项　目	计划	实际	完成(%)
车补收入	23976	24579	102.52
多元经营收入	18000	16067	89.26
劳服公司收入	1600	1715	107.18

(雍晨曦)

房建生活段

【南昌房建生活段】 段机关位于江西省南昌市天佑路44号(邮政编码330002)。行政机构设行政办公室、计划财务科、劳动人事科、安全质量科、综合技术科、房产管理科、公寓管理科、设备材料科、武装保卫科、职工教育科,辖24个生产车间、建筑工程队、集体企业和单身宿舍管理所;党群组织设党委、纪委、工会、团委,辖28个党支部、26个工会支会和5个团支部。段长薛伟(2月任),党委书记危麒,副段长黄西平、夏侯颖、廖春年、卢普平,党委副书记、纪委书记胡建华,工会主席步建荣。年末,在册职工1451人,固定资产15.3亿元。

该段主要承担江西省(含湖南、湖北省)境内运输生产房屋及建筑物维修、给水供水和行车公寓、单身宿舍管理服务等业务,管辖房建设备745.4万换算平方米、给水设备4566.62换算公里、行车公寓24个、单身宿舍51个、机械动力设备250台(套)、特种设备5台。管辖范围东至婺源(上饶)、南至定南(赣州)、西到醴陵(萍乡)、北到孔垄(九江),运营里程4472.62公里。

年内,健全安全管理体系,修订81项管理制度。强化安全风险管理监督检查,下发问责处理通报9期,干部履职考核47人次/1.4万元,检查发现问题2400个(H类1个、A类47个、B类1195个、C类1157个)。开展高铁设备抢修、防洪防台、消防安全、食物中毒等应急演练45次。11月6日,向塘机务段赣州运用车间整备场机6道雨棚中部顶端一块铁皮隔热板半脱落悬空搭接在接触网承力索上,致使接触网承力索被短路后拉弧熔断。事故原因为雨棚大修计划执行和督促配合不力,致使雨棚屋面失修铁皮隔热板脱落。该起事故构成铁路交通一般C类事故,定向塘机务段主要责任、南昌房建生活段重要责任。截至12月31日,实现安全生产2294天。

年内,完成“三供一业”框架协议签订。房建设备维修352件/145万换算平方米,验收合格率100%;供水量2219万吨,售水量1622万吨,水费收入3591万元,水损率26.93%,水质合格率100%;公寓接待120人次,实现安全叫班34.15万趟,叫班正点率100%;单身宿舍收入497.32万元。实现毛利373.83万元,同比增加9.65万元,增长2.65%,完成预算的104%。

南昌房建生活段职工进行水质化验

(黄　燚　摄)

全年,组织各类培训班325期,培训9673人次(资格性培训106人次,适应性培训8948人次,其他培训619人次);完成33名“三新”人员的三级安全教育。投入8.57万元为部分车间添置教育培训设备。鼓励职工具备多岗位职业技能,对取得2个及以上岗位技能证书并实际从事兼职、顶替多岗位工作的职工,每月给予奖励。加强QC攻关,3个QC成果获奖,其中“研制电热开水器冷热水隔离装置”“研制雨棚封檐板防脱落装置”获铁路总公司优秀成果奖,“研发手机房建管理软件APP”获江西省三等奖。

推进“两学一做”学习教育常态化制度化,段领导班子成员在南昌、新余、鹰潭、九江、上饶、向塘、赣州、吉安等片区党支部上党课10场。加强党风廉政建设,建立工程廉政风险防控措施和“3211”管理机制;工程项目管理平台委托路外软件公司提供技术服务,并链接到段局域网;建立微信发布平台,将施工单位代表的微信号全部纳入,做到信息公开。落实帮扶救助机制,助困 699 人/28.63 万元,助学 6 人/1.81 万元,助医 52 人/5.43 万元,“两节”慰问困难职工 516 户/20.98 万元;发放沿线伙食团补贴 12.18 万元。组织职工健康体检 1165 人次、健康休养 170 人次、荣誉性休养 19 人次。

2017 年,该段获集团公司“党风廉政建设先进单位”“通讯报道先进单位”称号。

表 12-46　南昌房建生活段 2017 年主要指标完成情况

项　目	单位	计划	实际
运营设备检修工作量	换算平方米	745	745.4
房建设备整修	万平方米	89.1	138.6
整修一次验收合格率	%	99	100
大修一次验收合格率	%	95	100
给水设备维修	换算公里	4566.62	4566.62
给水设备维修合格率	%	90	92
供水量	万吨	2200	2219.98
售水量	万吨	1600	1622.12
水损率	%	27	26.93
水质合格率	%	100	100
乘务员接待量	人次	990000	1203032
安全叫班	趟次	341473	341473

(彭　纲)

【福州房建生活段】 段机关位于福建省福州市晋安区沁园支路 11 号(邮编 350013)。行政机构设行政办公室、劳动人事科、计划财务科、房产管理科、综合技术科、设备材料科、安全质量科、公寓管理科、武装保卫科,辖 23 个车间;党群组织设党委、纪委、工会、团委,辖 38 个党支部(党总支)、26 个工会支会、2 个团支部。段长黄德友,党委书记陈国栋,工会主席王达雄(11 月任),党委副书记、纪委书记沈绍冰(12 月免),副段长何立杰、杨和清、沈卫强、刘建华。年末,在册职工 776 人,固定资产 2.81 亿元。

该段承担福建省境内铁路运输生产房屋及建筑物维修、供水、行车公寓及单身宿舍管理等工作,管辖里程 3284.797 公里。管理房建设备 693.57 万换算平方米,给水所 31 个,行车公寓 15 个(床位 2202 个),地区性单身宿舍 38 栋(床位 5382 个);机械动力设备 138 台(套),特种设备 6 台。截至 12 月 31 日,实现安全生产 2294 天。

年内,加强高铁房建设备日常检查及整治,针对杭深线各站钢结构普遍锈蚀严重、金属屋面板漏雨、站台地面下沉等病害,对福州南站、泉州站等 10 个车站开展 59 项专项整治,整治费用 1441 万元。投入 1095 万元,完成房建设备综合维修 386 件/82 万换算平方米。对赣瑞龙铁路、合福铁路、向莆铁路、福州站改、福州南动车所等工程建设中的 70 项遗留问题持续跟踪整改。在厦门北动车所、南三龙铁路、厦门行车公寓、衢宁铁路房建工程等预介入工作中建立“工程预介入检查问题库”,重点督促 A 类问题整改。完成厦门北动车所、湄南铁路支线房建设备静态验收。

1 月 19 日,为保证雨冻天气时客车正常供水,武夷山给水工区职工包扎客车上水管道　　(陈美珍　摄)

保障供水和水质安全,处置福州站客栓管道破损漏水问题,解决东孚站与福州南动车所等给水站管网系统故障,整改三明北、福州南等 4 个车站变频控制柜内置电池缺陷。

加强给水设备巡视力度，在福州站区查出漏水点 5 处，修复后水损从 38.25% 下降到 15.68%；在漳平站区查出漏水点 3 处，修复后水损从 41.11% 下降到 22.4%。提高公寓服务质量，严格执行“一派一叫”制度，加强对外住点（含汽车接送外包）管理，重点监管乘务员就餐外包业务，保障食品卫生。改善单身宿舍居住条件，增设停车棚、门禁系统、晾衣架、电动车自助充电设备等。做好年内接管的三明北、福州南单身宿舍开办事宜。

推进“三供一业”分离移交工作，积极与地方政府部门对接联系，提供移交项目基础数据，就移交改造方案与相关部门沟通协调，最大限度降低维修改造费用。6 月 30 日，路局与福建省 8 个地市政府签订“三供一业”分离移交改造框架协议，签约移交改造 61455 户；其中，供水移交 31529 户，物业移交 29926 户。

全年，举办各类培训班 30 期，培训职工 6840 人次。开展 QC 攻关，“缩短有限空间作业时间”成果获福建省优秀奖，“控制福州水厂浊度理想值”成果获江西省优秀奖，“减少福州站钢结构屋面的漏雨点”成果获铁道行业优秀奖。落实帮扶救助机制，助困 62 人/23.94 万元，助学 10 人/3.06 万元，助医 91 人/28.3 万元，“两节”慰问困难职工 272 人/17.92 万元，日常发放救急济难基金 3.81 万元。

2017 年，该段获“福建省精神文明先进单位”“集团公司铁路治安综合治理平安单位”等称号。

表 12-47　福州房建生活段 2017 年主要指标完成情况

项　　目	单位	计划	实际
大修一次验收合格率	%	95	100
综合维修一次验收合格率	%	98	100
未售住宅整修一次验收合格率	%	98	100
供水损耗率	%	26	20.90
供水量	万吨	1306.6	1387.87
水费收入	万元	2618.76	2830.90
乘务员接待	人次	552000	626274
安全叫班正点率	%	100	100

（顾雪平　胡明明）

物资供应段

【南昌物资供应段】　段机关位于江西省南昌市青山湖区铁路五村（邮政编码 330002）。担负局管内各铁路单位的物资供应、储备、配送任务，配属起重装卸设备 54 台、汽车 38 台，拥有库房 2.87 万平方米、料场 1.41 万平方米、铁路专用线 4 条/1400 米。行政机构设办公室、劳动人事科、计划财务科、供应科、管理科、综合信息科、武装保卫科，多元经营办、集体办，辖 7 个材料库、1 个运务车间、1 个集体企业；党群组织设党委、纪委、工会、团委，辖 14 个党支部、7 个车间工会、2 个团支部。段长彭寿顺，党委书记邬洪，党委副书记、纪委书记陈兴平，工会主席齐贵强，副段长林云生、肖香才、刘清明。年末，在册职工 279 人，固定资产 3604 万元。

强化安全基础，构建人防、物防、技防“三位一体”安全保障体系。开展安全生产大检查大整治，解决南昌库消防管无水、上饶库消防栓防护栏不合理等 370 个问题。每季度组织安全生产评估检查小组对全段各部门进行检查，开展职工代表安全巡视活动，整改安全隐患 41 个。组织职工参加集团公司开展的“安全大闯关”大家来找茬微信游戏活动，段党委、工会利用微信平台开展安全知识接龙竞赛和“随手拍”安全隐患找茬、抢答等活动，提高职工安全意识。截至 12 月 31 日，实现安全生产3273天。

全年,完成物资供应22.71亿元,其中运营供应16.71亿元、机车柴油6亿元。通过废旧物资回收及销售、外委物资贸易和房屋场地、设备设施出租业务,完成其他业务收入1.21亿元,实现毛利2664.1万元,完成年度预算的283.4%。根据集团公司全面开展京东南铁慧采平台使用的要求,稳步推进京东慧采工作。提前介入京东南铁慧采平台方案设计、试点运用、总结推广等,做好慧采平台订单的审核把关、将采购信息手工补录进铁路物资管理信息系统、完成相关物资目录匹配与申请、与京东集团和公司各站段办理财务结算等工作,及时提出优化建议,实现平台物资采购的集中管理、集中结算。依托物资供应短信催料系统,提高物资供应时效性,减少单据积压。在合同期内完成供应的物资比例同比提高30%,30天内供应到位比例达71%,超过60天未签认订单同比下降50%。加强信息技术开发,完成"物资供应短信催料系统"研发,运用短信平台对供应商进行提醒、催告,对60天以上未供货到位的采购订单作未供原因备注,对多次催告无效的供应商,向集团公司提报不良行为初步认定单。做好南昌新办公楼和厦门物资供应基地筹建工作,配合做好南昌新办公楼选址和设施规划设计,推进厦门物资供应基地建设(工程于2018年交付使用)。

加强党建工作,组织开展党委理论中心组集中学习研讨26次,撰写调研文章9篇。开展"强基达标、提质增效"主题教育活动,加强新闻舆论宣传,在新华网、中工网、《人民铁道》报等媒体刊发稿件55篇,段官方微博发布信息2870条,段官方微信推送消息98条,制作H5作品38篇。落实"三基三严"制度,开展"以行动诠释忠诚"党建重点工作自查,对集团公司检查组反馈的8个问题逐一整改销号。推进示范点党支部建设,确定邵武库党支部为段示范点。6月、11月,举办党支部书记业务培训班2期,提高党支部书记业务水平;举办1期党员培训班,提高党员政治素质。推进党风廉政建设,深化廉政警示教育,建立党风廉政知识题库,组织开展网上党风廉政知识测试和"每月一案"教育。深化风险防控,在财务科、劳人科、供应科、管理科、多元经营部建立权力清单及权力运行流程图。开展零小工程专项检查,对上饶、向塘、永安等3个材料库的9项工程进行重点检查;对招标(询价)过程进行重点抽查,对南昌仓库照明改造、春运临客人员备品采购、上饶材料库LED屏询价、车间汽车定点维修询价等4个项目审核程序进行监督检查。

实行"首席职工"激励机制,比照集团公司技师制度,制定《南昌物资供应段首席职工评聘管理办法》,对在职业技能竞赛中成绩突出的职工授予"首席职工"称号并给予相应奖励,提高职工学习积极性。举办各类培训班14期,培训职工753人次;委外培训35人次。开展QC攻关,信息科QC成果"降低物资管理信息系统开单差错率"获江西省优秀奖。

改善职工生产生活条件,安排74.6万元用于三线建设,重点进行福州材料库厨房改造和库区绿化、邵武材料库屋面大修、向塘库屋面防水大修、永安库电线路改造和零小工程、上饶库安全文化建设等。补助重困职工6人/38400元,补助一般困难职工8人/4400元,慰问退休职工45人/11400元,金秋助学2人/6000元。

2017年,该段被评为"集团公司先进单位""信访工作先进集体"。

表12-48　南昌物资供应段2017年主要指标完成情况

项　目	单位	计划	实际	完成
运营供应(不含柴油)	亿元	5.5	16.71	303.82%
其他业务收入	万元	12600	12148.54	96.4%
综合效益	万元	940	2664	283.4%

(罗华传)

人　　物

2017年中国铁路南昌局集团有限公司领导人员名录

王　培:党委书记、董事长

万　军:党委副书记、副董事长

高　松:党委副书记、纪委书记、董事

钟生贵:党委委员、董事、副总经理

戴平峰:党委委员、工会主席、职工董事

任朝阳:党委委员、董事、副总经理

彭　磊:党委委员、董事、副总经理

刘明亮:党委委员、董事、副总经理

陈寿卿:党委委员、福州铁路办事处主任、党工委书记

黄少雄:党委委员、董事、副总经理

杨　斌:党委委员、董事、副总经理

詹志文:党委委员、董事、总工程师

郭建波:党委委员、董事、总会计师

2017年中国铁路南昌局集团有限公司领导人员简历

【王　培】　中国铁路南昌局集团有限公司党委书记、董事长,男,汉族,1963年8月出生,福建福清人。1984年7月长沙铁道学院铁道运输专业本科毕业,西南交通大学运输管理工程专业工程硕士,清华大学工商管理专业工商管理硕士,提高工资待遇高级工程师。1984年7月参加工作,1989年7月加入中国共产党。历任郑州铁路局郑州分局郑州北站见习生、郑州分局调度所见习生,郑州铁路局运输处技术科见习生、助理工程师、工程师、高级工程师,1997年1月任郑州铁路局运输处技术科副科长,1998年11月任郑州铁路局运输处调度室副主任,2000年4月任郑州铁路局运输处总工程师,2002年4月任郑州铁路局营销管理处处长,2003年8月任郑州铁路局客运处处长,2006年2月任铁道部运输指挥中心(运输局)营运部副主任,2006年12月任铁道部运输局营运部副主任,2013年3月任中国铁路总公司运输局营运部副主任,2014年9月任南昌铁路局局长、党委副书记,2017年10月起任中国铁路南昌局集团有限公司党委书记、董事长。

【万　军】　中国铁路南昌局集团有限公司党委副书记、副董事长,男,汉族,1964年2月出生,江西南昌人。1994年12月中央党校经济管理专业本科毕业、高级政工师。1983年12月参加工作,1991年5月加入中国共产党。历任南昌铁路局南昌分局向塘机务段学徒工,上海铁路局南昌分局向塘机务段检修车间车床工、企业管理办公室干事、团委干事,南昌分局团委干事、党委办公室秘书,1997年9月任南昌铁路局党委办公室一

科副科长,1998 年 6 月任南昌铁路局党委办公室一科科长,1999 年 9 月任南昌铁路局党委宣传部部长助理,2000 年 10 月任南昌铁路局党委宣传部副部长,2003 年 8 月任南昌铁路局办公室副主任,2003 年 10 月任南昌铁路局党委宣传部部长,2006 年 3 月任南昌铁路局党委宣传部部长(企业文化处处长),2012 年 4 月任南昌铁路局党委副书记,2017 年 11 月起任中国铁路南昌局集团有限公司党委副书记,副董事长。

【高　松】 中国铁路南昌局集团有限公司党委副书记、纪委书记、董事,男,汉族,1970 年 3 月出生,安徽灵壁人。1993 年 9 月北京交通大学电力牵引与传动控制专业本科毕业,清华大学工商管理专业工商管理硕士,高级工程师。1993 年 8 月参加工作,1997 年 3 月加入中国共产党。历任上海铁路局蚌埠分局合肥机务段见习生、检修车间助理工程师、技术室助理工程师、团委副书记、团委书记、蚌埠分局团委主任干事,2000 年 4 月任上海铁路局蚌埠分局团委副书记,2001 年 8 月任上海铁路局蚌埠分局党委组织部副部长,2002 年 11 月任上海铁路局蚌埠分局淮南车辆段党委书记,2005 年 3 月任上海铁路局淮南车辆段党委书记,2005 年 5 月任上海铁路局阜阳车辆段党委书记,2007 年 11 月任上海铁路局阜阳车辆段党委书记、副段长,2008 年 6 月任上海铁路局阜阳车辆段段长、党委副书记,2009 年 12 月任上海铁路局办公室(党委办公室)主任兼保密委员会办公室(机要办公室)主任、机关服务所主任,2014 年 3 月任上海铁路局人事处处长(党委组织部部长),2017 年 9 月任南昌铁路局党委副书记、纪委书记,2017 年 11 月起任中国铁路南昌局集团有限公司党委副书记、纪委书记、董事。

【钟生贵】 中国铁路南昌局集团有限公司党委委员、董事、副总经理,男,汉族,1966 年 4 月出生,湖北武汉人。1986 年 8 月长沙铁道学院铁道运输专业本科毕业,1989 年 3 月北方交通大学运输管理工程专业研究生毕业,工学硕士,提高工资待遇高级工程师。1989 年 3 月参加工作,1985 年 12 月加入中国共产党。历任郑州铁路局襄樊分局襄樊车站货装车间助理工程师、技术室助理工程师,1991 年 9 月任郑州铁路局襄樊分局货运科助理工程师、工程师、货运分处工程师,1994 年 3 月任郑州铁路局襄樊分局襄樊车站总工程师,1994 年 11 月任郑州铁路局襄樊分局荆门车务段副段长,1995 年 10 月任郑州铁路局襄樊分局十堰站站长兼党委副书记,1997 年 5 月任郑州铁路局襄樊分局襄樊北站站长兼党委副书记,1999 年 2 月任郑州铁路局襄樊分局副分局长、党委常委,2001 年 12 月任南昌铁路局总工程师,2008 年 1 月任南昌铁路局总工程师、党委委员,2010 年 6 月任南昌铁路局常务副局长、党委委员,2015 年 12 月任南昌铁路局副局长、党委委员,2017 年 11 月起任中国铁路南昌局集团有限公司党委委员、董事、副总经理。

【戴平峰】 中国铁路南昌局集团有限公司党委委员、工会主席、职工董事,男,汉族,1962 年 2 月出生,江西安义人。1984 年 8 月北方交通大学铁道运输专业本科毕业,1994 年 5 月北方交通大学系统工程专业研究生毕业,工学硕士,清华大学工业工程领域工程硕士,高级工程师。1984 年 8 月参加工作,1992 年 4 月加入中国共产党。历任南昌铁路局鹰潭分局鹰潭车站见习生,上海铁路局鹰潭分局鹰潭站技术统计室技术干部、鹰潭分局企管办科员、南昌分局企管办工程师,1997 年 6 月任南昌铁路局营销发展处处长助理兼政研体改科科长,1999 年 9 月任南昌铁路局向塘西站挂职副站长兼总工程师,2000 年 10 月任南昌铁路局景德镇车务段段长,2001 年 11 月任南昌铁路局向塘西站站长、干部,2004 年 11 月任南昌铁路局货运处干部,2004 年 12 月任南昌铁路局南昌车站站长,2006 年 3 月任南昌铁路局南昌南车站站长、党委副书记,2009 年 3 月任南昌铁路局局长助理,2009 年 11 月任南昌铁路局副局长、党委委员(其间:2009 年 2 月至 2010 年 5 月兼任南昌铁路局多经处处长),2017 年 5 月任南昌铁路局工会主席、党委委员,2017 年 11 月起任中国铁路南昌局集团有限责任公司党委委员、工会主席、职工董事。

【任朝阳】 中国铁路南昌局集团有限公司党委委员、董事、副总经理,男,汉族,1964 年 2 月出生,四川射洪人。1985 年 7 月西南交通大学电气机车专业本科毕业,2015 年 7 月中国铁道科学研究院载运工具运用工程专业博士研究生毕业,工学博士,提高工资待遇高级工程师。1985 年 7 月参加工作,1987 年 6 月加入中国共产党。历任成都铁路局贵阳分局贵阳机务段实习生、助理工程师、工程师,检修车间代理副主任、副主任,1998 年 9 月任成都铁路局贵阳分局贵阳机务段总工程师,1999 年 11 月任成都铁路局机务处处长助理,2000 年 9 月任成都铁路局机务处副处长,2003 年 12 月任成都铁路局机务处处长,2006 年 9 月任青藏铁路公司副总经理、党委委员,2008 年 12 月任南昌铁路局副局长、党委委员,2017 年 11 月起任中国铁路南昌局集团有限公司党委委员、董事、副总经理。

【彭　磊】 中国铁路南昌局集团有限公司党委委员、董事、副总经理,男,汉族,1964 年 3 月出生,江西奉新人。1986 年 7 月长沙铁道学院铁道运输专业本科毕业,工学学士,高级工程师。1986 年 7 月参加工作,1992 年 4 月加入中国共产党。历任上海铁路局南昌分局新余车站见习生,技教室站务组织员、助理工程师,南昌分局企管办助理工程师、工程师、南昌分局运输分处工程师,1996 年 8 月任南昌铁路局运输处技术科工程师,1998 年 6 月任南昌铁路局运输处技术科副科长,1999 年 9 月任南昌铁路局鹰潭车站副站长兼总工程师,2002 年 2 月任南昌铁路局九江车务段副段长,2003 年 12 月任南昌铁路局向塘西车站副站长,2004 年 12 月任南昌铁路局上饶车务段段长,2006 年 3 月任南昌铁路局向塘西车站站长、党委副书记,2007 年 1 月任南昌铁路局运输处处长,

2009 年 3 月任南昌铁路局副局长、党委委员,2017 年 11 月起任中国铁路南昌局集团有限公司党委委员、董事、副总经理。

【刘明亮】 中国铁路南昌局集团有限公司党委委员、董事、副总经理,男,汉族,1962 年 4 月出生,江西鹰潭人。1988 年 12 月上海铁道学院铁道工程专业本科毕业,工学学士,高级工程师。1980 年 8 月参加工作,1998 年 7 月加入中国共产党。历任南昌铁路局南昌分局上饶工务段线路工、路基工,上海铁路局南昌分局上饶工务段企管办干事、线路室干事、线路室助理工程师,鹰潭工务段技术室助理工程师、线路室助理工程师、线路室副主任、线路室主任,南昌铁路局鹰潭工务段线路室主任(其间:1997 年 7 月至 1998 年 11 月赴尼日利亚参加铁路修复改造工程项目任监理),1999 年 9 月任南昌铁路局赣州工务段副段长,2004 年 2 月任南昌铁路局赣州工务段段长,2006 年 1 月任南昌铁路局工程管理所所长兼浙赣线电气化改造工程指挥部指挥长,2006 年 4 月任南昌铁路局建设管理处副处长兼工程管理所副所长、浙赣线电气化改造工程指挥部指挥长,2006 年 10 月任南昌铁路局南昌枢纽西环线工程建设指挥部指挥长兼浙赣线电气化改造工程指挥部指挥长,2007 年 3 月任南昌铁路局工务处副处长,

2007 年 7 月任南昌铁路局赣州工务段段长、党委副书记,2010 年 10 月任南昌铁路局副局长、党委委员,2017 年 11 月起任中国铁路南昌局集团有限公司党委委员、董事、副总经理。

【陈寿卿】 中国铁路南昌局集团有限公司党委委员、福州铁路办事处主任、党工委书记,男,汉族,1965年8月出生,福建莆田人。1987年7月上海铁道学院铁道运输专业本科毕业,工学学士,工程师。1987年7月参加工作,1998年8月加入中国共产党。历任上海铁路局福州分局漳州站货运室见习生、业务员、助理工程师、货运员,漳州车务段教育室助理工程师,福州分局办公室秘书,1995年9月任上海铁路局福州分局漳州车务段段长助理,1999年6月任上海铁路局福州分局漳州车务段副段长,2004年2月任泉州铁路有限责任公司常务副总经理,2004年8月任泉州铁路有限责任公司总经理、党委副书记,2006年6月任南昌铁路局漳州车务段段长、党委副书记兼厦门海沧有限责任公司总经理,2010年6月任南昌铁路局局长助理,2010年12月任南昌铁路局副局长、党委委员兼福州铁路办事处主任、党工委书记,2017年11月起任中国铁路南昌局集团有限公司党委委员、福州铁路办事处主任、党工委书记。

【黄少雄】 中国铁路南昌局集团有限公司党委委员、董事、副总经理,男,汉族,1964年8月出生,浙江义乌人。1989年7月太原铁道运输管理干部学院铁路运输专业专科毕业,江西财经大学工商管理专业工商管理硕士,工程师。1981年8月参加工作,1992年5月加入中国共产党。历任上海铁路局鹰潭分局鹰潭车站练习生、学习货运员、货运员、货运调度员、业务员,1992年5月任上海铁路局南昌分局江西铁路经济开发总公司鹰潭车站公司副经理,1993年11月任上海铁路局南昌分局鹰潭车站货运车间副主任,1996年8月任南昌铁路局鹰潭车站货运车间副主任(主持工作)、鹰潭南货场管理中心运输部经理,1999年9月任南昌铁路局鹰潭车站副站长,2003年8月任南昌铁路局货运处副处长,2003年12月任南昌铁路局货运处副处长兼装卸管理中心主任,2005年2月任南昌铁路局货运处副处长兼洪盛公司总经理,2009年2月任南昌铁路局南昌南车站站长、党委副书记,2010年5月任南昌铁路局多经处处长,南昌铁路多元投资集团有限公司总经理、党委副书记,2010年12月任南昌铁路局局长助理,2014年4月任南昌铁路局副局长、党委委员,2017年11月起任中国铁路南昌局集团有限公司党委委员、董事、副总经理。

【杨　斌】 中国铁路南昌局集团有限公司党委委员、董事、副总经理,男,汉族,1970年12月出生,安徽合肥人。2010年6月南昌大学工商管理专业研究生毕业,工商管理硕士,工程师。1990年7月参加工作,1995年8月加入中国共产党。历任上海铁路局南昌分局九江车务段沙河街站见习生、、业务室助理工程师、九江南站技术室技术员、助理工程师、行政办主任干事、九江(新客)站副站长(主持车站工作),南昌铁路局九江车务段九江站站长、教育室主任、行政办主任,2000年7月任南昌铁路局沙北站工会主席,2003年8月任南昌铁路局沙北站副站长,2004年12月任南昌铁路局九江西站副站长,2006年3月任南昌铁路局九江车务段副段长,2007年1月任南昌铁路局鹰潭车站副站长,2008年7月任南昌铁路局上饶车务段段长、党委副书记,2009年7月任南昌铁路局宜春车务段段长、党委副书记,2012年12月任南昌铁路局安全监察室主任兼安全监察大队大队长、安全宣传车主任,2017年5月任南昌铁路局副局长,2017年11月任中国铁路南昌局集团有限公司党委委员、董事、副总经理。

【詹志文】 中国铁路南昌局集团有限公司党委委员、董事、总工程师,男,汉族,1972年8月出生,江西进贤人。1993年8月上海铁道学院铁道运输专业本科毕业,清华大学工业工程领域工程硕士，高级工程师。1993年8月参加工作，2000年4月加入中国共产党。历任上海铁路局南昌分局向塘车站见习生、运转车间代值班员、技统室助理工程师，南昌铁路局向塘车站技术室副主任，1998年3月任南昌铁路局向塘车站副总工程师，1999年1月任南昌铁路局办公室秘书，2000年5月任南昌铁路局向塘西站副站长，2003年12月任南昌铁路局运输处总工程师，2007年1月任南昌铁路局鹰潭车站站长、党委副书记，2009年2月任南昌铁路局运输处处长，2010年6月任南昌铁路局总工程师、党委委员，2017年11月至12月任中国铁路南昌局集团有限公司党委委员、董事、总工程师。

【郭建波】　中国铁路南昌局集团有限公司党委委员、董事、总会计师，男，汉族，1968年9月出生，河南兰考人。1990年7月北京交通大学管理信息系统专业本科毕业，清华大学工业工程领域工程硕士，北京理工大学工商管理专业工商管理硕士，高级会计师。1990年7月参加工作，2003年2月加入中国共产党。历任郑州铁路局郑州分局郑州东站见习生、助理工程师，郑州分局财务分处助理工程师、助理会计师，1999年9月任郑州铁路局郑州分局财务分处副分处长，2002年8月任郑州铁路局郑州分局财务分处分处长，2005年2月任郑州铁路局郑州分局财务分处分处长兼财务结算中心主任，2005年3月任郑州铁路局财务处副处长，2006年11月任兰州铁路局财务处处长，2008年3月任兰州铁路局副总会计师兼财务处处长，2008年12月任兰新铁路（甘青）公司筹备组副组长，2009年10月任兰新铁路甘青有限公司副总经理兼总会计师，2010年11月任南昌铁路局总会计师、党委委员，2017年11月起任中国铁路南昌局集团有限公司党委委员、董事、总会计师。

2017年中国铁路南昌局集团有限公司十大“平凡之星”

【王闽黔】　南平工务段邵武路桥车间安全工长。自2014年起，王闽黔连续四年被聘为路局（集团公司）首席技师，因为他不但技艺精湛，而且工作中能解决大问题。2008年，工区对桥梁固定检查吊篮进行整孔更换，王闽赣在无先例可循的情况下，设计出施工方案并圆满完成任务；管内钢梁桥钩螺栓松动频繁，原本每季度都要安排6～8个职工处理，王闽黔发明了一套处理方案，全年仅需5～7个职工处理；在工务路桥系统推行“检”“养”“修”分开管理模式之后，他建立了一套工作方法，使得车间在监控管内设备状态时事半功倍。近年来，他先后撰写《浅谈如何整治既有线桥梁人行道存在问题》《太阳能发电装置在防洪、维修看守点的应用》《浅谈如何发挥工务部门车间班组培训职能的作用》等技术论文，既受到上级好评，又在实际工作中取得实效。

【支　军】　南昌电务段南昌西车载设备车间安全员。支军曾经是动车组车载设备监控分析工区工长。随着动车组数量持续增加，车载设备数据分析数量大增。动车组每0.3秒就要采集一次数据，一天数据量有600兆，这些数据被编译成800余条列车运行控制曲线。支军总结出一套“荷花”故障分析法，把

曲线特征分解成28片“荷花瓣”,逐一筛选,直达故障点。原本分析一条曲线需要50分钟,凭借该分析法只需15分钟,提升了工作效率。作为南昌电务段青年创新工作室的骨干,支军带领工作室青年们立项攻关“300S型动车PB总线测试仪”,成果在全段推广使用后,赢得职工好评。该成果在2016年福建省百万职工“五小”创新大赛上荣获二等奖,并获得国家新型实用型专利。

【刘文慧】 南昌供电段南昌西供电车间南昌西高铁接触网工区工长。作为高级技师,他提出作业层标准规范流程15项,开展生产技术QC攻关8项。2016年,他发现严重高铁安全隐患,受到上级通报表扬。他率先探索二维码技术应用,对管内栅栏门进行地理信息采集,生成二维码数据库,极大提高了接触网工作业效率。他探索和开展班组标准化建设,工区工前预想会实现可视化管理、全程录音、过程可查。为提高新职工实操业务能力和降低作业风险,他设计安装分段绝缘器练兵区,在离地一米高的地方拉起一套接触网悬挂,承力索、吊弦、接触线、分段绝缘器一应俱全,且都是实物。该装置是全局(公司)首套接触网教学设备,新工练手艺不必爬上高空,没有人身安全风险,大大提高青工学习效率和学习热情。15年间,他从一名普速铁路接触网工成长为高铁接触网工区工长,从一名普通职工成长为全路“铁路春运最美青工”、江西省“青年岗位能手”。

【刘　鹏】 南昌车辆段南昌西动车组运用所动车组机械师。刘鹏参加工作前,一直是校园中“学霸”。进入南昌西动车所后,他在工作中碰到不解之处,总是向老师、工长虚心请教。他把整本动车技术资料拆解、制作成300张知识卡片,每天揣10张放在口袋里,一有空就拿出来学习。下班后,他将当天遇到的设备故障及解决过程一一记录在案。他把近年来铁路总公司公布的各种动车故障案例分门别类整理,在借鉴别人处置办法的同时,也提出自己的看法。由于好学上进,参加工作仅一年,他便在江西省第十一届“振兴杯”职业技能竞赛中获得第四名的成绩。2016年10月,他在全路职业技能竞赛中获得冠军。

【刘慧姣】 南昌车站售票车间二组售票员。刘慧姣2013年退伍后进入南昌车站售票车间工作。实习期满后,由于她在售票员岗位

上表现优异，被车间安排在“共产党员先锋岗”售票窗口。2017 年，刘慧姣以全站第一名的成绩代表南昌车站参加江西省第十三届“振兴杯”职业技能大赛客运系统比赛，不管是画密如蛛网的全国铁路示意图，还是各种复杂的特殊票价计算，刘慧姣都应答如流，最终获得售票员第一名的成绩。她不仅坚持钻研业务，还不断耐心解答旅客提出的各种问题：从南昌站怎么去南昌西站？什么时候去看婺源的油菜花最合适？……刘慧姣从熟练的售票员，逐步成为铁路车票推销员、铁路形象塑造师。

【余春根】　南昌机务段检修车间机车钳工。南昌机务段检修车间高级技师余春根从事机车检修工作 26 年，2011 年 7 月被聘为首批首席技师。他在修旧利废方面是个“老抠”，在机车故障处理方面则是“大拿”，被职工亲切称为“草根专家”。他把班组里一些报废、损坏的配件材料过滤一遍收集起来，维修之后还能发挥用处。近年来，余春根先后攻关柴油机供油凸轮损伤处理、SS_8 机车列车供电柜改造等 10 余项技改项目，每年可为段节约检修成本 100 余万元。他还针对工艺范围要求提出“配件自主修复”合理化建议，其中大小闸、进气门、喷油器、万向轴、轴箱拉杆 5 个修旧利废项目通过论证并全面实施，每年可为段节约检修成本 50 余万元。段里开设了“余春根工作室”，在他的培训辅导下，14 名职工成为工人技师。

【李建波】　漳州车务段厦门高崎站行车班组调车长。李建波 2010 年从湖南交通工程技术学院毕业后，分配至漳州车务段厦门高崎站担任学习制动员。他从制动员岗位开始，通过不断钻研学习、积累工作经验，逐步走上调车长岗位，并成为调车方面的业务尖子，被行车职工称为“规章王”。每次调车作业，他都仔细查看各项环节：车门是否关好，关门车的编挂是否符合要求，人力制动机是否全部撤除等等，他的对讲机几乎每隔几秒就响一次。从事调车工作四年，他保持零违章、零事故的成绩。他先后被评为 2014、2015 年路局“先进生产者”；2014 年获得全局职业技能竞赛调车比赛连接员第二名；2016 年被评为路局“五个争当”安全生产标兵。

【赵　静】　福州车站客运车间客运值班员。赵静是福州车站“海峡情 · 王威服务台”的客运值班员，师承“全国铁路劳模”王威，始终将旅客利益摆在首位，多年如一日地落实

“始于旅客需求、终于旅客满意”服务理念。“两岸一家亲！感谢你们的帮助！”2017年5月30日，台湾盲人协会主席施养杰一行6人在参加完世界盲人联盟亚太区按摩理事会后，要在福州站乘D6415次绕道厦门回台。得到消息的王威第一时间通报了服务台，当班的赵静和客运服务人员迅速做好准备工作，分别引导、细心服务、时时提醒，将身患残疾的6名台湾同胞送上开往厦门的D6415次列车，得到台胞高度评价。工作以来，她获得“福建省五一劳动奖章”“火车头奖章”等诸多荣誉。

【翁建忠】 福州车务段仙游站客运综合班组客运员。2017年5月10日下午，翁建忠在进站口检票，发现一名年轻女旅客神色异常，当乘坐D6529次列车的旅客都陆续检票进站后，只剩下该旅客抱头坐在原地不动。翁建忠走过去提醒她可以进站，该旅客才起身向闸机走去。翁建忠觉得不对劲，便跟在该旅客身后，以防不测。动车进站瞬间，该旅客突然冲向股道，站在她身后的翁建忠飞速上前，一把抓住她，用尽全力往回拽。他拉着该旅客往身后倒去，并借助惯性将她拉回站台，避免了一场悲剧。翁建忠勇救旅客的过程被目击者拍下并传到网上，各大主流媒体争相报道，他成了家喻户晓的救人英雄。

【黄逢丽】 南昌客运段直达车队Z68/7次二组列车长。黄逢丽值乘20年来，根据服务工作特点，总结出“四多（多问一句、多说一遍、多看一眼、多帮一把）、五个一（一个微笑、一声问候、一句抱歉、一次关注、一路帮助）”服务法，成为旅客的贴心人。针对旅客需求不同，她创新“差异化服务法”，以解决其实际困难为出发点，提供优先补卧、运送行李等服务。她在车上公布班组微博号和个人微信号，为旅客提供预约服务；为需要的旅客安排绿色通道进站、乘车，对特殊重点旅客做到全程跟踪服务；针对值乘列车套跑北京西至井冈山的交路，她在讲好红色故事、唱响红色歌曲、传播红色文化方面积极探索，受到广泛好评。2016年以来，黄逢丽带领车班服务重点旅客300余人次，获旅客表扬信68封。2016年春运期间，中央一套《晚间新闻》和《新华每日电讯》对她带领的车班服务进行了报道。

（党委宣传部）

2017 年取得高级职称人员名录

序号	姓名	单　　位	性别	出生年月	从事专业	取得资格名称
1	李自强	鹰潭工务机械段	男	1974. 07	钢轨焊接	提高工资待遇 高级工程师
2	叶礼凤	车辆处	男	1966. 12	铁道车辆	提高工资待遇 高级工程师
3	周　鑫	东南沿海铁路福建有限责任公司	男	1975. 04	工程建设	提高工资待遇 高级工程师
4	肖小科	运输处	男	1982. 06	行车组织	高级工程师
5	陈古坚	永安车务段	男	1967. 10	行车组织	高级工程师
6	董　芳	客运处	女	1981. 11	旅客运输	高级工程师
7	况文发	南昌客运段	男	1970. 11	旅客运输	高级工程师
8	王海艳	客票管理所	女	1978. 12	旅客运输	高级工程师
9	吴光仁	南昌铁路通达工贸有限公司	男	1964. 10	起重机械	高级工程师
10	周建平	向塘机务段	男	1964. 07	机车检修	高级工程师
11	钟志强	向塘机务段	男	1973. 04	机车检修	高级工程师
12	熊焱球	福州供电段	男	1966. 03	牵引供电	高级工程师
13	陈　杰	厦门供电段	男	1970. 11	牵引供电	高级工程师
14	黎　明	工程质量监督站	男	1982. 09	供电工程建设	高级工程师
15	李　琤	工务处	男	1980. 09	线路	高级工程师
16	林发友	鹰潭工务段	男	1974. 07	线路	高级工程师
17	钱水林	永安工务段	男	1972. 10	线路	高级工程师
18	余绍山	厦门工务段	男	1976. 02	铁道工务	高级工程师
19	陈星福	永安工务段	男	1977. 02	线路	高级工程师
20	杨　华	鹰潭工务机械段	男	1981. 11	钢轨焊接	高级工程师
21	鄢爱新	安全监察室	男	1973. 10	工务安全	高级工程师
22	占智新	工务检测所	男	1975. 11	桥梁	高级工程师
23	肖　军	龙岩工务段	男	1975. 07	桥隧	高级工程师
24	刘建华	新余职工培训所	男	1965. 02	线路	高级工程师
25	王志宏	科研所	男	1968. 03	工务机械	高级工程师
26	翁建辉	电务处	男	1972. 10	铁道信号	高级工程师
27	刘文才	电务处	男	1978. 11	铁道信号	高级工程师
28	楼晓亮	南昌电务段	男	1964. 05	铁道信号	高级工程师

续上表

序号	姓名	单　　位	性别	出生年月	从事专业	取得资格名称
29	王家平	福州电务段	男	1970. 07	铁道信号	高级工程师
30	孙俊辉	福州电务段	男	1969. 12	铁道信号	高级工程师
31	江东根	电务处	男	1965. 12	铁道通信	高级工程师
32	徐苏强	电务检测所	男	1981. 08	行车监控	高级工程师
33	陈水庆	东南沿海铁路福建有限责任公司	男	1972. 09	通信工程建设	高级工程师
34	马　辉	工程设计技术鉴定所	男	1974. 07	铁道通信	高级工程师
35	缪绪峰	车辆处	男	1972. 11	车辆安全	高级工程师
36	马国勇	车辆检测所	男	1977. 10	车辆检测技术	高级工程师
37	吴诗春	福州动车段	男	1977. 07	动车组检修	高级工程师
38	邹　孟	南昌南车辆段	男	1978. 02	车辆检修	高级工程师
39	周黄清	建管处	男	1979. 01	工程建设	高级工程师
40	敖　彬	工程管理所	男	1972. 10	给排水	高级工程师
41	钟亮根	昌九城际铁路股份有限公司	男	1984. 07	工程建设	高级工程师
42	徐定虎	昌九城际铁路股份有限公司	男	1977. 02	工程建设	高级工程师
43	黄志斌	东南沿海铁路福建有限责任公司	男	1984. 03	工程建设	高级工程师
44	李小勇	东南沿海铁路福建有限责任公司	男	1971. 04	工程建设	高级工程师
45	叶德炳	东南沿海铁路福建有限责任公司	男	1980. 03	工程建设	高级工程师
46	冯国东	福建港口铁路支线建设指挥部	男	1968. 10	工程建设	高级工程师
47	邹青平	南昌电气化改造及枢纽工程建设指挥部	男	1979. 09	工程建设	高级工程师
48	张建忠	建管处	男	1978. 10	工程建设	高级工程师
49	周　健	昌九城际铁路股份有限公司	男	1969. 02	工程建设	高级工程师
50	万平强	南昌华路建设咨询监理有限公司	男	1975. 12	工程监理	高级工程师
51	辛钟江	总工程师室	男	1969. 05	科技管理	高级工程师
52	杨裕尧	昌九城际铁路股份有限公司	男	1978. 11	工程造价	高级工程师
53	陈小燕	安监室	女	1969. 03	劳动安全	高级工程师
54	刘　强	总工程师室	男	1970. 07	特种设备检验	高级工程师
55	李丽萍	人事处	女	1975. 09	人事管理	高级工程师
56	薛红兵	职教处	男	1968. 03	职工教育	高级工程师
57	邓彬彬	信息化处	男	1982. 11	信息技术	高级工程师
58	李彪峰	信息化处	男	1974. 02	信息技术	高级工程师
59	张红英	信息化处	女	1979. 06	信息技术	高级工程师
60	付春平	信息技术所	男	1977. 10	信息技术	高级工程师

续上表

序号	姓名	单　位	性别	出生年月	从事专业	取得资格名称
61	朱俊梅	信息技术所	女	1971.12	信息技术	高级工程师
62	王　甜	南昌机务段	男	1979.10	计算机信息系统	高级工程师
63	乐兴潭	厦门枢纽改造工程建设指挥部	男	1981.01	信息工程建设	高级工程师
64	朱翠芳	福州客运段	女	1974.07	人力资源管理	高级经济师
65	黄智文	劳卫处	男	1978.07	劳动定额	高级经济师
66	沈　华	南昌铁路旅游酒店资产管理有限公司	男	1961.02	旅游管理	高级经济师
67	周　冰	福建福平铁路有限责任公司	女	1967.09	会计	高级会计师
68	谢华辉	福建福平铁路有限责任公司	男	1978.10	会计	高级会计师
69	唐　鸿	机关服务所	女	1974.01	会计	高级会计师
70	万　娟	资金结算所	女	1977.04	会计	高级会计师
71	黄小新	昌九城际铁路股份有限公司	男	1971.10	会计	高级会计师
72	李　萍	审计室	女	1980.02	审计	高级审计师

光　荣　榜

全国工人先锋号

南昌电务段鹰潭驼峰车间空缓工区

全国三八红旗手

吴园梅　南昌车辆段检修车间电气组工长

江西省五一劳动奖状

南昌西工务段

江西省五一劳动奖章

何智萍　南昌车辆段库检车间库电三组工长

周　浩　南昌机务段运用二车间安全员

魏　强　南昌电务段赣州信号车间会昌北普速场信号工区工长

黄风景　赣州工务段新干线路车间轨检组班长

江　涛　上饶车务段上饶站调车长

江西省工人先锋号

赣州工务段龙回线路工区

九江车务段夏畈车站

福建省五一劳动奖章

刘宗斌　福州机务段邵武整备车间库检组机车钳工

范杨志　福州车辆段设备车间维修电工

张　杨　福州供电段南平电检工区电器钳工

王　淼　福州车务段霞浦站客运值班员

福建省工人先锋号

福州车辆段厦门运用车间厦京线路班组

南平工务段邵武线路车间卫闽巡养站

龙岩工务段漳平线路车间梅水坑线路巡养站

火车头奖杯

向塘机务段整备车间电力专修组
南昌南车辆段向塘修配车间台车组
福州房建生活段武夷山综合车间武夷山公寓
福州车站客运车间客运一班
福州车务段古田北站
南昌供电段向塘供电车间丰城南接触网工区
福州供电段检修车间福州电气检修工区
南昌工务段向塘线路车间场三工区
永安工务段麦园线路车间打虎坑线路工区
南昌房建生活段鹰西公寓服务班组
宜春车务段货运营销分中心
漳州车务段货运营销分中心
福建汇丰物流有限公司厦门物流中心
南昌车务段八景站货运班组
九江车务段七里湖站货运班组
厦门枢纽改造工程建设指挥部

火车头奖章

张贻云　赣州车务段兴国站站长
余春根　南昌机务段检修车间机车钳工
陈文强　鹰潭供电段抚州供电车间接触网工
元永成　福州供电段动力设备车间邵武车辆检修工区副工长
陈庆国　福州车辆段厦门运用车间乘务指导兼线路班组党支部书记
孙　静　福州动车段动车组机械师、福州动车组运用所专项修工班工长
叶春华　鹰潭工务段万年线路车间葛家店工区工长
李大军　南平工务段邵武路桥车间莫口路桥工区工长
阙绍智　福州电务段龙岩高铁信号车间长汀南信号工区工长
张玉波　南昌通信段南平北通信车间南平北通信工区工长
胡愈彬　南昌物资供应段综合信息科高级工程师
熊文亮　福州职工培训所教务科教务员
朱正文　路局安全监察室福州安监队队长
方立华　福建铁路实业发展有限公司总经理、党委副书记
高　茜　南昌车站南昌西站客运值班员
林　嵘　福州车站客运车间客运值班员
谢安平　南昌客运段动车二队西高一组列车长
许晓鑫　福州客运段动车一队高26组列车长
范明明　福州客运段厦龙京车队厦京直达四组列车长
蔡卫华　南昌车辆段乘务车间发电车乘务员
叶贤标　鹰潭机务段萍乡运用车间客运机车司机
黄历硕　福建铁路实业发展有限公司福龙客车有限公司列车长
叶技巧　向塘机务段整备车间电力机车钳工
刘小平　鹰潭机务段客车运用车间客车机车司机
郭学民　福州工务段福州南路桥车间莆田路桥检查保养工区桥梁班长
黄新华　厦门工务段厦门线路车间高崎一场工区工长
肖文峰　鹰潭工务机械段机械维修五车间工长
吴　兵　南昌电务段鹰潭信号车间鹰潭南信号工区工长
赵俊勇　永安车务段营销分中心副主任
简许蓉　南昌车务段新干站货运值班员
林　锋　福州车务段货运营销分中心营销室副主任
张　伟　龙岩车务段货运营销分中心常务副主任兼营销物流室主任
唐　秋　九江车务段货运营销分中心营销室业务员

甘小飞　漳州车务段南安站副站长
戴菁红　上饶车务段横峰站主任货运值班员
文中虎　赣州车务段南康站站长
张　晖　宜春车务段货运营销分中心副主任
徐发昌　鹰潭车站货运营销分中心市场营销室主任
金喜荣　南昌电气化改造及枢纽工程建设指挥部工程管理室工程师
邬　科　南昌房建工程建设指挥部安质室主任
张宏伟　九景衢铁路江西有限责任公司工程管理部工程师
容春益　福建福平铁路有限责任公司安全质量部助理工程师
苏加庆　福建港口铁路支线建设指挥部物资室主任
陈禄明　集团公司建设管理处副处长

江西省五一巾帼标兵岗

赣州车务段赣州站客运三班

福建省五一巾帼标兵岗

福州车务段宁德站客运综合班组

江西省五一巾帼标兵

马安红　南昌电务段鹰潭继电器工区工长

福建省五一巾帼标兵

陈珠云　福州车辆段库检车间车电综合班车辆电工

集团公司先进单位

南昌车站
福州客运段
南平车务段
九江车务段
漳州车务段
宜春车务段
南昌西工务段
福州工务段
南平工务段
南昌电务段
福州供电段
福州动车段
南昌物资供应段
南昌房建生活段
南昌疾病预防控制所
福建铁路实业发展有限公司
南昌铁路天河建设股份有限公司
九景衢铁路江西有限责任公司
南昌电气化改造及枢纽工程建设指挥部
南昌铁路公安处
集团公司先进车间
南昌车站售票车间
福州车站客运车间
厦门车站客运车间
鹰潭车站鹰潭北站
向塘西车站运转车间
南昌车务段抚州站
福州车务段莆田站
九江车务段九江车站
上饶车务段弋阳站
宜春车务段泉江站
赣州车务段井冈山站
南平车务段邵武站
永安车务段三明站
漳州车务段泉州站
龙岩车务段上杭站

南昌客运段直达车队
福州客运段厦门动车队
南昌机务段检修车间
向塘机务段九江运用车间
鹰潭机务段鹰潭客车运用车间
福州机务段福州动车车间
南昌供电段瑞金供电车间
鹰潭供电段检修车间
福州供电段武夷山东供电车间
厦门供电段永安供电车间
南昌车辆段南昌动车组运用所
南昌南车辆段鹰潭东运用车间
福州车辆段库检车间
福州东车辆段检修车间
福州动车段福州南动车组运用所
南昌工务段进贤线路车间
鹰潭工务段鹰潭路桥车间
赣州工务段信丰线路车间
福州工务段福州线路车间
永安工务段尤溪线路车间
厦门工务段漳州东路桥车间
九江桥工段九江西线路车间
鹰潭工务机械段机械大修三车间
南平工务段邵武路桥车间
龙岩工务段龙岩线路车间
萍乡工务段芦溪线路车间
南昌西工务段武夷山东线路车间
南昌电务段鹰潭信号车间
南昌电务段向塘车载设备车间
福州电务段南平北高铁信号车间
南昌通信段新余北高铁通信车间
南昌房建生活段鹰潭西公寓
福州房建生活段龙岩公寓
南昌物资供应段永安材料库
福州枢纽改造工程建设指挥部工程室
东南沿海铁路福建有限责任公司安全质量部
东南沿海铁路福建有限责任公司征拆协调部
东南沿海铁路福建有限责任公司衢宁指挥部
昌九城际铁路股份有限公司安全质量部

集团公司先进班组

南昌车站运转一车间一组
南昌车站南昌西站客运一组
福州车站福州南站客运二班
厦门车站厦门北站客运二班
鹰潭车站调度车间四班
鹰潭车站客场运转车间三班
鹰潭车站鹰潭北站客运一班
鹰潭车站劳动人事科
向塘西车站调度车间四组
向塘西车站下行运转车间调车三组
向塘西车站货检车间上行二组
向塘西车站安全科
南昌车务段樟树站运转班组
南昌车务段八景站货运班组
南昌车务段抚州站客运班组
福州车务段安济站
福州车务段樟林站行车三班
九江车务段庐山站运转班组
九江车务段业务科
九江车务段综合车间减速顶工区
上饶车务段湖沿站
上饶车务段铅山西站
上饶车务段上饶站货运班组
上饶车务段德兴站
上饶车务段婺源站客运班组
宜春车务段新余站货运洋坊班组
宜春车务段宜春站客运高铁班组
宜春车务段萍乡站运转四组
宜春车务段攸县南站
宜春车务段五里墩站
赣州车务段于都站客运班组
赣州车务段向西列尾所
赣州车务段石门圩站
赣州车务段泰和站货运班组
南平车务段峡阳站
南平车务段外洋站
南平车务段建瓯西站

南平车务段光泽站货运班组
永安车务段三明北站客运班组
永安车务段永安站运转一班
永安车务段将乐站
漳州车务段泉州站客运二班
漳州车务段漳州站客运二班
漳州车务段海沧站货运内勤班组
漳州车务段杏林站行车四班
龙岩车务段长汀南站
南昌客运段动车一队南动 38 组
南昌客运段动车二队西高七、八组
南昌客运段直达车队 Z68/7 次三组
南昌客运段北京车队 T147/8 次三组
南昌客运段京广车队 T171/2 次四组
南昌客运段沪杭车队沪快二组
南昌客运段沪甬车队宁波四组
南昌客运段西青车队青岛二组
南昌客运段成都车队成都六组
南昌客运段苏州车队苏州三组
南昌客运段赣州车队赣京二组
南昌客运段昆湛车队昆明六组
南昌客运段鹰潭车队上海三组
福州客运段动车一队高铁 12 组
福州客运段动车一队高铁 29 组
福州客运段动车一队高铁 24 组
福州客运段动车二队动车 187 组
福州客运段动车二队动车 124 组
福州客运段动车二队动车 190 组
福州客运段福京车队福京八组
福州客运段沪宁车队福宁四组
福州客运段成都车队成都八组
福州客运段重庆车队呼和二组
福州客运段厦龙京车队直达 4 组
福州客运段厦京车队厦兰二组
福州客运段厦渝车队厦渝三组
福州客运段厦门动车队高 301 组
福州客运段厦门动车队高 313 组
福州客运段安全科
南昌机务段运用二车间三队指导一组
南昌机务段动车车间一队指导一组
南昌机务段整备车间电力包修组
向塘机务段设备车间电器组
向塘机务段九运调小车队第二指导组
向塘机务段客运乘务车间南连四组
向塘机务段整备车间电力专修组
向塘机务段赣州运用车间第八乘务组
向塘机务段向塘运用一车间第十三乘务组
鹰潭机务段景德镇运用车间第一指导组
鹰潭机务段新余运用车间新余派班室
鹰潭机务段整备车间燃整二组
鹰潭机务段检修车间调试组
鹰潭机务段设备车间机械一组
鹰潭机务段救援车间萍乡救援列车
鹰潭机务段客运乘务队乘务二组
福州机务段厦门动车车间二车队第六指导组
福州机务段福州运用车间客车队第四指导组
福州机务段邵武运用车间客车队第一指导组
福州机务段永安运用车间客车队第一指导组
福州机务段漳平运用车间内燃车队第十一指导组
福州机务段福州检修车间内燃包修组
福州机务段福州整备车间外勤组
福州机务段邵武整备车间库检组
福州机务段救援车间漳平救援列车
南昌供电段庐山供电车间共青城际接触网工区
南昌供电段瑞金供电车间瑞金接触网工区
南昌供电段信丰供电车间定南电力工区
南昌供电段动力设备车间南昌动力设备检修工区
鹰潭供电段抚州供电车间南城接触网工区
鹰潭供电段检修车间电力修试工区
福州供电段三明北供电车间尤溪供电工区
福州供电段泰宁供电车间将乐供电工区
福州供电段邵武供电车间拿口供电工区
福州供电段武夷山东供电车间建瓯西变电工区
厦门供电段漳平供电车间城口接触网工区
厦门供电段龙岩供电车间龙岩供电工区
厦门供电段莆田供电车间梧塘变电工区

厦门供电段动力设备车间厦门车辆检修工区
南昌车辆段检修车间台车组
南昌车辆段乘务车间乘务二队
南昌车辆段南昌西动车所检修一组
南昌车辆段客车调度应急指挥中心
南昌南车辆段鹰潭检修车间轮轴组
南昌南车辆段动态检测设备车间景德镇红外线工区
南昌南车辆段赣州东运用车间检一班
南昌南车辆段向塘西运用一车间二五场一班
南昌南车辆段车轮车间轮对组
南昌南车辆段九江西运用车间 TFDS 班组
南昌南车辆段鹰潭东运用车间一场二班
福州车辆段厦门运用车间乘务一班
福州车辆段检修车间轮轴工班
福州东车辆段来舟运用车间到达场一班
福州东车辆段漳平运用车间列检一班
福州东车辆段东孚运用车间列检一班
福州东车辆段设备车间电工组
福州动车段厦门北动车组运用所检修一班
南昌工务段向塘线路车间场三工区
南昌工务段向西线路车间峰下工区
南昌工务段三江镇线路车间大岗工区
南昌工务段南昌综合机修车间南昌道岔联整组
南昌工务段探伤车间探伤二工区
南昌工务段安调中心设备质量监控分析组
鹰潭工务段横峰线路车间坑口工区
鹰潭工务段鹰西线路车间东乡工区
鹰潭工务段万年线路车间中村工区
鹰潭工务段鹰潭路桥车间鹰潭路桥工区
鹰潭工务段材料科鹰潭分库
鹰潭工务段景德镇路桥车间浮梁桥梁工区
鹰潭工务段景北线路车间检查工区
赣州工务段泰和线路车间营盘上线路工区
赣州工务段信丰线路车间大塘线路工区
赣州工务段于都线路车间会昌北高铁工区
赣州工务段吉安路桥车间井冈山路桥工区
赣州工务段信丰路桥车间龙回路桥工区
赣州工务段综合车间维修二队
赣州工务段吉安线路车间吉安一工区
福州工务段闽清线路车间大箬线路工区
福州工务段福州南线路车间鼓山线路工区
福州工务段莆田线路车间涵江线路工区
福州工务段福州路桥车间古田路桥检查保养工区
福州工务段综合机修车间轨道车运输二工区
永安工务段永安路桥车间搜山扫石队
永安工务段麦园线路车间打虎坑线路工区
永安工务段永安路桥车间桂口路桥工区
永安工务段三明北线路车间三明北线路工区
永安工务段永泰路桥车间中仙路桥工区
永安工务段综合机修车间道岔分队
厦门工务段翔安线路车间厦门北动车所线路工区
厦门工务段材料科运输分队
厦门工务段综合机修车间焊修分队
厦门工务段漳州路桥车间漳州路桥工区
九江桥工段九江西线路车间检查监控工区
九江桥工段庐山路桥车间庐二路桥工区
九江桥工段共青城线路车间永修城际线路工区
九江桥工段德安线路车间机械化维修工区
九江桥工段行政办公室汽车班组
鹰潭工务机械段换轨大修二车间换轨班
鹰潭工务机械段机械维修二车间 W205 班组
鹰潭工务机械段桥隧大修一车间桥隧 102 班
鹰潭工务机械段线路大修二车间换枕班
鹰潭工务机械段风动卸砟车车间老 K 车 1 班
南平工务段光泽线路车间光泽机工队
南平工务段南平南路桥车间南平钢桥保养工区
南平工务段邵武综合机修车间邵武机修一分队
南平工务段南平检控车间邵武探伤一工区
南平工务段武夷山综合维修车间邵武运输二班
南平工务段建阳线路车间杨墩巡养站
龙岩工务段长汀南线路车间长汀南线路综合

二工队
龙岩工务段上杭北线路车间上杭北线路工区
龙岩工务段龙岩线路车间检查一工区
龙岩工务段感德线路车间格口线路工区
龙岩工务段漳平机修车间钢轨修理一分队
龙岩工务段冠豸山路桥车间冠豸山路桥检养工区
龙岩工务段漳平路桥车间大深路桥检养工区
龙岩工务段冠豸山高铁路桥车间古田路桥检养工区
萍乡工务段安全生产调度指挥中心
萍乡工务段安仁路桥车间龙市桥梁工区
萍乡工务段探伤车间萍乡探伤组
萍乡工务段萍乡线路车间萍乡站场工区
萍乡工务段泗汾线路车间网岭工区
萍乡工务段新余线路车间新余站场工区
萍乡工务段炎陵线路车间炎陵工区
萍乡工务段樟树线路车间张家山正线工区
南昌西工务段南昌西线路车间南昌西站场工区
南昌西工务段南平北路桥车间南平北路桥工区
南昌西工务段上饶探伤车间南昌西探伤工区
南昌电务段上饶信号车间玉山信号工区
南昌电务段醴陵信号车间东冲铺信号工区
南昌电务段向塘信号车间三江镇信号工区
南昌电务段上饶高铁信号车间上饶合福高铁信号工区
南昌电务段萍乡北高铁信号车间萍乡北高铁信号工区
南昌电务段信丰信号车间龙南信号工区
南昌电务段鹰潭驼峰车间空缓工区
南昌电务段南昌车载设备车间库修工区
南昌电务段信号检修车间鹰潭综合检修工区
南昌电务段电子设备车间 CTC/TDCS 控制中心工区
南昌电务段行政办公室
福州电务段龙岩高铁信号车间长汀南信号工区
福州电务段漳州信号车间云霄信号工区
福州电务段福州信号试验室
福州电务段信号检修车间厦门信号继电器工区
福州电务段福州车载设备车间漳平 LKJ 系统库修工区
福州电务段泉州信号车间肖厝信号工区
福州电务段信号中修车间永安信号中修工区
南昌通信段福州高铁通信车间福鼎通信工区
南昌通信段吉安通信车间安仁通信工区
南昌通信段永泰通信车间永泰综合通信工区
南昌通信段三明北通信车间尤溪通信工区
南昌通信段龙岩高铁通信车间龙岩北高铁通信工区
南昌通信段厦门通信车间大深通信工区
南昌通信段赣州通信车间信丰通信工区
南昌通信段鹰潭通信车间景德镇通信工区
南昌通信段南昌无线通信车间南昌无线检修所
南昌通信段有线技术科
南昌房建生活段抚州建筑车间南昌西高铁综合工区
南昌房建生活段南昌建筑车间高铁工区
南昌房建生活段鹰潭给水车间鹰潭东给水工区
南昌房建生活段赣州公寓车间赣州公寓班组
南昌房建生活段九江公寓厨房班组
南昌房建生活段鹰西公寓服务班组
福州房建生活段来舟公寓厨房班组
福州房建生活段福州南建筑车间福州南房建检修二工区
福州房建生活段福州给水车间机电检修工区
南昌物资供应段计划财务科
集团公司调度所调度一组
集团公司客运处
集团公司人事处(党委组织部)

集团公司先进生产(工作)者

雷云忠　　南昌车站运转一车间值班员

罗庆华　南昌车站运转二车间值班站长
陶　晶　南昌车站客运车间客运值班员
王治国　南昌车站营销业务科科长
黄丽慧　南昌车站南昌西站客运值班员
何　双　南昌车站南昌西站客运员
章晨亮　南昌车站南昌西站车站值班员
熊连文　南昌车站运转一车间车站值班员
吴昌进　南昌车站站长、党委副书记
薛晓怡　福州车站客运车间主任
朱佳迪　福州车站福州南站客运员
商　骏　福州车站运转车间车站值班员
林铮念　福州车站客运车间客运员
陈俊斌　厦门车站副站长
郑毅宁　厦门车站客运车间值班站长
郭春建　厦门车站运转车间信号员
蔡建平　鹰潭车站驼峰车间调车长
黄建胜　鹰潭车站峰尾车间调车长
刘丽灵　鹰潭车站峰尾车间车站值班员
王东昇　鹰潭车站货检车间外勤货检员
黄贵明　鹰潭车站客运车间票房售票员
潘荷颖　鹰潭车站鹰潭北站客运值班员
陈雪年　鹰潭车站信息管理科科长
彭　林　鹰潭车站货运车间党总支书记
周晓辉　向塘西车站货检车间车检长
陈　起　向塘西车站向塘运转车间车站值班员
孙殿玉　向塘西车站下行运转车间调车区长
陈明芳　向塘西车站调度车间车站值班员
袁志衡　向塘西车站技统科科长
袁昌平　向塘西车站上行车间制动员
龙海文　南昌车务段乐化站安全员兼车站值班员
肖　峰　南昌车务段八景站站长
吴海民　南昌车务段职教科科长
徐军兵　南昌车务段樟树站副站长
戴淑珍　南昌车务段抚州东站主任客运值班员
郭　华　南昌车务段抚州站客运员
刘　霞　南昌车务段南昌北站内勤货运值班员
何耀坤　南昌车务段拖船埠站货运值班员
祝新华　南昌车务段抚州北站调车长
万燕婷　南昌车务段南昌北站门吊司机
陈江川　南昌车务段抚州站售票员
王　成　福州车务段杜坞站党支部书记
翁建忠　福州车务段仙游站客运员
郑剑志　福州车务段莆田站客运员
魏一敏　福州车务段樟林站调车长
吴秀晶　福州车务段莆田站业务员
刘　红　福州车务段福州东站货运员
曹　榕　福州车务段福州东站货运员
胡　俊　九江车务段九江站车站值班员
刘　刚　九江车务段九江西站调车长
邵忠军　九江车务段九江站客运值班员
李　闯　九江车务段七里湖站货运员
江　华　九江车务段七里湖站调车长
孙晋强　九江车务段技统科副科长
梅为群　九江车务段劳人科科长
徐俊武　九江车务段七里湖站货运员
凌仕同　九江车务段九江西站列尾作业员
吴森林　九江车务段段长、党委副书记
张　帅　上饶车务段鲇鱼山站车站值班员
饶　欣　上饶车务段景德镇站调车长
王广跃　上饶车务段弋阳站连结员
白金重　上饶车务段上饶站车号长
杨　楠　上饶车务段景德镇南站货运员
黄朝福　上饶车务段景德镇站门吊司机
杨　雷　上饶车务段上饶站客运安全员
王　莺　上饶车务段上饶站副站长
陆小军　上饶车务段安全科科长
王轶军　上饶车务段货运营销分中心主任业务员
陈宇宏　上饶车务段景德镇站货检员
熊瑾旻　宜春车务段泉江站站长
陈明华　宜春车务段萍乡站党总支书记
张卫国　宜春车务段茶陵站站长
周元生　宜春车务段技术统计科副科长
许小勇　宜春车务段新余站车站值班员
叶素平　宜春车务段新余站车号员兼

货检员
肖　燕　宜春车务段萍乡北站售票员
易建军　宜春车务段萍乡站信号员
陈小萍　宜春车务段萍乡站车站调度员
王京陵　宜春车务段萍乡站连结员
孙艳华　宜春车务段萍乡站客车给水员
李　容　宜春车务段醴陵南站货运安全员
梁　蓉　宜春车务段新余站货运员
汪海华　宜春车务段段长、党委副书记
罗　斌　赣州车务段赣州站客运值班员
刘　谦　赣州车务段赣县站车站值班员
刘　丹　赣州车务段赣县站站长
龚周文　赣州车务段泰和站货运值班员
陈春生　赣州车务段赣州东站调车长
曾广禄　赣州车务段赣州东站车号货检长
肖爱平　赣州车务段赣州东站货运计划员
谭晓闽　赣州车务段营销分中心常务副主任
林　楷　南平车务段技统科科长
胡淳智　南平车务段邵武站站长
黄新艺　南平车务段武夷山东站站长
李祖仕　南平车务段来舟站驼峰调车长
刘志勇　南平车务段外洋站车站值班员
杨晓莉　南平车务段光泽站货运值班员
刘桂英　南平车务段武夷山东站客运值班员
郭　慧　南平车务段小桥镇站副站长
曾建民　南平车务段铁关村站站长
马巧君　南平车务段邵武站货运安全员
苏慧群　南平车务段段长、党委副书记
张再平　永安车务段泰宁站客运值班员
林　俊　永安车务段三明北站车站值班员
刘二帅　永安车务段永安站调车长
贺心恒　永安车务段三明站货运安全员
董志刚　永安车务段青州站青州站站长
季　伟　永安车务段安全科安全科科长
刘　军　永安车务段三明北站查危组安检员
杨金伟　漳州车务段漳州东站车站值班员
龚万征　漳州车务段湖头站车站值班员
黄国闽　漳州车务段漳平站调车长
刘　琦　漳州车务段杏林站调车长
徐永兴　漳州车务段海沧站货运员
刘　颖　漳州车务段漳州站售票员
刘　蓉　漳州车务段泉州站客运值班员
洪良志　漳州车务段晋江站客运值班员
林茂灿　漳州车务段湖头站站长
林在嵘　漳州车务段技统科科长
吴建武　漳州车务段泉州站支部书记
吴成忠　漳州车务段段长、党委副书记
陈海震　龙岩车务段长汀南站站长
武向东　龙岩车务段铁山洋站调车长
杨永贵　龙岩车务段龙岩站车站值班员
曾建荣　龙岩车务段龙岩站车站客运值班员
陈景波　龙岩车务段安全科科长
胡桂香　南昌客运段西青车队景德镇二组列车长
万　青　南昌客运段京广车队 T171/2 次四组列车长
熊小龙　南昌客运段北京车队 T147/8 次三组列车长
张　蓉　南昌客运段苏州车队苏州三组列车长
胡国军　南昌客运段广深车队 K1019/20 次四组列车长
董雪群　南昌客运段昆湛车队昆明一组列车员
吴海宁　南昌客运段昆湛车队昆明三组列车长
周　程　南昌客运段直达车队 Z68/7 次七组列车长
胡训球　南昌客运段成都车队城际三组列车员
文　江　南昌客运段沪杭车队九沪一组列车长
张美娟　南昌客运段动车二队西高 52 组列车长
张金嫚　南昌客运段鹰潭车队上海三组列车值班员

胡　超　南昌客运段沪甬车队井沪三组列车长
高莉萍　南昌客运段动车一队南动37组列车长
孙　静　南昌客运段动车二队西高七组列车长
毛东婉　南昌客运段鹰潭车队上海四组列车员
刘　欢　南昌客运段成都车队成都五组列车长
吕蓉琦　南昌客运段赣州车队赣州一组列车值班员
熊招娣　南昌客运段赣州车队赣州二组列车员
黄秉权　南昌客运段南昌综合车间整备库保管工
庞国勤　南昌客运段劳动人事科劳资员
李永强　南昌客运段北京车队队长
王仁飞　南昌客运段南昌综合车间主任
殷江萍　南昌客运段计划财务统计科副科长
李义生　南昌客运段乘务科乘务工班指导车长
黄逢丽　南昌客运段直达车队Z68/7二组列车长
严伟萍　南昌客运段动车二队西高41组列车长
邱　蓓　南昌客运段动车一队南动33组列车长
李玉玲　福州客运段厦门动车队车队长
肖启华　福州客运段安全科科长
夏晓琴　福州客运段动车二队副队长
陈　颖　福州客运段福州综合车间助勤
范明明　福州客运段厦龙京队直达四组列车长
庄荣坤　福州客运段厦京车队厦兰二组列车长
吕淑国　福州客运段厦渝车队厦渝三组列车长
潘　武　福州客运段沪宁车队南京四组列车值班员
周阳贵　福州客运段厦京车队厦兰二组列车长
施　建　福州客运段福京车队直达四组列车长
苏东根　福州客运段厦渝车队厦渝二组列车长
张子玉　福州客运段动车一队高铁29组列车长
谭欣欣　福州客运段动车一队高铁12组列车长
回　钰　福州客运段动车二队动车124组列车长
代亚桥　福州客运段动车一队高铁21组列车长
张东冬　福州客运段动车二队动车187组列车长
胥晓宁　福州客运段动车一队高铁31组列车长
崔　田　福州客运段动车一队高铁6组列车长
杨小妃　福州客运段福京车队直达三组餐车长
彭润元　福州客运段动车二队动车185组列车长
陈　珑　福州客运段专运组列车长
郭晶晶　福州客运段厦门动车队高铁301组列车长
谢金峰　福州客运段沪宁车队南京三组厨师
许　宵　福州客运段动车二队动车190组列车长
周　杰　福州客运段动车一队高铁24组列车长
宫丽娜　厦门动车队高铁313组列车长
许和华　福州客运段成都车队成都二组列车长
陈寿亮　福州客运段段长、党委副书记
徐水平　南昌机务段检修车间副主任
余春根　南昌机务段检修车间机车钳工

赵云昌　南昌机务段整备车间主任安全员
刘　俊　南昌机务段整备车间机车钳工
刘富斌　南昌机务段整备车间机车钳工
帅　祎　南昌机务段动车车间动车组司机
付荣忠　南昌机务段动车车间动车组司机
储　将　南昌机务段动车车间动车组司机
熊　杰　南昌机务段运用一车间机车司机
熊宏永　南昌机务段运用二车间机车司机
郑　涛　南昌机务段运用二车间电力机车
张文曜　南昌机务段整备车间车间主任
钟闽武　南昌机务段运用一车间机车司机
余启军　南昌机务段运用一车间机车司机
刘建兴　南昌机务段运用一车间机车司机
陈志刚　南昌机务段设备车间计算机维修工
张　寅　南昌机务段检修车间机车钳工
董贵荣　向塘机务段向塘运用二车间机车乘务员
刘书平　向塘机务段向塘运用一车间机车司机
上官勇勇　向塘机务段九江运用车间机车司机
叶技巧　向塘机务段整备车间电力机车钳工
谢　杰　向塘机务段整备车间机车钳工
陈文波　向塘机务段业务员
王　勇　向塘机务段客运乘务车间列车员
吴志强　向塘机务段设备车间电器钳工
万　飞　向塘机务段救援车间救援机械司机
黄国树　向塘机务段武装保卫科科长
郑　良　向塘机务段设备车间党总支书记
李　洁　向塘机务段九江运用车间车间主任
卢　岭　向塘机务段向塘运用一车间机车乘务员
徐亚斌　向塘机务段汽车队汽车司机
郭学飞　向塘机务段向塘运用一车间司机
李　琼　向塘机务段赣州运用车间机车司机
刘海平　向塘机务段赣州运用车间指导司机
徐勇飞　向塘机务段赣州运用车间车队长
曾昌生　向塘机务段赣州运用车间机车司机
郑卫东　鹰潭机务段鹰潭客车运用车间司机
李万明　鹰潭机务段鹰潭客车运用车间司机
倪永强　鹰潭机务段鹰潭货车运用车间司机
王贵林　鹰潭机务段鹰潭货车运用车间副司机
金建华　鹰潭机务段萍乡运用车间司机
甘　彭　鹰潭机务段萍乡运用车间司机
黄日清　鹰潭机务段萍乡运用车间工长
王　政　鹰潭机务段上饶运用车间司机
张武火　鹰潭机务段上饶运用车间司机
应维平　鹰潭机务段上饶运用车间司机
王建勇　鹰潭机务段景德镇运用车间机车司机
熊进华　鹰潭机务段景德镇运用车间机车司机
汤　韬　鹰潭机务段新余运用车间司机
刘纯杰　鹰潭机务段新余运用车间司机
杨必华　鹰潭机务段整备车间道岔信号员
李　民　鹰潭机务段整备车间机车钳工
陈青华　鹰潭机务段检修车间电力机车钳工
李　云　鹰潭机务段设备车间电器钳工
邓永平　鹰潭机务段救援车间救援起重司机
陈文龙　鹰潭机务段客运乘务队副主任
陈智明　鹰潭机务段安全科主任安全员
陈铁明　鹰潭机务段景德镇运用车间主任
童文祥　鹰潭机务段技术科科长
黄国兴　鹰潭机务段检修车间探伤工
腾兴龙　福州机务段福州运用车间客车队电力机车司机
陈承仪　福州机务段福州动车车间三车队

组动车组司机
吴善瑜　福州机务段福州动车车间三车队动车组司机
傅光全　福州机务段厦门动车车间二车队动车组司机
郑祖昌　福州机务段厦门动车车间一车队组动车组司机
曾广清　福州机务段厦门动车车间二车队指导司机
邱开怀　福州机务段福州运用车间货车队机车司机
刘尧斌　福州机务段邵武运用车间货二队机车司机
林德意　福州机务段永安运用车间货车队机车司机
苏永义　福州机务段永安运用车间客车队机车司机
罗来勇　福州机务段漳平运用车间内燃车队指导司机
柳　亮　福州机务段漳平运用车间内燃车队机车司机
邓邦致　福州机务段福州检修车间质检员
孔祥福　福州机务段福州整备车间机车钳工
尤添水　福州机务段邵武整备车间机车钳工
焦长发　福州机务段永安整备车间机车钳工
潘剑钊　福州机务段漳平整备车间机车钳工
程保枝　福州机务段运用科机车调度员
王永明　福州机务段设备车间机械钳工
李光荣　福州机务段救援车间起重机司机
李新平　福州机务段邵武运用车间教员
王伟宏　福州机务段福州动车车间主任
曹　章　福州机务段福州整备车间主任
孙嘉奎　福州机务段党委办公室干事
龚武顺　福州机务段安全科主任安全员
张　旺　福州机务段邵武运用车间指导司机
王运涛　南昌供电段赣州供电车间接触网工
王　恋　南昌供电段庐山供电车间副工长
李　可　南昌供电段南昌西供电车间工长
余铁红　南昌供电段赣州供电车间副工长
涂　骞　南昌供电段瑞金供电车间轨道车司机
蒋　鹏　南昌供电段检修车间电器钳工
梁三梅　南昌供电段检修车间助理工程师
叶众兵　南昌供电段供电技术科副科长
郭　昕　南昌供电段吉安供电车间主任
蒋　明　南昌供电段南昌供电车间接触网作业车司机
贺明亮　鹰潭供电段电力技术科科长
高二好　鹰潭供电段鹰潭供电车间工长
庄希政　鹰潭供电段婺源供电车间工长
李　抗　鹰潭供电段横峰供电车间变电值班员
李鹏源　鹰潭供电段婺源供电车间电力线路工
程林发　鹰潭供电段资溪供电车间变(配)电值班员
曲建尚　福州供电段泰宁供电车间建宁供电工区工长
黄　潇　福州供电段福州南供电车间轨道车司机
姚云秋　福州供电段宁德供电车间工长
付德平　福州供电段邵武供电车间副工长
孟　荣　福州供电段动力设备车间接触网工
张忠玉　福州供电段检修车间工长
林雪华　福州供电段办公室代干事
彭福林　福州供电段三明北供电车间代技术员
林　聰　福州供电段福州供电车间技术员
绪立军　福州供电段南平供电车间接触网工
陈利茂　福州供电段检修车间变电检修工
熊焱球　福州供电段段长、党委副书记
卜红平　厦门供电段莆田供电车间副工长

刘金忠　厦门供电段永安供电车间作业车司机
陈昭凯　厦门供电段检修车间工长
陈建云　厦门供电段漳平供电车间工长
许明建　厦门供电段设备科代技术员
周建南　厦门供电段漳州供电车间变电值班员
姚开明　厦门供电段动力设备车间工长
巩向恺　南昌车辆段检修车间车辆钳工
唐海华　南昌车辆段设备车间生产调度
陈帮胜　南昌车辆段库检车间客车检车员
夏德强　南昌车辆段乘务车间工长
杨青青　南昌车辆段乘务车间检车员
汪绪能　南昌车辆段九江运用车间检车员
叶　军　南昌车辆段鹰潭运用车间专修工长
李　军　南昌车辆段客列检车间计工员
毛　革　南昌车辆段赣州运用车间检车员
邹家民　南昌车辆段南昌动车所动车组机械师
杨生有　南昌车辆段南昌西动车所副工长
周　庆　南昌车辆段南昌西动车所机械师
皮郑江　南昌车辆段职教科教员
金顺昌　南昌车辆段客车调度应急指挥中心主任
高鸣亮　南昌车辆段南昌动车所动车组机械师
孙龙权　南昌车辆段检修车间车辆电工
黄　康　南昌车辆段客列检车间检车员
万志诚　南昌南车辆段向塘西运用二车间检车员
李小云　南昌南车辆段安全科安全员
戴能火　南昌南车辆段上饶作业场检车员
周拥辉　南昌南车辆段鹰潭检修车间工长
易志刚　南昌南车辆段向塘修车车间车辆钳工
唐　强　南昌南车辆段向塘修配车间车辆钳工
曾传理　南昌南车辆段赣州东运用车间检车员
刘　念　南昌南车辆段向塘西运用一车间检车工长
蒋洋宽　南昌南车辆段车轮车间轮轴装修工
张正义　南昌南车辆段调度科科长
毛咏龙　南昌南车辆段党办党委助理员
刘　东　南昌南车辆段九江西运用车间工长
鲁萍忠　南昌南车辆段鹰潭东运用车间主任
唐　健　南昌南车辆段鹰潭东运用车间检车员
桂建军　南昌南车辆段设备车间电机钳工
丁建高　南昌南车辆段九江西运用车间检车员
颜　其　福州车辆段乘务车间检车员
向祚君　福州车辆段检修车间车辆钳工
朱秩炉　福州车辆段设备车间钳工
詹明澄　福州车辆段厦门运用车间乘务指导
陈庆国　福州车辆段厦门运用车间乘务总指导
林　海　福州车辆段检修车间车间主任
苗培壮　福州车辆段质检科车电质检员
林　晨　福州车辆段库检车间客车检车员
张建铭　福州东车辆段检修车间主任
曾宪平　福州东车辆段职教科职教专职
陈　群　福州东车辆段漳平运用车间工长
陈增彬　福州东车辆段福州东运用车间检车员
黄小芳　福州东车辆段泉州运用车间工长
蔡宗明　福州东车辆段动态检测设备车间工长
张　彭　福州东车辆段漳平运用车间车辆钳工
陈锦熙　福州动车段调度指挥中心生产调度员
娄　欣　福州动车段龙岩动车组运用所质检员
黄文媛　福州动车段团委干事

曹　玮　福州动车段福州动车组运用所工长
王其凯　福州动车段福州南动车组运用所工长
俞培姿　福州动车段福州南动车组运用所乘务指导
张海洋　福州动车段厦门北动车组运用所工长
郭国栋　福州动车段设备车间机械钳工
孙斌广　福州动车段调度指挥中心 TEDS 监测员
林建棱　福州动车段龙岩动车组运用所调度员
范智君　福州动车段调度指挥中心 TEDS 监测员
郑　敏　福州动车段段长、党委副书记
夏　敏　南昌工务段向塘线路车间工长
徐新明　南昌工务段向西线路车间工长
舒师猛　南昌工务段进贤线路车间工长
张　伟　南昌工务段南昌路桥车间班长
张　勇　南昌工务段探伤车间探伤班长
刘　勤　南昌工务段材料科向塘运务中心轨道车司机
胡启平　南昌工务段安调中心主任
郑荣胜　南昌工务段综合机修车间副主任
焦振军　鹰潭工务段鹰潭路桥车间工长
邹新焱　鹰潭工务段万年线路车间工长
王　丹　鹰潭工务段鹰西线路车间工长
杨晓军　鹰潭工务段资溪线路车间工长
郑建平　鹰潭工务段综合车间工长
董有兵　鹰潭工务段景德镇路桥车间工长
丁　干　鹰潭工务段景北线路车间工长
罗卫华　鹰潭工务段安质科科长
徐国和　鹰潭工务段景德镇路桥车间党总支书记
陈忠保　鹰潭工务段横峰线路车间主任
李欠林　鹰潭工务段综合机修车间工长
吴焕文　赣州工务段安全科安全科长
邹红土　赣州工务段赣州东线路车间工长
刘光成　赣州工务段信丰线路车间工长
郭立勋　赣州工务段探伤车间探伤工
蒋士军　赣州工务段于都线路车间工长
胡　烜　赣州工务段泰和路桥车间工长
陈　彬　赣州工务段安调中心调度员
赵　旭　赣州工务段信丰路桥车间班长
朱鹏飞　赣州工务段综合车间线路工
胡小林　赣州工务段新干线路车间工长
金军华　赣州工务段井冈山线路车间线路工
王亚东　福州工务段福州南路桥车间桥隧工
许和榕　福州工务段福州线路车间工长
郑　华　福州工务段福州南路桥车间工长
朱海朋　福州工务段检查监控车间工长
王锐俊　福州工务段福州南路桥车间主任
杨　珂　福州工务段轨道车四工区工长
徐德强　福州工务段副段长
杨　武　永安工务段永安路桥车间工长
魏樟明　永安工务段永泰线路车间车间主任
叶修智　永安工务段三明北路桥车间技术员
邱志强　永安工务段永安线路车间工长
张军芳　永安工务段沙县线路车间道口工
郭　林　永安工务段材料科轨道车司机
秦　浩　永安工务段检查监控车间探伤工
林宇龙　厦门工务段漳州东线路车间工长
郝　琦　厦门工务段泉州路桥车间副主任
南　充　厦门工务段漳州路桥车间工长
任　平　厦门工务段厦门线路车间工长
曾　亮　厦门工务段综合机修车间工长
甘志刚　厦门工务段泉州线路车间副主任
周宁诚　九江桥工段九江线路车间班长
朱　辉　九江桥工段永修路桥车间工长
王　维　九江桥工段九江西线路车间工长
欧阳俊　九江桥工段湖口线路车间工长
胡志勇　九江桥工段共青城线路车间班长
廖志海　九江桥工段永修线路车间线路工
钟　尖　九江桥工段安全生产调度指挥中心主任

姚桥森　九江桥工段计划财务科科长
刘文榜　鹰潭工务机械段换轨大修一车间副主任
谢芳来　鹰潭工务机械段道岔维修车间主任
黄文胜　鹰潭工务机械段线路大修三车间主任
李建辉　鹰潭工务机械段设备科科长
文瀚林　鹰潭工务机械段线路大修二车间工长
余正强　鹰潭工务机械段道岔维修车间工长
任炜炜　鹰潭工务机械段贵溪综合车间计划工长
王亚强　鹰潭工务机械段机械大修二车间副机长
艾勇强　鹰潭工务机械段机械大修一车间工长
邓小勇　鹰潭工务机械段机械维修二车间指导司机
孙　鹏　鹰潭工务机械段机械维修二车间工长
马海林　鹰潭工务机械段机械大修三车间工长
刘　青　鹰潭工务机械段机械机械大修三车间工长
刘　飞　鹰潭工务机械段机械机械维修二车间探伤工
张　潮　鹰潭工务机械段机械向塘焊轨车间钢轨焊接工
黄兆榕　南平工务段南平检测监控车间主任
王闽黔　南平工务段邵武路桥车间安全工长
刘秀泉　南平工务段武夷山路桥车间工长
王海明　南平工务段光泽线路车间工长
叶军荣　南平工务段邵武线路车间工长
李　寅　南平工务段建阳线路车间机工队班长
梁晓波　南平工务段武夷山综合维修车间轨道车司机
黄益荣　南平工务段段长、党委副书记
廖海长　龙岩工务段长汀南线路车间线路工
张　凯　龙岩工务段上杭线路车间工长
巩万辉　龙岩工务段龙岩线路车间工长
邓柏荣　龙岩工务段漳平线路车间副主任
龚恒文　龙岩工务段冠豸山路桥车间工长
李小超　龙岩工务段安溪路桥车间桥梁工
肖功洺　龙岩工务段龙岩路桥车间副工长
陈宇寰　龙岩工务段冠豸山路桥车间副工长
朱瑞敏　龙岩工务段漳平路桥车间副工长
高文波　萍乡工务段安仁路桥车间党支部书记
胡　兵　萍乡工务段萍乡探伤车间工长
胡　炜　萍乡工务段萍乡线路车间主任
黄松谦　萍乡工务段宜春线路车间班长
兰秋萍　萍乡工务段萍乡线路车间生产调度员
黎　达　萍乡工务段新余线路车间工长
文　意　萍乡工务段宜春线路车间班长
张　凯　萍乡工务段醴陵线路车间线路工
张如雅　萍乡工务段劳动人事科安全工长
章永波　萍乡工务段新余路桥车间工长
周西旭　萍乡工务段安仁路桥车间工长
李志坚　萍乡工务段综合机修车间焊修班班长
李　昌　南昌西工务段南昌西线路车间副主任
李景平　南昌西工务段上饶探伤车间探伤工
吴欢欢　南昌西工务段婺源线路车间安全工长
徐恒涛　南昌西工务段南平北路桥车间副工长
万　帅　南昌西工务段安全生产调度指挥中心线路工
裘　宏　南昌西工务段段长、党委副书记
赵善青　南昌电务段婺源高铁信号车间

信号工（安全员）
姚　虹　南昌电务段鹰潭车载设备车间定额员
李　彪　南昌电务段永修城际信号车间信号工
邓永庆　南昌电务段兴国信号车间南塘信号工区工长
白　云　南昌电务段南昌信号车间南昌信号工区工长
潘小兵　南昌电务段信号中修车间赣州中修工区工长
聂小军　南昌电务段信号试验室信号工
高　翔　南昌电务段新余信号车间临江镇工区工长
范　寅　南昌电务段南昌西车载设备车间信号工
罗镇生　南昌电务段南昌车载设备车间信号工
邹春红　南昌电务段九江信号车间监控员
谢耀元　南昌电务段安全科科长
王　晔　南昌电务段向西驼峰车间主任
陈文飞　南昌电务段萍乡北高铁信号车间主任
姜小敏　南昌电务段上饶高铁信号车间主任兼书记
袁　江　南昌电务段南昌西信号车间信号工
雷泽交　南昌电务段安仁信号车间安仁信号工区工长
刘鹏飞　南昌电务段萍乡信号车间信号工
熊　卫　南昌电务段副段长
赵　伟　福州电务段电子设备车间主任兼党支部副书记
周文勇　福州电务段武夷山东高铁信号车间主任
吴朝辉　福州电务段信号技术科副主任
满再天　福州电务段泰宁信号车间将乐信号工区工长
李烈福　福州电务段南平信号工区工长
刘　凯　福州电务段永泰信号车间永泰信号工区副工长
张康建　福州电务段福州南动车车载维护工区信号工
郭君武　福州电务段龙岩信号车间永定信号工区工长
夏忠文　福州电务段东孚驼峰车间漳州北信号工区工长
谢奕发　福州电务段信号中修车间永安信号中修工区信号工
魏　波　南昌通信段福州高铁通信车间连江通信工区工长
邓春茂　南昌通信段吉安通信车间井冈山通信工区通信工
丁维荣　南昌通信段邵武通信车间光泽通信工区通信工
杨　桃　南昌通信段三明北通信车间尤溪通信工区工长
张建安　南昌通信段鹰潭通信车间通信工
丁海亮　南昌通信段南昌西通信车间通信工
高　良　南昌通信段南昌通信车间工长
朱茂国　南昌通信段龙岩高铁通信车间主任
廖　俊　南昌通信段网管中心副主任
汪　聪　南昌通信段鹰潭通信车间代干事
齐克放　南昌房建生活段抚州建筑车间车间主任
江行花　南昌房建生活段机关财务科科长
谢淑娥　南昌房建生活段南昌单身宿舍管理所微机操作员
熊彬辉　南昌房建生活段赣州综合车间于都综合工区工长
杨明华　南昌房建生活段向塘综合车间房建综合工区工长
胡启敏　南昌房建生活段新余公寓车间洗涤工
王建民　南昌房建生活段新余综合车间管道工
刘艳岚　福州房建生活段设备材料科科长兼党支部书记

林金钗　福州南建筑车间检修二工区班组长
李程联　福州房建生活段来舟公寓厨房班组厨师
顾凤平　福州房建生活段厦门综合车间给水值班员
徐晓萍　南昌物资供应段信息科科长
杨　青　集团公司办公室(党委办公室)政工信息科副科长
叶　峰　集团公司安全监察室监察
吴运昌　集团公司运输处设备安全科副科长
曾佑添　集团公司调度所值班主任
漆云平　集团公司车辆处客车科科长
孔小根　集团公司工务处助理工程师
陈庆华　集团公司电务处信号科科长
杨　辉　集团公司劳动和卫生处劳动定额科科长
丁　波　集团公司党委宣传部部员
俞　波　集团公司机关党委工会指导员
李淮平　集团公司信息技术所高级工程师
卫思源　集团公司机辆验收室验收员
宋和平　集团公司人事处(党委组织部)处长(部长)
徐　洪　集团公司客运处处长
李　昀　集团公司客运处客服中心客服值班员
石应珍　福州铁路办事处办公室主任档案员
鞠　蓓　党(干)校运输教研室副主任
颜　川　科学技术研究所工程师
周苹华　新余职工培训所教员
曹莉萍　福州职工培训所党总支助理员、纪检监察员
谭荫农　南昌疾病预防控制所科长
杨容永　福州疾病预防控制所主管医师
施丽容　厦门海沧铁路有限责任公司工程师
陈添平　福建港口铁路支线建设指挥部工程师
李小勇　厦门枢纽改造工程建设指挥部工程师
陈秀莲　福州枢纽改造工程建设指挥部高级工程师
徐志刚　南昌房建工程建设指挥部计财室主任
张永华　九景衢铁路江西有限责任公司助理工程师
马水生　九景衢铁路江西有限责任公司副总经理兼总工程师
唐先进　南昌电气化改造及枢纽工程建设指挥部工程室副主任
邹青平　南昌电气化改造及枢纽工程建设指挥部副指挥长
杨仁晖　福建福平铁路有限责任公司经济师
赖福生　浦梅铁路工程建设指挥部工程部副部长
唐　刚　江西铁路实业发展有限公司南铁科技公司副经理
陈家栋　江西铁路实业发展有限公司赣州客服维保车间副主任
肖恒亮　福建铁路实业发展有限公司地铁公司党支部书记
方立华　福建铁路实业发展有限公司总经理、党委副书记
何稳兆　南昌铁路天集房地产开发有限公司物业公司经理
杨　波　江西京九物流有限责任公司经营管理部副部长
徐平荣　南铁旅游酒店资产管理公司井冈山圣地宾馆综合办主任
林　静　南昌铁路旅游酒店资产管理有限公司福州分公司售票员
黄农生　福建汇丰物流有限公司大宗物流中心经理
阳　野　南昌铁路天河建设股份有限公司项目经理
周林华　南昌铁路天河建设股份有限公司

项目总工
毛坤海　南昌铁路天河建设股份有限公司董事长、总经理
郭慧军　南昌铁路通达工贸有限责任公司财务部长
张添富　南昌铁路通达工贸有限责任公司福州分公司经理
余　伟　南昌铁路通达工贸有限责任公司南铁装备制造有限公司技术主管
戴菊宝　南昌铁路通达工贸有限责任公司上饶机车车轮有限公司生产部长
罗光林　南昌铁路通达工贸有限责任公司福建汇盛铁路重工公司技质部部长
陈志成　南昌华路建设咨询监理有限公司副总监
李亚光　南昌铁路文化广告传媒有限公司综合部副部长
严加萍　南昌铁路物业管理有限公司质检员
付志刚　江西地方铁路开发有限公司安质部部长
陈萍发　安全监察大队漳平安监队安监队队长
周　俊　安监办驻厦门供电段验收室验收员
李涌涛　集团公司护路办副主任
王　委　南昌铁路公安局南昌公安处乘警支队副支队长
胡　涛　南昌铁路公安局南昌公安处特警支队副大队长
陆　芸　南昌铁路公安局南昌公安处宣传教育室科员
周　嵩　南昌铁路公安局南昌公安处人事训练室科员
徐振凯　南昌铁路公安局南昌公安处南昌车站派出所副大队长
黄惠平　南昌铁路公安局福州公安处福州车站派出所大队长
郑万健　南昌铁路公安局福州公安处治安支队支队长
石天清　南昌铁路公安局福州公安处福州南站派出所政委
董国良　南昌铁路公安局鹰潭公安处治安支队副支队长
闵清柏　南昌铁路公安局鹰潭公安处装备财务室主任
陈　华　南昌铁路公安局鹰潭公安处玉山南站派出所所长
陈文欣　南昌铁路公安局厦门公安处龙岩车站派出所所长
林艺静　南昌铁路公安局厦门公安处团委书记
陈建华　南昌铁路公安局赣州公安处赣州车站派出所所长
黄臣文　南昌铁路公安局赣州公安处于都车站派出所二级警员
陈　鑫　南昌铁路公安局办公室科员
李鼎辉　南昌铁路公安局治安管理处二级警员
刘　松　南昌铁路公安局南昌公安处南昌车站派出所二级警员
李　敏　南昌铁路公安局南昌公安处处长
张志鹏　东南沿海铁路福建有限责任公司指挥长
叶德炳　东南沿海铁路福建有限责任公司高级工程师
张　忠　东南沿海铁路福建有限责任公司助理工程师
王雄标　东南沿海铁路福建有限责任公司工程师
施宗宝　昌九城际铁路股份有限公司副总经理
白　魁　昌九城际铁路股份有限公司工程师
周　晶　昌九城际铁路股份有限公司工程师

集团公司学习型领导班子

南昌车站
福州车站
宜春车务段
南平车务段
南昌客运段
鹰潭供电段
南昌西工务段
南昌电务段
南昌通信段
福州东车辆段
福建铁路实业发展有限公司
南昌铁路公安局
南昌铁路公安局厦门公安处

集团公司党风廉政建设先进集体

上饶车务段
宜春车务段
南平车务段
龙岩车务段
福州机务段
向塘机务段
南昌供电段
福州供电段
福州工务段
南平工务段
永安工务段
鹰潭工务机械段
南昌电务段
南昌通信段
南昌南车辆段
新余职工培训所
福建铁路实业发展有限公司
集团公司办公室(党委办公室)
集团公司监察处
集团公司价格管理处
集团公司人事处(党委组织部)
集团公司客运处
集团公司企业管理和法律事务处
集团公司审计处
集团公司物资管理处
南昌铁路公安局鹰潭公安处
南昌铁路公安局厦门公安处

集团公司先进纪委

福州车务段纪委
南昌车务段纪委
鹰潭机务段纪委
福州机务段纪委
九江桥工段纪委
南平工务段纪委
龙岩工务段纪委
赣州工务段纪委
南昌电务段纪委
江西铁路实业发展有限公司纪委
南昌铁路公安局纪委

集团公司党支部标杆

南昌车站客运车间党总支
上饶车务段弋阳站党支部
宜春车务段萍乡北站党支部
南昌客运段直达车队党总支
福州客运段福京车队福京八组党支部
南昌机务段整备车间电力包修组党支部
鹰潭工务段鹰潭西线路车间白露桥客场工区党支部
福州工务段福州南线路车间党支部
永安工务段永安路桥车间党支部
鹰潭工务机械段向塘焊轨车间党支部
南昌电务段鹰潭驼峰车间空缓党支部
福州电务段武夷山东高铁信号车间党支部
南昌车辆段南昌西动车组运用所党总支
福州东车辆段检修车间党总支

南昌铁路公安局南昌公安处南昌车站派出所党支部

集团公司先进党支部

鹰潭车站客运车间党总支
鹰潭车站贵溪北站第五党支部
向塘西车站向塘运转车间党支部
福州车站运转车间党支部
厦门车站售票车间党支部
南昌车务段八景站党支部
南昌车务段南城站党支部
福州车务段古田站区党总支
南平车务段建阳片区党总支
南平车务段峡阳站联合党支部
九江车务段瑞昌站党支部
上饶车务段上饶站党总支
上饶车务段景德镇站党总支
宜春车务段泉江站党支部
永安车务段三明北站联合党支部
漳州车务段晋江站党支部
赣州车务段信丰站党支部
赣州车务段赣县站党支部
龙岩车务段龙岩站党支部
南昌客运段动车二队西高第四党支部
南昌客运段沪杭车队 K288/7 次三组党支部
南昌客运段北京车队 T168/7 次二组党支部
南昌客运段鹰潭车队 K784/3 次一组党支部
南昌客运段科室第一党支部
福州客运段动车一队党支部
福州客运段厦龙京车队党总支
福州客运段沪宁车队福宁四组党支部
南昌机务段检修车间制动组党支部
向塘机务段向塘整备车间党总支
向塘机务段赣州运用车间赣龙车队党支部
向塘机务段设备车间生产部党支部
鹰潭机务段检修车间党总支
鹰潭机务段萍乡运用车间二车队党支部
鹰潭机务段景德镇运用车间一车队党支部
福州机务段福州动车车间动车三队党支部
福州机务段漳平运用车间电力客运车队党支部
福州机务段救援车间来舟救援党支部
南昌供电段吉安供电车间党总支
南昌供电段庐山供电车间共青城城际接触网工区党支部
南昌供电段瑞金供电车间于都接触网工区党支部
鹰潭供电段检修动力联合党支部
福州供电段武夷山东供电车间党支部
福州供电段三明北供电车间党总支
厦门供电段厦门供电车间郭坑工区联合党支部
南昌工务段南昌路桥车间党支部
鹰潭工务段鹰潭路桥车间党总支
南平工务段邵武路桥车间党支部
龙岩工务段上杭北线路车间党支部
厦门工务段漳州线路车间党支部
赣州工务段泰和路桥车间党支部
九江桥工段九江西线路车间党支部
萍乡工务段萍乡路桥车间党支部
南昌西工务段上饶探伤车间党支部
南昌电务段南昌车载设备车间党支部
南昌电务段吉安信号车间党支部
南昌通信段吉安通信车间党支部
南昌南车辆段九江西运用车间党总支
南昌南车辆段车轮车间党支部
福州车辆段检修车间党总支
福州动车段福州动车组运用所党支部
福州东车辆段动态检测设备车间邵武党支部
南昌物资供应段科室第二党支部
南昌房建生活段吉安建筑车间党支部
福州房建生活段泉州综合车间党支部
福州铁路办事处办公室(党群工作办公室)党支部
集团公司运输处党支部
集团公司调度所第三党支部
集团公司党委宣传部(企业文化处)党支部
南昌铁路公安局福州公安处福州南车站

派出所党支部
南昌铁路公安局鹰潭公安处德兴车站派出所党支部
南昌铁路公安局厦门公安处古田会址车站派出所党支部
南昌铁路公安局赣州公安处赣州车站派出所党支部
南昌铁路公安局福州公安处永安车站派出所党支部
南昌铁路公安局机关第三党支部
南昌铁路天河建设股份有限公司南昌铁路通信信号厂有限公司第二党支部
福建铁路实业发展有限公司厦门铁路开发公司党支部
江西铁路实业发展有限公司江西南铁科技公司党支部
南昌铁路旅游酒店资产管理有限公司厦门望海宾馆党总支
南昌铁路通达工贸有限公司厦门铁路正丰工程公司党支部
南昌铁路物业管理有限公司科室第二党支部
福建汇丰物流有限公司厦门物流中心党支部
集团公司党(干)校教研党支部
集团公司科研所第二党支部
昌九城际铁路股份有限公司(沪昆铁路客运专线江西有限责任公司)第二党支部

集团公司优秀共产党员

黄思霞　南昌车站计划财务科科长
罗庆华　南昌车站运转二车间值班站长
刘慧娇　南昌车站售票车间售票员
冯　刚　鹰潭车站客场运转车间车站值班员
罗永良　鹰潭车站贵溪站调车指导
张文杰　鹰潭车站峰尾车间制动员
夏文辉　鹰潭车站客运车间主任、党总支副书记
宋明翔　鹰潭车站副站长
鲁云江　向塘西车站调度车间车站值班员
熊铁见　向塘西车站上行运转车间驼峰调车长
商登华　向塘西车站安全科科长
王　威　福州车站福州南站党总支书记、副站长
吴瑞华　福州车站多元经营部主任
闵越民　福州车站站长、党委副书记
傅伟斌　厦门车站厦门北站客运值班员
黄　亮　南昌车务段张家山站站长、党支部副书记
吴建煌　南昌车务段樟树站党支部书记、副站长
陈　辉　南昌车务段乐化站车站值班员
田战闽　南昌车务段南昌南站值班站长
陈敏敢　南昌车务段上塘站货运值班员
陈梦琪　南昌车务段抚州站客运值班员
宋和明　福州车务段杜坞站调车指导
郑丽丽　福州车务段福清站客运值班员
翁文勇　福州车务段古田站业务员
张建锋　福州车务段技统科助理工程师
高婉琴　南平车务段职教科科长
刘八一　南平车务段武夷山片区党总支书记、武夷山站副站长
朱国平　南平车务段吉舟站站长
赵玉莲　南平车务段邵武站客运值班员
曾向明　南平车务段顺昌站货运安全员
苏慧群　南平车务段段长、党委副书记
饶胜良　九江车务段九江西站站长、党总支副书记
张长富　九江车务段安全科科长
童卫东　九江车务段九江站车站值班员
向　尚　九江车务段九江西站车号员
陆小军　上饶车务段安全科科长
张　莉　上饶车务段婺源站主任客运值班员
江　涛　上饶车务段上饶站调车长
钟婷婷　上饶车务段景德镇北站客运值班员
江常春　上饶车务段景德镇站客运值班员
付　森　上饶车务段景德镇南站货运值班员
刘　萍　宜春车务段宜春站车站值班员
王京陵　宜春车务段萍乡站连结员

陈清萍　宜春车务段宜春西站起重机司机
成光华　宜春车务段萍乡站上水工
熊进新　宜春车务段新余站客运员
方　萍　宜春车务段萍乡站安全员
王志刚　宜春车务段宜春站站长、党支部副书记
林仁宗　宜春车务段信息技术科科长
唐国良　宜春车务段副段长
董志刚　永安车务段青州站站长
李芙梅　永安车务段泰宁站客运值班员
罗佳森　永安车务段信息科管理员
曹　刚　永安车务段副段长
韩　靖　漳州车务段漳州站客运值班员
陈　雄　漳州车务段漳州北站货运调度员
吴如忠　漳州车务段利水站站长
施建雄　漳州车务段漳平站车站值班员
高志江　漳州车务段党委助理员
陈令旗　赣州车务段兴国站车站值班员
刘卓辉　赣州车务段于都站站长、党支部副书记
李迎旦　赣州车务段吉安站客运值班员
曾广禄　赣州车务段赣州东站车号货检长
荣　彬　赣州车务段瑞金站货运值班员
陈海震　龙岩车务段长汀南站站长
翁伟强　龙岩车务段雁石站站长
李　莉　南昌客运段直达车队 Z68/7 次一组列车长
钟文琴　南昌客运段鹰潭车队 K784/3 次三组列车长
熊小龙　南昌客运段北京车队 T148/7 次三组列车长
蔡丽华　南昌客运段京广车队 T171/2 次一组列车长
胡桂香　南昌客运段西青车队 K8730/29 次二组列车长
万　洁　南昌客运段动车二队西高 92 组列车长
利鸿炜　南昌客运段沪甬车队 K1218/7 次四组列车值班员
徐继民　南昌客运段乘务科科长
赖玉萍　南昌客运段动车二队党总支书记、副队长
陈其南　南昌客运段副段长
张　伟　南昌客运段工会主席
曾建闽　福州客运段乘务科科长
林　毅　福州客运段动车一队队长、党支部副书记
张奕文　福州客运段动车二队动 129 组列车长
邱春日　福州客运段重庆车队呼和一组厨师
刘志刚　福州客运段厦京车队厦兰六组列车长
许胜勇　南昌机务段动车车间动车二队动车组司机
周　峰　南昌机务段运用一车间广深一车队指导司机
韩国强　南昌机务段运用二车间京九一车队电力机车司机
付一江　南昌机务段整备车间电力包修组副工长
吴继群　南昌机务段检修车间轮对电机组工长
王井榕　南昌机务段设备车间机械组机械钳工
谭小金　南昌机务段职工教育科助理工程师
魏尔连　南昌机务段动车车间主任、党总支副书记
邹　剑　南昌机务段总工程师
郭学飞　向塘机务段向塘运用一车间北线车队机车司机
朱和财　向塘机务段赣州运用车间党总支书记、副主任
张卫东　向塘机务段向塘运用二车间向西车队指导司机
谢　强　向塘机务段九江运用车间客车车队机车司机
陈　俅　向塘机务段向塘整备车间党总支干事
罗正星　向塘机务段安全科监控分析员
王　超　向塘机务段设备车间机械钳工

何建华　向塘机务段客运乘务车间列车员
熊文华　向塘机务段党委副书记、纪委书记
陈晓灵　鹰潭机务段客车运用车间一车队电力机车司机
陈亚力　鹰潭机务段货车运用车间调机车队指导司机
何振文　鹰潭机务段上饶运用车间机车调度员
伍　虎　鹰潭机务段萍乡运用车间二车队电力机车司机
叶剑波　鹰潭机务段景德镇运用车间一车队党支部书记
肖　磊　鹰潭机务段新余运用车间一车队电力机车司机
刘光胜　鹰潭机务段整备车间电力机车钳工
吴　荣　鹰潭机务段检修车间内燃电力机车钳工
郑铁辉　鹰潭机务段设备车间机械钳工
陈　璐　鹰潭机务段客运乘务队列车员
陈承仪　福州机务段福州动车车间动车三队动车组司机
傅光全　福州机务段厦门动车车间动车二队动车组司机
吴　燊　福州机务段福州运用车间货运车队电力机车司机
张映国　福州机务段邵武运用车间调补车队电力机车副司机
冯海波　福州机务段永安运用车间客运车队电力机车司机
程扬芳　福州机务段漳平运用车间电力客运车队车队长
陈仁强　福州机务段福州检修车间电力电配组工长
焦长发　福州机务段永安整备车间机车钳工
孙嘉奎　福州机务段党委办公室干事
王伟宏　福州机务段福州动车车间主任、党总支副书记
陈　刚　福州机务段段长、党委副书记
杨晓健　福州机务段邵武离退休党支部书记
秦　刚　南昌供电段设备科科长
田建波　南昌供电段设备科轨道车司机
严庆国　南昌供电段吉安供电车间泰和接触网工区副工长
陈跃民　南昌供电段信丰供电车间安全员
付兴林　南昌供电段南昌监管车间工程技术人员
朱秋水　南昌供电段副段长
王　政　鹰潭供电段鹰潭供电车间进贤电力工区工长
范昌磊　鹰潭供电段上饶供电车间上饶接触网工区接触网工
徐晓钟　鹰潭供电段副段长
张志霞　福州供电段党委宣传助理员
胡玉兴　福州供电段南平供电车间南平供电工区工长
赵　越　福州供电段永泰供电车间永泰变电工区值班员
王伟光　厦门供电段漳州供电车间云霄供电工区接触网工
梁世昌　厦门供电段漳平供电车间华安电力工区电力线路工
雷晓龙　南昌工务段南昌线路车间南二线路工区工长
周新伟　南昌工务段向塘线路车间向一线路工区工长
黄光华　南昌工务段抚州线路车间抚州线路工区工长
杨　波　南昌工务段材料科科长
顾大均　南昌工务段副段长
叶春华　鹰潭工务段万年线路车间安全工长
罗卫华　鹰潭工务段安质科科长
林　栋　鹰潭工务段横峰线路车间安全工长
焦振军　鹰潭工务段鹰潭路桥车间高阜路桥工区工长
严闽勇　鹰潭工务段综合机修车间道岔整修队工长
周岱光　福州工务段福州南线路车间鼓山线路工区工长
魏林灼　福州工务段港口支线线路车间代副主任

张　鼎　福州工务段福州路桥车间安济路桥检查保养工区工长
郑祯国　福州工务段段长、党委副书记
王闽黔　南平工务段邵武路桥车间安全工长
陈祖福　南平工务段邵武综合机修车间安全工长
谌路铭　南平工务段南平线路车间道岔工队线路工班长
姚　彬　永安工务段综合机修车间线路分队工长
付　旭　永安工务段永泰路桥车间长庆路桥工区班长
余　鹏　龙岩工务段上杭北线路车间主任、党支部副书记
邓远林　龙岩工务段冠豸山高铁路桥车间瑞金高铁路桥检养工区工长
黄青松　龙岩工务段段长、党委副书记
雷　宇　龙岩工务段漳平机修车间安全工长
徐　磊　厦门工务段漳州线路车间安全工长
郑亚军　厦门工务段漳州东路桥车间沙建路桥工区工长
汪小河　赣州工务段赣州东线路车间站场线路工区工长
冯大福　赣州工务段泰和路桥车间安全工长
李栋华　赣州工务段职教科科长
陈　英　赣州工务段综合机修车间主任、党支部副书记
林月友　赣州工务段党委书记、副段长
温正三　赣州工务段工会主席
孙凤生　九江桥工段九江大桥车间检查工区工长
余爱国　九江桥工段九江西线路车间主任、党支部副书记
毛锐晶　九江桥工段都昌线路车间鄱阳线路工区工长
刘关生　萍乡工务段芦溪线路车间检查工区工长
文莉明　萍乡工务段八景线路车间建山线路工区工长
龙　俊　萍乡工务段探伤车间萍乡探伤组班长
彭秋萍　萍乡工务段党委组织助理员
吴欢欢　南昌西工务段婺源线路车间安全工长
涂　浩　南昌西工务段路桥技术科助理工程师
项　斌　鹰潭工务机械段贵溪综合车间主任、党支部副书记
张志湖　鹰潭工务机械段机械大修一车间大机司机
马　捷　鹰潭工务机械段九江检修车间大机操作工
叶　军　鹰潭工务机械段道岔维修车间W304 班组工长
戴先星　鹰潭工务机械段换轨大修一车间换轨班组副工长
付　勇　南昌电务段信号技术科副科长
刘　斌　南昌电务段庐山信号车间主任、党支部副书记
阳常科　南昌电务段萍乡信号车间芦溪信号工区工长
林　琳　南昌电务段信号中修车间南昌信号中修工区信号工
徐　凯　南昌电务段电子设备车间安全员
廖冬平　南昌电务段赣州信号车间助理工程师
张　盟　南昌电务段向塘车载信号车间向西车载检测工区工长
唐　霖　福州电务段福州信号车间古田信号工区工长
刘　凯　福州电务段永泰信号车间永泰信号工区副工长
李新平　福州电务段信息技术科助理工程师
叶平国　福州电务段厦门信号车间主任、党总支副书记
马泽培　南昌通信段福州高铁通信车间副主任
杜武全　南昌通信段厦门通信车间大深通信工区工长
李智林　南昌通信段新余北高铁通信车间

综合通信工区通信工
刘永胜　南昌通信段九江通信车间庐山通信工区工长
洪　伟　南昌通信段副段长
倪润根　南昌车辆段安全统计科科长
李华兵　南昌车辆段九江运用车间客车检车员
肖　昆　南昌车辆段南昌动车组运用所所长、党总支副书记
顾云鹏　南昌车辆段南昌西动车组运用所调度组工长
陈　澄　南昌车辆段乘务车间副主任
严　铭　南昌车辆段库检车间库检四组工长
王世远　南昌车辆段动车调度应急指挥中心生产调度指挥员
付　夷　南昌车辆段检修车间油漆组工长
刘耀华　南昌车辆段副段长
高志强　南昌南车辆段鹰东运用车间检车值班员
彭发灯　南昌南车辆段景德镇运用车间乐平爱车点工长
杨卫兵　南昌南车辆段向西运用二车间检车员
熊　彤　南昌南车辆段向塘修配车间探伤组工长
邓振生　南昌南车辆段向塘修车车间铆工组工长
刘　念　南昌南车辆段向西运用一车间二五场三班工长
刘发根　南昌南车辆段安全科工程师
李　杨　南昌南车辆段技术科科长
詹明澄　福州车辆段厦门运用车间乘务四班工长
林　晨　福州车辆段库检车间客车检车员
邱旺楼　福州车辆段技术科助理工程师
王其凯　福州动车段福州南动车组运用所综合工班工长
沈行伟　福州动车段调度指挥中心副主任
张福成　福州东车辆段福州东运用车间检车员
林文新　福州东车辆段设备车间电工组工长
李伴君　福州东车辆段技术科工程师
刘尧俊　福州东车辆段副段长
张官龙　南昌物资供应段业务科材料员
肖香才　南昌物资供应段副段长
王育民　南昌物资供应段退休职工党员
韩国兹　南昌房建生活段南昌建筑工程队队长、党支部副书记
邹瑞君　南昌房建生活段南昌机修车间南昌综合检修工区工长
蒲晓钦　南昌房建生活段南昌建筑车间高铁综合工区工长
陈建农　南昌房建生活段南昌单身宿舍管理所工长
王晓玲　福州房建生活段龙岩公寓主任
吴　彬　福州房建生活段福州给水车间副主任
张易辉　福州房建生活段龙岩综合车间房建检修工区工长
陈世晟　厦门枢纽改造工程建设指挥部计划财务室主任
高令发　厦门枢纽改造工程建设指挥部副指挥长
薛　茵　福州铁路办事处纪检监察员
毛国胜　集团公司安全监察室劳动保护科科长
杨　刚　集团公司运输处综合分析科科长
曾庆斌　集团公司机务处检修整备科科长
杨庆壮　集团公司供电处安全设备科工程师
丁祝成　集团公司工务处安全设施办主任
曾　艳　集团公司资金结算所副所长
许可斌　集团公司劳动和卫生处工人科科长兼劳动力调剂站副站长
郭　强　集团公司建设管理处综合科副科长兼工程调度室主任
郭志刚　集团公司土地房产管理处房产给水科高级工程师
任立群　集团公司工会生产宣传部指导员
廖廷勇　集团公司团委宣传部部长
余小娟　集团公司纪委（监察处）办公室

主任
叶礼凤　集团公司车辆处处长
游月勇　集团公司机关党委副书记、纪委书记
熊安明　南昌铁路公安局宣传教育处副处长
李鼎辉　南昌铁路公安局治安管理处二级警员
郭　品　南昌铁路公安处南昌车站派出所值勤三大队副大队长
危　波　南昌铁路公安处南昌车站派出所二级警员
刘建平　南昌铁路公安处南昌乘警支队综合大队教导员
郭　涛　南昌铁路公安处南昌西车站派出所二级警员
符亚薇　南昌铁路公安处装备财务室副主任科员
陈　伟　福州铁路公安处刑事技术支队支队长
郭　忠　福州铁路公安处武夷山车站派出所三级警长
杨仁德　福州铁路公安处福州车站派出所综合大队大队长
李　帅　福州铁路公安处乘警支队乘务二大队教导员
袁望亮　鹰潭铁路公安处法制监管支队支队长
叶飞宇　鹰潭铁路公安处刑警五大队大队长
祝财元　鹰潭铁路公安处鹰潭东车站派出所三级警长
杨博勤　厦门铁路公安处治安支队二大队大队长
邹　磊　厦门铁路公安处厦门车站派出所二级警员
张　佶　赣州铁路公安处赣州车站派出所二级警员
贺　赟　赣州铁路公安处法监支队二级警员
尤　卫　南昌铁路公安局副局长
利远翔　南昌铁路天河建设股份有限公司第二工程队工程师
毛坤海　南昌铁路天河建设股份有限公司董事长、总经理、党委副书记
黄晓芳　福建铁路实业发展有限公司福建铁路房地产开发公司党支部书记、副经理
赵欣昌　江西铁路实业发展有限公司江西路安保险代理公司业务部部长
黄　峰　南昌铁路旅游酒店资产管理有限公司经营管理部部长
陈　静　南昌铁路旅游酒店资产管理有限公司南昌铁路国际旅行社公司专列部主任业务员
李征军　南昌铁路通达工贸有限公司福建榕铁混凝土制品公司邵武轨枕车间工长
刘　宏　南昌铁路物业管理有限公司福州物业分公司经理
李　军　南昌铁路物业管理有限公司总经理、党委副书记
唐兵华　江西京九物流有限公司八景物流中心经营管理部部长
陈胜山　福建汇丰物流有限公司生产调度部经理
应华峰　江西地方铁路开发有限公司综合部部长
饶小军　江西地方铁路开发有限公司党总支书记、副总经理
李　晶　南昌铁路文化广告传媒有限公司南昌文广印刷公司助理工程师
卢　珊　南昌华路建设咨询监理有限公司综合部部长
尚　磊　南昌铁路大集房地产开发有限公司前期物业部业务员
刘思奇　集团公司党(干)校运输教研室助理讲师
许　琴　集团公司党(干)校副校长
刘以华　集团公司科研所人事教育科科长
李金凤　南昌疾病预防控制所赣州分所副所长
杨　芳　福州疾病预防控制所业务科主管

医师
黄　昕　新余职工培训所党总支助理员、纪检监察员
黄钰坚　福州职工培训所综合科主任干事
赵　欣　厦门海沧铁路有限责任公司计划财务部会计
张志鹏　东南沿海铁路福建有限责任公司、京福闽赣铁路客运专线有限公司、向莆铁路股份有限公司永安指挥部指挥长
黄志斌　东南沿海铁路福建有限责任公司、京福闽赣铁路客运专线有限公司、向莆铁路股份有限公司工程管理部工程师
郭　磊　昌九城际铁路股份有限公司、沪昆铁路客运专线江西有限责任公司综合管理部(党群工作部)副部长
余少鹤　福建福平铁路有限责任公司南龙指挥部副指挥长
胡建斌　武夷山铁路有限责任公司建业公司经理兼多经部副部长
谭　云　九景衢铁路江西有限责任公司物资设备部工程师
范大勇　赣龙复线铁路有限责任公司综合管理部(党群工作部)副部长

集团公司优秀党务工作者

谌磊明　南昌车站售票车间党支部书记
寿一群　鹰潭车站客运车间党总支书记
蒋小凯　向塘西车站党委宣传助理员
李忠强　福州车站运转车间党支部书记
卢伏龙　福州车站党委副书记
汪闽忠　厦门车站厦门北站党总支书记
杨永林　南昌车务段八景站党支部书记
王立中　福州车务段莆田站区党总支书记
陈　萍　南平车务段建阳片区代党总支副书记
徐友胜　九江车务段党委助理员
涂志辉　上饶车务段弋阳站党支部书记
张曙光　宜春车务段姚家洲站党总支书记
彭丽莎　宜春车务段党委助理员
丁健伟　永安车务段永安站党总支书记
林祥露　漳州车务段纪检监察员
曾文斌　漳州车务段党委书记
蒙云德　赣州车务段赣县站党支部书记
陈尚仁　龙岩车务段龙岩站党支部书记
占丽虹　南昌客运段党委组织助理员
熊　青　南昌客运段沪甬车队党总支书记
狐闽榕　福州客运段福京车队党总支书记
沈　红　福州客运段党委助理员
杨　健　南昌机务段运用一车间党总支书记
胡　斌　南昌机务段党委助理员
刘　建　向塘机务段赣州运用车间客车车队党支部书记
俞晓东　向塘机务段党委助理员
张德群　鹰潭机务段检修车间党总支书记
纪　刚　鹰潭机务段党委助理员
陈小平　福州机务段厦门动车车间动车二队党支部书记
吴　为　福州机务段邵武整备车间党总支书记
黄承登　福州机务段党委助理员
章森军　福州机务段党委副书记
姚　平　南昌供电段吉安供电车间党总支书记
刘　方　鹰潭供电段检修动力联合党支部书记
王建章　福州供电段党委助理员
陆伟忠　福州供电段党委书记
邹太君　南昌工务段南昌路桥车间党支部书记
徐国和　鹰潭工务段景德镇路桥车间党总支书记
赖升平　福州工务段福州南线路车间党支部书记
阳　豆　南平工务段党委办公室代干事
林书平　永安工务段检查监控车间党支部书记

卢祝华　龙岩工务段党委助理员
高绍洪　龙岩工务段党委副书记、纪委书记
王进华　厦门工务段厦门线路车间党支部书记
曾少华　赣州工务段泰和路桥车间党支部书记
汪天权　九江桥工段九江西线路车间党支部书记
言彦彬　萍乡工务段芦溪线路车间党支部副书记
杨　松　南昌西工务段上饶路桥车间党支部副书记
霍东江　南昌西工务段党委书记
邹林泉　鹰潭工务机械段线路大修一车间党支部书记
吴　凯　鹰潭工务机械段机械维修二车间党支部书记
熊剑锋　南昌电务段南昌车载设备车间党支部书记
涂韶平　南昌电务段党委组织助理员
徐尚韬　福州电务段武夷山东高铁信号车间党支部书记
程　旻　福州电务段党委组织助理员
高　鹏　福州电务段党委书记
曾金莲　南昌通信段福州高铁通信车间党支部书记
李伟良　南昌通信段龙岩通信车间党支部书记
邹春华　南昌车辆段南昌动车组运用所党总支书记
曹伟英　南昌南车辆段车轮车间党支部书记
林德志　福州车辆段检修车间党总支书记
李　东　福州车辆段党委书记
李荣良　福州动车段党委办公室党委助理员
蒋俊奇　福州东车辆段漳平运用车间党总支书记
朱　珩　南昌物资供应段党委助理员
章　红　南昌房建生活段党委助理员
危　麒　南昌房建生活段党委书记
林天然　福州房建生活段泉州综合车间党支部书记
姚　云　福州铁路办事处办公室（党群工作办公室）副主任
吴　涛　集团公司办公室（党委办公室）机要通信室副主任
曹中贵　集团公司办公室（党委办公室）副主任
陈玉才　集团公司人事处（党委组织部）助理政工师
魏乐生　集团公司人事处副处长（党委组织部副部长）
蔡　栩　集团公司党委宣传部（企业文化处）新闻科副科长
金旭红　集团公司党委宣传部部长（企业文化处处长）
徐恒春　集团公司纪委（监察处）办公室纪检监察员
余　云　集团公司纪委纪检监察一室主任
谢春明　集团公司机关党委助理员
于志勇　南昌铁路公安局组织干部处处长
田运涛　南昌铁路公安处萍乡北车站派出所教导员
杨　军　鹰潭铁路公安处鹰潭车站派出所教导员
伍　俨　赣州铁路公安处吉安车站派出所教导员
李春辉　集团公司科研所党委书记
吴生江　福建铁路实业发展有限公司党委助理员
潘立庆　福建铁路实业发展有限公司党委书记
陈　央　江西铁路实业发展有限公司江西南铁科技公司党支部书记
李建明　江西京九物流有限公司八景物流中心党支部书记
林玉棠　福州疾病预防控制所党总支助理员、纪检监察员
夏瑞华　九景衢铁路江西有限责任公司综合管理部政工师

集团公司优秀班组党支部书记

陶　晶　南昌车站客运车间第五党支部书记
张勇锋　九江车务段马回岭站党支部书记
韩富贵　永安车务段三明站货运党支部书记
饶建华　赣州车务段向西列尾所党支部书记
关添财　福州客运段福京八组党支部书记
程中发　向塘机务段设备车间生产部党支部书记
黄存统　福州机务段福州检修车间内燃中修党支部书记
刘传贵　鹰潭工务段鹰潭西线路车间白露桥客场工区党支部书记
王　伶　南昌车辆段鹰潭运用车间库电党支部书记
张旺星　福州东车辆段动态检测设备车间漳平党支部书记

集团公司党风廉政建设先进个人

吴昌进　南昌车站站长、党委副书记
王志强　鹰潭车站纪检监察员
曲淑芳　向塘西车站办公室主任
苏　敏　福州车站福州南站站长、党总支副书记
柳　迅　南昌车务段乐化站站长、党支部副书记
何小洪　福州车务段纪检监察员
黄　滨　南平车务段副段长
吴森林　九江车务段段长、党委副书记
李路生　上饶车务段副段长
方　向　宜春车务段计划财务科科长
张　晖　宜春车务段营销分中心副主任
陈春生　永安车务段党委副书记、纪委书记
谢速航　漳州车务段纪检监察员
郭小毛　赣州车务段定南站代党支部副书记
饶　琳　龙岩车务段劳动人事科副科长
吴戈平　南昌客运段鹰潭车队队长、党总支副书记
张名煌　福州客运段工会指导员
魏念华　南昌机务段纪检监察员
方　平　南昌机务段技术科副科长
周建平　向塘机务段副段长
李　伟　向塘机务段向塘运用二车间党总支书记、副主任
张弋光　鹰潭机务段总会计师
徐　驰　鹰潭机务段整备车间主任、党总支副书记
冯生华　福州机务段福州动车车间副主任
邱伟龙　福州机务段漳平整备车间副主任
潘志仪　南昌供电段南昌供电车间党总支书记、副主任
刘玮佳　鹰潭供电段党委助理员
任良文　福州供电段党委副书记、纪委书记
程龙辉　南昌工务段纪检监察员
曹伟华　鹰潭工务段鹰潭东线路车间主任、党支部副书记
陈　欣　福州工务段纪检监察员
黄懿武　南平工务段办公室副主任
林加寿　永安工务段党委助理员
钟志鹏　龙岩工务段办公室副主任
李忠瑞　厦门工务段计划财务科科长
齐冬源　赣州工务段纪检监察员
程奋强　九江桥工段瑞昌线路车间党支部书记、副主任
曾溟祥　萍乡工务段办公室主任
李　广　南昌西工务段材料设备科科长
刘建文　鹰潭工务机械段风动卸砟车间党支部书记、副主任
肖谐频　南昌电务段醴陵信号车间主任
谢耀元　南昌电务段安全科科长
龚小康　福州电务段办公室副主任
徐华良　南昌通信段无线技术科科长
徐爱清　南昌车辆段计划财务科科长
张　莉　南昌南车辆段计划财务科科长
林　娟　福州车辆段劳动人事科科长
黄墀才　福州动车段党委书记、副段长
李永琴　福州东车辆段纪检监察员

车福英　南昌物资供应段部武材料库副主任
黄西平　南昌房建生活段副段长
姚　冰　福州房建生活段南平北高铁综合车间副主任
张华荣　福州铁路办事处办公室（党群工作办公室）副主任
毕之宏　集团公司纪委（监察处）纪检监察二室副主任
肖　俊　集团公司办公室（党委办公室）政工信息科科长
胡永奔　集团公司政法（综治）办（江西省护路办）政法综治处处长
余芳兰　集团公司离退休管理处处长
吴　飞　集团公司机关服务所汽车队副队长
林义忠　集团公司货运营销中心（货运处）客服部部长
吴志文　集团公司电务处电务车载科科长
高　勇　集团公司概预算审查所所长
王　刚　集团公司审计处副处长
秦　华　集团公司收入稽查处票据审核室主任
邱翠莲　集团公司社保处医保科副科长
李　俊　集团公司集经处人劳社保科科长
万　菲　集团公司经营开发处运行监督科科长
吴丽芳　集团公司南昌住房公积金管理部副主任
郑国强　南昌铁道报社副总编辑
倪宏虎　集团公司调度所党总支书记、副主任
郑江风　集团公司劳动和卫生处卫生科科长
张绳祥　集团公司信息技术所软件室主任
王艳平　南昌铁路公安局纪检监察处处长
王　悉　南昌铁路公安处乘警支队副支队长
朱　敏　福州铁路公安处莆田车站派出所二级警员
刘仁俊　厦门铁路公安处龙岩车站派出所教导员
童宝山　鹰潭铁路公安处纪检监察室副主任
万常辉　赣州铁路公安处警务督察支队支队长
徐　琳　集团公司党（干）校上饶分部副主任
魏国华　集团公司科研所办公室副主任
杨　波　南昌疾病预防控制所消杀科科长
陆　敏　江西京九物流有限公司计划财务部主任会计员
朱　俊　南昌铁路旅游酒店资产管理有限公司客票代售事业部部长
陈秋金　福建铁路实业发展有限公司党委副书记、纪委书记、工会主席
李振光　福建汇丰物流有限公司办公室主任
洪　燕　南昌铁路物业管理有限公司福州铁路城管大队大队长
杨成彪　赣龙复线铁路有限责任公司工程管理部高级工程师
肖　矜　昌九城际铁路股份有限公司赣州指挥部指挥长

集团公司优秀纪检监察干部

商登伟　向塘西车站党委副书记、纪委书记
陈博骏　福州车站纪检监察员
吴崇炎　九江车务段党委副书记、纪委书记
舒文广　上饶车务段党委副书记、纪委书记
陈志勇　永安车务段纪检监察员
叶　鹏　龙岩车务段纪检监察员
聂化冰　南昌客运段纪检监察员
李明燕　福州机务段纪检监察员
谭明亮　南昌供电段纪检监察员
林民辉　鹰潭供电段党委副书记、纪委书记
戴保琪　鹰潭工务段纪检监察员
韦生烽　南平工务段纪检监察员
江白龙　永安工务段纪检监察员
陈毅俊　厦门工务段纪检监察员
钱　瑛　九江桥工段纪检监察员
周　华　南昌西工务段纪检监察员
罗广广　南昌电务段纪检监察员
何　川　南昌通信段纪检监察员

王应江　集团公司机关党委纪检监察员
陈兴平　南昌物资供应段党委副书记、纪委书记
朱　斌　集团公司纪委纪检监察三室副主任
李文峰　集团公司纪委(监察处)纪检监察一室纪检监察员
陈怀志　集团公司纪委(监察处)纪检监察二室纪检监察员
韩　玉　集团公司纪委(监察处)信访和审理室纪检监察员

集团公司党内优质品牌

向塘机务段赣州运用车间“驻班家园文化”
福州机务段漳平运用车间“程扬芳 HXD 型机车库内标准化作业法”
鹰潭工务机械段向塘焊轨车间“焊花党员工作室”

文 件 目 录

2017 年路局(集团公司)行政文件目录

发文字号	文 件 标 题
南铁安监〔2017〕1 号	南昌铁路局 南昌铁路局党委 南昌铁路局工会 南昌铁路局团委关于做好 2017 年运输安全工作的通知
南铁电〔2017〕2 号	关于重新印发《南昌铁路局列车运行监控装置(LKJ)运用维护管理办法》的通知
南铁客〔2017〕3 号	南昌铁路局关于国家有关部委联合在福州车站举行 2017 年全国春运“情满旅途”活动启动仪式的报告
南铁客〔2017〕4 号	关于公布《南昌铁路局客运系统安全专业管理考核评价办法》修改内容的通知
南铁辆〔2017〕5 号	关于公布《南昌铁路局车辆系统轨边设备施工安全管理办法》修改内容的通知
南铁客〔2017〕6 号	关于印发《南昌铁路局客运班组台账资料管理细则》的通知
南铁电〔2017〕7 号	关于重新印发《南昌铁路局轨道电路分路不良区段管理办法》的通知
南铁安监〔2017〕8 号	南昌铁路局关于昌九城际铁路南昌站改扩建工程(第二阶段)运营安全评估情况的报告
南铁安监〔2017〕9 号	南昌铁路局关于新建厦门北动车运用所工程(第一阶段)运营安全评估情况的报告
南铁客〔2017〕10 号	关于重新印发《南昌铁路局恶劣天气下客运组织应急预案》的通知
南铁安监〔2017〕11 号	南昌铁路局关于路外施工作业人员非法进入杭深铁路防护栅栏影响铁路行车安全的报告
南铁辆〔2017〕12 号	南昌铁路局关于公布《关于明确救援列车车辆保养有关规定的通知》修改内容的通知
南铁机〔2017〕13 号	关于印发《南昌铁路局铁路救援起重机回送管理办法》的通知
南铁工各〔2017〕14 号	关于印发《南昌铁路局立交桥防抛网管理办法》的通知
南铁货〔2017〕15 号	关于公布《南昌铁路局货车篷布运用管理补充规定》修改内容的通知
南铁客〔2017〕16 号	关于印发《南昌铁路局高铁快运业务管理细则》的通知

续上表

发文字号	文　件　标　题
南铁师〔2017〕17 号	南昌铁路局关于公布适用昌九城际铁路南昌站改扩建工程(第二阶段)技术规章目录的通知
南铁安监〔2017〕18 号	南昌铁路局关于 2017 年 1 月 1 日汽车抢越华安铁路道口情况的报告
南铁建设〔2017〕19 号	南昌铁路局关于兴泉铁路引入永安南站相关工程 I 类变更设计的请示
南铁劳卫〔2017〕20 号	南昌铁路局关于 2017 年调整职工岗位工资标准的通知
南铁客〔2017〕21 号	关于重新印发《南昌铁路局站车食物中毒事故客运组织应急预案》的通知
南铁客〔2017〕22 号	关于印发《南昌铁路局铁路客运服务系统维护管理办法》的通知
南铁师〔2017〕23 号	南昌铁路局关于公布适用厦门北动车运用所工程(第一阶段)和新建湄洲湾南岸铁路支线肖厝站至斗尾站段工程技术规章目录的通知
南铁师〔2017〕24 号	关于重新印发《南昌铁路局科技成果评价管理办法》的通知
南铁劳卫〔2017〕25 号	南昌铁路局关于调整乘务和施工人员生活补贴标准的通知
南铁师〔2017〕26 号	南昌铁路局关于新建铁路湄洲湾港口铁路支线罗屿作业区铁路工程修改初步设计预审意见的请示
南铁价〔2017〕27 号	南昌铁路局关于杭深线动车组列车票价调整方案建议的请示
南铁计〔2017〕28 号	南昌铁路局　江西省发展和改革委员会　九江市人民政府关于报送九江枢纽总图规划的请示
南铁物〔2017〕29 号	关于印发《南昌铁路局铁路建设物资采购供应管理办法》的通知
南铁货〔2017〕30 号	关于公布《南昌铁路局危险货物运输管理办法》修改内容的通知
南铁工务〔2017〕31 号	关于重新印发《南昌铁路局建设项目工程提前介入工作工务系统实施细则》的通知
南铁工务〔2017〕32 号	关于重新印发《南昌铁路局大型养路机械使用管理办法》的通知
南铁企〔2017〕33 号	关于重新印发《南昌铁路局法律纠纷案件管理办法》的通知
南铁社保〔2017〕34 号	关于重新印发《南昌铁路局企业补充医疗保险管理办法》的通知
南铁劳卫〔2017〕35 号	关于重新印发《南昌铁路局铁路安全治安挂钩考核办法》的通知
南铁工务(2017)36 号	关于重新印发《南昌铁路局 LKJ 工务基础数据管理办法》的通知
南铁工务(2017)37 号	关于重新印发《南昌铁路局轨道检查车运用管理办法》的通知
南铁客(2017)38 号	南昌铁路局关于印发《南昌铁路客户服务中心运营管理细则》的通知
南铁客(2017)39 号	关于印发《南昌铁路局突发客流应急预案》的通知
南铁客(2017)40 号	关于重新印发《南昌铁路局客运站车火灾爆炸事故应急预案》的通知
南铁客(2017)41 号	关于重新印发《南昌铁路局客运设备故障应急预案》的通知
南铁客(2017)42 号	关于印发《南昌铁路局动车组列车运行时车门发生故障客运应急处置规定》的通知
南铁客(2017)43 号	关于印发《南昌铁路局旅客列车短停点办客组织办法》的通知
南铁客(2017)44 号	关于重新印发《南昌铁路局实名制车票挂失补办办法》的通知

续上表

发文字号	文　件　标　题
南铁工务(2017)45 号	关于印发《南昌铁路局铁路上跨公路立交桥(涵)限高防护架管理办法》的通知
南铁运(2017)46 号	关于重新公布《南昌铁路局热备动车组配备及救援范围》的通知
南铁货(2017)47 号	关于印发《南昌铁路局〈货运管理细则〉编制办法》的通知
南铁社保(2017)48 号	南昌铁路局关于调整江西省内企业职工非因工及因病死亡遗属生活困难补助标准的请示
南铁货(2017)49 号	关于印发《南昌铁路局货运服务质量投诉处理管理补充规定》的通知
南铁师(2017)50 号	南昌铁路局关于印发《无缝线路位移观测仪校准规范》等 3 项技术标准的通知
南铁经(2017)51 号	关于公布《南昌铁路局局内企业产品目录(第十一批)》的通知
南铁师(2017)52 号	南昌铁路局关于江西鑫盛石油化工有限公司于都罗坳油库铁路专用线接轨备案的报告
南铁客(2017)53 号	关于印发《南昌铁路局站车重大疫情客运组织应急处置细则》的通知
南铁供电(2017)54 号	关于印发《南昌铁路局铁路供电远动系统运行维护管理办法》的通知
南铁电(2017)55 号	关于印发《南昌铁路局信号设备雷电及电磁兼容综合防护补充规定》的通知
南铁计(2017)56 号	关于印发《南昌铁路局货车统计工作规范》的通知
南铁师(2017)57 号	南昌铁路局关于公布 2016 年下半年技术规章清理结果的通知
南铁师(2017)58 号	南昌铁路局关于公布《行车组织规则》的通知
南铁辆(2017)59 号	关于重新印发《南昌铁路局车辆轮轴管理细则》的通知
南铁办(2017)60 号	南昌铁路局　南昌铁路局党委关于印发《南昌铁路局信访事项办理工作实施细则(试行)》的通知
南铁社保(2017)61 号	南昌铁路局关于江西省内退休军转干部及 1953 年底前参军、后在企业退休的退役士兵调整生活补贴的请示
南铁安监(2017)62 号	南昌铁路局、南昌铁路局党委关于印发《南昌铁路局铁路交通事故和生产安全事故责任追究办法》的通知
南铁运(2017)63 号	南昌铁路局关于杭深线可门港、江阴港开行货物列车的请示
南铁客(2017)64 号	关于印发《南昌铁路局铁路旅客信用记录管理办法(试行)》的通知
南铁劳卫(2017)65 号	南昌铁路局关于组建福建高铁综合开发有限公司并明确机构编制等事项建议方案的请示
南铁财(2017)66 号	南昌铁路局关于 2017 年职工家属区“三供一业”分离移交中央财政补助的请示
南铁社保(2017)67 号	南昌铁路局关于提高江西省内 1953 年底前参军、后在企业退休的军转干部和退役士兵生活补助标准的请示
南铁客(2017)68 号	关于重新印发《南昌铁路局旅客列车空调失效应急处置办法》的通知
南铁电(2017)69 号	关于印发《南昌铁路局驼峰推峰机车无线遥控系统车载设备运用维护管理办法》的通知
南铁工务(2017)70 号	关于印发《南昌铁路局跨区间无缝线路道岔焊接、冻结技术管理规定》的通知

续上表

发文字号	文　件　标　题
南铁运(2017)71 号	关于公布《南昌铁路局车机、调车、道机、守机联控管理办法》修改内容(三)的通知
南铁运(2017)72 号	关于印发《南昌铁路局站区联劳协作制度(试行)》的通知
南铁防洪(2017)73 号	关于重新印发《南昌铁路局防洪防台风应急预案》的通知
南铁防洪(2017)74 号	南昌铁路局关于做好 2017 年防洪工作的通知
南铁防洪(2017)75 号	关于印发《南昌铁路局防洪工作管理细则》的通知
南铁客(2017)76 号	关于重新印发《南昌铁路局动车组列车旅客运输管理细则》的通知
南铁计(2017)77 号	南昌铁路局关于报送《改建铁路南平至龙岩铁路扩能工程 2014 和 2015 年度自购料价差》预审意见的请示
南铁辆(2017)78 号	关于印发《南昌铁路局货车轮轴组装检修工艺》的通知
南铁货(2017)79 号	关于重新印发《南昌铁路局货场防火管理补充规定》的通知
南铁师(2017)80 号	关于重新印发《南昌铁路局昌福线腾桥站过渡期 CTC 基本操作方式》的通知
南铁工务(2017)81 号	关于印发《南昌铁路局上跨沪昆线 K1074 + 500 漆家坳渡槽安全隐患专项应急预案》的通知
南铁运(2017)82 号	南昌铁路局　上海铁路局关于印发《南昌铁路局与上海铁路局局界口施工和维修管理办法》的通知
南铁电(2017)83 号	关于重新印发《南昌铁路局信号维修实施办法》的通知
南铁劳卫(2017)84 号	关于重新印发《南昌铁路局机车乘务员管理办法》的通知
南铁财(2017)85 号	南昌铁路局关于下达 2017 年财务预算的通知
南铁财(2017)86 号	关于印发《南昌铁路局 2017 年财务清算办法》的通知
南铁运(2017)87 号	关于公布《南昌铁路局营业线施工安全管理细则》修改内容(一)的通知
南铁工务(2017)88 号	关于印发《南昌铁路局牵引供电设备运行方式规定》的通知
南铁师(2017)89 号	南昌铁路局关于公布《行车组织规则》修改内容(七)和高速铁路《行车组织细则》修改内容(七)的通知
南铁供电(2017)90 号	南昌铁路局关于公布废止供电专业相关文件的通知
南铁建设〔2017〕91 号	关于重新印发《南昌铁路局建设工程生产安全事故应急预案》的通知
南铁计〔2017〕92 号	南昌铁路局关于报送《新建九景衢铁路料差阶段性清理》预审意见的请示
南铁电〔2017〕93 号	关于印发《南昌铁路局道岔手摇把使用管理办法》的通知
南铁企〔2017〕94 号	关于重新印发《南昌铁路局授权委托管理办法》的通知
南铁物〔2017〕95 号	南昌铁路局关于加强物资质量控制体系建设的指导意见
南铁师〔2017〕96 号	南昌铁路局关于抚州中物宝特物流有限公司铁路专用线接轨备案的报告
南铁运〔2017〕97 号	关于公布《南昌铁路局杭深线营业线施工安全管理暂行细则》修改内容(一)的通知
南铁货〔2017〕98 号	关于印发《南昌铁路局标准化货场检查评比办法》的通知

续上表

发文字号	文　件　标　题
南铁计〔2017〕99 号	南昌铁路局关于报送改建铁路南平至龙岩铁路扩能工程征地拆迁清理费用的请示
南铁电〔2017〕100 号	关于印发《南昌铁路局机车综合无线通信设备运用管理细则》的通知
南铁监〔2017〕101 号	南昌铁路局关于给予陈伟开除处分的决定
南铁监〔2017〕102 号	南昌铁路局关于给予刘志鸿撤职处分的决定
南铁电〔2017〕103 号	关于印发《南昌铁路局信号设备装备补充规定》的通知
南铁师〔2017〕104 号	关于印发《南昌铁路局杭深线温福段(局管段)检测实施方案》的通知
南铁供电〔2017〕105 号	关于重新印发《南昌铁路局高铁电力设备命名及编号管理办法》的通知
南铁〔2017〕106 号	南昌铁路局关于转发中国铁路总公司《高速铁路线路所行车安全控制措施》的通知
南铁客〔2017〕107 号	南昌铁路局　南昌铁路局党委关于倡导文明服务维护客运服务人员合法权益的指导意见
南铁师〔2017〕108 号	关于印发《南昌铁路局武九客专线(局管段)联调联试及动态检测试验应急预案》的通知
南铁计〔2017〕109 号	南昌铁路局　江西省发展和改革委员会　南昌市人民政府　赣江新区管理委员会关于报送南昌枢纽总图规划的请示
南铁计〔2017〕110 号	关于重新印发《南昌铁路局货车检修车统计考核办法》的通知
南铁企〔2017〕111 号	南昌铁路局关于报送《南昌铁路局章程》的请示
南铁工务〔2017〕112 号	关于重新印发《南昌铁路局道口管理办法》的通知
南铁工务〔2017〕113 号	关于印发《南昌铁路局车载式线路检查仪使用管理办法》的通知
南铁师〔2017〕114 号	关于印发《南昌铁路局武九客专线(局管段)联调联试及动态检测实施方案》的通知
南铁经〔2017〕115 号	关于印发《南昌铁路局客运车站实物展位经营开发方案》的通知
南铁供电〔2017〕116 号	关于印发《南昌铁路局武九客专线(局管段)联调联试期间牵引供电设备停送电管理办法》的通知
南铁客〔2017〕117 号	南昌铁路局关于推进铁路行包业务统一对外经营的通知
南铁审〔2017〕118 号	关于印发《南昌铁路局审计管理信息系统管理细则》的通知
南铁师〔2017〕119 号	关于印发《南昌铁路局武九客专线(局管段)联调联试期间行车组织办法》的通知
南铁运〔2017〕120 号	关于重新印发《南昌铁路局事故救援队管理办法》的通知
南铁劳卫〔2017〕121 号	南昌铁路局关于深入推行培训考核与使用待遇一体化机制的指导意见
南铁调度〔2017〕122 号	南昌铁路局关于瑞九铁路引入九江枢纽相关施工的请示
南铁财〔2017〕123 号	南昌铁路局关于 2017 年执行预算的报告
南铁运〔2017〕124 号	关于印发《南昌铁路局车站管理工作细则编制规范(试行)》的通知
南铁房〔2017〕125 号	关于重新印发《南昌铁路局职工单身宿舍管理办法》的通知

续上表

发文字号	文 件 标 题
南铁客〔2017〕126 号	关于印发《南昌铁路局互联网旅游团体票办理办法(试行)》的通知
南铁工务〔2017〕127 号	关于重新印发《南昌铁路局无缝线路技术管理规定》的通知
南铁辆〔2017〕128 号	关于重新印发《南昌铁路局动车组运用检修一体化管理办法》的通知
南铁调度〔2017〕129 号	南昌铁路局关于 2017 年 5 月份瑞九铁路引入九江枢纽相关施工的请示
南铁劳卫〔2017〕130 号	关于重新印发《南昌铁路局工资总额与经济效益挂钩实施办法》的通知
南铁教〔2017〕131 号	关于印发《南昌铁路局专业管理干部业务学习考试办法(试行)》的通知
南铁安监〔2017〕132 号	南昌铁路局　南昌铁路局党委关于 2017 年“3・10”“3・18”两起责任事故究责处理情况的通报
南铁电〔2017〕133 号	关于印发《南昌铁路局 GSM-R 手持终端管理办法》的通知
南铁人〔2017〕134 号	南昌铁路局关于帮助解决铁路非运输企业管理岗位女职工退休年龄问题的请示
南铁企〔2017〕135 号	南昌铁路局关于报送昌九、沪昆、东南、京福、各莆公司章程(修订稿)的请示
南铁电(2017)136 号	关于印发《南昌铁路局 450M 无线列调便携台管理办法》的通知
南铁运〔2017〕137 号	关于印发《南昌铁路局武九客专线(局管段)联调联试及试运行期间施工管理办法》的通知
南铁机〔2017〕138 号	关于重新印发《南昌铁路局轨道车管理办法》的通知
南铁经〔2017〕139 号	南昌铁路局关于转让余干铁路专用线货场资产的请示
南铁社保〔2017〕140 号	南昌铁路局关于解决京九铁路部分职工养老保险缴费问题的请示
南铁建设〔2017〕141 号	南昌铁路局关于报送新建福州至平潭铁路平潭站站房初步设计预审意见的请示
南铁供电〔2017〕142 号	关于印发《南昌铁路局普速铁路接触网运行维修细则》的通知
南铁计〔2017〕143 号	南昌铁路局关于报送《杜坞铁路物流基地工程预可行性研究报告》的请示
南铁师〔2017〕144 号	南昌铁路局关于湖南天旭实业有限公司铁路专用线接轨备案的报告
南铁运〔2017〕145 号	关于印发《南昌铁路局武九客专线(局管段)联调联试期间运行揭示调度命令发布补充规定》的通知
南铁信息〔2017〕146 号	关于印发《南昌铁路局网络安全事件应急预案》的通知
南铁电〔2017〕147 号	关于印发《南昌铁路局铁路建设项目信号接口工程建设补充规定》的通知
南铁建设〔2017〕148 号	南昌铁路局关于南平至龙岩铁路扩能改造工程龙岩动车运用所Ⅰ类变更设计的请示
南铁供电〔2017〕149 号	关于重新印发《南昌铁路局接触网作业车司机一次出乘作业标准》的通知
南铁师〔2017〕150 号	关于印发《南昌铁路局钢轨超声波探伤仪检定作业标准》的通知
南铁运〔2017〕151 号	关于印发《南昌铁路局高速铁路车站存放动车组管理补充规定》的通知
南铁工务〔2017〕152 号	关于公布《南昌铁路局高速铁路自然灾害及异物侵限监测系统运用维护管理办法》修改内容(三)的通知
南铁辆〔2017〕153 号	关于印发《南昌铁路局客车技术整备所一体化作业管理办法》的通知
南铁建设〔2017〕154 号	关于重新印发《南昌铁路局铁路建设项目施工企业信用评价实施细则》的通知

续上表

发文字号	文　件　标　题
南铁建设〔2017〕155 号	关于印发《南昌铁路局铁路建设项目施工企业标准化管理绩效考评实施细则》的通知
南铁建设〔2017〕156 号	南昌铁路局关于新建福州至平潭铁路松下牵引变电所接入系统Ⅰ类变更设计的请示
南铁电〔2017〕157 号	关于重新印发《南昌铁路局无线电管理办法》的通知
南铁供电〔2017〕158 号	关于印发《南昌铁路局供电系统季度专业检查办法(暂行)》的通知
南铁供电〔2017〕159 号	关于印发《南昌铁路局普速铁路接触网安全工作实施细则》的通知
南铁教〔2017〕160 号	南昌铁路局关于公布高速铁路车站值班员(应急值守)岗位培训规范的通知
南铁工务〔2017〕161 号	南昌铁路局　南昌铁路局党委　南昌铁路局工会　南昌铁路局团委关于推进高速铁路生产生活一体化的指导意见
南铁企〔2017〕162 号	南昌铁路局　南昌铁路局党委　南昌铁路局工会　南昌铁路局团委关于印发《南昌铁路局班组建设管理规定》的通知
南铁防洪〔2017〕163 号	关于公布《南昌铁路局防洪工作管理细则》修改内容(一)的通知
南铁师〔2017〕164 号	关于重新印发《南昌铁路局回送客车底列车运行补充规定》的通知
南铁货〔2017〕165 号	关于印发《南昌铁路局超限超重货物运输实施细则》的通知
南铁财〔2017〕166 号	南昌铁路局关于为泉州、武夷山铁路有限责任公司提供借款担保的请示
南铁客〔2017〕167 号	关于公布《南昌铁路局旅客列车空调失效应急处置办法》修改内容的通知
南铁运〔2017〕168 号	关于印发《南昌铁路局客货列车编组顺序表编制、交接、保管办法》的通知
南铁劳卫〔2017〕169 号	南昌铁路局关于增加《劳动合同书》新职人员解除劳动合同条款等事项的通知
南铁建设〔2017〕170 号	南昌铁路局关于南平至龙岩铁路扩能工程视频系统及相关配套工程Ⅰ类变更设计的请示
南铁建设〔2017〕171 号	南昌铁路局关于新建福州至平潭铁路视频系统及相关配套工程Ⅰ类变更设计的请示
南铁建设〔2017〕172 号	南昌铁路局关于新建福建湄洲湾南岸铁路支线站线钢轨Ⅰ类变更设计的请示
南铁运〔2017〕173 号	关于公布《南昌铁路局铁路专用线专用铁路安全监督管理细则》修改内容(一)的通知
南铁建设〔2017〕174 号	南昌铁路局关于新建福建湄洲湾南岸铁路支线取消仙游至肖厝区间工程Ⅰ类变更设计的请示
南铁电〔2017〕175 号	关于重新印发《南昌铁路局通信设备中修管理办法》的通知
南铁安监〔2017〕176 号	关于印发《南昌铁路局安全风险管控和安全隐患排查治理双重预防机制实施办法》的通知
南铁师〔2017〕177 号	关于公布《南昌铁路局武九客专线(局管段)联调联试期间行车组织办法》修改内容的通知
南铁辆〔2017〕178 号	南昌铁路局转发中国铁路总公司关于扩大 CRH380A(L)型动车组高级修周期间隔延长扩大实车验证的通知

续上表

发文字号	文　件　标　题
南铁监〔2017〕179 号	关于给予陈明华开除处分的决定
南铁监〔2017〕180 号	关于给予何晓星开除处分的决定
南铁经〔2017〕181 号	南昌铁路局关于制定铁路建设土地综合开发配套政策措施的请示
南铁供电〔2017〕182 号	南昌铁路局关于新线引入福州枢纽新建牵引变电所的请示
南铁信息〔2017〕183 号	关于印发《南昌铁路局基础数据(第一批)暂行规范》的通知
南铁价〔2017〕184 号	南昌铁路局关于武九客专线动车组列车票价方案的请示
南铁师〔2017〕185 号	关于印发《南昌铁路局结合部管理办法》的通知
南铁机〔2017〕186 号	关于公布《南昌铁路局轨道车管理办法》修改内容的通知
南铁工务〔2017〕187 号	关于印发《南昌铁路局废旧轨料管理办法》的通知
南铁工务〔2017〕188 号	关于重新印发《南昌铁路局风动卸砟车管理办法》的通知
南铁师〔2017〕189 号	关于重新印发《南昌铁路局技术基础标准明细表和各专业系统技术标准明细表》的通知
南铁运〔2017〕190 号	关于印发《南昌铁路局自轮运转特种设备在站调车作业规定》的通知
南铁供电〔2017〕191 号	关于印发《南昌铁路局衢九线(局管段)联调联试期间牵引供电设备停送电管理办法》的通知
南铁师〔2017〕192 号	关于公布《南昌铁路局结合部管理办法》附件 15 修改内容的通知
南铁房〔2017〕194 号	关于印发《南昌铁路局运输房建设备突发故障应急处置管理办法》的通知
南铁公安〔2017〕193 号	关于印发《南昌铁路局火灾爆炸事故应急预案》的通知
南铁运〔2017〕194 号	关于印发《南昌铁路局车务系统行车岗位作业指导书模板》的通知
南铁办〔2017〕195 号	南昌铁路局　南昌铁路局党委关于印发《南昌铁路局信访工作责任制实施细则》的通知
南铁办〔2017〕196 号	南昌铁路局　南昌铁路局党委关于印发《南昌铁路局信访工作考核办法》的通知
南铁客〔2017〕197 号	关于印发《南昌铁路局客运系统岗位作业指导书编制管理办法》的通知
南铁价〔2017〕198 号	关于印发《南昌铁路局报废物资销售底价制定办法》的通知
南铁运〔2017〕199 号	关于印发《南昌铁路局车务、调度系统安全管理监督检查考核办法》的通知
南铁货〔2017〕200 号	关于印发《南昌铁路局铁路货运计量安全检测设备运用管理细则》的通知
南铁电〔2017〕201 号	关于公布《南昌铁路局铁路列车调度指挥系统(TDCS)、调度集中系统(CTC)维护管理办法》修改内容的通知
南铁劳卫〔2017〕202 号	南昌铁路局　南昌铁路局党委关于撤销南昌铁路局线站安保支队的通知
南铁物〔2017〕203 号	关于印发《南昌铁路局电商平台物资直购实施办法(试行)》的通知
南铁工体〔2017〕204 号	关于印发《南昌铁路局职工体育健身计划(2017—2020 年)》的通知
南铁财〔2017〕205 号	南昌铁路局关于进一步规范《人民铁道》等铁路报刊发行费管理的通知
南铁运〔2017〕206 号	关于印发《南昌铁路局铁路防溜防撞专用器材安全管理细则》的通知

续上表

发文字号	文　件　标　题
南铁师〔2017〕207 号	南昌铁路局关于公布适用于厦门北动车运用所工程(第二阶段)技术规章目录的通知
南铁安监〔2017〕208 号	南昌铁路局　南昌铁路局党委关于印发《南昌铁路局干部履职质量考评办法》的通知
南铁安监〔2017〕209 号	南昌铁路局关于新建厦门北动车运用所工程(第二阶段)运营安全评估情况的报告
南铁企〔2017〕210 号	南昌铁路局　南昌铁路局党委关于重新印发《南昌铁路局经营业绩考核办法》的通知
南铁企〔2017〕211 号	南昌铁路局　南昌铁路局党委关于重新印发《南昌铁路局机关经营业绩考核办法》的通知
南铁供电〔2017〕212 号	关于印发《南昌铁路局接触网作业车运行揭示管理办法》的通知
南铁师〔2017〕213 号	关于公布《南昌铁路局武九客专线(局管段)联调联试及动态检测实施方案》修改内容的通知
南铁辆〔2017〕214 号	关于印发《南昌铁路局动车组出所质量联合检查管理实施细则》的通知
南铁办〔2017〕215 号	南昌铁路局关于新建武九客专南昌局管段纳入 2017 年第三阶段调整列车运行图的请示
南铁电〔2017〕216 号	关于重新公布《南昌铁路局列车运行监控装置(LKJ)特定运行区段控制模式设定细则》的通知
南铁建设〔2017〕217 号	南昌铁路局关于南平至龙岩铁路扩能工程通信传输系统及干线光缆Ⅰ类变更设计的请示
南铁房〔2017〕218 号	南昌铁路局关于对调京干部腾退住房情况审核结果的报告
南铁信息〔2017〕219 号	关于公布《南昌铁路局运输调度管理系统(TDMS)运用维护管理办法》修改内容的通知
南铁安监〔2017〕220 号	关于印发《南昌铁路局安全生产全过程责任追溯制度(试行)》的通知
南铁监〔2017〕221 号	关于给予李金根开除处分的决定
南铁监〔2017〕222 号	关于给予万耀斌警告处分的决定
南铁经〔2017〕223 号	关于公布《南昌铁路局局内企业产品目录(第十二批)》的通知
南铁计〔2017〕224 号	南昌铁路局关于报送《新建南昌至景德镇至黄山铁路节能报告》(送审稿)的请示
南铁财〔2017〕225 号	南昌铁路局关于进一步加强税务管理工作的通知
南铁师〔2017〕226 号	南昌铁路局关于公布 2017 年上半年技术规章清理结果的通知
南铁财〔2017〕227 号	南昌铁路局关于报送《新建福州至厦门铁路竣工财务决算报告》的报告
南铁货〔2017〕228 号	关于重新印发《南昌铁路局排队装车组织办法》的通知
南铁货〔2017〕229 号	关于印发《南昌铁路局配空管理办法》的通知
南铁建设〔2017〕230 号	南昌铁路局关于新建九景衢铁路江西段部分接触网支柱附挂综合视频终端设备的请示

续上表

发文字号	文件标题
南铁办〔2017〕231 号	关于印发《南昌铁路局旅客列车空调失效应急处置实施细则》的通知
南铁劳卫〔2017〕232 号	关于印发《南昌铁路局生产人员劳动定员标准》的通知
南铁运〔2017〕233 号	关于重新公布《南昌铁路局接发列车作业标准》的通知
南铁财〔2017〕234 号	南昌铁路局转发中国铁路总公司关于明确铁路企业开展融资租赁(售后回租)业务有关事项的通知
南铁安监〔2017〕235 号	关于修改《南昌铁路局干部履职质量考评办法》第十八条内容的通知
南铁电〔2017〕236 号	关于印发《南昌铁路局列车接近预警地面设备管理办法》的通知
南铁电〔2017〕237 号	关于重新印发《南昌铁路局通信设备大修管理办法》的通知
南铁电〔2017〕238 号	关于印发《南昌铁路局通信地理信息数据管理办法》的通知
南铁调度〔2017〕239 号	南昌铁路局关于 2017 年 9 月 12 日九景衢铁路引入九江站信号施工的请示
南铁师〔2017〕240 号	关于印发《南昌铁路局铁路限界管理及超限超重货物运输辅助决策系统运用维护实施细则》的通知
南铁安监〔2017〕241 号	关于重新公布《南昌铁路局安全考核词典》的通知
南铁客〔2017〕242 号	关于印发《南昌铁路局旅客投诉处理实施细则》的通知
南铁建设〔2017〕243 号	南昌铁路局关于新建九景衢铁路婺源南西联络线Ⅰ类变更设计的请示
南铁师〔2017〕244 号	南昌铁路局关于公布高速铁路《行车组织细则》修改内容(八)的通知
南铁监〔2017〕245 号	南昌铁路局关于修改《南昌铁路局机关人员及局管领导人员违纪违规行为处分规定(试)》部分条款的通知
南铁运〔2017〕246 号	关于印发《南昌铁路局衢九线(局管段)联调联试期间运行揭示调度命令发布补充规定》的通知
南铁计〔2017〕247 号	南昌铁路局关于报送《新建九景衢铁路水土保持方案(变更)报告书》(送审稿)的请示
南铁货〔2017〕248 号	关于重新印发《南昌铁路局配空管理办法》的通知
南铁师〔2017〕249 号	关于印发《南昌铁路局衢九线(局管段)联调联试期间行车组织办法》的通知
南铁建设〔2017〕250 号	南昌铁路局关于新建厦门北动车运用所平面调整增加存车线及生产生活设施配套Ⅰ类变更设计的请示
南铁电〔2017〕251 号	关于印发《南昌铁路局高速铁路电务维修作业管理办法》的通知
南铁劳卫〔2017〕252 号	关于印发《南昌铁路局调度所绩效工资考核办法(试行)》的通知
南铁电〔2017〕253 号	关于印发《南昌铁路局车站联锁设备维护管理实施细则》的通知
南铁劳卫〔2017〕254 号	南昌铁路局关于重新设立技术委员会的通知
南铁运〔2017〕255 号	关于公布《南昌铁路局营业线施工安全管理细则》修改内容(二)的通知
南铁辆〔2017〕256 号	关于公布《南昌铁路局动车组故障应急处置办法》修改内容(一)的通知
南铁建设〔2017〕257 号	南昌铁路局关于新建衡茶吉铁路衡阳至井冈山段水土保持设施验收
南铁运〔2017〕258 号	关于公布《南昌铁路局衢九线(局管段)联调联试及试运行期间施工管理办法》的通知

续上表

发文字号	文　件　标　题
南铁师〔2017〕259 号	南昌铁路局关于公布适用于武九客专线开通运营技术规章目录的通知
南铁运〔2017〕260 号	关于印发《南昌铁路局车站站场封闭管理办法(试行)》的通知
南铁劳卫〔2017〕261 号	关于印发《南昌铁路局机关绩效工资考核办法》的通知
南铁外〔2017〕262 号	南昌铁路局关于派员随团赴台交流访问的请示
南铁师〔2017〕263 号	南昌铁路局关于公布《行车组织规则》修改内容(八)的通知
南铁劳卫〔2017〕264 号	南昌铁路局　南昌铁路局党委关于整合局管合资铁路项目管理机构及有关事项的通知
南铁计〔2017〕265 号	南昌铁路局关于报送《改建铁路南昌枢纽乐化至南昌北增二线可行性研究报告》的请示
南铁计〔2017〕266 号	南昌铁路局关于报送新建铁路厦门至深圳线前场铁路大型货场清理概算的请示
南铁电〔2017〕267 号	关于印发《南昌铁路局高速铁路电务(信号)驻所联络员管理规定》的通知
南铁电〔2017〕268 号	南昌铁路局关于印发《南昌铁路局应急通信管理办法》的通知
南铁电〔2017〕269 号	关于印发《南昌铁路局通信铁塔管理办法》的通知
南铁运〔2017〕270 号	关于公布南昌铁路局普速铁路调度集中区段行车组织办法修改内容(一)的通知
南铁运〔2017〕271 号	关于公布《南昌铁路局行车补充规定》修改内容的通知
南铁辆〔2017〕272 号	关于公布《南昌铁路局自备铁路货车和企业内用铁路货车检修运用管理细则》修改内容的通知
南铁客〔2017〕273 号	关于印发《南昌铁路局高速铁路“强基达标、提质增效”工程客运专业标准》的通知
南铁电〔2017〕274 号	南昌铁路局关于重新印发《南昌铁路局铁路建设项目电务系统提前介入工作实施办法》的通知
南铁安监〔2017〕275 号	南昌铁路局关于新建大冶北至阳新铁路(南昌局管段)和新建瑞昌至九江铁路工程开通运营安全评估的请示
南铁安监〔2017〕276 号	南昌铁路局关于新建九景衢铁路九江(含)至湖口(含)段工程运营安全评估情况的报告
南铁休干〔2017〕277 号	南昌铁路局关于调整江西省内企业离休干部(建老人员)无固定收入配偶生活补助标准的请示
南铁运〔2017〕278 号	关于公布《南昌铁路局 FZK-CTC 调度集中系统涉及运输相关规则》修改内容(二)的通知
南铁师〔2017〕279 号	关于印发《南昌铁路局技术委员会工作实施细则》的通知
南铁电〔2017〕280 号	关于公布《南昌铁路局分散自律调度集中系统(CTC)运输类数据管理办法》修改内容(一)的通知
南铁社保〔2017〕281 号	南昌铁路局关于江西省内工伤保险移交地方管理后工伤职工生活护理费补助的请示
南铁客〔2017〕282 号	关于重新印发《南昌铁路局旅客列车给水、吸污作业联控办法》的通知

续上表

发文字号	文　件　标　题
南铁计〔2017〕283 号	南昌铁路局关于新建南康至赣州国际港地方铁路与既有京九铁路接轨的报告
南铁企〔2017〕284 号	南昌铁路局关于铁路局公司制改革有关事项的请示
南铁供电〔2017〕285 号	关于重新印发《南昌铁路局 V 形天窗接触网检修作业规定》的通知
南铁师〔2017〕286 号	关于公布《南昌铁路局动车组停车位置标设置补充规定》的通知
南铁客〔2017〕287 号	关于重新印发《南昌铁路局互联网旅游团体票办理办法(试行)》的通知
南铁劳卫〔2017〕288 号	南昌铁路局关于执行江西省独生子女父母奖励政策的请示
南铁安监〔2017〕289 号	关于印发《南昌铁路局　南昌铁路局党委贯彻落实〈中共中央　国务院关于推进安全生产领域改革发展的意见〉实施细则》的通知
南铁安监〔2017〕290 号	关于印发《南昌铁路局安全生产委员会成员部门安全生产权力和责任清单》的通知
南铁运〔2017〕291 号	关于公布南昌铁路局行车调度命令管理补充规定的通知
南铁辆〔2017〕292 号	关于公布《南昌铁路局动车组相互救援应急预案》修改内容的通知
南铁运〔2017〕293 号	关于公布《南昌铁路局车务系统行车岗位作业指导书模板》修改内容(一)的通知
南铁运〔2017〕294 号	关于公布《南昌铁路局普速铁路车站作业计划实施办法》的通知
南铁计〔2017〕295 号	南昌铁路局关于报送福建湄洲湾南岸铁路支线工程清理概算的请示
南铁建设〔2017〕296 号	南昌铁路局关于新建福州可门港铁路支线取消末端延长线 I 类变更设计的请示
南铁师〔2017〕297 号	南昌铁路局关于推进高速铁路“强基达标、提质增效”工程的实施意见
南铁客〔2017〕298 号	南昌铁路局　驻局军代处关于印发《南昌铁路局军人铁路出行优先工作组织实施方案》的通知
南铁机〔2017〕299 号	关于重新印发《南昌铁路局机车乘务员非正常行车处置办法》的通知
南铁财〔2017〕300 号	关于重新印发《南昌铁路局资金管理办法》的通知
南铁经〔2017〕301 号	关于公布《南昌铁路局局内企业产品目录(第十三批)》的通知
南铁安监〔2017〕302 号	南昌铁路局关于“7・7”京九线 40094 次货物列车机车部件脱落事故隐瞒及调查不力处理情况的报告
南铁师〔2017〕303 号	关于印发《南昌铁路局支持赣江新区加快发展实施细则》的通知
南铁货〔2017〕304 号	关于印发《南昌铁路局零散、混装货物安检查危实施办法(试行)》的通知
南铁供电〔2017〕305 号	关于印发《南昌铁路局接触网检测车运用管理办法》的通知
南铁机〔2017〕306 号	关于公布《南昌铁路局动车组列车行车安全措施》修改内容的通知
南铁客〔2017〕307 号	关于印发《南昌铁路局铁路旅客服务质量规范补充规定》的通知
南铁价〔2017〕308 号	关于印发《南昌铁路局专用线服务性收费管理办法(试行)》的通知
南铁安监〔2017〕309 号	南昌铁路局关于进一步加强高铁安全管理　严格安全隐患责任追究的通知
南铁机〔2017〕310 号	关于修改《南昌铁路局动车组司机一次乘务作业标准》内容的通知
南铁机〔2017〕311 号	关于公布《南昌铁路局 CRH 动车组司机非正常情况下行车办法》修改内容的通知

续上表

发文字号	文　件　标　题
南铁师〔2017〕312 号	关于公布《南昌铁路局防止机车车辆溜逸管理实施细则》修改内容(三)的通知
南铁供电〔2017〕313 号	关于重新公布《南昌铁路局供电系统季度专业检查办法》的通知
南铁价〔2017〕314 号	关于印发《南昌铁路局防范客货运输领域廉政风险实施办法》的通知
南铁师〔2017〕315 号	关于印发《南昌铁路局高速铁路"强基达标、提质增效"工程各系统标准》的通知
南铁师〔2017〕316 号	南昌铁路局关于公布《行车组织规则》修改内容(九)和高速铁路《行车组织细则》修改内容(九)的通知
南铁电〔2017〕317 号	关于重新印发《南昌铁路局部分信号设备维护补充规定》的通知
南铁安监〔2017〕318 号	关于印发《南昌铁路局安监系统安全调查研究工作制度》的通知
南铁安监〔2017〕319 号	关于印发《南昌铁路局事故暴露问题整改督办制度(试行)》的通知
南铁安监〔2017〕320 号	关于印发《南昌铁路局安全点评会制度》的通知
南铁财〔2017〕321 号	南昌铁路局关于转让余干铁路专用线货场涉及铁路资产评估项目备案的请示
南铁运〔2017〕322 号	关于公布《中国铁路南昌局集团有限公司车务系统劳动安全标准》的通知
南铁客〔2017〕323 号	关于公布《南昌铁路局站车食物中毒事故客运组织应急预案》修改内容的通知
南铁办〔2017〕324 号	南昌铁路局关于印发《南昌铁路局委外项目管理办法》的通知
南铁劳卫〔2017〕325 号	南昌铁路局关于疗养培训机构改革的请示
南铁客〔2017〕326 号	关于重新印发《南昌铁路局旅客列车车厢便携式视频监控记录器管理办法》的通知
南铁劳卫〔2017〕327 号	关于印发《南昌铁路局江西境内独生子女父母奖励实施办法》的通知
南铁劳卫〔2017〕328 号	转发《江西省卫生和计划生育委员会　江西省财政厅印发关于对全省独生子女死亡的计划生育特殊家庭发放一次性抚慰金的实施意见》的通知
南铁监〔2017〕329 号	关于给予陶茂杏开除处分的决定
南铁机〔2017〕330 号	关于重新印发《南昌铁路局添(登)乘动车组(机车)司机室管理细则》的通知
南铁辆〔2017〕331 号	关于印发《南昌铁路局动车组源头质量管理细则》的通知
南铁运〔2017〕332 号	关于公布《南昌铁路局列车运行图编制流程》的通知
南铁社保〔2017〕333 号	南昌铁路局关于福建省内退休军转干部增加生活困难补贴的请示
南铁供电〔2017〕334 号	关于公布《南昌铁路局高速弓网综合检测装置(1C)运用办法》的通知
南铁机(2017)335 号	关于印发《南昌铁路局机车车载安全监测检测设备运用维护管理办法》的通知
南铁辆(2017)336 号	关于印发《南昌铁路局 THDS 预报铁路货车疑似抱闸检查处置办法》的通知
南铁运〔2017〕337 号	关于公布《南昌铁路局营业线施工安全管理细则》修改内容(二)的通知
南铁运〔2017〕338 号	关于重新公布《南昌铁路局 CHF-Ⅰ站内平过道电动栏杆使用管理维修办法》的通知
南铁辆〔2017〕339 号	关于印发《南昌铁路局高速铁路"强基达标、提质增效"工程车辆专业评估实施办法》的通知
南铁工务〔2017〕340 号	南昌铁路局关于公布《南昌铁路局公路与铁路并行地段防护栏管理办法》修改内容(二)的通知

续上表

发文字号	文　件　标　题
南铁师〔2017〕341 号	南昌铁路局关于公布高速铁路《行车组织细则》修改内容（十）的通知
南铁师〔2017〕342 号	南昌铁路局关于公布《高速铁路司机汇报“感觉线路下沉”处置规定》的通知
南铁价〔2017〕343 号	关于印发《南昌铁路局货物快运价格管理办法（试行）》的通知
南铁供电（2017）344 号	关于调整衢九和沪昆线部分线路供电设备管理模式的通知
南铁辆（2017）345 号	关于公布《南昌铁路局动车组运用维修管理细则》修改内容（二）的通知
南铁运（2017）346 号	关于公布《南昌铁路局扫雪除冰组织办法》的通知
南铁安监（2017）347 号	关于印发《南昌铁路局标准化安监室建设实施办法》的通知
南铁电（2017）348 号	中国铁路南昌局集团有限公司关于公布《南昌铁路局信号电气特性测试管理办法》的通知
南铁安监（2017）349 号	中国铁路南昌局集团有限公司关于新建合肥至福州铁路（闽赣段）南昌铁路局调度所Ⅰ类变更工程运营安全评估情况的报告
南铁办（2017）350 号	关于启用“中国铁路南昌局集团有限公司”印章的通知
南铁运（2017）351 号	中国铁路南昌局集团有限公司关于重新公布《车务、调度、客运、货运系统季度专业风险管理考核评价办法》的通知
南铁工务（2017）352 号	关于印发《中国铁路南昌局集团有限公司高速铁路工务作业管理办法》的通知
南铁财（2017）353 号	中国铁路南昌局集团有限公司关于 2018 年大修投资计划建议的报告
南铁供电（2017）354 号	关于公布《中国铁路南昌局集团有限公司接触网作业车行车安全措施》的通知
南铁财（2017）355 号	中国铁路南昌局集团有限公司关于 2018 年建议预算的报告
南铁供电（2017）356 号	关于印发《中国铁路南昌局集团有限公司电力试验管理办法》的通知
南铁价（2017）357 号	关于印发《中国铁路南昌局集团有限公司货运价格监督检查管理办法（试行）》的通知
南铁运（2017）358 号	关于印发《中国铁路南昌局集团有限公司〈车站行车工作细则〉及车务行车规章管理补充规定》的通知
南铁房（2017）359 号	关于印发《南昌局集团公司职工单身宿舍日常管理办法》的通知
南铁货（2017）360 号	关于重新印发《南昌局集团有限公司煤炭运输抑尘工作管理办法》的通知
南铁师（2017）361 号	南昌局集团公司关于公布《适用于衢九线湖口站（不含）—德兴东站开通运营技术规章目录》的通知
南铁经（2017）362 号	中国铁路南昌局集团有限公司关于攸县铁路林场土地一级开发事项的请示
南铁财（2017）363 号	南昌局集团公司关于报送《向塘西编组站综合自动化改造工程竣工财务决算》的报告
南铁建设（2017）364 号	中国铁路南昌局集团有限公司关于新建九景衢铁路梅山一号隧道增设泄水洞Ⅰ类变更设计的请示
南铁运（2017）365 号	关于公布《南昌局集团公司杭深线营业线施工安全管理暂行细则》修改内容（二）的通知
南铁电（2017）366 号	关于公布《南昌局集团公司调度集中系统（CTC）运输功能试验规定》的通知

续上表

发文字号	文　件　标　题
南铁工务(2017)367 号	关于公布《南昌铁路局防洪防台风应急预案》修改内容(一)的通知
南铁劳卫(2017)368 号	南昌局集团公司　南昌局集团公司党委关于培训疗养机构改革并成立南昌铁路旅游酒店资产管理有限公司有关事项的通知
南铁运(2017)369 号	关于公布《南昌局集团公司车务系统施工安全管理规定》的通知
南铁安监(2017)370 号	南昌局集团公司关于鹰厦铁路沙县改线工程安全评估情况的报告
南铁计(2017)371 号	南昌局集团公司关于报送瑞金站站房改扩建工程可行性研究报告的请示
南铁机(2017)372 号	南昌局集团公司关于公布《机车段修管理实施办法(试行)》的通知
南铁师(2017)373 号	南昌局集团公司关于印发《厦门北站过渡期间 CTC 基本操作方式》的通知
南铁工务(2017)374 号	关于印发《南昌局集团公司路外建(构)筑物穿(跨)越铁路工程管理办法》的通知
南铁安监(2017)375 号	南昌局集团公司关于新建九景衢铁路工程南昌局管段开通运营安全评估的请示
南铁综治(2017)376 号	南昌局集团公司关于印发《2017—2019 年挂点帮扶修水县平安创建工作方案》的通知
南铁货(2017)377 号	关于印发《南昌局集团公司铁路货物快运管理细则(试行)》的通知
南铁货(2017)378 号	关于印发《南昌局集团公司危险货物运输管理办法》的通知
南铁货(2017)379 号	关于印发《南昌局集团公司货车篷布运用管理办法》的通知
南铁安监(2017)380 号	关于印发《南昌局集团公司高铁运营后安全评估办法》的通知
南铁集(2017)381 号	南昌局集团公司关于印发《南昌局集团公司集经企业地面不动资产、土地处置及租赁管理细则》的通知
南铁建设(2017)382 号	南昌局集团公司关于新建九景衢铁路工程昌景黄铁路引入景德镇北站 I 类变更设计的请示
南铁财(2017)383 号	南昌局集团公司关于报送厦门站改扩建工程等 2 个项目竣工财务决算的报告
南铁安监(2017)384 号	南昌局集团公司关于新建厦门北动车运用所工程(第三阶段)运营安全评估情况的报告
南铁企(2017)385 号	南昌局集团公司　南昌局集团公司党委关于《南昌铁路局经营业绩考核办法》《南昌铁路局机关经营业绩考核办法》补充规定的通知
南铁电(2017)386 号	关于重新印发《南昌局集团公司列控数据管理实施办法》的通知
南铁电(2017)387 号	关于公布《南昌局集团公司电务设备限界管理实施细则》的通知
南铁劳卫(2017)388 号	南昌局集团公司关于建立岗位安全绩效考核工资制度的通知
南铁机(2017)389 号	关于印发《南昌局集团公司轨道车设备大修管理办法》的通知
南铁辆(2017)390 号	关于印发《南昌局集团公司 VRH 型动车组机车救援作业办法》的通知
南铁供电〔2017〕391 号	关于公布《南昌局集团公司接触网多功能检修作业车管理办法》的通知

2017 年路局(集团公司)党委文件目录

发文字号	文　件　标　题
南铁委办〔2017〕1 号	南昌铁路局党委关于印发《2017 年全局党的建设工作要点》的通知
南铁委组〔2017〕2 号	南昌铁路局党委关于召开 2016 年度领导班子民主生活会的请示
南铁委办〔2017〕3 号	南昌铁路局党委　南昌铁路局关于落实党风廉政建设主体责任的报告
南铁委组〔2017〕4 号	南昌铁路局党委关于成立中国共产党向莆铁路股份有限公司委员会、中国共产党京福闽赣铁路客运专线有限公司委员会和中国共产党沪昆铁路客运专线江西有限责任公司委员会的通知
南铁委组〔2017〕5 号	南昌铁路局党委关于路局领导班子 2016 年度民主生活会情况的报告
南铁委组〔2017〕6 号	南昌铁路局党委关于做好福建省出席党的十九大代表候选人推荐提名工作的通知
南铁委组〔2017〕7 号	南昌铁路局党委关于宗德明同志退休的请示
南铁委组〔2017〕8 号	南昌铁路局党委　南昌铁路局关于印发《南昌铁路局选人用人工作监督检查实施办法》的通知
南铁委宣〔2017〕9 号	关于印发《2017 年南昌铁路局党委理论学习中心组专题学习重点内容安排》的通知
南铁委组〔2017〕10 号	南昌铁路局党委关于调整路局有线电视台机构编制的通知
南铁委宣〔2017〕11 号	南昌铁路局党委　南昌铁路局关于开展“强基达标、提质增效”主题教育活动的通知
南铁委组〔2017〕12 号	南昌铁路局党委关于印发《路局领导班子 2016 年度民主生活会整改方案》的通知
南铁委办〔2017〕13 号	南昌铁路局党委关于印发《南昌铁路局机要密码工作“十三五”规划》的通知
南铁委纪〔2017〕14 号	南昌铁路局党委　南昌铁路局关于印发《南昌铁路局 2017 年党风廉政建设重点工作任务书、路线图、时间表》的通知
南铁委关〔2017〕15 号	南昌铁路局党委关于调整南昌铁路局关心下一代工作委员会成员的通知
南铁委组〔2017〕16 号	关于南昌局领导班子调整配备的请示
南铁委宣〔2017〕17 号	关于调整南昌铁路局精神文明创建指导机构和成立“扫黄打非”工作小组的通知
南铁委组〔2017〕18 号	南昌铁路局党委印发《关于推进“两学一做”学习教育常态化制度化的具体实施方案》的通知
南铁委办〔2017〕19 号	南昌铁路局党委　南昌铁路局关于印发《南昌铁路局纪检监察、组织人事、审计部门监督工作联动实施细则(试行)》的通知
南铁委办〔2017〕20 号	南昌铁路局党委　南昌铁路局关于下达 2017 年度政治工作日常活动经费计划的通知
南铁委办〔2017〕21 号	南昌铁路局党委关于印发《南昌铁路局党群干部“两学一做”学习教育考试办法(试行)》的通知
南铁委组〔2017〕22 号	南昌铁路局党委关于合资铁路公司换届董事、监事调整的请示

续上表

发文字号	文　件　标　题
南铁委宣〔2017〕23 号	关于印发《南昌铁路局党委　南昌铁路局关于加强和改进全局职工思想政治工作的指导意见》的通知
南铁委政〔2017〕24 号	南昌铁路局党委关于转发《江西省委防范和处理邪教办关于进一步加强我省反邪教网宣工作的通知》的通知
南铁委保〔2017〕25 号	关于切实做好党的十九大筹备和召开期间密码通信安全保障和保密工作的通知
南铁委保〔2017〕26 号	关于做好厦门金砖会晤筹备和召开期间保密工作的通知
南铁委组〔2017〕27 号	关于增补杨斌同志为南昌铁路局党委委员的请示
南铁委组〔2017〕28 号	南昌铁路局党委关于表彰 2016 年度创先争优先进集体和优秀个人的决定
南铁委组〔2017〕29 号	南昌铁路局党委关于印发《南昌铁路局示范点党支部管理办法（试行）》的通知
南铁委办〔2017〕30 号	南昌铁路局党委关于印发《南昌铁路局党群工作达标创优考核办法》的通知
南铁委组〔2017〕31 号	南昌铁路局党委关于推荐彭磊同志兼职的请示
南铁委办〔2017〕32 号	南昌铁路局党委关于“机动式”巡视反馈问题整改情况的汇报
南铁委宣〔2017〕33 号	关于印发《南昌铁路局党委理论学习中心组学习实施细则》的通知
南铁委宣〔2017〕34 号	南昌铁路局党委关于印发《党委意识形态工作责任制实施细则》的通知
南铁委办〔2017〕35 号	南昌铁路局党委关于转发铁总党〔2017〕39 号文件的通知
南铁委办〔2017〕36 号	南昌铁路局党委关于成立路局专运警卫领导小组的通知
南铁委组〔2017〕37 号	南昌铁路局党委　南昌铁路局关于印发《南昌铁路局因私出国〔境〕管理实施办法》的通知
南铁委办〔2017〕38 号	南昌铁路局党委关于转发闽委办发电〔2017〕83 号文件的通知
南铁委组〔2017〕39 号	南昌铁路局党委关于福建高铁综合开发有限公司董事会、监事会人选推荐的请示
南铁委纪〔2017〕40 号	南昌铁路局党委　南昌铁路局贯彻总公司党组纪检组上海廉政风险防控工作现场会精神的指导意见
南铁委宣〔2017〕41 号	南昌铁路局党委关于命名路局“爱国主义教育基地”的决定
南铁委政〔2017〕42 号	南昌铁路局党委关于进一步做好党的十九大期间反邪教防控工作的通知
南铁委组〔2017〕43 号	关于建议彭光辉同志任职的请示
南铁委组〔2017〕44 号	关于南昌铁路局纪委副书记建议人选的函
南铁委组〔2017〕45 号	南昌铁路局党委关于局管合资铁路项目管理机构整合人事调整方案的请示
南铁委组〔2017〕46 号	南昌铁路局党委关于高松同志兼职的请示
南铁委组〔2017〕47 号	南昌铁路局党委　南昌铁路局关于印发《南昌铁路局骨干人才培养计划实施细则》的通知
南铁委政〔2017〕48 号	南昌铁路局党委关于转发《江西省委 610 办公室关于组织开展“对邪教说不　向阳光出发”系列活动的通知》的通知
南铁委组〔2017〕49 号	南昌铁路局党委关于转发铁路总公司党组《铁路企业党员领导人员民主生活会细则》的通知

续上表

发文字号	文　件　标　题
南铁委组〔2017〕50 号	南昌铁路局党委关于开展 2017 年度各级党组织书记抓基层党建述职评议考核工作的通知
南铁委办〔2017〕51 号	南昌铁路局党委关于认真学习宣传贯彻党的十九大精神的通知
南铁委办〔2017〕52 号	关于启用“中国共产党中国铁路南昌局集团有限公司委员会”印章的通知
南铁委组〔2017〕53 号	中国铁路南昌局集团有限公司党委关于推荐詹志文同志为第十二届江西省政协委员人选的请示
南铁委组〔2017〕54 号	中国铁路南昌局集团有限公司党委关于推荐福建省、江西省第十三届全国人大代表铁路人选的请示
南铁委办〔2017〕55 号	中国铁路南昌局集团有限公司党委印发《关于运用典型案例开展“三会一书两公开”警示教育的实施办法》的通知
南铁委办〔2017〕56 号	南昌局集团公司党委关于开展党规党纪学习教育的通知
南铁委组〔2017〕57 号	中国铁路南昌局集团有限公司党委关于提供詹志文同志有关材料的请示
南铁委组〔2017〕58 号	南昌局集团公司党委关于组建中共福建福平铁路有限责任公司委员会、中共九景衢铁路江西有限责任公司委员会、中共赣龙复线铁路有限责任公司委员会的通知
南铁委组〔2017〕59 号	南昌局集团公司党委关于开好 2017 年度党员领导人员民主生活会的通知
南铁委纪〔2017〕60 号	中国铁路南昌局集团有限公司党委关于印发《中国铁路南昌局集团有限公司党风廉政建设责任制实施细则》的通知
南铁委组〔2017〕61 号	关于印发《中国共产党中国铁路南昌局集团有限公司代表大会代表任期制实施办法〔试行〕》的通知
南铁委组〔2017〕62 号	关于印发《中国铁路南昌局集团有限公司规范公司管理领导人员配偶、子女及其配偶经商办企业行为的实施办法》的通知
南铁委组〔2017〕63 号	南昌局集团公司党委印发《关于进一步贯彻落实中央八项规定精神、加强作风建设的实施办法》的通知
南铁委组〔2017〕64 号	关于印发《中国铁路南昌局集团有限公司党建工作责任制实施办法》的通知
南铁委宣〔2017〕65 号	南昌局集团公司党委关于印发《理论学习中心组党的十九大精神专题学习安排》的通知
南铁委组〔2017〕66 号	关于印发《中国共产党中国铁路南昌局集团有限公司委员会工作细则》的通知
南铁委组〔2017〕67 号	南昌局集团公司党委关于加强党支部书记队伍建设的实施意见
南铁委办〔2017〕68 号	中国铁路南昌局集团有限公司党委关于加强和改进公司共青团工作的实施意见
南铁委组〔2017〕69 号	关于印发《中国铁路南昌局集团公司防止干部“带病提拔”实施办法》的通知
南铁委组〔2017〕70 号	关于印发《中国铁路南昌局集团有限公司领导人员能上能下实施细则》的通知
南铁委组〔2017〕71 号	中国铁路南昌局集团有限公司党委关于调整乐以谷等三位同志兼任职务的请示
南铁委宣〔2017〕72 号	关于印发《中国铁路南昌局集团有限公司企业文化建设三年基础工程实施方案》的通知

2017年路局(集团公司)纪委文件目录

发文字号	文　件　标　题
南铁纪〔2017〕1号	南昌铁路局纪委关于给予梁小玉同志党内警告处分的决定
南铁纪〔2017〕2号	南昌铁路局纪委关于给予黄洪华同志留党察看一年处分的决定
南铁纪〔2017〕3号	南昌铁路局纪委关于给予李弋洋同志撤销党内职务处分的决定
南铁纪〔2017〕4号	南昌铁路局纪委关于给予张键华同志撤销党内职务处分的决定
南铁纪〔2017〕5号	南昌铁路局纪委关于给予周姬同志撤销党内职务处分的决定
南铁纪〔2017〕6号	南昌铁路局纪委关于给予高俊同志党内严重警告处分的决定
南铁纪〔2017〕7号	南昌铁路局纪委关于给予郭友生同志党内严重警告处分的决定
南铁纪〔2017〕8号	南昌铁路局纪委关于印发《2017年全局纪检监察工作要点》的通知
南铁纪〔2017〕9号	南昌铁路局纪委关于给予熊武军开除党籍处分的批复
南铁纪〔2017〕10号	南昌铁路局纪委关于给予吴国平开除党籍处分的批复
南铁纪〔2017〕11号	南昌铁路局纪委关于给予娄廷志同志党内警告处分的决定
南铁纪〔2017〕12号	南昌铁路局纪委关于给予罗海明同志党内警告处分的决定
南铁纪〔2017〕13号	南昌铁路局纪委关于给予陈国栋同志党内警告处分的决定
南铁纪〔2017〕14号	南昌铁路局纪委关于给予官卿同志留党察看二年处分的决定
南铁纪〔2017〕15号	南昌铁路局纪委关于给予闵永峰同志撤销党内职务处分的决定
南铁纪〔2017〕16号	南昌铁路局纪委关于给予陈伟开除党籍处分的决定
南铁纪〔2017〕17号	南昌铁路局纪委关于给予刘志鸿同志留党察看二年处分的决定
南铁纪〔2017〕18号	南昌铁路局纪委关于给予曾翀开除党籍处分的批复
南铁纪〔2017〕19号	南昌铁路局纪委关于给予周章诚开除党籍处分的批复
南铁纪〔2017〕20号	南昌铁路局纪委关于给予翁建珑开除党籍处分的批复
南铁纪〔2017〕21号	南昌铁路局纪委关于给予李培伍同志党内警告处分的决定
南铁纪〔2017〕22号	南昌铁路局关于给予何晓星开除党籍处分的决定
南铁纪〔2017〕23号	南昌铁路局纪委关于给予江城开除党籍处分的决定
南铁纪〔2017〕24号	南昌铁路局纪委关于给予陈明华开除党籍处分的批复
南铁纪〔2017〕25号	南昌铁路局纪委关于给予李金根开除党籍处分的决定
南铁纪〔2017〕26号	南昌铁路局纪委关于给予蔡铠宁开除党籍处分的批复
南铁纪〔2017〕27号	南昌铁路局纪委关于给予王玉林开除党籍处分的批复
南铁纪〔2017〕28号	南昌铁路局纪委关于给予黄斌同志党内警告处分的决定
南铁纪〔2017〕29号	南昌铁路局纪委关于给予李乐平同志党内警告处分的决定
南铁纪〔2017〕30号	南昌铁路局纪委关于给予万建华同志党内警告处分的决定

续上表

发文字号	文件标题
南铁纪〔2017〕31 号	南昌铁路局纪委关于给予陈建明开除党籍处分的批复
南铁纪〔2017〕32 号	南昌铁路局纪委关于给予彭超开除党籍处分的批复
南铁纪〔2017〕33 号	南昌铁路局纪委关于给予胡贤思同志留党察看一年处分的决定
南铁纪〔2017〕34 号	南昌铁路局纪委关于给予陶茂杏开除党籍处分的决定
南铁纪〔2017〕35 号	南昌铁路局纪委关于中止徐光汉党员权利的决定
南铁纪〔2017〕36 号	南昌铁路局纪委关于给予邵微钦开除党籍处分的批复
南铁纪〔2017〕37 号	中国铁路南昌局集团有限公司纪委关于纪检监察系统认真学习贯彻党的十九大精神的通知
南铁纪〔2017〕38 号	中共中国铁路南昌局集团有限公司纪委印发《南昌局集团公司纪委关于所属单位纪委书记报告重要事项监督情况的暂行办法》的通知
南铁纪〔2017〕39 号	关于印发《南昌局集团公司纪委信访受理和问题线索处置办法（试行）》的通知
南铁纪〔2017〕40 号	中共中国铁路南昌局集团有限公司纪委印发《南昌局集团公司纪委与所属单位纪委日常工作沟通联系办法》的通知

2017 年路局（集团公司）工会文件目录

发文字号	文件标题
南铁工生〔2017〕1 号	关于开展 2017 年“两确保　量提高”春运立功竞赛活动的通知
南铁工组〔2017〕2 号	关于表彰 2017 年度模范（先进）职工之家、模范职工之家、优秀工会工作者、优秀工会积极分子、优秀工会之友的决定
南铁工保〔2017〕3 号	关于做好 2017 年职工荣誉性休养工作的通知
南铁工保〔2017〕4 号	南昌铁路局、南昌铁路局工会关于下拨 2017 年职工困难补助费的通知
南铁工生〔2017〕5 号	关于表彰 2016 年度先进女职工组织、女职工工作者和女职工之友的同胞
南铁工保〔2017〕6 号	关于同意刘燕同志为南昌电务段工会副主席建议人选的批复
南铁工生〔2017〕7 号	关于开展 2017 年“安康杯”竞赛活动的通知
南铁工组〔2017〕8 号	关于下达 2017 年路局工会本级预算的通知
南铁工组〔2017〕9 号	关于同意南昌电务段工会第十七届三次代表大会及二十七次工会委员会选举结果的批复
南铁工组〔2017〕10 号	关于同意鹰潭车站等单位工会会员代表大会及工会委员会、经费审查委员会第一次会议选举结果的批复
南铁工组〔2017〕11 号	关于同意路局科研所等单位工会会员（代表）大会及工会委员会、经费审查委员会第一次会议选举结果的批复
南铁工保〔2017〕12 号	关于表彰 2016 年度“三线”建设示范站区的通报

续上表

发文字号	文件标题
南铁工组〔2017〕13 号	关于南昌铁路国际旅行社有限公司工会第三届二次经费审查委员会选举结果的批复
南铁工组〔2017〕14 号	关于南昌铁路文化广告传媒有限公司工会第二届委员会第二次全体会议选举结果的批复
南铁工组〔2017〕15 号	关于补选戴平峰同志为南昌铁路局工会第三届委员会的报告
南铁工组〔2017〕16 号	关于同意项青同志为南昌房建生活段工会副主席建议人员的批复
南铁工组〔2017〕17 号	关于同意撤销中国铁路工会南昌铁路局福州办事处机关委员的批复
南铁工组〔2017〕18 号	关于南昌房建生活段工会第二届委员会第四次全体会议选举结果的批复
南铁工办〔2017〕19 号	关于公布南昌铁路局工会领导工作分工的通知
南铁工体〔2017〕20 号	关于组织开展健步走竞赛评比的通报
南铁工财〔2017〕21 号	关于注销南昌市天云招待所和厦门天云翔贸易有限公司的通知
南铁工办〔2017〕22 号	关于同意何稳兆同志任赣州新友好事业有限公司法定代表人的批复
南铁工办〔2017〕23 号	关于对 2017 年上半年全局各单位工会网上办公检查考核情况的通报
南铁工办〔2017〕24 号	关于同意衡茶吉铁路有限责任公司二届一次工会会员大会及工会委员会、经费审查委员会第一次会议选举结果的批复
南铁工办〔2017〕25 号	关于萍乡工务段工会第二届代表大会和经费审查委员会第二次会议选举结果的批复
南铁工办〔2017〕26 号	关于印发《南昌铁路局兼职工会人员专项奖励管理办法》的通知
南铁工办〔2017〕27 号	关于印发《南昌铁路局工会电商直购平台实施办法（试行）》的通知
南铁工生〔2017〕28 号	南昌铁路局　南昌铁路局工会关于 2017 年路局职工代表安全巡查发现需要路局协调解决问题处理情况的通报
南铁工组〔2017〕29 号	关于同意张堂忠同志为福州电务段工会副主席建议人选的报告
南铁工组〔2017〕30 号	关于南昌局集团公司第一届董事会职工董事、第一届监事会职工监事选举结果的报告
南铁工组〔2017〕31 号	关于萍乡工务段工会二届三次会员代表大会和工会委员会第七次会议选举结果的批复
南铁工组〔2017〕32 号	南昌铁路局工会关于变更“中国铁路工会南昌铁路局委员会”名称的请示
南铁工组〔2017〕33 号	关于启用“中国铁路工会中国铁路南昌局集团有限公司委员会”印章的通知
南铁工组〔2017〕34 号	中国铁路南昌局集团有限公司工会关于命名表彰 2016 年集团公司“工人先锋号”的决定
南铁工办〔2017〕35 号	中国铁路南昌局集团有限公司工会关于深入学习宣传贯彻党的十九大精神的通知
南铁工组〔2017〕36 号	关于南昌华路建设咨询监理有限公司工会三届一次会员大会和工会委员会、经费审查委员会第一次会议选举结果的批复
南铁工组〔2017〕37 号	关于厦门海沧铁路公司工会三届一次会员大会和工会委员会、经费审查委员会第一次会议选举结果的批复

续上表

发文字号	文件标题
南铁工组〔2017〕38 号	关于福州房建段工会二届四次会员代表大会和工会委员会第四次会议选举结果的批复
南铁工组〔2017〕39 号	关于九江桥工段工会四届四次会员代表大会和工会委员会第四次全体会议选举结果的批复
南铁工组〔2017〕40 号	关于福州工务段工会十八届六次会员代表大会和工会委员会第六次全体会议选举结果的批复
南铁工生〔2017〕42 号	南昌局集团公司工会关于 2017 年劳模先进“一帮一师带徒”活动“优秀师徒”评比结果的通报
南铁工保〔2017〕43 号	南昌局集团公司党委　南昌局集团公司　南昌局集团公司工会　南昌局集团公司团委关于 2018 年元旦春节期间开展送温暖活动的通知
南铁工组〔2017〕44 号	关于福州电务段工会第五届五次会员代表大会和工会委员会第二十六次会议选举结果的批复
南铁工组〔2017〕45 号	关于鹰潭工务机械段工会四届三次会员代表大会和工会委员会第十八次会议选举结果的批复
南铁工组〔2017〕46 号	关于推荐 2017 年度模范(先进)职工之家、模范职工小家、优秀工会工作者、优秀工会积极分子、优秀工会之友的通知

统 计 资 料

表 16-1　主要经济技术指标综合表(一)

项　　目	计算单位	2017 年	2016 年
一、换算周转量(含控股,下同)	百万换算吨公里	183579.8	173462.8
旅客周转量	百万人公里	112580.8	105597.2
其中:补票	百万人公里	1739.8	1919.8
退票	百万人公里	17191.4	17630.8
货物周转量	百万吨公里	70999.0	67865.7
普通行包周转量	百万吨公里	56.7	61.2
行包专列周转量	百万吨公里	810.2	671.0
行邮专列周转量	百万吨公里	43.6	97.5
旅客发送量	万人	21952.3	19840.4
其中:补票	万人	463.1	549.9
退票	万人	2649.6	2628.4
中转	万人	0.0	0.0
直通旅客发送量	万人	7191.5	6620.5
旅客到达量	万人	21869.3	19805.9
货物发送量	万吨	7982.8	7244.7
其中:煤炭发送量	万吨	2045.2	1696.4
货物到达量	万吨	10882.9	10634.9
二、日均装车数(含控股,下同)	车	3797	3442
日均使用车数	车	4002	3580
日均卸车数	车	5057	4872
日均卸空车数	车	5307	5096
日均接运重车数	车	5732	5398
日均运用车车辆日	车	24152	23649
日均部属现在车数	车	27924	27953

注:旅客工作量含加补减退数;换算周转量为旅客周转量、货物周转量之和。

表 16-2　主要经济技术指标综合表(二)

项　　目	计算单位	2017 年	2016 年
三、旅客平均行程(含控股,下同)	公里	322	328
货物平均运程	公里	402	411
运用车日产量	万吨公里	0.81	0.79
静载重	吨	57.7	57.5
四、货车周转时间(车辆日,含控股)	天	2.48	2.63
货车停留时间(含控股)	小时	21.6	21.5
货车中转时间(含控股)	小时	4.8	5.3
货物列车旅行速度(含控股)	公里/小时	38.2	35.6
货运机车全周转时间	小时	27.5	33.9
货运机车日产量	万吨公里	110.2	104.4
货运机车日车公里	公里	458	428
货运列车平均总重	吨	2578	2588
五、旅客列车出发正点率(含控股,下同)	%	100	100
旅客列车运行正点率	%	100.0	99.9
货物列车出发正点率	%	97.9	97.8
货物列车运行正点率	%	97.8	97.8
六、行车事故总件数	件	79	179
职工因工死亡人数	人	0	1
七、内燃机车万吨公里耗油	千克	36.83	36.96
电力机车万吨公里耗电	千瓦小时	166.16	145.21
机车总重吨公里	亿吨公里	2906.17	2771.69
机车总走行公里	千机公里	333258.1	316666.2
八、运输全员劳动生产率(含控股)	万换算吨公里/人年	207.4	199.5

表 16-3　主要经济技术指标综合表(三)

项　　目	计算单位	2017 年	2016 年
九、每万换算吨公里单位支出	元	2817.80	2647.41
每万换算吨公里单位成本	元	2681.63	2546.30
十、国有资产保值增值率	%	113.2	113.2
净资产收益率	%	-0.697	-0.66
运输营业收入利润率	%	1.36	-0.53

续上表

项　　目	计算单位	2017 年	2016 年
十一、运输收入(含控股)	万元	2923997	2542942
旅客票价收入(含控股)	万元	2127398	1835058
货物运费收入(含控股)	万元	476897	430173
运输清算收入(主营业务收入)	万元	3490688	3141054
运输总支出	万元	3286589	3018465
利润总额	万元	58715	-15711
十二、工业总产值	万元	63693.0	52733.6
工业增加值	万元	29687.2	26881.0
十三、基本建设投资完成额	万元	3109702	3797650
更新改造投资完成额	万元	68437	114049
设备大修投资完成额	万元	344516	262851
十四、机车配属台数	台	1192	1164
其中:内燃	台	402	425
电力	台	790	739
客车配属辆数(含动车)	辆	4836	4777
十五、营业里程(含控股,下同)	公里	7763.2	7503.3
复线里程	公里	4624.9	4327.5
电气化里程	公里	6178.2	5873.5
总延展里程	公里	15985.2	15320.5

ISBN 978-7-113-26154-2